Hinter dem Sachregister befindet sich ein ausführliches Verzeichnis der

Guttentagschen Sammlung

Deutscher Reichs- und Preußischer Gesetze

— Textausgaben mit Anmerkungen; Taschenformat —

die alle wichtigeren Gesetze in unbedingt zuverlässigem Abdruck und mit mustergültiger Erläuterung wiedergibt.

Guttentagsche Sammlung
von
Textausgaben ohne Anmerkungen mit Sachregister.

Konkursordnung

mit Einführungsgesetz

nebst Gesetz, betreffend

die Anfechtung von Rechtshandlungen eines Schuldners außerhalb des Konkursverfahrens.

Textausgabe mit Sachregister.

Zweite Auflage (50.—60. Tausend).

Berlin 1915.
J. Guttentag, Verlagsbuchhandlung,
G. m. b. H.

Inhalt.

Drittes Buch.

I.

Gesetz, betreffend die

Einführung der Konkursordnung.

Vom 10. Februar 1877.

(RGBl. von 1877, Nr. 10, S. 390—394.)

Abgeändert durch das Einführungsgesetz zu dem Gesetze, betreffend Änderungen der Konkursordnung, vom 17. Mai 1898 (RGBl. 248) und § 43 des Hypothekenbankgesetzes vom 13. Juli 1899 (RGBl. 375).

---

§ 1. Die Konkursordnung tritt im ganzen Umfange des Reichs gleichzeitig mit dem Gerichtsverfassungsgesetze in Kraft.

§ 2. Gesetz im Sinne der Konkursordnung und dieses Gesetzes ist jede Rechtsnorm.

§ 3. Die den Konkurs betreffenden Vorschriften der Reichsgesetze werden durch die Konkursordnung nicht berührt.

Aufgehoben werden:

1. die Vorschriften des § 51 des Gesetzes, betreffend die privatrechtliche Stellung der Erwerbs- und Wirtschaftsgenossenschaften, vom 4. Juli 1868, sowie die im § 48 desselben Gesetzes bestimmte Zuständigkeit des Handelsgerichts;

2. die Vorschriften der §§ 13—18 des Gesetzes, betreffend die Gewährung der Rechtshilfe, vom 21. Juni 1869;

3. die Vorschriften der §§ 281—283 des Strafgesetzbuchs.

Der Artikel 80 der Wechselordnung wird dahin abgeändert, daß die Verjährung auch nach Maßgabe des § 13 der Konkursordnung unterbrochen wird.

Die Verjährung zugunsten eines zur Zeit der Eröffnung des Konkursverfahrens ausgeschiedenen oder ausgeschlossenen Genossenschafters (§ 64 Abs. 1 des Gesetzes vom 4. Juli 1868) wird auch durch Anmeldung der Konkursforderung unterbrochen.

§ 4. Aufgehoben werden die Vorschriften der Landesgesetze über Konkurs-, Falliments-, Gant-, Debitverfahren, über gerichtliche, zur Abwendung oder Einleitung eines solchen Verfahrens dienende Stundungs- und Nachlaßverhandlungen, konkursmäßige Einleitungen, Vermögensuntersuchungen, über die Rechtswohltat der Güterabtretung und die landesherrliche oder gerichtliche Bewilligung einer allgemeinen Zahlungsstundung, sowie über das Konkursrecht, insoweit nicht in der Konkursordnung auf dieselben verwiesen oder bestimmt ist, daß sie nicht berührt werden.

Aufgehoben werden die Strafvorschriften, welche rücksichtlich des Konkurses in den Landesgesetzen enthalten sind.

§ 5. Unberührt bleiben:

die landesgesetzlichen Vorschriften, welche die Lehen, Stammgüter oder Familienfideikommisse betreffen.

§ 6. Die Bestimmungen der §§ 193, 194, 214 der Konkursordnung finden auf registrierte Gesellschaften, welche auf Grund des bayerischen Gesetzes vom 29. April 1869, betreffend die privatrechtliche Stellung der Erwerbs- und Wirtschaftsgesellschaften, bestehen, entsprechende Anwendung.

Die Gesellschaft wird in dem Konkursverfahren durch den Vorstand oder die Liquidatoren vertreten. Ein Zwangsvergleich findet nicht statt.

§ 7. In Ansehung der Landesherren und der Mitglieder der landesherrlichen Familien sowie der Mitglieder der Fürstlichen Familie Hohenzollern finden die Bestimmungen der Konkursordnung nur insoweit Anwendung, als nicht besondere Vorschriften der Hausverfassungen oder der Landesgesetze abweichende Bestimmungen enthalten.

Das Gleiche gilt in Ansehung der Mitglieder des vormaligen Hannoverschen Königshauses, des vormaligen Kurhessischen und des vormaligen Herzoglich Nassauischen Fürstenhauses.

§ 8. Ein vor dem Tage des Inkrafttretens der Konkursordnung eröffnetes Konkursverfahren ist nach den bisherigen Gesetzen zu erledigen.

Der Landesgesetzgebung bleibt vorbehalten, die Konkursordnung auf die Erledigung der vor dem Inkrafttreten der Konkursordnung anhängig gewordenen Konkurssachen für anwendbar zu erklären und zu dem Zwecke Übergangsbestimmungen zu erlassen.

§ 9. In einem am Tage des Inkrafttretens der Konkursordnung oder nach diesem Tage eröffneten Konkursverfahren finden die Bestimmungen der Konkursordnung über die Anfechtung von Rechtshandlungen auf eine vor dem bezeichneten Tage vorgenommene Rechtshandlung Anwendung, sofern nicht dieselbe nach den Vorschriften der bisherigen Gesetze der Anfechtung entzogen oder in geringerem Umfange unterworfen ist.

§ 10. In einem am Tage des Inkrafttretens der Konkursordnung oder nach diesem Tage eröffneten Konkursverfahren finden die Bestimmungen der §§ 42, 48 Nr. 3, 49 der Konkursordnung auf eine vor dem bezeichneten Tage abgetretene oder erworbene Forderung Anwendung, sofern nicht die bisherigen Gesetze eine Aufrechnung zulassen oder eine Verpflichtung zum Schadensersatze nicht oder in geringerem Umfange begründen.

§ 11. In einem am Tage des Inkrafttretens der Konkursordnung oder nach diesem Tage eröffneten Konkursverfahren finden die Bestimmungen der Konkursordnung und dieses Gesetzes über abgesonderte Befriedigung auf Pfand- und Vorzugsrechte Anwendung, wenngleich dieselben oder die Forderungen vor dem bezeichneten Tage erworben sind.

§ 12. Insoweit Pfand- und Vorzugsrechte, welche vor dem Tage des Inkrafttretens der Konkursordnung auf Grund eines Vertrages, einer letztwilligen Anordnung oder einer richterlichen Verfügung erworben oder in Bankstatuten den Banknoteninhabern rechtsgültig zugesichert sind, zufolge der Bestimmungen der Konkursordnung und dieses Gesetzes ihre Wirksamkeit verlieren, kann die Landesgesetzgebung für die Forderung des Berechtigten ein Vorrecht vor allen oder einzelnen der im § 54 der Konkursordnung bezeichneten Forderungen gewähren.

Ist das Pfand- oder Vorzugsrecht auf einzelne bewegliche Gegenstände des Schuldners beschränkt, so kann das Vorrecht nur in Höhe des Erlöses derselben gewährt werden.

Das durch die vorstehenden Bestimmungen vorbehaltene Vorrecht kann nicht gewährt werden für ein zwei Jahre nach dem Inkrafttreten der Konkursordnung eröffnetes Konkursverfahren, wenn nicht das Vorrecht dadurch erhalten wird, daß dasselbe bis zum Ablaufe der zwei Jahre zur Eintragung in ein öffentliches Register vorschriftsmäßig angemeldet ist. Der Erlaß von Vorschriften über die Einrichtung solcher Register, sowie über die Anmeldung und Eintragung der Forderungen bleibt der Landesgesetzgebung vorbehalten.

§ 13. Die Landesgesetzgebung kann der Ehefrau, den Kindern und den Pflegebefohlenen des Gemeinschuldners für Forderungen, welche vor dem Tage des Inkrafttretens der Konkursordnung entstanden sind, ein Vorrecht nach Maßgabe des § 12 Abs. 1, 2 insoweit gewähren, als ein gesetzliches Pfand- oder Vorzugsrecht der Ehefrau, der Kinder oder der Pflegebefohlenen nach den bisherigen Gesetzen bestanden hat.

Auf das Vorrecht der Ehefrau findet die Bestimmung des § 12 Abs. 3 entsprechende Anwendung.

Den Kindern und den Pflegebefohlenen kann das Vorrecht für ein fünf Jahre nach dem Inkrafttreten der Konkursordnung eröffnetes Konkursverfahren nicht gewährt werden.

§ 14. Unberührt bleiben die landesgesetzlichen Vorschriften, nach welchen den Inhabern von Pfandbriefen, die von Kreditanstalten, welche nicht zu den Hypothekenbanken gehören, auf Grund von Hypotheken ausgestellt sind, ein Vorrecht vor allen anderen Konkursgläubigern in Ansehung der Befriedigung aus den Hypotheken der Anstalt zusteht

Unberührt bleiben die landesgesetzlichen Vorschriften, nach welchen den Inhabern von Schuldverschreibungen, die von Körperschaften des öffentlichen Rechtes, Aktiengesellschaften, Kommanditgesellschaften auf Aktien, Gesellschaften mit beschränkter Haftung oder Genossenschaften über ein Anlehen ausgestellt sind, ein Vorrecht vor nicht bevorrechtigten Konkursgläubigern, deren Forderungen später entstehen, dadurch gewährt werden kann, daß die zu bevorrechtigenden Forderungen in ein öffentliches Schuldbuch eingetragen werden

II.

Einführungsgesetz

zu dem Gesetze, betreffend

Änderungen der Konkursordnung.

Vom 17. Mai 1898 (RGBl. S. 248).

Artikel I.

Das Gesetz, betreffend Änderungen der Konkursordnung, tritt gleichzeitig mit dem Bürgerlichen Gesetzbuch in Kraft.

Artikel II.

(Betrifft Änderungen des Einführungsgesetzes zur Konkursordnung. Die Änderungen sind in die neue Fassung des Einführungsgesetzes [oben S. 7 ff.] aufgenommen.)

Artikel III.

Die Vorschriften des § 41 Abs. 2 der Konkursordnung und des § 17 Nr. 1, 2 des Gesetzes, betreffend die Einführung der Konkursordnung, finden auch außerhalb des Konkurses Anwendung.

Artikel IV.

Unberührt bleiben die landesgesetzlichen Vorschriften, welche die Zulässigkeit des Konkursverfahrens über das Vermögen der im § 15 Nr. 3 des Einführungsgesetzes zur Zivilprozeßordnung bezeichneten juristischen Personen beschränken oder ausschließen.

Artikel V.

Ein vor dem Inkrafttreten des Gesetzes, betreffend Änderungen der Konkursordnung, eröffnetes Konkursverfahren ist nach den bisherigen Gesetzen zu erledigen.

Artikel VI.

In einem am Tage des Inkrafttretens des Gesetzes, betreffend Änderungen der Konkursordnung, oder nach diesem Tage eröffneten Konkursverfahren bleiben, soweit für ein Rechtsverhältnis die Vorschriften des bisherigen bürgerlichen Rechtes maßgebend sind, für das Rechtsverhältnis auch die Vorschriften des bisherigen Konkursrechts maßgebend. Dies gilt insbesondere in Ansehung eines Nachlasses, wenn der Erblasser vor dem bezeichneten Zeitpunkte gestorben ist. Die Landesgesetzgebung kann jedoch auf ein Rechtsverhältnis, für welches nach den Übergangsvorschriften des Einführungsgesetzes zum Bürgerlichen Gesetzbuche die Landesgesetze maßgebend sind, die Vorschriften des neuen Konkursrechts für anwendbar erklären.

Artikel VII.

(Betrifft Änderungen des Gesetzes, betreffend die Anfechtung von Rechtshandlungen eines Schuldners außerhalb des Konkursverfahrens, vom 21. Juli 1879. Die Änderungen sind in die neue Fassung dieses Gesetzes [unten S. 88 ff.] aufgenommen.)

Artikel VIII.

Die Vorschriften des Artikel VII finden auf die vor dem Inkrafttreten dieses Gesetzes vorgenommenen Rechtshandlungen keine Anwendung.

Artikel IX.

In bürgerlichen Rechtsstreitigkeiten, in welchen durch Klage oder Widerklage ein Anspruch auf Grund des dritten Titels des ersten Buches der Konkursordnung oder auf Grund des Gesetzes, betreffend die Anfechtung von Rechtshandlungen eines Schuldners außerhalb des Konkursverfahrens, geltend gemacht ist, wird die Verhandlung und Entscheidung letzter Instanz im Sinne des § 8 des Einführungsgesetzes zum Gerichtsverfassungsgesetze dem Reichsgerichte zugewiesen.

III.

Konkursordnung.

Vom 10. Februar 1877.

(RGBl. von 1877, Nr. 10, S. 351—389.)

Abgeändert durch das Gesetz, betreffend Änderungen der Konkursordnung, vom 17. Mai 1898 (RGBl. 230) und durch Gesetz vom 8. Juni 1915 (RGBl. S. 329).

In der Fassung der Bekanntmachung vom 20. Mai 1898 (RGBl. 612).

Erstes Buch.

Konkursrecht.

Erster Titel.

Allgemeine Bestimmungen.

§ 1. Das Konkursverfahren umfaßt das gesamte, einer Zwangsvollstreckung unterliegende Vermögen des Gemeinschuldners, welches ihm zur Zeit der Eröffnung des Verfahrens gehört (Konkursmasse).

Die im § 811 Nr. 4, 9 der Zivilprozeßordnung und im § 20 des Gesetzes über das Postwesen des Deutschen Reichs vom 28. Oktober 1871 vorgesehenen Beschränkungen kommen im Konkursverfahren nicht zur Anwendung.

Zur Konkursmasse gehören auch die Geschäftsbücher des Gemeinschuldners.

Gegenstände, die nicht gepfändet werden sollen, gehören nicht zur Konkursmasse.

§ 2. Wird bei dem Güterstande der allgemeinen Gütergemeinschaft, der Errungenschaftsgemeinschaft oder der Fahrnisgemeinschaft das Konkursverfahren über das Vermögen des Ehemanns eröffnet, so gehört das Gesamtgut zur Konkursmasse; eine Auseinandersetzung wegen des Gesamtguts zwischen den Ehegatten findet nicht statt.

Durch das Konkursverfahren über das Vermögen der Ehefrau wird das Gesamtgut nicht berührt.

Diese Vorschriften finden bei der fortgesetzten Gütergemeinschaft mit der Maßgabe Anwendung, daß an die Stelle des Ehemanns der überlebende Ehegatte, an die Stelle der Ehefrau die Abkömmlinge treten.

§ 3. Die Konkursmasse dient zur gemeinschaftlichen Befriedigung aller persönlichen Gläubiger, welche einen zur Zeit der Eröffnung des Verfahrens begründeten Vermögensanspruch an den Gemeinschuldner haben (Konkursgläubiger).

Unterhaltsansprüche, die nach den §§ 1351, 1360, 1361, 1578—1583, 1586, 1601—1615, 1708—1714 des Bürgerlichen Gesetzbuchs gegen den Gemeinschuldner begründet sind, sowie die sich aus den §§ 1715, 1716 des Bürgerlichen Gesetzbuchs ergebenden Ansprüche können für die Zukunft nur geltend gemacht werden, soweit der Gemeinschuldner als Erbe des Verpflichteten haftet.

§ 4. Ein Anspruch auf abgesonderte Befriedigung aus Gegenständen, welche zur Konkursmasse gehören, kann nur in den von diesem Gesetze zugelassenen Fällen geltend gemacht werden.

Die abgesonderte Befriedigung erfolgt unabhängig vom Konkursverfahren.

§ 5. Ausländische Gläubiger stehen den inländischen gleich.

Unter Zustimmung des Bundesrats kann durch Anordnung des Reichskanzlers bestimmt werden, daß gegen einen ausländischen Staat, sowie dessen Angehörige und ihre Rechtsnachfolger ein Vergeltungsrecht zur Anwendung gebracht wird.

§ 6. Mit der Eröffnung des Verfahrens verliert der Gemeinschuldner die Befugnis, sein zur Konkursmasse gehöriges Vermögen zu verwalten und über dasselbe zu verfügen.

Das Verwaltungs- und Verfügungsrecht wird durch einen Konkursverwalter ausgeübt.

§ 7. Rechtshandlungen, welche der Gemeinschuldner nach der Eröffnung des Verfahrens vorgenommen hat, sind den Konkursgläubigern gegenüber unwirksam; die Vorschriften der §§ 892, 893 des Bürgerlichen Gesetzbuchs bleiben unberührt.

Dem anderen Teile ist die Gegenleistung aus der Masse zurückzugewähren, soweit letztere durch dieselbe bereichert ist.

Hat der Gemeinschuldner Rechtshandlungen am Tage der Eröffnung des Verfahrens vorgenommen, so wird vermutet, daß sie nach der Eröffnung vorgenommen worden sind.

§ 8. Eine Leistung, welche auf eine zur Konkursmasse zu erfüllende Verbindlichkeit nach der Eröffnung des Verfahrens an den Gemeinschuldner erfolgt ist, befreit den Erfüllenden den Konkursgläubigern gegenüber nur insoweit, als das Geleistete in die Konkursmasse gekommen ist.

War die Leistung vor der öffentlichen Bekanntmachung der Eröffnung erfolgt, so ist der Erfüllende befreit, wenn nicht bewiesen wird, daß ihm zur Zeit der Leistung die Eröffnung des Verfahrens bekannt war.

War die Leistung nach der öffentlichen Bekanntmachung erfolgt, so wird der Erfüllende befreit, wenn er beweist, daß ihm zur Zeit der Leistung die Eröffnung des Verfahrens nicht bekannt war.

§ 9. Die Annahme oder Ausschlagung einer vor der Eröffnung des Verfahrens dem Gemeinschuldner angefallenen Erbschaft, sowie eines vor diesem Zeitpunkte dem Gemeinschuldner angefallenen Vermächtnisses steht nur dem Gemeinschuldner zu. Das Gleiche gilt von der Ablehnung der fortgesetzten Gütergemeinschaft.

§ 10. Rechtsstreitigkeiten über das zur Konkursmasse gehörige Vermögen, welche zur Zeit der Eröffnung des Verfahrens für den Gemeinschuldner anhängig sind, können in der Lage, in welcher sie sich befinden, von dem Konkursverwalter aufgenommen werden. Wird die Aufnahme verzögert, so kommen die Bestimmungen des § 239 der Zivilprozeßordnung zur entsprechenden Anwendung.

Lehnt der Verwalter die Aufnahme des Rechtsstreits ab, so kann sowohl der Gemeinschuldner als der Gegner denselben aufnehmen.

§ 11. Rechtsstreitigkeiten, welche gegen den Gemeinschuldner anhängig und auf Aussonderung eines Gegenstandes aus der Konkursmasse oder auf abgesonderte Befriedigung gerichtet sind oder einen Anspruch betreffen, welcher als Masseschuld zu erachten ist, können sowohl von dem Konkursverwalter als von dem Gegner aufgenommen werden.

Erkennt der Verwalter den Anspruch sofort an, so fallen ihm die Prozeßkosten nicht zur Last.

§ 12. Konkursgläubiger können ihre Forderungen auf Sicherstellung oder Befriedigung aus der Konkursmasse nur nach Maßgabe der Vorschriften für das Konkursverfahren verfolgen.

§ 13. Ein gegen den Gemeinschuldner bestehendes Veräußerungsverbot der in den §§ 135, 136 des Bürgerlichen Gesetzbuchs bezeichneten Art ist den Konkursgläubigern gegenüber unwirksam; wirksam bleibt jedoch eine bei der Zwangsvollstreckung in das unbewegliche Vermögen erfolgte Beschlagnahme.

§ 14. Während der Dauer des Konkursverfahrens finden Arreste und Zwangsvollstreckungen zugunsten einzelner Konkursgläubiger weder in das zur Konkursmasse gehörige, noch in das sonstige Vermögen des Gemeinschuldners statt.

In Ansehung der zur Konkursmasse gehörigen Grundstücke, sowie der für den Gemeinschuldner eingetragenen Rechte an Grundstücken oder an eingetragenen Rechten kann während der Dauer des Konkursverfahrens eine Vormerkung auf Grund einer einstweiligen Verfügung zugunsten einzelner Konkursgläubiger nicht eingetragen werden. Das Gleiche gilt von der Eintragung einer Vormerkung in Ansehung eines Schiffspfandrechts.

§ 15. Rechte an den zur Konkursmasse gehörigen Gegenständen, sowie Vorzugsrechte und Zurückbehaltungsrechte in Ansehung solcher Gegenstände können nach der Eröffnung des Verfahrens nicht mit Wirksamkeit gegenüber den Konkursgläubigern erworben werden, auch wenn der Erwerb nicht auf einer Rechtshandlung des

Gemeinschuldners beruht. Die Vorschriften der §§ 878, 892, 893 und des § 1260 Abs. 1 des Bürgerlichen Gesetzbuchs bleiben unberührt.

§ 16. Befindet sich der Gemeinschuldner mit Dritten in einem Miteigentume, in einer Gesellschaft oder in einer anderen Gemeinschaft, so erfolgt die Teilung oder sonstige Auseinandersetzung außerhalb des Konkursverfahrens.

Eine Vereinbarung, durch welche bei einer Gemeinschaft nach Bruchteilen das Recht, die Aufhebung der Gemeinschaft zu verlangen, für immer oder auf Zeit ausgeschlossen oder eine Kündigungsfrist bestimmt worden ist, wirkt nicht gegen die Konkursmasse. Das Gleiche gilt von einer Anordnung dieses Inhalts, die ein Erblasser für die Gemeinschaft seiner Erben getroffen hat.

Zweiter Titel.
Erfüllung der Rechtsgeschäfte.

§ 17. Wenn ein zweiseitiger Vertrag zur Zeit der Eröffnung des Konkursverfahrens von dem Gemeinschuldner und von dem anderen Teile nicht oder nicht vollständig erfüllt ist, so kann der Konkursverwalter an Stelle des Gemeinschuldners den Vertrag erfüllen und die Erfüllung von dem anderen Teile verlangen.

Der Verwalter muß auf Erfordern des anderen Teils, auch wenn die Erfüllungszeit noch nicht eingetreten ist, demselben ohne Verzug erklären, ob er die Erfüllung verlangen will. Unterläßt er dies, so kann er auf der Erfüllung nicht bestehen.

§ 18. War die Lieferung von Waren, welche einen Markt- oder Börsenpreis haben, genau zu einer festbestimmten Zeit oder binnen einer festbestimmten Frist bedungen, und tritt die Zeit oder der Ablauf der Frist erst nach der Eröffnung des Verfahrens ein, so kann nicht die Erfüllung verlangt, sondern nur eine Forderung wegen Nichterfüllung geltend gemacht werden.

Der Betrag dieser Forderung bestimmt sich durch den Unterschied zwischen dem Kaufpreise und demjenigen Markt- oder Börsenpreise, welcher an dem Orte der Erfüllung oder an dem für denselben maßgebenden Handelsplatze sich für die am zweiten Werktage nach der Eröffnung des Verfahrens mit der bedungenen Erfüllungszeit geschlossenen Geschäfte ergibt.

Ist ein solcher Markt- oder Börsenpreis nicht zu ermitteln, so findet die Bestimmung des ersten Absatzes keine Anwendung.

§ 19. War dem Gemeinschuldner ein von ihm gemieteter oder gepachteter Gegenstand vor der Eröffnung des Verfahrens überlassen, so kann sowohl der andere Teil als der Verwalter das Miet- oder Pachtverhältnis kündigen. Die Kündigungsfrist ist, falls nicht eine kürzere Frist bedungen war, die gesetzliche. Kündigt der Verwalter, so ist der andere Teil berechtigt, Ersatz des ihm durch die Aufhebung des Vertrags entstehenden Schadens zu verlangen.

§ 20. War dem Gemeinschuldner ein von ihm gemieteter oder gepachteter Gegenstand zur Zeit der Eröffnung des Verfahrens noch nicht überlassen, so kann der andere Teil von dem Vertrage zurücktreten.

Auf Erfordern des Verwalters muß der andere Teil demselben ohne Verzug erklären, ob er von dem Vertrage zurücktreten will. Unterläßt er dies, so kommen die Bestimmungen des § 17 zur Anwendung.

§ 21. Hatte der Gemeinschuldner einen von ihm vermieteten oder verpachteten Gegenstand dem Mieter oder dem Pächter vor der Eröffnung des Verfahrens überlassen, so ist der Miet- oder Pachtvertrag auch der Konkursmasse gegenüber wirksam.

Im Falle der Vermietung oder der Verpachtung eines Grundstücks, sowie im Falle der Vermietung von Wohnräumen oder anderen Räumen ist jedoch eine Verfügung, die der Gemeinschuldner vor der Eröffnung des Verfahrens über den auf die spätere Zeit entfallenden Miet- oder Pachtzins getroffen hat, insbesondere die Einziehung des Miet- oder Pachtzinses, der Konkursmasse gegenüber nur insoweit wirksam, als sich die Verfügung auf den Miet- oder Pachtzins für das zur Zeit der Eröffnung des Verfahrens laufende Kalendervierteljahr bezieht; erfolgt die Konkurseröffnung innerhalb des letzten halben Monats eines Kalendervierteljahrs, so ist die Verfügung auch insoweit wirksam, als sie sich auf den Miet- oder Pachtzins für das folgende Kalendervierteljahr bezieht. Soweit die Entrichtung des Miet- oder Pachtzinses der Konkursmasse gegenüber wirksam ist, kann der Mieter oder der Pächter gegen die Miet- oder Pachtzinsforderung der Konkursmasse eine ihm gegen den Gemeinschuldner zustehende Forderung aufrechnen.

Eine von dem Konkursverwalter vorgenommene freiwillige Veräußerung des von dem Gemeinschuldner vermieteten oder verpachteten Grundstücks wirkt, sofern das Grundstück dem Mieter oder dem Pächter vor der Eröffnung des Verfahrens überlassen war, auf das Miet- oder Pachtverhältnis wie eine Zwangsversteigerung. Die

Vorschriften des § 57b des Gesetzes über die Zwangsversteigerung und die Zwangsverwaltung bleiben jedoch außer Betracht.

§ 22. Ein in dem Haushalte, Wirtschaftsbetriebe oder Erwerbsgeschäfte des Gemeinschuldners angetretenes Dienstverhältnis kann von jedem Teile gekündigt werden. Die Kündigungsfrist ist, falls nicht eine kürzere Frist bedungen war, die gesetzliche.

Kündigt der Verwalter, so ist der andere Teil berechtigt, Ersatz des ihm durch die Aufhebung des Dienstverhältnisses entstehenden Schadens zu verlangen.

§ 23. Ein von dem Gemeinschuldner erteilter Auftrag erlischt durch die Eröffnung des Verfahrens, es sei denn, daß der Auftrag sich nicht auf das zur Konkursmasse gehörige Vermögen bezieht. Erlischt der Auftrag, so finden die Vorschriften des § 672 Satz 2 und des § 674 des Bürgerlichen Gesetzbuchs entsprechende Anwendung.

Das Gleiche gilt, wenn sich jemand durch einen Dienstvertrag oder einen Werkvertrag verpflichtet hat, ein ihm von dem Gemeinschuldner übertragenes Geschäft für diesen zu besorgen.

§ 24. Ist zur Sicherung eines Anspruchs auf Einräumung oder Aufhebung eines Rechts an einem Grundstücke des Gemeinschuldners oder an einem für den Gemeinschuldner eingetragenen Rechte oder zur Sicherung eines Anspruchs auf Änderung des Inhalts oder des Ranges eines solchen Rechts eine Vormerkung im Grundbuch eingetragen, so kann der Gläubiger von dem Konkursverwalter die Befriedigung seines Anspruchs verlangen. Das Gleiche gilt, wenn in Ansehung eines Schiffspfandrechts eine Vormerkung im Schiffsregister eingetragen ist.

§ 25. Soweit rücksichtlich einzelner, durch die §§ 18 bis 24 nicht betroffener Rechtsverhältnisse das bürgerliche Recht besondere Bestimmungen über die Wirkung der Eröffnung des Konkursverfahrens enthält, kommen diese Bestimmungen zur Anwendung.

§ 26. Wenn infolge der Eröffnung des Konkursverfahrens die Nichterfüllung einer Verbindlichkeit oder die Aufhebung eines Rechtsverhältnisses des Gemeinschuldners eintritt, so ist der andere Teil nicht berechtigt, die Rückgabe seiner in das Eigentum des Gemeinschuldners übergegangenen Leistung aus der Konkursmasse zu verlangen. Er kann eine Forderung wegen der Nichterfüllung oder der Aufhebung nur als Konkursgläubiger geltend machen, soweit ihm nicht ein Anspruch auf abgesonderte Befriedigung zusteht.

§ 27. Erlischt ein von dem Gemeinschuldner erteilter Auftrag oder ein Dienst- oder Werkvertrag der im § 23 Abs. 2 bezeichneten Art infolge der Eröffnung des Verfahrens, so ist der andere Teil in Ansehung der nach der Eröffnung des Verfahrens entstandenen Ersatzansprüche im Falle des § 672 Satz 2 des Bürgerlichen Gesetzbuchs Massegläubiger, im Falle des § 674 des Bürgerlichen Gesetzbuchs Konkursgläubiger.

§ 28. Wird eine nach § 705 des Bürgerlichen Gesetzbuchs eingegangene Gesellschaft durch die Eröffnung des Konkursverfahrens über das Vermögen eines Gesellschafters aufgelöst, so ist der geschäftsführende Gesellschafter in Ansehung der Ansprüche, welche ihm aus der einstweiligen Fortführung der Geschäfte nach § 728 Satz 2 des Bürgerlichen Gesetzbuchs zustehen, Massegläubiger, in Ansehung der ihm nach § 729 des Bürgerlichen Gesetzbuchs zustehenden Ansprüche, unbeschadet der Bestimmung des § 51, Konkursgläubiger.

Dritter Titel.

Anfechtung.

§ 29. Rechtshandlungen, welche vor der Eröffnung des Konkursverfahrens vorgenommen sind, können als den Konkursgläubigern gegenüber unwirksam nach Maßgabe der folgenden Bestimmungen angefochten werden.

§ 30. Anfechtbar sind:

1. die nach der Zahlungseinstellung oder dem Antrage auf Eröffnung des Verfahrens von dem Gemeinschuldner eingegangenen Rechtsgeschäfte, durch deren Eingehung die Konkursgläubiger benachteiligt werden, wenn dem anderen Teile zu der Zeit, als er das Geschäft einging, die Zahlungseinstellung oder der Eröffnungsantrag bekannt war; sowie die nach der Zahlungseinstellung oder dem Eröffnungsantrage erfolgten Rechtshandlungen, welche einem Konkursgläubiger Sicherung oder Befriedigung gewähren, wenn dem Gläubiger zu der Zeit, als die Handlung erfolgte, die Zahlungseinstellung oder der Eröffnungsantrag bekannt war;
2. die nach der Zahlungseinstellung oder dem Antrage auf Eröffnung des Verfahrens oder in den letzten zehn Tagen vor der Zahlungseinstellung oder dem Eröffnungsantrage erfolgten Rechtshandlungen, welche einem Konkursgläubiger eine Sicherung oder Befriedigung gewähren, die er nicht oder nicht in der Art oder nicht zu der Zeit

zu beanspruchen hatte, sofern er nicht beweist, daß ihm zur Zeit der Handlung weder die Zahlungseinstellung und der Eröffnungsantrag, noch eine Absicht des Gemeinschuldners, ihn vor den übrigen Gläubigern zu begünstigen, bekannt war.

§ 31. Anfechtbar sind:

1. Rechtshandlungen, welche der Gemeinschuldner in der dem anderen Teile bekannten Absicht, seine Gläubiger zu benachteiligen, vorgenommen hat;
2. die in dem letzten Jahre vor der Eröffnung des Verfahrens geschlossenen, entgeltlichen Verträge des Gemeinschuldners

   mit seinem Ehegatten, vor oder während der Ehe,

   mit seinen oder seines Ehegatten Verwandten in auf- und absteigender Linie, mit seinen oder seines Ehegatten voll- und halbbürtigen Geschwistern, oder mit dem Ehegatten einer dieser Personen,

   sofern durch den Abschluß des Vertrages die Gläubiger des Gemeinschuldners benachteiligt werden und der andere Teil nicht beweist, daß ihm zur Zeit des Vertragsabschlusses eine Absicht des Gemeinschuldners, die Gläubiger zu benachteiligen, nicht bekannt war.

§ 32. Anfechtbar sind:

1. die in dem letzten Jahre vor der Eröffnung des Verfahrens von dem Gemeinschuldner vorgenommenen unentgeltlichen Verfügungen, sofern nicht

dieselben gebräuchliche Gelegenheitsgeschenke zum Gegenstande hatten;

2. die in den letzten zwei Jahren vor der Eröffnung des Konkurses von dem Gemeinschuldner vorgenommenen unentgeltlichen Verfügungen zugunsten seines Ehegatten.

§ 33. Rechtshandlungen, welche früher als sechs Monate vor der Eröffnung des Verfahrens erfolgt sind, können aus dem Grunde einer Kenntnis der Zahlungseinstellung nicht angefochten werden.

§ 34. Wechselzahlungen des Gemeinschuldners können auf Grund des § 30 Nr. 1 von dem Empfänger nicht zurückgefordert werden, wenn nach Wechselrecht der Empfänger bei Verlust des Wechselanspruchs gegen andere Wechselverpflichtete zur Annahme der Zahlung verbunden war.

Die gezahlte Wechselsumme muß von dem letzten Wechselregreßschuldner oder, falls derselbe den Wechsel für Rechnung eines Dritten begeben hatte, von diesem erstattet werden, wenn dem letzten Wechselregreßschuldner oder dem Dritten zu der Zeit, als er den Wechsel begab oder begeben ließ, einer der im § 30 Nr. 1 erwähnten Umstände bekannt war.

§ 35. Die Anfechtung wird dadurch nicht ausgeschlossen, daß für die anzufechtende Rechtshandlung ein vollstreckbarer Schuldtitel erlangt, oder daß dieselbe durch Zwangsvollstreckung oder durch Vollziehung eines Arrestes erwirkt worden ist.

§ 36. Das Anfechtungsrecht wird von dem Verwalter ausgeübt.

§ 37. Was durch die anfechtbare Handlung aus dem Vermögen des Gemeinschuldners veräußert, weggegeben oder aufgegeben ist, muß zur Konkursmasse zurückgewährt werden.

Der gutgläubige Empfänger einer unentgeltlichen Leistung hat dieselbe nur so weit zurückzugewähren, als er durch sie bereichert ist.

§ 38. Die Gegenleistung ist aus der Konkursmasse zu erstatten, soweit sie sich in derselben befindet, oder soweit die Masse um ihren Wert bereichert ist. Darüber hinaus kann ein Anspruch nur als Konkursforderung geltend gemacht werden.

§ 39. Wenn der Empfänger einer anfechtbaren Leistung das Empfangene zurückgewährt, so tritt seine Forderuhg wieder in Kraft.

§ 40. Die gegen den Erblasser begründete Anfechtung findet gegen den Erben statt.

Gegen einen anderen Rechtsnachfolger desjenigen, welchem gegenüber die anfechtbare Handlung vorgenommen ist, findet die gegen den letzteren begründete Anfechtung statt:

1. wenn ihm zur Zeit seines Erwerbes die Umstände, welche die Anfechtbarkeit des Erwerbes seines Rechtsvorgängers begründen, bekannt waren;
2. wenn er zu den im § 31 Nr. 2 genannten Personen gehört, es sei denn, daß ihm zur Zeit seines Erwerbes die Umstände, welche die Anfechtbarkeit des Erwerbes seines Rechtsvorgängers begründen, unbekannt waren;

3. wenn ihm das Erlangte unentgeltlich zugewendet worden ist.

Im Falle des Abs. 2 Nr. 3 findet auf die Haftung des Rechtsnachfolgers die Bestimmung des § 37 Abs. 2 Anwendung.

§ 41. Die Anfechtung kann nur binnen Jahresfrist seit der Eröffnung des Verfahrens erfolgen. Auf den Lauf der Frist finden die für die Verjährung geltenden Vorschriften des § 203 Abs. 2 und des § 207 des Bürgerlichen Gesetzbuchs entsprechende Anwendung. Die Anfechtung nach § 31 Nr. 1 ist ausgeschlossen, wenn seit der Vornahme der Handlung dreißig Jahre verstrichen sind.

Ist durch die anfechtbare Handlung eine Verpflichtung des Gemeinschuldners zu einer Leistung begründet, so kann der Konkursverwalter die Leistung verweigern, auch wenn die Anfechtung nach Abs. 1 ausgeschlossen ist.

§ 42. Die Vorschriften über die Anfechtung der vor der Eröffnung des Verfahrens vorgenommenen Rechtshandlungen gelten auch für die Anfechtung von Rechtshandlungen, die nach der Eröffnung des Verfahrens vorgenommen worden sind, sofern diese nach den §§ 892, 893 des Bürgerlichen Gesetzbuchs den Konkursgläubigern gegenüber wirksam sind. Die Frist für die Ausübung des Anfechtungsrechts beginnt mit der Vornahme der Rechtshandlung.

Vierter Titel.

Aussonderung.

§ 43. Die Ansprüche auf Aussonderung eines dem Gemeinschuldner nicht gehörigen Gegenstandes aus der

Konkursmasse auf Grund eines dinglichen oder persönlichen Rechts bestimmen sich nach den außerhalb des Konkursverfahrens geltenden Gesetzen.

§ 44. Der Verkäufer oder Einkaufskommissionär kann Waren, welche von einem anderen Orte an den Gemeinschuldner abgesendet und von dem Gemeinschuldner noch nicht vollständig bezahlt sind, zurückfordern, sofern nicht dieselben schon vor der Eröffnung des Verfahrens an dem Orte der Ablieferung angekommen und in den Gewahrsam des Gemeinschuldners oder einer anderen Person für ihn gelangt sind.

Die Bestimmungen des § 17 finden Anwendung.

§ 45. Die Ehefrau des Gemeinschuldners kann Gegenstände, welche sie während der Ehe erworben hat, nur in Anspruch nehmen, wenn sie beweist, daß dieselben nicht mit Mitteln des Gemeinschuldners erworben sind.

§ 46. Sind Gegenstände, deren Aussonderung aus der Konkursmasse hätte beansprucht werden können, vor der Eröffnung des Verfahrens von dem Gemeinschuldner oder nach der Eröffnung des Verfahrens von dem Verwalter veräußert worden, so ist der Aussonderungsberechtigte befugt, die Abtretung des Rechts auf die Gegenleistung, soweit diese noch aussteht, zu verlangen. Er kann die Gegenleistung aus der Masse beanspruchen, soweit sie nach der Eröffnung des Verfahrens zu derselben eingezogen worden ist.

Fünfter Titel.
Absonderung.

§ 47. Zur abgesonderten Befriedigung dienen die Gegenstände, welche der Zwangsvollstreckung in das unbewegliche Vermögen unterliegen, für diejenigen, welchen ein Recht auf Befriedigung aus denselben zusteht.

§ 48. Gläubiger, welche an einem zur Konkursmasse gehörigen Gegenstand ein durch Rechtsgeschäft bestelltes Pfandrecht haben, können aus den ihnen verpfändeten Gegenständen abgesonderte Befriedigung wegen ihrer Pfandforderung verlangen, zunächst wegen der Kosten, dann wegen der Zinsen, zuletzt wegen des Kapitals.

§ 49. Den im § 48 bezeichneten Pfandgläubigern stehen gleich:

1. die Reichskasse, die Staatskassen und die Gemeinden, sowie die Amts-, Kreis- und Provinzialverbände wegen öffentlicher Abgaben, in Ansehung der zurückgehaltenen oder in Beschlag genommenen zoll- und steuerpflichtigen Sachen;
2. diejenigen, welche an gewissen Gegenständen ein gesetzliches oder ein durch Pfändung erlangtes Pfandrecht haben; das dem Vermieter und dem Verpächter nach den §§ 559, 581, 585 des Bürgerlichen Gesetzbuchs zustehende Pfandrecht kann in Ansehung des Miet- oder Pachtzinses für eine frühere Zeit als das letzte Jahr vor der Eröffnung des Verfahrens, sowie in Ansehung des dem Vermieter oder dem Verpächter infolge der Kündigung des Verwalters entstehenden Entschädigungsanspruchs nicht geltend gemacht werden; das Pfandrecht des Verpächters eines landwirtschaftlichen Grundstücks unterliegt in Ansehung des Pachtzinses der Beschränkung nicht;
3. diejenigen, welche etwas zum Nutzen einer Sache verwendet haben, wegen des den noch vorhandenen

Vorteil nicht übersteigenden Betrags ihrer Forderung aus der Verwendung, in Ansehung der zurückbehaltenen Sache;

4. diejenigen, welchen nach dem Handelsgesetzbuche in Ansehung gewisser Gegenstände ein Zurückbehaltungsrecht zusteht.

Die im Abs. 1 Nr. 1 bezeichneten Rechte gehen den im Abs. 1 Nr. 2—4 und den im § 48 bezeichneten Rechten vor.

§ 50. Wer nach der Eröffnung des Konkursverfahrens oder mit Kenntnis des Eröffnungsantrages oder der Zahlungseinstellung eine Konkursforderung dem im Auslande wohnenden Inhaber eines zur Konkursmasse gehörigen Gegenstandes oder in der Absicht, daß dieser die Forderung erwerbe, einer Mittelsperson abtritt, ist verpflichtet, zur Konkursmasse den Betrag zu ersetzen, welcher derselben dadurch entgeht, daß der Inhaber für die Forderung nach dem Rechte des Auslandes entgegen den Bestimmungen dieses Gesetzes ein Absonderungsrecht an dem Gegenstande ausübt. Die Vorschrift des § 33 findet entsprechende Anwendung.

§ 51. Wer sich mit dem Gemeinschuldner in einem Miteigentume, in einer Gesellschaft oder in einer anderen Gemeinschaft befindet, kann wegen der auf ein solches Verhältnis sich gründenden Forderungen abgesonderte Befriedigung aus dem bei der Teilung oder sonstigen Auseinandersetzung ermittelten Anteile des Gemeinschuldners verlangen.

§ 52. Die Befriedigung der Lehen-, Stammguts- oder Familienfideikommiß-Gläubiger erfolgt abgesondert aus dem Lehen, Stammgute oder Familienfideikommisse nach den Vorschriften der Landesgesetze.

Sechster Titel.
Aufrechnung.

§ 53. Soweit ein Gläubiger zu einer Aufrechnung befugt ist, braucht er seine Forderung im Konkursverfahren nicht geltend zu machen.

§ 54. Die Aufrechnung wird nicht dadurch ausgeschlossen, daß zur Zeit der Eröffnung des Verfahrens die aufzurechnenden Forderungen oder die eine von ihnen noch betagt oder noch bedingt war, oder die Forderung des Gläubigers nicht auf einen Geldbetrag gerichtet war.

Eine betagte Forderung des Gläubigers ist zum Zwecke der Aufrechnung nach der Vorschrift des § 65 zu berechnen.

Zum Zwecke der Aufrechnung einer aufschiebend bedingten Forderung bei dem Eintritte der Bedingung kann der Gläubiger Sicherstellung insoweit verlangen, als die Forderung der von ihm einzuzahlenden Schuld gleichkommt.

Eine nicht auf Geld gerichtete Forderung des Gläubigers ist zum Zwecke der Aufrechnung nach den Vorschriften der §§ 69, 70 zu berechnen.

§ 55. Eine Aufrechnung im Konkursverfahren ist unzulässig:

1. wenn jemand vor oder nach der Eröffnung des Verfahrens eine Forderung an den Gemeinschuldner erworben hat und nach der Eröffnung etwas zur Masse schuldig geworden ist;
2. wenn jemand dem Gemeinschuldner vor der Eröffnung des Verfahrens etwas schuldig war und nach derselben eine Forderung an den Gemein-

schuldner erworben hat, auch wenn diese Forderung vor der Eröffnung für einen anderen Gläubiger entstanden war;

3. wenn jemand vor der Eröffnung des Verfahrens dem Gemeinschuldner etwas schuldig war und eine Forderung an den Gemeinschuldner durch ein Rechtsgeschäft mit demselben oder durch Rechtsabtretung oder Befriedigung eines Gläubigers erworben hat, falls ihm zur Zeit des Erwerbes bekannt war, daß der Gemeinschuldner seine Zahlungen eingestellt hatte, oder daß die Eröffnung des Verfahrens beantragt war. Die Vorschrift des § 33 findet entsprechende Anwendung.

Die Aufrechnung ist zulässig, wenn der Erwerber zur Übernahme der Forderung oder zur Befriedigung des Gläubigers verpflichtet war und zu der Zeit, als er die Verpflichtung einging, weder von der Zahlungseinstellung noch von dem Eröffnungsantrage Kenntnis hatte.

§ 56. Die Bestimmung des § 50 findet entsprechende Anwendung auf den Fall, daß ein im Auslande wohnender Schuldner nach dem Rechte des Auslandes eine nach § 55 unzulässige Aufrechnung mit der ihm abgetretenen Konkursforderung vornimmt.

Siebenter Titel.

Massegläubiger.

§ 57. Aus der Konkursmasse sind die Massekosten und Masseschulden vorweg zu berichtigen.

§ 58. Massekosten sind:

1. die gerichtlichen Kosten für das gemeinschaftliche Verfahren;

2. die Ausgaben für die Verwaltung, Verwertung und Verteilung der Masse;
3. die dem Gemeinschuldner und dessen Familie bewilligte Unterstützung.

§ 59. Masseschulden sind:

1. die Ansprüche, welche aus Geschäften oder Handlungen des Konkursverwalters entstehen;
2. die Ansprüche aus zweiseitigen Verträgen, deren Erfüllung zur Konkursmasse verlangt wird oder für die Zeit nach der Eröffnung des Verfahrens erfolgen muß;
3. die Ansprüche aus einer rechtlosen Bereicherung der Masse.

§ 60. Sobald sich herausstellt, daß die Konkursmasse zur vollständigen Befriedigung aller Massegläubiger nicht ausreicht, tritt eine verhältnismäßige Befriedigung derselben in der Weise ein, daß zunächst die Masseschulden, dann die Massekosten, von diesen zuerst die baren Auslagen und zuletzt die dem Gemeinschuldner und dessen Familie bewilligte Unterstützung zu berichtigen sind.

Achter Titel.
Konkursgläubiger.

§ 61. Die Konkursforderungen werden nach folgender Rangordnung, bei gleichem Range nach Verhältnis ihrer Beträge, berichtigt:

1. die für das letzte Jahr vor der Eröffnung des Verfahrens oder dem Ableben des Gemeinschuldners rückständigen Forderungen an Lohn, Kostgeld oder anderen Dienstbezügen der Personen, welche sich dem Gemeinschuldner für dessen Haus-

halt, Wirtschaftsbetrieb oder Erwerbsgeschäft zur Leistung von Diensten verdungen hatten;

2. die Forderungen der Reichskasse, der Staatskassen und der Gemeinden, sowie der Amts-, Kreis- und Provinzialverbände wegen öffentlicher Abgaben, welche im letzten Jahre vor der Eröffnung des Verfahrens fällig geworden sind oder nach § 65 als fällig gelten; es macht hierbei keinen Unterschied, ob der Steuererheber die Abgabe bereits vorschußweise zur Kasse entrichtet hat;
3. die Forderungen der Kirchen und Schulen, der öffentlichen Verbände und der öffentlichen, zur Annahme der Versicherung verpflichteten Feuerversicherungsanstalten wegen der nach Gesetz oder Verfassung zu entrichtenden Abgaben und Leistungen aus dem letzten Jahre vor der Eröffnung des Verfahrens;
4. die Forderungen der Ärzte, Wundärzte, Tierärzte, Apotheker, Hebammen und Krankenpfleger wegen Kur- und Pflegekosten aus dem letzten Jahre vor der Eröffnung des Verfahrens, insoweit der Betrag der Forderungen den Betrag der taxmäßigen Gebührnisse nicht übersteigt;
5. die Forderungen der Kinder, der Mündel und der Pflegebefohlenen des Gemeinschuldners in Ansehung ihres gesetzlich der Verwaltung desselben unterworfenen Vermögens; das Vorrecht steht ihnen nicht zu, wenn die Forderung nicht binnen zwei Jahren nach Beendigung der Vermögensverwaltung gerichtlich geltend gemacht und bis zur Eröffnung des Verfahrens verfolgt worden ist;
6. alle übrigen Konkursforderungen.

§ 62. Mit der Kapitalsforderung werden an derselben Stelle angesetzt:

1. die Kosten, welche dem Gläubiger vor der Eröffnung des Verfahrens erwachsen sind;
2. die Vertragsstrafen;
3. die bis zur Eröffnung des Verfahrens aufgelaufenen Zinsen.

§ 63. Im Konkursverfahren können nicht geltend gemacht werden:

1. die seit der Eröffnung des Verfahrens laufenden Zinsen;
2. die Kosten, welche den einzelnen Gläubigern durch ihre Teilnahme an dem Verfahren erwachsen;
3. Geldstrafen;
4. Forderungen aus einer Freigebigkeit des Gemeinschuldners unter Lebenden oder von Todes wegen.

§ 64. Ein Gläubiger, welcher abgesonderte Befriedigung beansprucht, kann die Forderung, wenn der Gemeinschuldner auch persönlich für sie haftet, zur Konkursmasse geltend machen, aus derselben aber nur für den Betrag verhältnismäßige Befriedigung verlangen, zu welchem er auf abgesonderte Befriedigung verzichtet, oder mit welchem er bei der letzteren ausgefallen ist.

§ 65. Betagte Forderungen gelten als fällig.

Eine betagte unverzinsliche Forderung vermindert sich auf den Betrag, welcher mit Hinzurechnung der gesetzlichen Zinsen desselben für die Zeit von der Eröffnung des Verfahrens bis zur Fälligkeit dem vollen Betrage der Forderung gleichkommt.

§ 66. Forderungen unter auflösender Bedingung werden wie unbedingte geltend gemacht.

§ 67. Forderungen unter aufschiebender Bedingung berechtigen nur zu einer Sicherung.

§ 68. Wird über das Vermögen mehrerer oder einer von mehreren Personen, welche nebeneinander für dieselbe Leistung auf das Ganze haften, das Konkursverfahren eröffnet, so kann der Gläubiger bis zu seiner vollen Befriedigung in jedem Verfahren den Betrag geltend machen, den er zur Zeit der Eröffnung des Verfahrens zu fordern hatte.

§ 69. Forderungen, welche nicht auf einen Geldbetrag gerichtet sind, oder deren Geldbetrag unbestimmt oder ungewiß oder nicht in Reichswährung festgesetzt ist, sind nach ihrem Schätzungswerte in Reichswährung geltend zu machen.

§ 70. Wiederkehrende Hebungen zu einem bestimmten Betrage und von einer bestimmten Zeitdauer werden unter Abrechnung der Zwischenzinsen (§ 65) durch Zusammenzählung der einzelnen Hebungen kapitalisiert. Der Gesamtbetrag darf den zum gesetzlichen Zinssatze kapitalisierten Betrag derselben nicht übersteigen.

Zweites Buch.

Konkursverfahren.

Erster Titel.

Allgemeine Bestimmungen.

§ 71. Für das Konkursverfahren ist das Amtsgericht ausschließlich zuständig, bei welchem der Gemeinschuldner seine gewerbliche Niederlassung oder in Ermangelung einer solchen seinen allgemeinen Gerichtsstand hat.

Sind mehrere Gerichte zuständig, so schließt dasjenige, bei welchem zuerst die Eröffnung des Verfahrens beantragt worden ist, die übrigen aus.

§ 72. Die Vorschriften der Zivilprozeßordnung finden, soweit nicht aus den Bestimmungen dieses Gesetzes sich Abweichungen ergeben, auf das Konkursverfahren entsprechende Anwendung.

§ 73. Die Entscheidungen im Konkursverfahren können ohne vorgängige mündliche Verhandlung erfolgen.

Die Zustellung geschieht von Amts wegen.

Gegen die Entscheidungen im Konkursverfahren findet, soweit dieses Gesetz nicht ein anderes bestimmt, die sofortige Beschwerde statt.

§ 74. Die Entscheidung des Beschwerdegerichts wird erst mit der Rechtskraft wirksam. Das Beschwerdegericht kann jedoch die sofortige Wirksamkeit der Entscheidung anordnen.

§ 75. Das Konkursgericht kann zur Aufklärung aller das Verfahren betreffenden Verhältnisse die erforderlichen Ermittelungen, insbesondere die Vernehmung von Zeugen und Sachverständigen anordnen.

§ 76. Die öffentlichen Bekanntmachungen erfolgen durch mindestens einmalige Einrückung in das zur Veröffentlichung amtlicher Bekanntmachungen des Gerichts bestimmte Blatt; die Einrückung kann auszugsweise geschehen. Die Bekanntmachung gilt als bewirkt mit dem Ablaufe des zweiten Tages nach der Ausgabe des die Einrückung oder die erste Einrückung enthaltenden Blattes.

Das Gericht kann weitere Bekanntmachungen anordnen.

Die öffentliche Bekanntmachung gilt als Zustellung an alle Beteiligten, auch wenn dieses Gesetz neben ihr eine besondere Zustellung vorschreibt.

§ 77. Wenn neben der öffentlichen Bekanntmachung eine besondere Zustellung vorgeschrieben ist, so kann dieselbe durch Aufgabe zur Post bewirkt werden. Einer Beglaubigung der Abschrift des zuzustellenden Schriftstücks bedarf es nicht.

Die dem Verwalter obliegenden Mitteilungen können unmittelbar und ohne besondere Form geschehen.

§ 78. Der Konkursverwalter wird von dem Gerichte ernannt.

Das Gericht kann demselben die Leistung einer Sicherheit auferlegen.

§ 79. Wenn die Verwaltung verschiedene Geschäftszweige umfaßt, so können mehrere Konkursverwalter ernannt werden. Jeder von ihnen ist in seiner Geschäftsführung selbständig.

§ 80. In der auf die Ernennung eines Verwalters folgenden Gläubigerversammlung können die Konkursgläubiger statt des Ernannten eine andere Person wählen. Das Gericht kann die Ernennung des Gewählten versagen.

§ 81. Der Name des Verwalters ist öffentlich bekannt zu machen.

Dem Verwalter ist eine urkundliche Bescheinigung seiner Ernennung zu erteilen. Er hat dieselbe bei der Beendigung seines Amts dem Gerichte zurückzureichen.

§ 82. Der Verwalter ist für die Erfüllung der ihm obliegenden Pflichten allen Beteiligten verantwortlich.

§ 83. Der Verwalter steht unter der Aufsicht des Konkursgerichts.

§ 84. Das Gericht kann gegen den Verwalter Ordnungsstrafen bis zu zweihundert Mark festsetzen. Es kann denselben vor der auf seine Ernennung folgenden Gläubigerversammlung von Amts wegen, später nur auf Antrag der Gläubigerversammlung oder des Gläubigerausschusses seines Amts entlassen.

Vor der Entscheidung ist der Verwalter zu hören.

§ 85. Der Verwalter hat Anspruch auf Erstattung angemessener barer Auslagen und auf Vergütung für seine Geschäftsführung. Die Festsetzung der Auslagen und der Vergütung erfolgt durch das Konkursgericht.

Die Landesjustizverwaltung kann für die dem Verwalter zu gewährende Vergütung allgemeine Anordnungen treffen.

§ 86. Der Verwalter hat bei der Beendigung seines Amts einer Gläubigerversammlung Schlußrechnung zu legen. Die Rechnung muß mit den Belegen und, wenn ein Gläubigerausschuß bestellt ist, mit dessen Bemerkungen spätestens drei Tage vor dem Termine auf der Gerichtsschreiberei zur Einsicht der Beteiligten niedergelegt werden. Der Gemeinschuldner, jeder Konkursgläubiger und der nachfolgende Verwalter sind berechtigt, Einwendungen gegen die Rechnung zu erheben. Soweit in dem Termine Einwendungen nicht erhoben werden, gilt die Rechnung als anerkannt.

§ 87. Vor der ersten Gläubigerversammlung kann das Gericht aus der Zahl der Gläubiger oder der

Vertreter von Gläubigern einen Gläubigerausschuß bestellen.

Die Gläubigerversammlung hat über die Bestellung eines Gläubigerausschusses zu beschließen. Die Mitglieder des Gläubigerausschusses sind von der Gläubigerversammlung zu wählen. Zu Mitgliedern können Gläubiger oder andere Personen gewählt werden.

§ 88. Die Mitglieder des Gläubigerausschusses haben den Verwalter bei seiner Geschäftsführung zu unterstützen und zu überwachen. Dieselben können sich von dem Gange der Geschäfte unterrichten, die Bücher und Schriften des Verwalters einsehen und den Bestand seiner Kasse untersuchen.

Der Gläubigerausschuß ist berechtigt, von dem Verwalter Berichterstattung über die Lage der Sache und die Geschäftsführung zu verlangen. Er ist verpflichtet, die Untersuchung der Kasse des Verwalters wenigstens einmal in jedem Monate durch ein Mitglied vornehmen zu lassen.

§ 89. Die Mitglieder des Gläubigerausschusses sind für die Erfüllung der ihnen obliegenden Pflichten allen Beteiligten verantwortlich.

§ 90. Ein Beschluß des Gläubigerausschusses ist gültig, wenn die Mehrheit der Mitglieder an der Beschlußfassung teilgenommen hat, und der Beschluß mit absoluter Mehrheit der abgegebenen Stimmen gefaßt ist.

§ 91. Die Mitglieder des Gläubigerausschusses haben Anspruch auf Erstattung angemessener barer Auslagen und auf Vergütung für ihre Geschäftsführung. Die Festsetzung der Auslagen und der Vergütung erfolgt nach Anhörung der Gläubigerversammlung durch das Konkursgericht.

Die Landesjustizverwaltung kann für die den Mitgliedern des Gläubigerausschusses zu gewährende Vergütung allgemeine Anordnungen treffen.

§ 92. Die durch das Gericht erfolgte Bestellung zum Mitgliede des Gläubigerausschusses kann von dem Gerichte, die durch die Gläubigerversammlung erfolgte Bestellung zum Mitgliede des Gläubigerausschusses durch Beschluß der Gläubigerversammlung widerrufen werden.

§ 93. Über die Berufung der Gläubigerversammlung beschließt das Gericht. Die Berufung muß erfolgen, wenn sie von dem Verwalter, dem Gläubigerausschusse oder von mindestens fünf Konkursgläubigern, deren Forderungen nach der Schätzung des Gerichts den fünften Teil der Schuldenmasse erreichen, beantragt wird.

Die Berufung muß öffentlich bekannt gemacht werden. Der öffentlichen Bekanntmachung bedarf es nicht, wenn in einer Gläubigerversammlung eine Vertagung der Verhandlung angeordnet wird.

§ 94. Die Gläubigerversammlung findet unter der Leitung des Gerichts statt.

Die Beschlüsse der Gläubigerversammlung werden mit absoluter Mehrheit der Stimmen gefaßt. Für die Wahl der Mitglieder des Gläubigerausschusses genügt relative Mehrheit der Stimmen.

Die Stimmenmehrheit ist nach den Forderungsbeträgen zu berechnen. Bei Gleichheit der Summen entscheidet die Zahl der Gläubiger.

§ 95. Zur Teilnahme an den Abstimmungen berechtigen die festgestellten Konkursforderungen. In Ansehung einer streitig gebliebenen Forderung wird bei der Prüfung mit den Parteien erörtert, ob und zu welchem

Betrage ein bleibendes Stimmrecht für dieselbe zu gewähren ist. In Ermangelung einer Einigung entscheidet das Konkursgericht. Das Gericht kann die Entscheidung auf den weiteren Antrag einer Partei abändern.

Ob und zu welchem Betrage nicht geprüfte Konkursforderungen zum Stimmen in einer Gläubigerversammlung berechtigen, entscheidet auf den Widerspruch eines Konkursgläubigers oder des Verwalters das Gericht.

Eine Anfechtung der Entscheidungen findet nicht statt.

§ 96. Ob und zu welchem Betrage Forderungen, für welche abgesonderte Befriedigung beansprucht wird, in Ansehung ihres mutmaßlichen Ausfalls, sowie Konkursforderungen unter aufschiebender Bedingung zum Stimmen in einer Gläubigerversammlung berechtigen, entscheidet auf den Widerspruch eines Konkursgläubigers oder des Verwalters das Gericht.

Eine Anfechtung der Entscheidung findet nicht statt.

§ 97. Gezählt werden nur die Stimmen der in der Gläubigerversammlung erschienenen Gläubiger. Die nicht erschienenen Gläubiger sind an die Beschlüsse gebunden.

§ 98. Der Gegenstand, über welchen in der Gläubigerversammlung ein Beschluß gefaßt werden soll, muß bei der Berufung derselben öffentlich bekannt gemacht werden.

§ 99. Das Gericht hat die Ausführung eines von der Gläubigerversammlung gefaßten Beschlusses auf den in der Gläubigerversammlung gestellten Antrag des Verwalters oder eines überstimmten Gläubigers zu untersagen, wenn der Beschluß dem gemeinsamen Interesse der Konkursgläubiger widerspricht.

§ 100. Der Gemeinschuldner ist verpflichtet, dem Verwalter, dem Gläubigerausschusse und auf Anordnung des

Gerichts der Gläubigerversammlung über alle das Verfahren betreffenden Verhältnisse Auskunft zu geben.

§ 101. Der Gemeinschuldner darf sich von seinem Wohnorte nur mit Erlaubnis des Gerichts entfernen.

Das Gericht kann die zwangsweise Vorführung und nach Anhörung des Gemeinschuldners die Haft desselben anordnen, wenn er die ihm von dem Gesetze auferlegten Pflichten nicht erfüllt, oder wenn es zur Sicherung der Masse notwendig erscheint.

Zweiter Titel.

Eröffnungsverfahren.

§ 102. Die Eröffnung des Konkursverfahrens setzt die Zahlungsunfähigkeit des Gemeinschuldners voraus.

Zahlungsunfähigkeit ist insbesondere anzunehmen, wenn Zahlungseinstellung erfolgt ist.

§ 103. Das Verfahren kann nur auf Antrag eröffnet werden.

Zu dem Antrage ist der Gemeinschuldner und jeder Konkursgläubiger berechtigt.

§ 104. Beantragt der Gemeinschuldner die Eröffnung des Verfahrens, so hat er ein Verzeichnis der Gläubiger und Schuldner, sowie eine Übersicht der Vermögensmasse bei Stellung des Antrags einzureichen oder, wenn dies nicht tunlich ist, ohne Verzug nachzuliefern.

§ 105. Der Antrag eines Gläubigers auf Eröffnung des Verfahrens ist zuzulassen, wenn die Forderung des Gläubigers und die Zahlungsunfähigkeit des Gemeinschuldners glaubhaft gemacht werden.

Wird der Antrag zugelassen, so hat das Gericht den Schuldner zu hören und, sofern dieser nicht seine Zahlungsunfähigkeit oder Zahlungseinstellung einräumt, die erforderlichen Ermittelungen anzuordnen.

Die Anhörung des Schuldners kann unterbleiben, wenn sie eine öffentliche Zustellung oder eine Zustellung im Auslande erfordert; in diesem Falle ist, soweit tunlich, ein Vertreter oder Angehöriger des Schuldners zu hören.

§ 106. Das Gericht kann die zwangsweise Vorführung und die Haft des Schuldners anordnen. Dasselbe kann alle zur Sicherung der Masse dienenden einstweiligen Anordnungen treffen. Es kann insbesondere ein allgemeines Veräußerungsverbot an den Schuldner erlassen.

Bei der Abweisung des Eröffnungsantrags sind die angeordneten Sicherheitsmaßregeln aufzuheben.

§ 107. Die Abweisung des Eröffnungsantrags kann erfolgen, wenn nach dem Ermessen des Gerichts eine den Kosten des Verfahrens entsprechende Konkursmasse nicht vorhanden ist. Die Abweisung unterbleibt, wenn ein zur Deckung der im § 58 Nr. 1, 2 bezeichneten Massekosten ausreichender Geldbetrag vorgeschossen wird.

Das Gericht hat ein Verzeichnis derjenigen Schuldner zu führen, bezüglich deren der Eröffnungsantrag auf Grund der Vorschrift des Abs. 1 Satz 1 abgewiesen worden ist. Die Einsicht des Verzeichnisses ist jedem gestattet. Nach dem Ablaufe von fünf Jahren seit der Abweisung des Eröffnungsantrags ist die Eintragung in dem Verzeichnisse dadurch zu löschen, daß der Name unkenntlich gemacht wird.

§ 108. Der Eröffnungsbeschluß hat die Stunde der Eröffnung anzugeben.

Ist dies versäumt worden, so gilt als Zeitpunkt der Eröffnung die Mittagsstunde des Tages, an welchem der Beschluß erlassen ist.

§ 109. Die sofortige Beschwerde steht gegen den Eröffnungsbeschluß nur dem Gemeinschuldner, gegen den abweisenden Beschluß nur demjenigen zu, welcher den Eröffnungsantrag gestellt hat.

§ 110. Bei der Eröffnung des Konkursverfahrens ernennt das Gericht den Konkursverwalter, verordnet einen nicht über einen Monat hinauszusetzenden Termin zur Beschlußfassung über die Wahl eines anderen Verwalters, sowie über die Bestellung eines Gläubigerausschusses, erläßt den offenen Arrest und bestimmt die Anmeldefrist und den allgemeinen Prüfungstermin.

Das Gericht kann die Termine verbinden, wenn die Konkursmasse von geringerem Betrage oder der Kreis der Konkursgläubiger von geringerem Umfange ist, oder wenn der Gemeinschuldner einen Zwangsvergleichsvorschlag eingereicht hat.

§ 111. Der Gerichtsschreiber hat die Formel des Eröffnungsbeschlusses, den offenen Arrest, die Anmeldefrist und die Termine sofort öffentlich bekannt zu machen.

Die Bekanntmachung ist, unbeschadet der Vorschriften des § 76 Abs. 1, auszugsweise in den Deutschen Reichsanzeiger einzurücken.

An die ihrem Wohnorte nach bekannten Gläubiger und Schuldner des Gemeinschuldners erfolgt besondere Zustellung.

§ 112. Der Gerichtsschreiber hat unter Bezeichnung des Konkursverwalters beglaubigte Abschriften der Formel des Eröffnungsbeschlusses den Behörden für die Führung des Handels- oder Genossenschaftsregisters oder ähnlicher Register und der Dienstbehörde des Gemeinschuldners mitzuteilen.

§ 113. Ein von dem Konkursgericht in Gemäßheit des § 106 erlassenes allgemeines Veräußerungsverbot, sowie die Eröffnung des Konkursverfahrens ist in das Grundbuch einzutragen:

1. bei denjenigen Grundstücken, als deren Eigentümer der Gemeinschuldner im Grundbuch eingetragen ist;
2. bei den für den Gemeinschuldner eingetragenen Rechten an Grundstücken oder an eingetragenen Rechten, wenn nach der Art des Rechts und den obwaltenden Umständen bei Unterlassung der Eintragung eine Beeinträchtigung der Konkursgläubiger zu besorgen ist.

Das Konkursgericht hat, soweit ihm solche Grundstücke oder Rechte bekannt sind, das Grundbuchamt von Amtswegen um die Eintragung zu ersuchen.

Die Eintragung kann auch von dem Konkursverwalter bei dem Grundbuchamte beantragt werden.

§ 114. Werden Grundstücke oder Rechte, bei denen eine Eintragung nach Maßgabe des § 113 Abs. 1, 2 bewirkt worden ist, von dem Verwalter freigegeben oder veräußert, so kann das Konkursgericht auf Antrag das Grundbuchamt um Löschung der Eintragung ersuchen.

§ 115. Die Eintragung und Löschung von Vermerken auf Grund der §§ 113, 114 geschieht gebührenfrei.

§ 116. Sobald eine den Eröffnungsbeschluß aufhebende Entscheidung die Rechtskraft erlangt hat, ist die Aufhebung des Verfahrens öffentlich bekannt zu machen. Die Vorschriften der §§ 111 Abs. 2, 112, 113, 191 finden entsprechende Anwendung.

Dritter Titel.
Teilungsmasse.

§ 117. Nach der Eröffnung des Verfahrens hat der Verwalter das gesamte zur Konkursmasse gehörige Vermögen sofort in Besitz und Verwaltung zu nehmen und dasselbe zu verwerten.

Die Geschäftsbücher des Gemeinschuldners dürfen nur mit dem Geschäft im ganzen und nur insoweit veräußert werden, als sie zur Fortführung des Geschäftsbetriebs unentbehrlich sind.

§ 118. Durch den offenen Arrest wird allen Personen, welche eine zur Konkursmasse gehörige Sache in Besitz haben oder zur Konkursmasse etwas schuldig sind, aufgegeben, nichts an den Gemeinschuldner zu verabfolgen oder zu leisten, auch die Verpflichtung auferlegt, von dem Besitze der Sache und von den Forderungen, für welche sie aus der Sache abgesonderte Befriedigung in Anspruch nehmen, dem Konkursverwalter innerhalb einer bestimmten Frist Anzeige zu machen.

§ 119. Wer die Anzeige über den Besitz von Sachen des Gemeinschuldners innerhalb der bestimmten Frist zu machen unterläßt, haftet für allen aus der Unterlassung oder Verzögerung der Anzeige entstehenden Schaden.

§ 120. Gläubiger, welche abgesonderte Befriedigung aus einer in ihrem Besitze befindlichen Sache beanspruchen, haben dem Verwalter auf dessen Verlangen die

Sache zur Ansicht vorzuzeigen und die Abschätzung derselben zu gestatten.

§ 121. Die Post- und Telegraphenanstalten sind verpflichtet, auf Anordnung des Konkursgerichts alle für den Gemeinschuldner eingehenden Sendungen, Briefe und Depeschen dem Verwalter auszuhändigen. Dieser ist zur Eröffnung derselben berechtigt. Der Gemeinschuldner kann die Einsicht und, wenn ihr Inhalt die Masse nicht betrifft, die Herausgabe derselben verlangen.

Das Gericht kann die Anordnung auf Antrag des Gemeinschuldners nach Anhörung des Verwalters aufheben oder beschränken.

§ 122. Der Verwalter kann zur Sicherung der zur Konkursmasse gehörigen Sachen durch eine zur Vornahme solcher Handlungen gesetzlich ermächtigte Person siegeln lassen.

Die Geschäftsbücher des Gemeinschuldners sind durch den Gerichtsschreiber zu schließen.

§ 123. Der Verwalter hat die einzelnen zur Konkursmasse gehörigen Gegenstände unter Angabe ihres Werts aufzuzeichnen. Der Wert ist erforderlichenfalls durch Sachverständige zu ermitteln. Bei der Aufzeichnung ist eine obrigkeitliche oder eine Urkundsperson zuzuziehen. Der Gemeinschuldner ist zuzuziehen, wenn er ohne Aufschub zu erlangen ist.

Auf Antrag des Verwalters und, wenn ein Gläubigerausschuß bestellt ist, des letzteren, kann das Gericht gestatten, daß die Aufzeichnung unterbleibe oder ohne Zuziehung einer obrigkeitlichen oder einer Urkundsperson vorgenommen werde.

§ 124. Dem Verwalter liegt die Anfertigung eines Inventars und einer Bilanz ob. Derselbe hat eine von ihm gezeichnete Abschrift des Inventars und der Bilanz und, wenn eine Siegelung und Entsiegelung stattgefunden hat, die Protokolle über dieselben auf der Gerichtsschreiberei zur Einsicht der Beteiligten niederzulegen.

§ 125. Nach der Anfertigung des Inventars kann der Verwalter oder ein Konkursgläubiger den Gemeinschuldner in eine Sitzung des Amtsgerichts, bei welchem das Konkursverfahren anhängig ist, zur Leistung des Offenbarungseides laden.

§ 126. Die Zwangsverwaltung und die Zwangsversteigerung der zur Masse gehörigen unbeweglichen Gegenstände kann bei der zuständigen Behörde durch den Konkursverwalter betrieben werden.

§ 127. Der Verwalter ist berechtigt, die Verwertung eines zur Masse gehörigen beweglichen Gegenstandes, an welchem ein Gläubiger ein durch Rechtsgeschäft bestelltes Pfandrecht oder ein diesem gleichstehendes Recht beansprucht, nach Maßgabe der Vorschriften über die Zwangsvollstreckung oder über den Pfandverkauf zu betreiben. Der Gläubiger kann einer solchen Verwertung nicht widersprechen, vielmehr seine Rechte nur auf den Erlös geltend machen.

Ist der Gläubiger befugt, sich aus dem Gegenstande ohne gerichtliches Verfahren zu befriedigen, so kann auf Antrag des Verwalters das Konkursgericht dem Gläubiger nach dessen Anhörung eine Frist bestimmen, innerhalb welcher er den Gegenstand zu verwerten hat.

Nach dem Ablaufe der Frist findet die Vorschrift des ersten Absatzes Anwendung.

§ 128. Ist der Gemeinschuldner Vorerbe, so darf der Verwalter die zur Erbschaft gehörigen Gegenstände nicht veräußern, wenn die Veräußerung im Falle des Eintritts der Nacherbfolge nach § 2115 des Bürgerlichen Gesetzbuchs dem Nacherben gegenüber unwirksam ist.

§ 129. Bis zur Beschlußfassung durch eine Gläubigerversammlung kann der Verwalter mit Genehmigung des Gerichts oder, wenn von dem Gerichte ein Gläubigerausschuß bestellt ist, mit dessen Genehmigung dem Gemeinschuldner und der Familie desselben notdürftigen Unterhalt aus der Konkursmasse gewähren.

Bis zur Beschlußfassung durch eine Gläubigerversammlung hat der Verwalter nach seinem Ermessen das Geschäft des Gemeinschuldners zu schließen oder fortzuführen und die Gelder, Wertpapiere und Kostbarkeiten nach Anordnung des Gerichts zu hinterlegen. Ist von dem Gerichte ein Gläubigerausschuß bestellt, so beschließt dieser über die Schließung oder die Fortführung des Geschäfts und über die Hinterlegung der Gelder, Wertpapiere und Kostbarkeiten.

§ 130. Soll nach § 129 das Geschäft des Gemeinschuldners geschlossen werden, so hat der Verwalter vor der Beschlußfassung des Gläubigerausschusses oder, wenn ein Gläubigerausschuß nicht bestellt ist, vor der Schließung des Geschäfts dem Gemeinschuldner, sofern derselbe ohne Aufschub zu erlangen ist, von der beabsichtigten Maßregel Mitteilung zu machen.

Das Gericht kann auf Antrag des Gemeinschuldners die Schließung des Geschäfts untersagen, wenn der

Gemeinschuldner einen Zwangsvergleichsvorschlag eingereicht hat.

§ 131. In der ersten Gläubigerversammlung hat der Verwalter über die Entstehung der Zahlungsunfähigkeit des Gemeinschuldners, über die Lage der Sache und über die bisher ergriffenen Maßregeln zu berichten.

§ 132. Die Gläubigerversammlung beschließt über eine dem Gemeinschuldner und dessen Familie zu bewilligende Unterstützung, über die Schließung oder die Fortführung des Geschäfts und über die Stelle, bei welcher, sowie über die Bedingungen, unter welchen die Gelder, Wertpapiere und Kostbarkeiten hinterlegt oder angelegt werden sollen.

Die Gläubigerversammlung beschließt, in welcher Weise und in welchen Zeiträumen der Verwalter ihr oder einem Gläubigerausschusse über die Verwaltung und Verwertung der Masse Bericht erstatten und Rechnung legen soll.

§ 133. Der Verwalter hat, falls ein Gläubigerausschuß bestellt ist, dessen Genehmigung einzuholen:

1. wenn Gegenstände, deren Verkauf ohne offenbaren Nachteil für die Masse ausgesetzt werden kann und nicht durch die Fortführung des Geschäfts veranlaßt wird, verkauft werden sollen, bevor der allgemeine Prüfungstermin abgehalten oder ein vor dem Schlusse desselben eingereichter Zwangsvergleichsvorschlag erledigt ist;
2. wenn die Erfüllung von Rechtsgeschäften des Gemeinschuldners verlangt, Prozesse anhängig gemacht, deren Aufnahme abgelehnt, Vergleiche oder Schiedsverträge geschlossen, Aussonderungs-,

Absonderungs- oder Masseansprüche anerkannt, Pfandstücke eingelöst, oder Forderungen veräußert werden sollen, und es sich in diesen Fällen um einen Wertgegenstand von mehr als dreihundert Mark handelt.

§ 134. Der Verwalter hat die Genehmigung des Gläubigerausschusses oder, wenn ein solcher nicht bestellt ist, die Genehmigung einer Gläubigerversammlung einzuholen:

1. wenn ein unbeweglicher Gegenstand aus freier Hand, oder das Geschäft oder das Warenlager des Gemeinschuldners im ganzen, oder das Recht auf den Bezug wiederkehrender Einkünfte veräußert werden soll;
2. wenn Darlehen aufgenommen, fremde Verbindlichkeiten übernommen, zur Masse gehörige Gegenstände verpfändet, oder Grundstücke erstanden werden sollen.

§ 135. Der Verwalter hat in den Fällen der §§ 133, 134 vor der Beschlußfassung des Gläubigerausschusses oder der Gläubigerversammlung, und in den Fällen des § 133, wenn ein Gläubigerausschuß nicht bestellt ist, vor der Vornahme der Rechtshandlung dem Gemeinschuldner, sofern derselbe ohne Aufschub zu erlangen ist, von der beabsichtigten Maßregel Mitteilung zu machen.

Das Gericht kann auf Antrag des Gemeinschuldners, sofern nicht die Gläubigerversammlung die Genehmigung erteilt hat, die Vornahme der Rechtshandlung vorläufig untersagen und zur Beschlußfassung über die Vornahme eine Gläubigerversammlung berufen.

§ 136. Durch die Vorschriften der §§ 133—135 wird die Gültigkeit einer Rechtshandlung des Verwalters dritten Personen gegenüber nicht berührt.

§ 137. Wenn ein Gläubigerausschuß bestellt ist, und die Gläubigerversammlung nicht ein anderes beschließt, bedürfen Quittungen des Verwalters über den Empfang von Geldern, Wertpapieren oder Kostbarkeiten von der Hinterlegungsstelle und Anweisungen des Verwalters auf die Hinterlegungsstelle zu ihrer Gültigkeit der Mitzeichnung eines Mitgliedes des Gläubigerausschusses.

Vierter Titel.
Schuldenmasse.

§ 138. Die Frist zur Anmeldung der Konkursforderungen beträgt zwei Wochen bis drei Monate. Der Zeitraum zwischen dem Ablaufe der Anmeldefrist und dem allgemeinen Prüfungstermine soll mindestens eine Woche und höchstens zwei Monate betragen.

§ 139. Die Anmeldung hat die Angabe des Betrages und des Grundes der Forderung sowie des beanspruchten Vorrechts zu enthalten. Sie kann bei dem Gerichte schriftlich eingereicht oder zum Protokolle des Gerichtsschreibers angebracht werden. Die urkundlichen Beweisstücke oder eine Abschrift derselben sind beizufügen.

§ 140. Die Anmeldungen sind in der Gerichtsschreiberei zur Einsicht der Beteiligten niederzulegen.

Der Gerichtsschreiber hat jede Forderung sofort nach der Anmeldung derselben in der Rangordnung des beanspruchten Vorrechts in eine Tabelle einzutragen, welche innerhalb des ersten Dritteils des zwischen dem Ablaufe der Anmeldefrist und dem Prüfungstermine liegenden

Zeitraums auf der Gerichtsschreiberei zur Einsicht der Beteiligten niederzulegen und abschriftlich dem Verwalter mitzuteilen ist.

§ 141. In dem Prüfungstermine werden die angemeldeten Forderungen ihrem Betrage und ihrem Vorrechte nach einzeln erörtert.

Der Gemeinschuldner hat sich über die Forderungen zu erklären.

§ 142. In dem Prüfungstermine sind auch diejenigen Forderungen, welche nach dem Ablaufe der Anmeldefrist angemeldet sind, zu prüfen, wenn weder der Verwalter noch ein Konkursgläubiger hiergegen Widerspruch erhebt; anderenfalls ist auf Kosten des Säumigen ein besonderer Prüfungstermin zu bestimmen.

Auf nachträglich beanspruchte Vorrechte und sonstige Änderungen der Anmeldung findet die vorstehende Bestimmung entsprechende Anwendung.

Gläubiger, welche Forderungen nach dem Prüfungstermine anmelden, tragen die Kosten des besonderen Prüfungstermins.

§ 143. Die Prüfung einer angemeldeten Forderung findet statt, wenngleich der anmeldende Gläubiger im Prüfungstermine ausbleibt.

§ 144. Eine Forderung gilt als festgestellt, soweit gegen sie im Prüfungstermine ein Widerspruch weder von dem Verwalter noch von einem Konkursgläubiger erhoben wird, oder soweit ein erhobener Widerspruch beseitigt ist.

Ist die Forderung vom Gemeinschuldner im Prüfungstermine bestritten, so kann ein Rechtsstreit, welcher über dieselbe zur Zeit der Eröffnung des Konkursverfahrens anhängig war, gegen den Gemeinschuldner aufgenommen werden.

§ 145. Das Gericht hat nach der Erörterung einer jeden Forderung das Ergebnis in die Tabelle einzutragen. Auf Wechseln und sonstigen Schuldurkunden ist von dem Gerichtsschreiber die Feststellung zu vermerken.

Die Eintragung in die Tabelle gilt rücksichtlich der festgestellten Forderungen ihrem Betrage und ihrem Vorrechte nach wie ein rechtskräftiges Urteil gegenüber allen Konkursgläubigern.

§ 146. Den Gläubigern streitig gebliebener Forderungen bleibt überlassen, die Feststellung derselben gegen die Bestreitenden zu betreiben. Zu diesem Behufe hat das Gericht den Gläubigern einen Auszug aus der Tabelle in beglaubigter Form zu erteilen.

Auf die Feststellung ist im ordentlichen Verfahren Klage zu erheben. Für die Klage ist das Amtsgericht, bei welchem das Konkursverfahren anhängig ist und, wenn der Streitgegenstand zur Zuständigkeit der Amtsgerichte nicht gehört, das Landgericht ausschließlich zuständig, zu dessen Bezirke der Bezirk des Konkursgerichts gehört.

War zur Zeit der Eröffnung des Konkursverfahrens ein Rechtsstreit über die Forderung anhängig, so ist die Feststellung derselben durch Aufnahme des Rechtsstreits zu verfolgen.

Die Feststellung kann nur auf den Grund gestützt und nur auf den Betrag gerichtet werden, welcher in der Anmeldung oder dem Prüfungstermine angegeben ist.

Die Bestimmungen des ersten, dritten und vierten Absatzes finden auf Forderungen, für deren Feststellung ein besonderes Gericht, eine Verwaltungsbehörde oder ein Verwaltungsgericht zuständig ist, entsprechende Anwendung.

Der Widerspruch gegen eine Forderung, für welche ein mit der Vollstreckungsklausel versehener Schuldtitel, ein Endurteil oder ein Vollstreckungsbefehl vorliegt, ist von dem Widersprechenden zu verfolgen.

Die obsiegende Partei hat die Berichtigung der Tabelle zu erwirken.

§ 147. Soweit durch ein Urteil rechtskräftig eine Forderung festgestellt oder ein Widerspruch für begründet erklärt ist, wirkt dasselbe gegenüber allen Konkursgläubigern. War der Prozeß nur gegen einzelne Gläubiger geführt, so können diese den Ersatz ihrer Prozeßkosten aus der Konkursmasse insoweit verlangen, als der letzteren durch das Urteil ein Vorteil erwachsen ist.

§ 148. Der Wert des Streitgegenstandes eines Prozesses über die Richtigkeit oder das Vorrecht einer Forderung ist mit Rücksicht auf das Verhältnis der Teilungs- zur Schuldenmasse von dem Prozeßgerichte nach freiem Ermessen festzusetzen.

Fünfter Titel.

Verteilung.

§ 149. Nach der Abhaltung des allgemeinen Prüfungstermins soll, so oft hinreichende bare Masse vorhanden ist, eine Verteilung an die Konkursgläubiger erfolgen.

§ 150. Zur Vornahme einer Verteilung hat der Verwalter, wenn ein Gläubigerausschuß bestellt ist, dessen Genehmigung einzuholen.

§ 151. Vor der Vornahme einer Verteilung hat der Verwalter ein Verzeichnis der bei derselben zu berücksichtigenden Forderungen auf der Gerichtsschreiberei zur Einsicht der Beteiligten niederzulegen und die Summe der Forderungen sowie den zur Verteilung verfügbaren Massebestand öffentlich bekannt zu machen.

§ 152. Konkursgläubiger, deren Forderungen nicht festgestellt sind und für deren Forderungen ein mit der Vollstreckungsklausel versehener Schuldtitel, ein Endurteil oder ein Vollstreckungsbefehl nicht vorliegt, haben bis zum Ablaufe einer Ausschlußfrist von zwei Wochen nach der öffentlichen Bekanntmachung dem Verwalter den Nachweis zu führen, daß und für welchen Betrag die Feststellungsklage erhoben oder das Verfahren in dem früher anhängigen Prozesse aufgenommen ist. Wird der Nachweis nicht rechtzeitig geführt, so werden die Forderungen bei der vorzunehmenden Verteilung nicht berücksichtigt.

§ 153. Gläubiger, von welchen abgesonderte Befriedigung beansprucht wird, haben bis zum Ablaufe der Ausschlußfrist dem Verwalter den Nachweis ihres Verzichts oder ihres Ausfalls nach Maßgabe des § 64 zu führen. Wird der Nachweis nicht rechtzeitig geführt, so werden die Forderungen bei der vorzunehmenden Verteilung nicht berücksichtigt.

Zur Berücksichtigung bei einer Abschlagsverteilung genügt es, wenn bis zum Ablaufe der Ausschlußfrist dem Verwalter der Nachweis, daß die Veräußerung des zur abgesonderten Befriedigung dienenden Gegenstandes betrieben ist, geführt und der Betrag des mutmaßlichen Ausfalls glaubhaft gemacht wird.

§ 154. Forderungen unter aufschiebender Bedingung werden bei einer Abschlagsverteilung zu dem Betrage berücksichtigt, welcher auf die unbedingte Forderung fallen würde.

Bei der Schlußverteilung ist die Berücksichtigung ausgeschlossen, wenn die Möglichkeit des Eintritts der Bedingung eine so entfernte ist, daß die bedingte Forderung einen gegenwärtigen Vermögenswert nicht hat.

§ 155. Gläubiger, welche bei einer Abschlagsverteilung nicht berücksichtigt worden sind, können nachträglich, sobald sie die Vorschriften der §§ 152, 153 erfüllt haben, die bisher festgesetzten Prozentsätze aus der Restmasse verlangen, soweit diese reicht und nicht infolge des Ablaufs einer Ausschlußfrist für eine neue Verteilung zu verwenden ist.

§ 156. Die Anteile, mit welchen Gläubiger bei Abschlagszahlungen nach Maßgabe des § 153 Abs. 2 oder des § 154 Abs. 1 berücksichtigt worden sind, werden für die Schlußverteilung frei, wenn bei dieser die Voraussetzungen des § 153 Abs. 1 nicht erfüllt sind oder nach Maßgabe des § 154 Abs. 2 die Berücksichtigung der bedingten Forderung ausgeschlossen ist.

§ 157. Binnen drei Tagen nach dem Ablaufe der Ausschlußfrist hat der Verwalter die auf Grund der vorstehenden Bestimmungen erforderlichen Änderungen des Verzeichnisses zu bewirken.

§ 158. Bei einer Abschlagsverteilung sind Einwendungen gegen das Verzeichnis bis zum Ablaufe einer Woche nach dem Ende der Ausschlußfrist bei dem Konkursgerichte zu erheben.

Das Gericht entscheidet über die Einwendungen. Die Entscheidung, durch welche eine Berichtigung des Verzeichnisses angeordnet wird, ist auf der Gerichtsschreiberei niederzulegen. Die Beschwerdefrist beginnt mit dem Tage, an welchem die Niederlegung der Entscheidung erfolgt ist.

§ 159. Für eine Abschlagsverteilung bestimmt der Verwalter und, wenn ein Gläubigerausschuß bestellt ist, dieser auf Antrag des Verwalters den zu zahlenden Prozentsatz.

Der Verwalter hat den Prozentsatz den berücksichtigten Gläubigern mitzuteilen.

§ 160. Das Gericht kann auf Antrag des Gemeinschuldners, wenn derselbe einen Zwangsvergleich vorgeschlagen hat, die Aussetzung einer Abschlagsverteilung anordnen, sofern nicht schon die Ausschlußfrist abgelaufen ist.

§ 161. Die Schlußverteilung erfolgt, sobald die Verwertung der Masse beendigt ist.

Die Vornahme der Schlußverteilung unterliegt der Genehmigung des Gerichts.

§ 162. Zur Abnahme der Schlußrechnung, zur Erhebung von Einwendungen gegen das Schlußverzeichnis und zur Beschlußfassung der Gläubiger über die nicht verwertbaren Vermögensstücke bestimmt das Gericht einen Schlußtermin, welcher nicht unter drei Wochen und nicht über einen Monat hinaus anzuberaumen ist.

Die Bestimmungen des § 158 Abs. 2 finden auf die Schlußverteilung Anwendung.

§ 163. Nach der Abhaltung des Schlußtermins beschließt das Gericht die Aufhebung des Konkursverfahrens. Eine Anfechtung des Beschlusses findet nicht statt.

Der Beschluß und der Grund der Aufhebung sind öffentlich bekannt zu machen.

Die Vorschriften der §§ 111 Abs. 2, 112, 113 finden entsprechende Anwendung.

§ 164. Nach der Aufhebung des Konkursverfahrens können die nicht befriedigten Konkursgläubiger ihre Forderungen gegen den Schuldner unbeschränkt geltend machen.

Für die Gläubiger, deren Forderungen festgestellt und nicht von dem Gemeinschuldner im Prüfungstermine ausdrücklich bestritten worden sind, findet gegen den Schuldner aus der Eintragung in die Tabelle die Zwangsvollstreckung unter entsprechender Anwendung der §§ 724 bis 793 der Zivilprozeßordnung statt.

Für Klagen auf Erteilung der Vollstreckungsklausel, sowie für Klagen, durch welche die die Forderung selbst betreffenden Einwendungen geltend gemacht werden, oder der bei der Erteilung der Vollstreckungsklausel als bewiesen angenommene Eintritt der Tatsache, von welcher die Vollstreckung aus der Eintragung in die Tabelle abhängt, oder die als eingetreten angenommene Rechtsnachfolge bestritten wird, ist das im § 146 Abs. 2 dieses Gesetzes bezeichnete Gericht zuständig.

§ 165. Hat der Schuldner den Prüfungstermin versäumt, so ist ihm auf Antrag die Wiedereinsetzung in den vorigen Stand zu erteilen. Die Vorschriften des § 232 Abs. 2 und der §§ 233—236 der Zivilprozeßordnung finden entsprechende Anwendung. Der den Antrag auf Wiedereinsetzung enthaltende Schriftsatz ist dem Gläubiger zuzustellen, dessen Forderung nachträglich bestritten werden soll. Das Bestreiten in diesem Schriftsatze steht, wenn die Wiedereinsetzung erteilt wird, dem Bestreiten im Prüfungstermine gleich und ist in die Tabelle einzutragen.

§ 166. Wenn nach dem Vollzuge der Schlußverteilung Beträge, welche von der Masse zurückbehalten sind, für dieselbe frei werden, oder Beträge, welche aus der Masse gezahlt sind, zur Masse zurückfließen, so sind dieselben von dem Verwalter nach Anordnung des Konkursgerichts auf Grund des Schlußverzeichnisses zur nachträglichen Verteilung zu bringen. Die über die Verwaltung und Verteilung solcher Beträge abzulegende Rechnung unterliegt der Prüfung des Konkursgerichts.

Dasselbe gilt, wenn nach der Schlußverteilung oder der Aufhebung des Verfahrens zur Konkursmasse gehörige Vermögensstücke ermittelt werden.

§ 167. Der Vollzug einer jeden Verteilung erfolgt durch den Verwalter.

§ 168. Die Anteile

1. auf Forderungen, welche infolge eines bei der Prüfung erhobenen Widerspruchs im Prozesse befangen sind,
2. auf Forderungen, welche von einer aufschiebenden Bedingung abhängen,
3. auf Forderungen, für welche eine abgesonderte Befriedigung beansprucht und der Vorschrift des § 153 Abs. 2 genügt ist,
4. auf Forderungen unter auflösender Bedingung, sofern der Gläubiger zu einer Sicherheitsleistung verpflichtet ist und die Sicherheit nicht leistet,

werden zurückbehalten.

§ 169. Die Beträge, welche bei dem Vollzuge der Schlußverteilung zurückzubehalten sind, oder welche bis zu diesem Zeitpunkte nicht erhoben werden, hat der Verwalter nach Anordnung des Gerichts für Rechnung der Beteiligten zu hinterlegen.

§ 170. Zahlungen auf festgestellte bevorrechtigte Forderungen kann der Verwalter mit Ermächtigung des Gerichts unabhängig von den Verteilungen leisten.

§ 171. Beträge, welche zur Sicherstellung eines bedingt zur Aufrechnung befugten Gläubigers nach Maßgabe des § 54 Abs. 3 hinterlegt worden sind, fließen für die Schlußverteilung zur Konkursmasse zurück, wenn die Möglichkeit des Eintritts der Bedingung eine so entfernte ist, daß die bedingte Forderung einen gegenwärtigen Vermögenswert nicht hat.

§ 172. Masseansprüche, welche nicht bis zu der Festsetzung des Prozentsatzes oder der Beendigung des Schlußtermins oder der Bekanntmachung einer Nachtragsverteilung zur Kenntnis des Verwalters gelangt sind, können nicht auf den Massebestand geltend gemacht werden, welcher zur Auszahlung des festgesetzten Prozentsatzes erforderlich ist oder den Gegenstand der Schlußverteilung oder der Nachtragsverteilung bildet.

Sechster Titel.

Zwangsvergleich.

§ 173. Sobald der allgemeine Prüfungstermin abgehalten und solange nicht die Vornahme der Schlußverteilung genehmigt worden ist, kann auf den Vorschlag des Gemeinschuldners zwischen diesem und den nicht bevorrechtigten Konkursgläubigern ein Zwangsvergleich geschlossen werden.

§ 174. Der Vergleichsvorschlag muß angeben, in welcher Weise die Befriedigung der Gläubiger erfolgen, sowie ob und in welcher Art eine Sicherstellung derselben bewirkt werden soll.

§ 175. Ein Zwangsvergleich ist unzulässig:

1. solange der Gemeinschuldner flüchtig ist oder die Ableistung des Offenbarungseides verweigert;
2. solange gegen den Gemeinschuldner wegen betrüglichen Bankerutts eine gerichtliche Untersuchung oder ein wiederaufgenommenes Verfahren anhängig ist;
3. wenn der Gemeinschuldner wegen betrüglichen Bankerutts rechtskräftig verurteilt worden ist.

§ 176. Auf Antrag des Verwalters und, wenn ein Gläubigerausschuß bestellt ist, des letzteren kann das Gericht den Vergleichsvorschlag zurückweisen, wenn bereits in dem Konkursverfahren ein Vergleichsvorschlag von den Gläubigern abgelehnt oder von dem Gerichte verworfen oder von dem Gemeinschuldner nach der öffentlichen Bekanntmachung des Vergleichstermins zurückgezogen worden ist.

§ 177. Wird der Vergleichsvorschlag nicht zurückgewiesen, so hat der Gläubigerausschuß sich über die Annehmbarkeit des Vorschlags zu erklären.

Erklärt der Gläubigerausschuß den Vorschlag nicht für annehmbar, so ist ein Widerspruch des Gemeinschuldners gegen die Verwertung der Masse nicht zu berücksichtigen.

§ 178. Der Vorschlag und die Erklärung des Gläubigerausschusses sind auf der Gerichtsschreiberei zur Einsicht der Beteiligten niederzulegen.

§ 179. Der Vergleichstermin soll nicht über einen Monat hinaus anberaumt werden. Der Termin ist öffentlich bekannt zu machen. Zu demselben sind der Gemeinschuldner, der Verwalter, sowie unter Mitteilung des Vergleichsvorschlags und des Ergebnisses der Erklärung des Gläubigerausschusses die nicht bevorrechtigten Konkursgläubiger, welche Forderungen angemeldet haben, besonders zu laden.

In der Bekanntmachung ist zu bemerken, daß der Vergleichsvorschlag und die Erklärung des Gläubigerausschusses auf der Gerichtsschreiberei des Konkursgerichts zur Einsicht der Beteiligten niedergelegt seien.

§ 180. Auf Antrag des Gemeinschuldners und, wenn ein Gläubigerausschuß bestellt ist, des letzteren kann das Gericht den Vergleichstermin mit dem allgemeinen Prüfungstermine verbinden.

§ 181. Der Vergleich muß allen nicht bevorrechtigten Konkursgläubigern gleiche Rechte gewähren. Eine ungleiche Bestimmung der Rechte ist nur mit ausdrücklicher Einwilligung der zurückgesetzten Gläubiger zulässig. Jedes andere Abkommen des Gemeinschuldners oder anderer Personen mit einzelnen Gläubigern, durch welches diese bevorzugt werden sollen, ist nichtig.

§ 182. Zur Annahme des Vergleichs ist erforderlich, daß

1. die Mehrzahl der in dem Termine anwesenden stimmberechtigten Gläubiger dem Vergleiche ausdrücklich zustimmt, und

2. die Gesamtsumme der Forderungen der zustimmenden Gläubiger wenigstens drei Vierteile der Gesamtsumme aller zum Stimmen berechtigenden Forderungen beträgt.

Wird nur eine der Mehrheiten erreicht, so kann der Gemeinschuldner bis zum Schlusse des Termins die einmalige Wiederholung der Abstimmung in einem neuen Termine verlangen. Das Gericht hat denselben zu bestimmen und im Termine zu verkünden.

§ 183. Bei der Berechnung der nach § 182 Abs. 1 Nr. 1, 2 erforderlichen Mehrheiten bleibt der Ehegatte des Gemeinschuldners außer Betracht, wenn er dem Vergleiche zugestimmt hat.

Das Gleiche gilt von demjenigen, welchem der Ehegatte des Gemeinschuldners während des Konkursverfahrens oder in dem letzten Jahre vor der Eröffnung des Verfahrens eine Forderung gegen den Gemeinschuldner abgetreten hat, soweit das Stimmrecht auf der abgetretenen Forderung beruht. Diese Vorschrift findet keine Anwendung, wenn der Ehegatte zu der Abtretung durch das Gesetz oder durch einen Vertrag verpflichtet war, welcher früher als ein Jahr vor der Eröffnung des Konkursverfahrens geschlossen wurde.

§ 184. Der angenommene Zwangsvergleich bedarf der Bestätigung des Konkursgerichts.

Das Gericht entscheidet, nachdem es die Gläubiger, den Verwalter und den Gläubigerausschuß in dem Vergleichstermine oder einem zu verkündenden Termine gehört hat.

§ 185. Der Beschluß, durch welchen der Zwangsvergleich bestätigt oder verworfen wird, ist zu verkünden.

§ 186. Der Vergleich ist zu verwerfen:

1. wenn die für das Verfahren und den Abschluß des Vergleichs gegebenen Vorschriften nicht beobachtet sind, und das Fehlende nicht ergänzt werden kann;
2. wenn ein Fall der Unzulässigkeit eines Zwangsvergleichs nachträglich eingetreten ist.

§ 187. Der Vergleich ist zu verwerfen, wenn er den Gläubigern nicht mindestens den fünften Teil ihrer Forderungen gewährt und dieses Ergebnis auf ein unredliches Verhalten des Gemeinschuldners, insbesondere darauf zurückzuführen ist, daß der Gemeinschuldner durch ein solches Verhalten die Eröffnung des Konkursverfahrens verzögert hat. Der Vergleich kann verworfen werden, wenn das gleiche Ergebnis auf ein leichtsinniges Verhalten des Gemeinschuldners zurückzuführen ist.

§ 188. Der Vergleich ist auf Antrag eines nicht bevorrechtigten Konkursgläubigers, welcher stimmberechtigt war oder seine Forderung glaubhaft macht, zu verwerfen:

1. wenn der Vergleich durch Begünstigung eines Gläubigers oder sonst in unlauterer Weise zustande gebracht ist;
2. wenn der Vergleich dem gemeinsamen Interesse der nicht bevorrechtigten Konkursgläubiger widerspricht.

Der Antrag ist nur zuzulassen, wenn die Tatsachen, auf welche derselbe gegründet wird, glaubhaft gemacht werden.

§ 189. Die sofortige Beschwerde gegen den Beschluß, durch welchen der Vergleich bestätigt oder verworfen ist, steht dem Gemeinschuldner und jedem nicht bevorrechtigten Konkursgläubiger zu, welcher stimmberechtigt war oder seine Forderung glaubhaft macht.

Die Frist zur Einlegung der Beschwerde beginnt mit der Verkündung des Beschlusses.

Eine Anfechtung der Entscheidung des Beschwerdegerichts findet nicht statt.

§ 190. Sobald der Vergleich rechtskräftig bestätigt ist, beschließt das Gericht die Aufhebung des Konkursverfahrens. Eine Anfechtung des Beschlusses findet nicht statt.

Der Beschluß und der Grund der Aufhebung sind öffentlich bekannt zu machen.

Die Vorschriften der §§ 111 Abs. 2, 112, 113 finden entsprechende Anwendung.

§ 191. Der Verwalter hat aus der Konkursmasse die Masseansprüche zu berichtigen. Die bestrittenen Masseansprüche sind sicherzustellen.

Die bevorrechtigten Konkursforderungen sind, insoweit sie festgestellt sind, zu berichtigen, insoweit sie glaubhaft gemacht sind, sicherzustellen.

§ 192. Soweit der Zwangsvergleich nicht ein anderes bestimmt, erhält der Gemeinschuldner das Recht zurück, über die Konkursmasse frei zu verfügen.

§ 193. Der rechtskräftig bestätigte Zwangsvergleich ist wirksam für und gegen alle nicht bevorrechtigten Konkursgläubiger, auch wenn dieselben an dem Konkursverfahren oder an der Beschlußfassung über den Vergleich nicht teilgenommen oder gegen den Vergleich gestimmt haben. Die Rechte der Gläubiger gegen Mitschuldner und Bürgen des Gemeinschuldners, sowie die Rechte aus einem für die Forderung bestehenden Pfandrecht, aus einer für sie bestehenden Hypothek, Grundschuld oder Rentenschuld oder aus einer zu ihrer Sicherung eingetragenen Vormerkung werden durch den Zwangsvergleich nicht berührt.

§ 194. Aus dem rechtskräftig bestätigten Zwangsvergleiche findet für die Konkursgläubiger, deren Forderungen festgestellt und nicht von dem Gemeinschuldner in dem Prüfungstermine ausdrücklich bestritten worden sind, gegen den Gemeinschuldner und diejenigen, welche in dem Vergleiche für dessen Erfüllung neben dem Gemeinschuldner ohne Vorbehalt der Einrede der Vorausklage Verpflichtungen übernommen haben, die Zwangsvollstreckung unter entsprechender Anwendung der §§ 724 bis 793 der Zivilprozeßordnung und des § 164 Abs. 3 dieses Gesetzes statt.

§ 195. Eine Klage auf Aufhebung des Zwangsvergleichs aus dem Grunde der Nichterfüllung desselben findet nicht statt.

§ 196. Wenn der Zwangsvergleich durch Betrug zustande gebracht ist, so kann jeder Gläubiger den vergleichsmäßigen Erlaß seiner Forderung anfechten, unbeschadet der ihm durch den Vergleich gewährten Rechte.

Die Anfechtung ist nur zulässig, wenn der Gläubiger ohne Verschulden außerstande war, den Anfechtungsgrund in dem Bestätigungsverfahren geltend zu machen.

§ 197. Die rechtskräftige Verurteilung des Gemeinschuldners wegen betrüglichen Bankerutts hebt für alle Gläubiger den durch den Zwangsvergleich begründeten Erlaß auf, unbeschadet der ihnen durch den Vergleich gewährten Rechte.

Auf Antrag eines Gläubigers kann das Konkursgericht Sicherheitsmaßregeln gegen den Gemeinschuldner schon vor der rechtskräftigen Verurteilung desselben anordnen.

§ 198. Im Falle der rechtskräftigen Verurteilung wird, wenn genügende Masse vorhanden ist oder ein zur Deckung der im § 58 Nr. 1, 2 bezeichneten Massekosten ausreichender Geldbetrag vorgeschossen wird, das Konkursverfahren auf Antrag eines Konkursgläubigers wieder aufgenommen.

Die Wiederaufnahme erfolgt durch Beschluß des Gerichts. Auf den Zeitpunkt der Wiederaufnahme und die Bekanntmachung derselben finden die Vorschriften der §§ 108, 111—113 entsprechende Anwendung.

§ 199. Für die Anfechtung von Rechtshandlungen, welche in der Zeit von der Aufhebung bis zur Wiederaufnahme des Konkursverfahrens vorgenommen sind, sowie für die in diesem Zeitraume entstandenen Aufrechnungsbefugnisse gilt, wenn nicht inzwischen eine Zahlungseinstellung erfolgt ist, als Tag der Zahlungseinstellung der Tag des ersten die Verurteilung des Gemeinschuldners aussprechenden Urteils.

§ 200. An dem aufgenommenen Verfahren nehmen die Gläubiger, für und gegen welche der Vergleich wirksam war, mit dem noch nicht getilgten Betrage ihrer ursprünglichen Forderungen teil.

Die neuen Gläubiger des Gemeinschuldners sind zur Teilnahme an dem Verfahren berechtigt. Dieselben haben keinen Anspruch auf Befriedigung aus einer für die Erfüllung des Zwangsvergleichs bestellten Sicherheit.

§ 201. Das Verfahren ist so weit als nötig zu wiederholen.

Früher geprüfte Forderungen werden nur hinsichtlich einer inzwischen eingetretenen Tilgung von neuem geprüft.

Siebenter Titel.

Einstellung des Verfahrens.

§ 202. Das Konkursverfahren ist auf Antrag des Gemeinschuldners einzustellen, wenn er nach dem Ablaufe der Anmeldefrist die Zustimmung aller Konkursgläubiger, welche Forderungen angemeldet haben, beibringt. Inwieweit es der Zustimmung oder der Sicherstellung von Gläubigern bedarf, deren Forderungen angemeldet, aber nicht festgestellt sind, entscheidet das Konkursgericht nach freiem Ermessen.

Das Verfahren kann auf Antrag des Gemeinschuldners vor dem Ablaufe der Anmeldefrist eingestellt werden, wenn außer den Gläubigern, deren Zustimmung der Gemeinschuldner beibringt, andere Gläubiger nicht bekannt sind.

§ 203. Der Antrag ist öffentlich bekannt zu machen und mit den zustimmenden Erklärungen auf der Gerichtsschreiberei zur Einsicht der Konkursgläubiger niederzulegen. Die Konkursgläubiger können binnen einer mit der öffentlichen Bekanntmachung beginnenden Frist von einer Woche Widerspruch gegen den Antrag erheben. Im Falle des § 202 Abs. 1 steht der Widerspruch jedem Gläubiger zu, welcher bis zum Ablaufe der Frist eine Forderung angemeldet hat.

Das Gericht beschließt über die Einstellung nach Anhörung des Gemeinschuldners und des Verwalters. Im

Falle eines Widerspruchs ist auch der widersprechende Gläubiger zu hören.

§ 204. Das Gericht kann das Konkursverfahren einstellen, sobald sich ergibt, daß eine den Kosten des Verfahrens entsprechende Konkursmasse nicht vorhanden ist. Die Einstellung unterbleibt, wenn ein zur Deckung der im § 58 Nr. 1, 2 bezeichneten Massekosten ausreichender Geldbetrag vorgeschossen wird.

Vor der Einstellung soll die Gläubigerversammlung gehört werden.

§ 205. Der Einstellungsbeschluß und der Grund der Einstellung sind öffentlich bekannt zu machen.

Die Vorschriften der §§ 111 Abs. 2, 112, 113, 191 finden entsprechende Anwendung.

§ 206. Der Gemeinschuldner erhält das Recht zurück, über die Konkursmasse frei zu verfügen.

Die Vorschriften des § 164 finden entsprechende Anwendung.

Achter Titel.

Besondere Bestimmungen.

§ 207. I. Über das Vermögen einer Aktiengesellschaft findet das Konkursverfahren außer dem Falle der Zahlungsunfähigkeit in dem Falle der Überschuldung statt.

Nach Auflösung einer Aktiengesellschaft ist die Eröffnung des Verfahrens solange zulässig, als die Verteilung des Vermögens nicht vollzogen ist.

§ 208. Zu dem Antrage auf Eröffnung des Verfahrens ist außer den Konkursgläubigern jedes Mitglied des Vorstandes und jeder Liquidator berechtigt.

Wird der Antrag nicht von allen Mitgliedern des Vorstandes oder allen Liquidatoren gestellt, so ist derselbe zuzulassen, wenn die Zahlungsunfähigkeit oder Überschuldung glaubhaft gemacht wird. Das Gericht hat die übrigen Mitglieder oder Liquidatoren nach Maßgabe des § 105 Abs. 2, 3 zu hören.

§ 209. Im Falle der Zahlungsunfähigkeit einer offenen Handelsgesellschaft, einer Kommanditgesellschaft oder einer Kommanditgesellschaft auf Aktien findet über das Gesellschaftsvermögen ein selbständiges Konkursverfahren statt. Über das Vermögen einer Kommanditgesellschaft auf Aktien findet das Konkursverfahren auch im Falle der Überschuldung statt.

Die Vorschrift des § 207 Abs. 2 findet entsprechende Anwendung.

§ 210. Zu dem Antrage auf Eröffnung des Verfahrens ist außer den Konkursgläubigern jeder persönlich haftende Gesellschafter und jeder Liquidator berechtigt.

Wird der Antrag nicht von allen persönlich haftenden Gesellschaftern oder allen Liquidatoren gestellt, so ist derselbe zuzulassen, wenn bei der offenen Handelsgesellschaft oder der Kommanditgesellschaft die Zahlungsunfähigkeit, bei der Kommanditgesellschaft auf Aktien die Zahlungsunfähigkeit oder die Überschuldung glaubhaft gemacht wird. Das Gericht hat die übrigen persönlich haftenden Gesellschafter oder die Liquidatoren nach Maßgabe des § 105 Abs. 2, 3 zu hören.

§ 211. Ein Zwangsvergleich kann nur auf Vorschlag aller persönlich haftenden Gesellschafter geschlossen werden.

Der Zwangsvergleich begrenzt, soweit er nicht ein anderes festsetzt, zugleich den Umfang der persönlichen Haftung der Gesellschafter.

§ 212. In dem Konkursverfahren über das Privatvermögen eines persönlich haftenden Gesellschafters können die Gesellschaftsgläubiger, wenn das Konkursverfahren über das Gesellschaftsvermögen eröffnet ist, Befriedigung nur wegen desjenigen Betrags suchen, für welchen sie in dem letzteren Verfahren keine Befriedigung erhalten.

Bei den Verteilungen sind die Anteile auf den vollen Betrag der Gesellschaftsforderungen zurückzubehalten, bis der Ausfall bei dem Gesellschaftsvermögen feststeht.

Im übrigen finden auf die bezeichneten Forderungen die Vorschriften der §§ 64, 96 entsprechende Anwendung.

§ 213. Auf das Konkursverfahren über das Vermögen einer juristischen Person, sowie eines Vereins, der als solcher verklagt werden kann, finden die Vorschriften der §§ 207, 208 entsprechende Anwendung.

§ 214. II. Für das Konkursverfahren über einen Nachlaß ist das Amtsgericht ausschließlich zuständig, bei welchem der Erblasser zur Zeit seines Todes den allgemeinen Gerichtsstand gehabt hat.

§ 215. Die Eröffnung des Verfahrens setzt die Überschuldung des Nachlasses voraus.

§ 216. Die Eröffnung des Verfahrens wird nicht dadurch gehindert, daß der Erbe die Erbschaft noch nicht angenommen hat, oder daß er für die Nachlaßverbindlichkeiten unbeschränkt haftet.

Bei dem Vorhandensein mehrerer Erben ist die Eröffnung des Verfahrens auch nach der Teilung des Nachlasses zulässig.

§ 217. Zu dem Antrag auf Eröffnung des Verfahrens ist jeder Erbe, der Nachlaßverwalter, sowie ein anderer Nachlaßpfleger, ein Testamentsvollstrecker, dem die Verwaltung des Nachlasses zusteht, und jeder Nachlaßgläubiger berechtigt.

Wird der Antrag nicht von allen Erben gestellt, so ist er zuzulassen, wenn die Überschuldung glaubhaft gemacht wird. Das Gericht hat die übrigen Erben, soweit tunlich, zu hören.

Steht die Verwaltung des Nachlasses einem Testamentsvollstrecker zu, so ist, wenn der Erbe die Eröffnung des Verfahrens beantragt, der Testamentsvollstrecker, wenn der Testamentsvollstrecker den Antrag stellt, der Erbe zu hören.

§ 218. Ist eine Ehefrau die Erbin und gehört der Nachlaß zum eingebrachten Gute oder zum Gesamtgute, so kann sowohl die Ehefrau, als der Ehemann die Eröffnung des Verfahrens beantragen, ohne daß die Zustimmung des anderen Teiles erforderlich ist. Das Gleiche gilt, wenn der Nachlaß zum Gesamtgute gehört, auch nach Beendigung der Gemeinschaft.

Wird der Antrag nicht von beiden Ehegatten gestellt, so ist er zuzulassen, wenn die Überschuldung glaubhaft gemacht wird. Das Gericht hat den anderen Ehegatten, wenn tunlich, zu hören.

§ 219. Ein Nachlaßgläubiger, der im Aufgebotsverfahren ausgeschlossen ist oder nach § 1974 des Bürgerlichen Gesetzbuchs einem ausgeschlossenen Gläubiger gleichsteht, kann die Eröffnung des Verfahrens nur beantragen, wenn über das Vermögen des Erben das Konkursverfahren eröffnet ist. Das Gleiche gilt von einem Vermächtnisnehmer, sowie von demjenigen, welcher berechtigt ist, die Vollziehung einer Auflage zu fordern.

Ist eine Ehefrau die Erbin und gehört der Nachlaß zum Gesamtgute, so können die im Abs. 1 bezeichneten Gläubiger den Antrag nur stellen, wenn über das Vermögen des Ehemanns das Konkursverfahren eröffnet ist.

§ 220. Die Eröffnung des Verfahrens kann von einem Nachlaßgläubiger nicht mehr beantragt werden, wenn seit der Annahme der Erbschaft zwei Jahre verstrichen sind.

§ 221. Auf Grund einer nach dem Eintritte des Erbfalls gegen den Nachlaß erfolgten Maßregel der Zwangsvollstreckung oder der Arrestvollziehung kann abgesonderte Befriedigung nicht verlangt werden.

Eine nach dem Eintritte des Erbfalls im Wege der einstweiligen Verfügung erlangte Vormerkung ist unwirksam.

§ 222. Hat der Erbe vor der Eröffnung des Verfahrens aus dem Nachlasse Pflichtteilsansprüche, Vermächtnisse oder Auflagen erfüllt, so ist die Leistung in gleicher Weise anfechtbar wie eine unentgeltliche Verfügung des Erben.

§ 223. Dem Erben steht wegen der ihm nach den §§ 1978, 1979 des Bürgerlichen Gesetzbuchs aus dem Nachlasse zu ersetzenden Aufwendungen ein Zurückbehaltungsrecht nicht zu.

§ 224. Masseschulden sind außer den im § 59 bezeichneten Verbindlichkeiten:

1. die dem Erben nach den §§ 1978, 1979 des Bürgerlichen Gesetzbuchs aus dem Nachlasse zu ersetzenden Aufwendungen;

2. die Kosten der standesmäßigen Beerdigung des Erblassers;
3. die im Falle der Todeserklärung des Erblassers dem Nachlasse zur Last fallenden Kosten des Verfahrens;
4. die Kosten der Eröffnung einer Verfügung des Erblassers von Todes wegen, der gerichtlichen Sicherung des Nachlasses, einer Nachlaßpflegschaft, des Aufgebots der Nachlaßgläubiger und der Inventarerrichtung;
5. die Verbindlichkeiten aus den von einem Nachlaßpfleger oder einem Testamentsvollstrecker vorgenommenen Rechtsgeschäften;
6. die Verbindlichkeiten, welche für den Erben gegenüber einem Nachlaßpfleger, einem Testamentsvollstrecker oder einem Erben, der die Erbschaft ausgeschlagen hat, aus der Geschäftsführung dieser Personen entstanden sind, soweit die Nachlaßgläubiger verpflichtet sein würden, wenn die bezeichneten Personen die Geschäfte für sie zu besorgen gehabt hätten.

§ 225. Der Erbe kann die ihm gegen den Erblasser zustehenden Ansprüche geltend machen.

Hat der Erbe eine Nachlaßverbindlichkeit berichtigt, so tritt er, soweit nicht die Berichtigung nach § 1979 des Bürgerlichen Gesetzbuchs als für Rechnung des Nachlasses erfolgt gilt, an die Stelle des Gläubigers, es sei denn, daß er für die Nachlaßverbindlichkeiten unbeschränkt haftet.

Haftet der Erbe einem einzelnen Gläubiger gegenüber unbeschränkt, so kann er dessen Forderung für den Fall geltend machen, daß der Gläubiger sie nicht geltend macht.

§ 226. In dem Verfahren kann jede Nachlaßverbindlichkeit geltend gemacht werden.

Nachstehende Verbindlichkeiten werden erst nach allen übrigen Verbindlichkeiten und in folgender Rangordnung, bei gleichem Range nach Verhältnis ihrer Beträge, berichtigt:

1. die seit der Eröffnung des Verfahrens laufenden Zinsen der im § 61 bezeichneten Forderungen;
2. die gegen den Erblasser erkannten Geldstrafen;
3. die Verbindlichkeiten aus einer Freigebigkeit des Erblassers unter Lebenden;
4. die Verbindlichkeiten gegenüber Pflichtteilsberechtigten;
5. die Verbindlichkeiten aus den vom Erblasser angeordneten Vermächtnissen und Auflagen.

Ein Vermächtnis, durch welches das Recht des Bedachten auf den Pflichtteil nach § 2307 des Bürgerlichen Gesetzbuchs ausgeschlossen wird, steht, soweit es den Pflichtteil nicht übersteigt, im Range den Pflichtteilsrechten gleich. Hat der Erblasser durch Verfügung von Todes wegen angeordnet, daß ein Vermächtnis oder eine Auflage vor einem anderen Vermächtnis oder einer anderen Auflage erfüllt werden soll, so hat das Vermächtnis oder die Auflage den Vorrang.

Die Verbindlichkeiten, in Ansehung deren der Gläubiger im Wege des Aufgebotsverfahrens ausgeschlossen ist oder nach § 1974 des Bürgerlichen Gesetzbuchs einem ausgeschlossenen Gläubiger gleichsteht, werden erst nach den im Abs. 2 Nr. 1—3 bezeichneten Verbindlichkeiten und, soweit sie zu den im Abs. 2 Nr. 4, 5 bezeichneten Verbindlichkeiten gehören, erst nach den Verbindlichkeiten berichtigt, mit denen sie ohne die Beschränkung gleichen Rang haben würden. Im übrigen wird durch die Beschränkungen an der Rangordnung nichts geändert.

§ 227. Mit den im § 226 Abs. 2 Nr. 2—5, Abs. 4 bezeichneten Forderungen werden die bis zur Eröffnung des Verfahrens aufgelaufenen und die seit der Eröffnung laufenden Zinsen an derselben Stelle angesetzt.

§ 228. Was infolge der Anfechtung einer von dem Erblasser oder ihm gegenüber vorgenommenen Rechtshandlung zur Konkursmasse zurückgewährt wird, darf nicht zur Berichtigung der im § 226 Abs. 2 Nr. 4, 5 bezeichneten Verbindlichkeiten verwendet werden.

Auf dasjenige, was der Erbe auf Grund der Vorschriften der §§ 1978—1980 des Bürgerlichen Gesetzbuchs zu der Masse zu ersetzen hat, haben die Gläubiger, die im Wege des Aufgebotsverfahrens ausgeschlossen sind oder nach § 1974 des Bürgerlichen Gesetzbuchs einem ausgeschlossenen Gläubiger gleichstehen, nur insoweit Anspruch, als der Erbe auch nach den Vorschriften über die Herausgabe einer ungerechtfertigten Bereicherung ersatzpflichtig sein würde.

§ 229. Die in dem Aufgebotsverfahren zum Zwecke der Ausschließung von Nachlaßgläubigern angemeldeten und nicht ausgeschlossenen Forderungen gelten als auch im Nachlaßkonkurs angemeldet, sofern das Aufgebot von dem Gerichte, bei welchem der Konkurs anhängig wird, erlassen und das Verfahren nicht vor der Eröffnung des Konkursverfahrens ohne Erlassung des Ausschlußurteils erledigt ist.

§ 230. Ein Zwangsvergleich kann nur auf den Vorschlag aller Erben geschlossen werden.

Die Gläubiger, welchen die im § 226 Abs. 2 Nr. 2—5, Abs. 4 bezeichneten Forderungen zustehen, nehmen an dem Zwangsvergleiche nicht teil, sie sind jedoch vor der Bestätigung zu hören. Macht einer von ihnen glaubhaft, daß der Zwangsvergleich sein berechtigtes Interesse verletzt, so ist auf seinen Antrag der Zwangsvergleich zu verwerfen; gegen die Bestätigung steht ihm die sofortige Beschwerde nach § 189 zu.

§ 231. Die Vorschriften des § 223, des § 224 Nr. 1 und des § 225 Abs. 2, 3 gelten für den Vorerben auch nach dem Eintritte der Nacherbfolge.

§ 232. Hat der Erbe die Erbschaft verkauft, so tritt der Käufer in Ansehung des Verfahrens an seine Stelle.

Der Erbe ist wegen einer Nachlaßverbindlichkeit, die im Verhältnisse zwischen ihm und dem Käufer diesem zur Last fällt, in derselben Weise wie ein Nachlaßgläubiger zu dem Antrag auf Eröffnung des Verfahrens berechtigt. Das gleiche Recht steht ihm auch wegen einer anderen Nachlaßverbindlichkeit zu, es sei denn, daß er unbeschränkt haftet oder daß eine Nachlaßverwaltung angeordnet ist. Die Vorschriften des § 223, des § 224 Nr. 1 und des § 225 gelten für den Erben auch nach dem Verkaufe der Erbschaft.

§ 233. Die Vorschriften des § 232 finden entsprechende Anwendung, wenn jemand eine durch Vertrag erworbene Erbschaft verkauft oder sich zur Veräußerung einer ihm angefallenen oder anderweit von ihm erworbenen Erbschaft in sonstiger Weise verpflichtet hat.

§ 234. In dem Konkursverfahren über das Vermögen des Erben finden, wenn auch über den Nachlaß das Konkursverfahren eröffnet, oder wenn eine Nachlaßverwaltung angeordnet ist, auf Nachlaßgläubiger, denen gegenüber der Erbe unbeschränkt haftet, die Vorschriften der §§ 64, 96, 153, 155, 156, des § 168 Nr. 3 und des § 169 entsprechende Anwendung.

Das Gleiche gilt, wenn eine Ehefrau die Erbin ist und der Nachlaß zum Gesamtgute gehört, auch in dem Konkursverfahren über das Vermögen des Ehemanns.

§ 235. Über einen Erbteil findet ein Konkursverfahren nicht statt.

§ 236. Die Vorschriften der §§ 214—234 finden im Falle der fortgesetzten Gütergemeinschaft auf das Konkursverfahren über das Gesamtgut entsprechende Anwendung. Konkursgläubiger sind nur die Gesamtgutsgläubiger, deren Forderungen schon zur Zeit des Eintritts der fortgesetzten Gütergemeinschaft bestanden. Zu dem Antrag auf Eröffnung des Verfahrens ist ein Gläubiger nicht berechtigt, dem gegenüber der überlebende Ehegatte zu dieser Zeit persönlich haftete. Die anteilsberechtigten Abkömmlinge sind zu dem Antrage nicht berechtigt; das Gericht hat sie, soweit tunlich, zu hören.

§ 237. III. Besitzt ein Schuldner, über dessen Vermögen im Auslande ein Konkursverfahren eröffnet worden ist, Vermögensgegenstände im Inlande, so ist die Zwangsvollstreckung in das inländische Vermögen zulässig.

Ausnahmen von dieser Bestimmung können unter Zustimmung des Bundesrats durch Anordnung des Reichskanzlers getroffen werden.

§ 238. Das Konkursverfahren umfaßt nur das im Inlande befindliche Vermögen, wenn der Schuldner im

Deutschen Reiche eine gewerbliche Niederlassung, aber keinen allgemeinen Gerichtsstand hat.

Hat ein Schuldner im Deutschen Reiche weder eine gewerbliche Niederlassung noch einen allgemeinen Gerichtsstand, so findet ein Konkursverfahren über das im Inlande befindliche Vermögen des Schuldners statt, wenn er im Inlande ein mit Wohn- und Wirtschaftsgebäuden versehenes Gut als Eigentümer, Nutznießer oder Pächter bewirtschaftet. Für das Verfahren ist das Amtsgericht ausschließlich zuständig, in dessen Bezirke das Gut sich befindet.

Ist im Auslande ein Konkursverfahren eröffnet, so bedarf es nicht des Nachweises der Zahlungsunfähigkeit zur Eröffnung des inländischen Verfahrens.

Drittes Buch.

Strafbestimmungen.

§ 239. Schuldner, welche ihre Zahlungen eingestellt haben, oder über deren Vermögen das Konkursverfahren eröffnet worden ist, werden wegen betrüglichen Bankerutts mit Zuchthaus bestraft, wenn sie in der Absicht, ihre Gläubiger zu benachteiligen,

1. Vermögensstücke verheimlicht oder beiseite geschafft haben,
2. Schulden oder Rechtsgeschäfte anerkannt oder aufgestellt haben, welche ganz oder teilweise erdichtet sind,
3. Handelsbücher zu führen unterlassen haben, deren Führung ihnen gesetzlich oblag, oder

4. ihre Handelsbücher vernichtet oder verheimlicht oder so geführt oder verändert haben, daß dieselben keine Übersicht des Vermögenszustandes gewähren.

Sind mildernde Umstände vorhanden, so tritt Gefängnisstrafe nicht unter drei Monaten ein.

§ 240. Schuldner, welche ihre Zahlungen eingestellt haben, oder über deren Vermögen das Konkursverfahren eröffnet worden ist, werden wegen einfachen Bankerutts mit Gefängnis bestraft, wenn sie

1. durch Aufwand, Spiel oder Wette oder durch Differenzhandel mit Waren oder Börsenpapieren übermäßige Summen verbraucht haben oder schuldig geworden sind;
2. in der Absicht, die Eröffnung des Konkursverfahrens hinauszuschieben, Waren oder Wertpapiere auf Kredit entnommen und diese Gegenstände erheblich unter dem Werte in einer den Anforderungen einer ordnungsmäßigen Wirtschaft widersprechenden Weise veräußert oder sonst weggegeben haben;
3. Handelsbücher zu führen unterlassen haben, deren Führung ihnen gesetzlich oblag, oder dieselben verheimlicht, vernichtet oder so unordentlich geführt haben, daß sie keine Übersicht ihres Vermögenszustandes gewähren, oder
4. es gegen die Bestimmung des Handelsgesetzbuchs unterlassen haben, die Bilanz ihres Vermögens in der vorgeschriebenen Zeit zu ziehen.

Neben der Gefängnisstrafe kann in den Fällen der Nr. 1, 2 auf Verlust der bürgerlichen Ehrenrechte erkannt werden.

Sind mildernde Umstände vorhanden, so kann auf Geldstrafe bis zu sechstausend Mark erkannt werden.

§ 241. Schuldner, welche ihre Zahlungen eingestellt haben, oder über deren Vermögen das Konkursverfahren eröffnet worden ist, werden mit Gefängnis bis zu zwei Jahren bestraft, wenn sie, obwohl sie ihre Zahlungsunfähigkeit kannten, einem Gläubiger in der Absicht, ihn vor den übrigen Gläubigern zu begünstigen, eine Sicherung oder Befriedigung gewährt haben, welche derselbe nicht oder nicht in der Art oder nicht zu der Zeit zu beanspruchen hatte.

Sind mildernde Umstände vorhanden, so kann auf Geldstrafe bis zu sechstausend Mark erkannt werden.

§ 242. Mit Zuchthaus bis zu zehn Jahren wird bestraft, wer

1. im Interesse eines Schuldners, welcher seine Zahlungen eingestellt hat, oder über dessen Vermögen das Konkursverfahren eröffnet worden ist, Vermögensstücke desselben verheimlicht oder beiseite geschafft hat, oder
2. im Interesse eines solchen Schuldners, oder, um sich oder einem anderen Vermögensvorteil zu verschaffen, in dem Verfahren erdichtete Forderungen im eigenen Namen oder durch vorgeschobene Personen geltend gemacht hat.

Sind mildernde Umstände vorhanden, so tritt Gefängnisstrafe oder Geldstrafe bis zu sechstausend Mark ein.

§ 243. Ein Gläubiger, welcher sich von dem Gemeinschuldner oder anderen Personen besondere Vorteile dafür hat gewähren oder versprechen lassen, daß er bei den Abstimmungen der Konkursgläubiger in einem gewissen Sinne stimme, wird mit Geldstrafe bis zu dreitausend Mark oder mit Gefängnis bis zu einem Jahre bestraft.

§ 244. Die Strafvorschriften der §§ 239 bis 241 finden gegen die Mitglieder des Vorstandes einer Aktiengesellschaft oder eingetragenen Genossenschaft und gegen die Liquidatoren einer Handelsgesellschaft oder eingetragenen Genossenschaft, welche ihre Zahlungen eingestellt hat. oder über deren Vermögen das Konkursverfahren eröffnet worden ist, Anwendung, wenn sie in dieser Eigenschaft die mit Strafe bedrohten Handlungen begangen haben,

IV.

Gesetz, betreffend

die Anfechtung von Rechtshandlungen eines Schuldners außerhalb des Konkursverfahrens.

Vom 21. Juli 1879.

(RGBl. von 1879, Nr. 30, S. 277—280.)

Abgeändert durch das Einführungsgesetz zu dem Gesetze, betreffend Änderungen der Konkursordnung, vom 17. Mai 1898 .(oben II), in Kraft vom 1. Januar 1900.

Die Fassung der §§ 1—13 ist die durch die Bekanntmachung des Reichskanzlers vom 20. Mai 1898 (RGBl. 709) festgestellte.

§ 1. Rechtshandlungen eines Schuldners können außerhalb des Konkursverfahrens zum Zwecke der Befriedigung eines Gläubigers als diesem gegenüber unwirksam nach Maßgabe der folgenden Bestimmungen angefochten werden.

§ 2. Zur Anfechtung ist jeder Gläubiger, welcher einen vollstreckbaren Schuldtitel erlangt hat und dessen Forderung fällig ist, befugt, sofern die Zwangsvollstreckung in das Vermögen des Schuldners zu einer vollständigen Befriedigung des Gläubigers nicht geführt hat oder anzunehmen ist, daß sie zu einer solchen nicht führen würde.

§ 3. Anfechtbar sind:

1. Rechtshandlungen, welche der Schuldner in der dem anderen Teile bekannten Absicht, seine Gläubiger zu benachteiligen, vorgenommen hat;

2. die in dem letzten Jahre vor der Anfechtung geschlossenen entgeltlichen Verträge des Schuldners mit seinem Ehegatten, vor oder während der Ehe, mit seinen oder seines Ehegatten Verwandten in auf- und absteigender Linie, mit seinen oder seines Ehegatten voll- und halbbürtigen Geschwistern, oder mit dem Ehegatten einer dieser Personen,

sofern durch den Abschluß des Vertrages die Gläubiger des Schuldners benachteiligt werden und der andere Teil nicht beweist, daß ihm zur Zeit des Vertragsabschlusses eine Absicht des Schuldners, die Gläubiger zu benachteiligen, nicht bekannt war;

3. die in dem letzten Jahre vor der Anfechtung von dem Schuldner vorgenommenen unentgeltlichen Verfügungen, sofern nicht dieselben gebräuchliche Gelegenheitsgeschenke zum Gegenstande hatten;
4. die in den letzten zwei Jahren vor der Anfechtung von dem Schuldner vorgenommenen unentgeltlichen Verfügungen zugunsten seines Ehegatten.

§ 3a. Hat der Erbe aus dem Nachlasse Pflichtteilsansprüche, Vermächtnisse oder Auflagen erfüllt, so kann ein Nachlaßgläubiger, der im Konkursverfahren über den Nachlaß dem Empfänger der Leistung im Range vorgehen oder gleichstehen würde, die Leistung in gleicher Weise anfechten wie eine unentgeltliche Verfügung des Erben.

§ 4. Hat der Gläubiger, bevor er einen vollstreckbaren Schuldtitel erlangt hatte oder seine Forderung fällig war, denjenigen, welchem gegenüber eine im § 3 Nr. 2 bis 4 bezeichnete Rechtshandlung vorgenommen ist, von seiner Absicht, die Handlung anzufechten, durch Zustellung eines Schriftsatzes in Kenntnis gesetzt, so wird die Frist von dem Zeitpunkte der Zustellung zurückgerechnet, sofern schon zu dieser Zeit der Schuldner zahlungsunfähig war und bis zum Ablaufe von zwei Jahren seit diesem Zeitpunkte die Anfechtung erfolgt ist.

§ 5. Die Erhebung des Anfechtungsanspruchs im Wege der Einrede kann erfolgen, bevor ein vollstreckbarer Schuldtitel für die Forderung erlangt ist; der Gläubiger hat denselben jedoch vor der Entscheidung binnen einer von dem Gerichte zu bestimmenden Frist beizubringen.

§ 6. Die Anfechtung wird dadurch nicht ausgeschlossen, daß für die anzufechtende Rechtshandlung ein vollstreckbarer Schuldtitel erlangt, oder daß dieselbe durch Zwangsvollstreckung oder durch Vollziehung eines Arrestes erwirkt worden ist.

§ 7. Der Gläubiger kann, soweit es zu seiner Befriedigung erforderlich ist, beanspruchen, daß dasjenige, was durch die anfechtbare Handlung aus dem Vermögen des Schuldners veräußert, weggegeben oder aufgegeben ist, als noch zu demselben gehörig von dem Empfänger zurückgewährt werde.

Der gutgläubige Empfänger einer unentgeltlichen Leistung hat dieselbe nur so weit zurückzugewähren, als er durch sie bereichert ist.

§ 8. Wegen Erstattung einer Gegenleistung oder im Fall einer anfechtbaren Leistung wegen seiner Forderung kann der Empfänger sich nur an den Schuldner halten.

§ 9. Erfolgt die Anfechtung im Wege der Klage, so hat der Klagantrag bestimmt zu bezeichnen, in welchem Umfange und in welcher Weise die Rückgewähr seitens des Empfängers bewirkt werden soll.

§ 10. Liegt ein nur vorläufig vollstreckbarer Schuldtitel des Gläubigers oder ein unter Vorbehalt ergangenes Urteil (Zivilprozeßordnung §§ 540, 599) vor, so ist in dem den Anfechtungsanspruch für begründet erklärenden Urteile die Vollstreckung desselben davon abhängig zu machen, daß die gegen den Schuldner ergangene Entscheidung rechtskräftig oder vorbehaltlos wird.

§ 11. Die gegen den Erblasser begründete Anfechtung findet gegen den Erben statt.

Gegen einen anderen Rechtsnachfolger desjenigen, welchem gegenüber die anfechtbare Handlung vorgenommen ist, findet die gegen den letzteren begründete Anfechtung statt:

1. wenn ihm zur Zeit seines Erwerbes die Umstände, welche die Anfechtbarkeit des Erwerbes seines Rechtsvorgängers begründen, bekannt waren;
2. wenn er zu den im § 3 Nr. 2 genannten Personen gehört, es sei denn, daß ihm zur Zeit seines Erwerbes die Umstände, welche die Anfechtbarkeit des Erwerbes seines Rechtsvorgängers begründen, unbekannt waren;
3. wenn ihm das Erlangte unentgeltlich zugewendet worden ist.

Im Falle des Abs. 2 Nr. 3 findet auf die Haftung des Rechtsnachfolgers die Vorschrift des § 7 Abs. 2 Anwendung.

Zur Erstreckung der Fristen in Gemäßheit des § 4 genügt die Zustellung des Schriftsatzes an den Rechtsnachfolger, gegen welchen die Anfechtung erfolgen soll.

§ 12. Die Anfechtung einer nach § 3 Nr. 1 anfechtbaren Handlung kann nur binnen zehn Jahren erfolgen. Auf den Lauf der Frist finden die für die Verjährung geltenden Vorschriften des § 203 Abs. 2 und der §§ 206, 207 des Bürgerlichen Gesetzbuchs entsprechende Anwendung.

Die Frist beginnt mit dem Zeitpunkt, in welchem der Gläubiger den vollstreckbaren Schuldtitel erlangt hatte und seine Forderung fällig war, wenn aber die Rechtshandlung nach diesem Zeitpunkte vorgenommen ist, mit der Vornahme der Handlung.

Die Anfechtung ist ausgeschlossen, wenn seit der Vornahme der Rechtshandlung dreißig Jahre verstrichen sind.

§ 13. Wird über das Vermögen des Schuldners das Konkursverfahren eröffnet, so steht die Verfolgung der von Konkursgläubigern erhobenen Anfechtungsansprüche dem Konkursverwalter zu. Aus dem Erstrittenen sind dem Gläubiger die Prozeßkosten vorweg zu erstatten.

Ist das Verfahren über den Anfechtungsanspruch noch rechtshängig, so wird dasselbe unterbrochen. Im Fall einer Verzögerung der Aufnahme kommen die Bestimmungen der Zivilprozeßordnung § 239 zur entsprechenden Anwendung. Der Konkursverwalter kann den Anspruch nach den Vorschriften der Konkursordnung §§ 37 bis 39, 41 in Gemäßheit der §§ 268, 529 der Zivilprozeßordnung erweitern. Lehnt der Verwalter die Aufnahme des Rechtsstreits ab, so kann derselbe rücksichtlich der Prozeßkosten von jeder Partei aufgenommen werden. Durch die Ablehnung der Aufnahme wird die Befugnis des Verwalters, nach den Vorschriften der Konkursordnung das Anfechtungsrecht auszuüben, nicht ausgeschlossen.

Soweit der Gläubiger aus dem Zurückzugewährenden eine Sicherung oder Befriedigung erlangt hatte, finden auf die Anfechtung derselben die Vorschriften des § 30 Nr. 1 der Konkursordnung entsprechende Anwendung.

Nach der Beendigung des Konkursverfahrens können Anfechtungsrechte, deren Ausübung dem Konkursverwalter zustand, von den einzelnen Gläubigern nach Maßgabe dieses Gesetzes verfolgt werden, soweit nicht dem Anspruch entgegenstehende Einreden gegen den Verwalter erlangt sind. War die Anfechtung nicht schon zur Zeit der Eröffnung des Konkursverfahrens erfolgt, so wird die im § 3 Nr. 2 bis 4 bestimmte Frist von diesem Zeitpunkte berechnet, sofern die Anfechtung bis zum Ablauf eines Jahres seit der Beendigung des Konkursverfahrens erfolgt.

Rechtshandlungen, welche der Gemeinschuldner rücksichtlich seines nicht zur Konkursmasse gehörigen Vermögens vorgenommen hat, können von den Konkursgläubigern auch während des Konkursverfahrens nach Maßgabe dieses Gesetzes angefochten werden.

§ 14. Dieses Gesetz tritt im ganzen Umfange des Reichs gleichzeitig mit der Konkursordnung in Kraft.

Dasselbe findet auch auf die vor diesem Zeitpunkte vorgenommenen Rechtshandlungen Anwendung, sofern sie nicht nach den Vorschriften der bisherigen Gesetze der Anfechtung entzogen oder in geringerem Umfange unterworfen sind.

Ist der Anfechtungsanspruch zur Zeit des Inkrafttretens dieses Gesetzes rechtshängig, so bleiben für die Entscheidung des Rechtsstreits die Vorschriften der bisherigen Gesetze maßgebend.

Sachregister.

(Die Ziffern ohne Zusatz bezeichnen die Paragraphen der Konkursordnung.)

EI. bedeutet Einführungsgesetz zur Konkursordnung.
EII. „ Einführungsgesetz zu dem Gesetze, betr. Aenderungen der Konkursordnung.
A. „ Anfechtungsgesetz.

A.

H.

J.

K.

(Die Ziffern ohne Zusatz bezeichnen die Paragraphen der Konkursordnung.)

L.

M.

(Die Ziffern ohne Zusatz bezeichnen die Paragraphen der Konkursordnung.)

Q.

R.

W.

Z.

Druck von A. W. Hayn's Erben (Curt Gerber), Potsdam.

Nachtrag

zur

Konkursordnung

(Guttentagsche Sammlung
von Textausgaben ohne Anmerkungen).

I. Zum Einführungsgesetz.

§ 14 als solcher ist aufgehoben durch EG. z. KNov., der im Text als § 14 wiedergegebene Paragraph ist als § 17 zu bezeichnen, Abs. 1 desselben hat durch Art. III des Gesetzes zur Änderung und Ergänzung des Hypothekenbankgesetzes v. 14. Juli 1923 (RGBl. I S. 635) folgende Fassung erhalten:

„Unberührt bleiben die landesgesetzlichen Vorschriften, nach welchen den Inhabern von Schuldverschreibungen, die von anderen Kreditanstalten als Hypothekenbanken auf Grund von Hypotheken oder von Reallasten oder von nichthypothekarischen Darlehen der im § 41 Abs. 1 des Hypothekenbankgesetzes bezeichneten Art ausgegeben sind, ein Vorrecht vor allen anderen Konkursgläubigern in Ansehung der Befriedigung aus den Hypotheken oder den Reallasten oder den genannten Darlehen der Anstalt zusteht. Wird ein solches Vorrecht gewährt, so gehen in Ansehung der Befriedigung aus den Hypotheken die Forderungen aus Schuldverschreibungen, zu deren Deckung Hypotheken verwendet werden, den Forderungen aus den übrigen Schuldverschreibungen vor; entsprechendes gilt für die Befriedigung aus Reallasten und nichthypothekarischen Darlehen. Werden wertbeständige Hypotheken verschiedener Gattung zur Deckung verwendet, so gehen in Ansehung der Befriedigung aus den Hypotheken der einen Gattung die Forderungen aus Schuldverschreibungen der gleichen Gattung den Forderungen aus anderen Schuldverschreibungen anderer Gattungen vor; entsprechendes gilt für Reallasten und nichthypothekarische Darlehen."

II. Zur Konkursordnung.

1. Im § 133 Abs. 2 Ziffer 2 ist durch Verordnung v. 12 Dezember 1924 (RGBl. I S. 775) das Wort „Mark" ersetzt durch „Reichsmark".

2. Eine Bekanntmachung der Aufhebung und der Einstellung des Konkursverfahrens (§§ 116, 163, 190 und 205 der Konkursordnung) durch den Deutschen Reichsanzeiger findet nicht statt.

Eine öffentliche Bekanntmachung des Vergleichstermins (§ 179 daselbst) findet nicht statt.

§ 3 der Verordnung über die Einschränkung öffentlicher Bekanntmachungen v. 14. Februar 1924 (RGBl. I S. 119).

3. **Verordnung über die Goldmarkrechnung im Konkurse** v. 14. Februar 1924 (RGBl. I S. 115).

Auf Grund des Ermächtigungsgesetzes vom 8. Dezember 1923 (Reichsgesetzbl. I S. 1179) verordnet die Reichsregierung nach Anhörung eines Ausschusses des Reichsrats und des Reichstags:

§ 1

Konkursforderungen behalten den Goldmarkwert, den sie am Tage der Eröffnung des Konkursverfahrens besitzen.

Für die Umrechnung ist der vom Reichsminister der Finanzen bestimmte Goldumrechnungssatz (§ 2

Abs. 3 der Verordnung vom 11./18. Oktober 1923, Reichsgesetzbl. I S. 939/979) maßgebend. Der Reichsminister der Justiz ist ermächtigt, einen anderen Umrechnungssatz zu bestimmen.

§ 2

Der Anmeldung einer Konkursforderung (§ 139 der Konkursordnung) soll eine Berechnung des Goldmarkwertes der Forderung nach dem für den Tag der Eröffnung des Verfahrens gültigen Umrechnungssatze (§ 1 Abs. 2) beigefügt werden.

Die Eintragung in die Tabelle (§ 140 Abs. 2 der Konkursordnung) erfolgt in Goldmark.

§ 3

Nach jeder Verteilung (§§ 149, 161, 167 der Konkursordnung) und nach jeder gemäß § 170 der Konkursordnung bewirkten Zahlung hat der Verwalter dem Gericht unter Angabe des Zahlungstags anzuzeigen, welche Beträge er an die einzelnen Gläubiger gezahlt hat. Der Gerichtsschreiber hat die Beträge nach dem Umrechnungssatze (§ 1 Abs. 2) des Zahlungstags in Goldmark umzurechnen und in der Tabelle zu vermerken.

§ 4

Die Verordnung findet auf die vor ihrem Inkrafttreten eröffneten Verfahren nach Maßgabe der folgenden Bestimmungen Anwendung, es sei denn, daß bereits die Schlußverteilung vom Gerichte genehmigt oder ein Zwangsvergleich rechtskräftig bestätigt ist.

§ 5

Die Eintragungen der Konkursforderungen in der Tabelle sind von dem Gerichtsschreiber nach dem Umrechnungssatze (§ 1 Abs. 2) des Tages der Eröffnung des Verfahrens in Goldmark umzuschreiben; soweit jedoch dieser Betrag die Höchstgrenze übersteigt, die für eine Aufwertung nach gesetzlichen Vorschriften besteht, darf diese Grenze nicht überschritten werden. Die im § 3 vorgesehenen Anzeigen und Vermerke sind alsbald nachträglich zu bewirken.

Ist für eine auf Grund des Abs. 1 vorzunehmende Umrechnung ein vor dem 1. September 1923 liegender Zeitpunkt maßgebend, so erfolgt die Umrechnung nach dem vor dem maßgebenden Tage zuletzt an der Berliner Börse festgesetzten amtlichen Briefkurs für Auszahlung New York.

§ 6

Die Feststellung einer Konkursforderung behält ihre Wirkung auch für die umgeschriebene Forderung. Der Konkursverwalter, der Gemeinschuldner sowie jeder Konkursgläubiger können jedoch innerhalb eines Monats nach Inkrafttreten der Verordnung die nochmalige Prüfung einer bereits festgestellten Forderung beantragen. Das Gericht hat dann auf Kosten des Antragstellers einen neuen Prüfungstermin zu bestimmen. Ein in diesem Termine von dem Verwalter oder einem Konkursgläubiger erhobener Widerspruch hebt die frühere Feststellung auf; ein Bestreiten des Gemeinschuldners beseitigt die aus § 164 Abs. 2 der Konkursordnung sich ergebende Wirkung.

Wird die Forderung nicht oder nicht in der früheren Höhe festgestellt, so findet eine Rückerstattung zuviel gezahlter Beträge nicht statt.

§ 7

Ist zur Zeit des Inkrafttretens dieser Verordnung ein Zwangsvergleich angenommen, aber noch nicht rechtskräftig bestätigt, so finden die Vorschriften der Verordnung in Ansehung der nicht bevorrechtigten Konkursforderungen nur dann Anwendung, wenn der Zwangsvergleich rechtskräftig verworfen wird.

Der Vergleich ist zu verwerfen

1. auf Antrag eines nicht bevorrechtigten Konkursgläubigers, welcher stimmberechtigt war oder seine Forderung glaubhaft macht, wenn im Hinblick auf die Vorschriften dieser Verordnung anzunehmen ist, daß der Vergleich dem gemeinsamen Interesse der nicht bevorrechtigten Konkursgläubiger widerspricht;
2. auf Antrag des Gemeinschuldners, wenn ihm mit Rücksicht auf die nach dieser Verordnung vorzunehmende Umrechnung der bevorrechtigten Konkursforderungen die Aufrechterhaltung des Zwangsvergleichs nicht zugemutet werden kann.

Die im Abs. 2 bezeichneten Anträge können auch in der Beschwerdeinstanz gestellt werden.

§ 8

Der Reichsminister der Justiz wird ermächtigt, mit Zustimmung des Reichsrats die zur Ausführung der Verordnung erforderlichen Vorschriften zu erlassen.

Berlin, den 14. Februar 1924.

Der Reichskanzler
Marx

Der Reichsminister der Justiz
Emminger

Gedruckt bei A. W. Hayn's Erben, Potsdam.

Juni 1927

Walter de Gruyter & Co.
Berlin W 10 und Leipzig

Guttentagsche Sammlung
Deutscher Reichs- und Preußischer Gesetze

Textausgaben
mit Anmerkungen und Sachregister — Taschenformat — Gebunden

A. Reichsgesetze.

Band

1. **Verfassung des Deutschen Reichs** siehe Bd. 137.
2. **Strafgesetzbuch.** Von Fr. v. Liszt und E. Delaquis. 27. Auflage von E. Kohlrausch. — 1926. *Rm* 8,—
3. **Militärstrafgerichtsordnung.** Von A. Romen und E. Rissom. 2. Auflage. — 1918. *Rm* 5,—
4. **Handelsgesetzbuch** ohne Seerecht. Von Litthauer und Mosse. 17. Auflage. Von E. Heymann. Groß-Oktav. — 1926. *Rm* 14.—
5. **Wechselordnung.** Von J. Stranz und M. Stranz. 12. Auflage. — 1923. Mit Nachtrag, enthaltend **Wechselstempelgesetz und Scheckgesetz.** — 1926. *Rm* 3,50
6. **Reichsgewerbeordnung** nebst Ausführungsbestimmungen. Von Fr. Hiller und H. Luppe. 20. Auflage. — 1921. Mit Nachtrag, enthaltend alle Änderungen und Neuerungen bis Ende 1924. *Rm* 6,—
   Nachtrag einzeln *Rm* 1,50.
7. **Post- und Telegraphen-Gesetzgebung.** Von M. König. 6. Auflage. Vergriffen.
8. **Unterstützungswohnsitz** siehe **Fürsorgepflicht** von Sandré, Bd. 160.
9. Sammlung **kleinerer strafrechtlicher Reichsgesetze.** Von R. H. Kriegsmann. 3. Auflage. — 1910. *Rm* 4,—
10. **Reichsbeamtengesetz** siehe Bd. 82.
11. **Zivilprozeßordnung mit Gerichtsverfassungsgesetz.** Von R. Sydow. Fortgeführt von L. Busch und Krantz. 19. Auflage. Groß-Oktav. — 1926. *Rm* 25,—
12. **Strafprozeßordnung und Gerichtsverfassungsgesetz.** Von E. Kohlrausch. 21. Auflage. — 1927. *Rm* 7,50
13. **Konkursordnung und Anfechtungsgesetz.** Von R. Sydow. Fortgeführt von L. Busch und O. Krieg. 14. Auflage. — 1926 *Rm* 10,—

VI. 27. — 15 000.

Band

14. **Gerichtsverfassungsgesetz.** Von R. Sydow. Fortgeführt von L. Busch. 10. Auflage. 1925. *Rm* 6,—
15. **Das deutsche Gerichtskostengesetz.** Von R. Sydow. Fortgeführt von L. Busch und F. Koehler. 11. Auflage. In Bearbeitung.
16. **Rechtsanwaltsordnung.** Von R. Sydow. 5. Auflage von M. Jacobsohn. — 1907. Mit Nachtrag von 1910. Vergriffen.
17. **Gebührenordnung für Rechtsanwälte usw.** Von R. Sydow. Fortgeführt von L. Busch und O. Krieg. 13. Auflage. In Bearbeitung.
18. **Reichsstempelgesetz.** Von P. Loeck. Vergriffen. Wird durch Kapitalverkehrssteuergesetz ersetzt. Erläuterte Ausgabe in Bearbeitung.
19. **Die Seegesetzgebung.** Von W. E. Knitschky. 5. Auflage von O. Rudorff. — 1913. *Rm* 8,—
20. **Krankenversicherungsgesetz** siehe Bd. 107, 161.
21. **Die Konsulargesetzgebung.** Von Ph. Zorn. 8. Auflage von K. Zorn. — 1911. *Rm* 4,50
22. **Patentgesetz.** Von R. Lutter. 8. Auflage. — 1920. Mit Nachtrag 1927. Nachtrag apart *Rm* 0,80. *Rm* 4,—
23. **Gewerbe-Unfallversicherungsgesetz** siehe Bd. 107, 161 und 161 a/b.
24. **Aktiengesellschaft und Kommanditgesellschaften auf Aktien.** Von H. Keyßner und H. Veit Simon. 7. Auflage. In Bearbeitung.
25. **Brausteuergesetz.** Siehe Reichsgesetz Bd. 54 II.
26. **Münz- und Notenbankwesen.** Von R. Koch. 7. Auflage von Reichsbankpräsident Schacht. — 1925. *Rm* 14,—
27. **Gesundheitswesen im Deutschen Reich.** Von E. Goesch und J. Karsten. — 1888. Vergriffen.
28. **Bau-Unfallversicherungsgesetz** siehe Bd. 108.
29. **Erwerbs- und Wirtschaftsgenossenschaften.** Von L. Parisius und H. Crüger. 18. Auflage. — 1925. *Rm* 4,—
30. **Invalidenversicherungsgesetz** siehe Bd. 109, 161 und 161 a.
31. **Gewerbegerichtsgesetz.** Von W. Cuno. Vergriffen. Siehe auch Bd. 112, 112 a und Arbeitsgerichte Bd. 168.
32. **Gesellschaften mit beschränkter Haftung.** Von L. Parisius und H. Crüger. 17. Auflage. — 1926. *Rm* 3,50
33. **Vereins- und Versammlungsrecht.** Von E. Ball. 2. Auflage von F. Friedenthal. — 1907. *Rm* 2,—
    Reichsvereinsgesetz vom 19. April 1908 siehe Bd. 88.
34. **Die Abzahlungsgeschäfte.** 3. Aufl. von E. Wilke. — 1910. *Rm* 1,20
35. **Die Reichs-Eisenbahngesetzgebung.** Von W. Coermann. — 1895. (Siehe auch Bd. 66.) *Rm* 2,—
36. **Privatrechtliche Verhältnisse der Binnenschiffahrt und Flößerei.** Von E. Löwe. 6. Auflage. — 1923. *Rm* 4,—

Band

59. **Beurkundung des Personenstandes und die Eheschließung.** Von F. Fidler. 2. Auflage. — 1912. *Rm* 2,30
60. **Das Urheberrecht an Werken der Literatur und der Tonkunst.** Von O. Lindemann. 4. Auflage. — 1921. *Rm* 1,80
61. **Verlagsrecht.** Von B. Marwitz. 3. Auflage. — 1922. *Rm* 1,60
62. **Private Versicherungsunternehmungen.** Von H. Könige. 3. Auflage von Könige und Petersen. — 1927. *Rm* 20,—
63. **Gesetzestafel des deutschen Reichsrechts.** Von H. Bruhns. 2. Auflage. — 1913. *Rm* 3,—
64. Gesetzsammlung, betr. den **Handel mit Drogen und Giften.** Von H. Sonnenfeld. 3. Auflage. — 1926. *Rm* 12,—
65. **Weingesetz.** Von G. Lebbin. 2. Auflage. — 1909. *Rm* 2,— (Siehe auch Reichsgesetz Bd. 54 II.)
66. **Die Eisenbahngesetzgebung.** Von W. Pietsch. 2. Auflage. — 1913. (Siehe auch Bd. 91.) Vergriffen.
67. **Militärstrafgesetzbuch.** Von A. Romen und C. Rissom. 3. Auflage. — 1918. *Rm* 5,—
68. **Fleischbeschaugesetz.** Von G. Lebbin und G. Baum. — 1903. Vergriffen.
69. Reichsgesetz über die **Naturalleistungen der bewaffneten Macht im Frieden.** Von W. v. Hippel. — 1903. *Rm* 1,—
70. **Das Reichshaftpflichtgesetz.** Von G. Eger. — 1903. Vergriffen. (Als Ersatz Kommentar von Seligsohn. — 1920. *Rm* 8,—, geb. *Rm* 9,50)
71. **Kinderarbeit in gewerblichen Betrieben.** Von H. Spangenberg. 2. Auflage. — 1904. *Rm* 1,20
72. **Unfallversicherungsgesetz** siehe Bd. 108 und 161 a.
73. **Entschädigung für unschuldig erlittene Verhaftung und Bestrafung.** Von A. Romen. — 1904. *Rm* 1,70
74. **Die Kaufmannsgerichte.** Von M. Apt. 3. Auflage. — 1904. (Siehe auch Bd. 112 und 112 a.) Vergriffen.
75. **Konsulargerichtsbarkeit.** Von A. F. Vorwerk. 2. Ausgabe, mit den Schutzgebietsgesetzen. — 1908. *Rm* 1,60
76. **Die Rechtshilfe im Verkehr mit den ordentlichen Gerichten.** Von A. Friedländer. — 1906. *Rm* 1,50
77. **Das Erbschaftssteuergesetz.** Von B. Hendel. 1920. *Rm* 5,— Neue Fassung von H. Schachian. 4. Auflage. — 1926. *Rm* 2,50.
78. **Zigarettensteuergesetz.** Von Cuno. Vergriffen.
79. **Die Militärpensionsgesetze.** Von A. Romen.
    a) I. Teil: **Offizierpensionsgesetz.** — 1907. *Rm* 2,—
    b) II. Teil: **Mannschaftsversorgungsgesetz.** Mit **Kapitalabfindungsgesetz.** — 1908. *Rm* 2,—

Militärversorgungsgesetze siehe auch Bd. 152 und 152 a.

Band

80. **Gerichtliche Registerführung.** Von O. Lindemann. — 1906. *Rm* 2,40
81. **Urheberrecht an Werken der bildenden Künste und der Photographie.** Von L. Fuld. 2. Auflage. — 1926. *Rm* 6,—
82. **Reichsbeamtengesetz.** Von A. Arndt. 3. Auflage. — 1923. Mit Nachtrag, enthaltend die Änderungen bis 1924. *Rm* 3,50
83. **Versicherungsvertrag.** Von P. Hager und E. Bruck. 5. Auflage. — 1926. *Rm* 14,—
84. **Sammlung kleinerer privatrechtlicher Reichsgesetze.** Von G. Müller. — 1903. *Rm* 5,50
85. **Scheckgesetz.** Neue Auflage in Bearbeitung. (Siehe auch Reichsgesetze Bd. 5 und 162.) Kommentar von Michaelis. *Rm* 16,—, geb. *Rm* 18,—
86. **Die Auslieferungsverträge des Deutschen Reiches.** Von A. Cohn. — 1908. *Rm* 4,—

87 a. **Das deutsche Warenzeichenrecht.** Von Freund und Magnus. 6., neubearbeitete Auflage von Jüngel und Magnus. Teil I: **Die internationalen Verträge.** — 1924. *Rm* 9,—

88. **Vereinsgesetz.** Von A. Romen. 5. Auflage. In Bearbeitung.
89. **Vogelschutzgesetz.** Von L. v. Boxberger. — 1909. *Rm* 1,—
90. Die Haager Abkommen über das **Internationale Privatrecht.** Von G. Bogeng. — 1908. *Rm* 2,—
91. **Eisenbahn-Verkehrsordnung.** Von E. Blume. 3. Auflage von Weirauch. — 1926. *Rm* 12,—
92. **Verkehr mit Kraftfahrzeugen.** Von R. Kirchner. 3. Auflage. — 1915. Mit Nachtrag, enthaltend alle Neuerungen bis Ende 1925. Nachtrag einzeln *Rm* 1,50. *Rm* 5,—
93. **Sicherung der Bauforderungen.** Von E. Harnier. 3. Auflage. — 1912. *Rm* 1,50
94. **Die Beamtenhaftpflichtgesetze des Reiches und der Länder.** Von H. Delius. 3. Auflage. — 1921. *Rm* 3,20
95. Die Berner Übereinkunft über **Internationales Urheberrecht.** Von H. Dungs. — 1910. *Rm* 1,—
96. **Branntweinsteuergesetz — Branntweinmonopolgesetz** siehe Bd. 54 II.
97. **Schutzgebietsgesetz.** Von J. Gerstmeyer. — 1910. *Rm* 2,50
98. **Sechs Haager Abkommen über Internationales Privatrecht.** Von H. Dungs. — 1910. *Rm* 1,50
99. **Die Abkommen der Haager Friedenskonferenz.** Vergriffen. Jetzt: Wehberg, **Völkerbundakte.** *Rm* 4,—. (Außerhalb der Sammlung.)
100. **Kaligesetz.** Von B. Voelkel. — 1910. *Rm* 2,40
101. **Zuwachssteuergesetz.** Von W. Cuno. Vergriffen.

Band

102. **Urheberrecht an Mustern und Modellen** und Schutz von **Gebrauchsmustern.** Von J. Neuberg. — 1911. *Rm* 2,40

103. **Reichs-Viehseuchengesetz.** Von W. v. Hippel. 2. Auflage. — 1912. *Rm* 4,—

104. **Versicherungsgesetz für Angestellte** siehe Seite 12.

105. **Das Geldwesen in den deutschen Schutzgebieten.** Von W. Hintze. — 1912. *Rm* 1,80

106—109. **Reichsversicherungsordnung.** Von F. Caspar und A. Spielhagen., 1913—1921. 4 Bände. Komplett. *Rm* 18,—
Reichsversicherungsordnung in neuester Fassung von K. Lippmann siehe Bd. 161 und 161 a/b.

110. **Wehrbeitragsgesetz.** Von A. Fernow. 2. Auflage. — 1913. *Rm* 1,60

111. **Reichs- und Staatsangehörigkeitsgesetz.** Von A. Romen. 2. Auflage. . In Bearbeitung.

112. **Kaufmannsgerichtsgesetz.** Von H. Depène. — 1914. *Rm* 2,60

112 a. **Kaufmanns- und Gewerbegerichtsgesetz nebst Schlichtungsordnung.** (Ergänzungsband zu Bd. 112.) Von H. Depène. — 1924. *Rm* 3,50
Die Bde. 112 und 112 a enthalten zusammen den vollständigen Text des Gewerbegerichtsgesetzes.

113. **Postscheckgesetz.** Von J. Weiland. — 1914. Mit Nachtrag 1918. *Rm* 1,50

113 a. **Postscheckordnung.** Von J. Weiland. — 1914. Mit Nachtrag 1918. *Rm* 1,50

114. **Waffengebrauch und Festnahmerecht des Militärs.** Von A. Romen und C. Rissom. — 1914. *Rm* 1,80

115. **Das vertragliche Wettbewerbsverbot [Konkurrenzklausel].** Von G. Baum. — 1914. *Rm* 3,—

116. **Kriegs-Zivil- und Finanzgesetze.** 3. Auflage. — 1915. *Rm* 1,50

116a. Desgl. Zweite Folge: Jahr 1915. — 1916. *Rm* 1,20

117. **Darlehnskassengesetz.** — 1915. *Rm* 1,80

118. **Militärhinterbliebenengesetz.** Von Reh. — 1915. (Siehe auch Bd. 152, 152 a und 160.) *Rm* 2,20

119. **Kriegsleistungsgesetz.** Vergriffen.

120. **Telegraphenwegegesetz.** Von Wolf. — 1916. *Rm* 1,—

121. **Direkte Kriegssteuer.** Von A. Mrozek. — 1916. *Rm* 3,50

122. **Belagerungszustand.** Von H. Pürschel. — 1916. *Rm* 3,50

123. **Warenumsatzstempel.** (**Umsatzsteuer** siehe Bd. 132.)

124. **Todeserklärung Kriegsverschollener.** Von J. Partsch. — 1917. *Rm* 2,—

125. **Vaterländischer Hilfsdienst.** 3. Auflage. — 1917. *Rm* 1,—

Band

126. **Besitzsteuergesetz.** Von A. Mrozek. Vergriffen.

127. **Geschäftsaufsicht zur Abwendung des Konkurses.** Von G. Klien und Ernst Jaeger. — 1917. Durch Nachträge ergänzt. *Rm* 3,—

128. **Verhaftung und Aufenthaltsbeschränkung.** Von A. Romen. — 1917. *Rm* 1,20

129. **Zivilrechtkriegsgesetze.** Von Fischer. — 1918. *Rm* 1,50

130. **Ersatzlebensmittelverordnung.** — 1918. *Rm* 1,50

131 a. **Reichsfinanzgesetzgebung 1918.** Bd. I: **Getränkesteuern.** Von G. Mayer. — 1918. *Rm* 2,50

131 b. **Reichsfinanzgesetzgebung 1918.** Bd. II: **Einkommen, Umsatz** usw. Von G. Mayer. — 1919. *Rm* 1,50

132. **Umsatzsteuergesetz.** Von Otto Lindemann. 4. Auflage. — 1926. *Rm* 10,—

133. **Reichswuchergesetzgebung.** Von Ad. Lobe. — 1918. *Rm* 2,80

134. **Der Ostfrieden.** Von Karl Strupp. — 1918. *Rm* 3,—

135. **Erbbaurecht.** Von H. Günther. — 1919. *Rm* 2,—

136. **Militärversorgungsgesetz.** Von H. Günther. — 1919. *Rm* 2,30

137. **Reichsverfassung.** Von Arndt. 2. Auflage. — 1921. *Rm* 2,50

138 a. **Arbeiterschutz und Arbeitsrecht.** Von A. Günther. 2. Aufl. Teil I: **Arbeitszeitnotverordnung.** Von Günther und Schneider. Im Druck.

138 b. **Betriebsrätegesetz.** Von A. Günther. — 1920. Vergriffen

139. **Grunderwerbsteuergesetz.** Von Otto Lindemann. 2. Auflage. — 1926. *Rm* 4,—

140. **Die Siedelungsgesetzgebung im Reich und in Preußen.** Von W. Holzapfel. — 1920. *Rm* 3,—

141. **Sozialisierungsgesetze.** Von Reier. — 1920. *Rm* 2,20

142. **Wirtschaftliche Demobilmachung.** Von Gg. Fischbach. — 1920. *Rm* 1,—

143. **Reichsabgabenordnung.** Von Nieberl. 2. Auflage. — 1927. *Rm* 12,—

144. **Versicherungsgesetz für Angestellte.** Siehe S. 12.

145. **Steuer- und Kapitalflucht.** Von E. H. Meyer. 2. Auflage. — 1921. *Rm* 1,60

146. **Tabaksteuergesetz.** Von Wündisch. — 1920. Mit Nachtrag 1925. *Rm* 4,—

147. **Filmzensur.** Von Szczesny. — 1920. *Rm* 1,50

148. **Reichsausgleichsgesetz.** Von Decke. — 1920. *Rm* 1,50

149. **Reichsnotopfergesetz.** Von Friedmann und Wrzeszinsky. — 1921. *Rm* 4,—

150. **Reichsschädengesetze.** Von Adolf Hohenstein und Wenzel Goldbaum. — 1922. *Rm* 4,—

151. **Einkommensteuer und Körperschaftsteuer.** Von Hollaender. — 1926. *Rm* 24,—

B. Preußische Gesetze.

Band

1. **Die Verfassung des Freistaats Preußen.** Von A. Arndt. — 1921. *Rm* 2,—
   Ausführlicher Kommentar von Stier-Somlo. — 1921. *Rm* 5,—
2. **Preußische Beamtengesetzgebung.** Von K. Pfafferoth. 5. Auflage. — 1916. *Rm* 2,40
3. **Nottestamente.** Von E. Kurtz. — 1904. *Rm* 1,50
4. **Gebührenordnung für Notare.** Vom 28. Oktober 1922. Von Rausnitz. 6. Auflage. — 1925. *Rm* 7,—

5—9 vergriffen.

10. **Einkommensteuergesetz** siehe Reichsgesetze Bd. 151.
11. **Gewerbesteuergesetz.** Von A. Fernow. Vergriffen.
12. **Allgemeines Berggesetz.** Von Schlüter und Hense. 4. Auflage. In Vorbereitung.
13. **Ergänzungssteuergesetz.** Von A. Fernow. 5. Auflage. *Rm* 3,—
14. **Kommunalabgabengesetz.** Von F. Adickes. 6. Auflage von Falk. — 1922. *Rm* 3,50
15. **Die Kreisordnungen.** Von O. Kolisch. — 1894. Vergriffen.
16. **Konzessionierung gewerblicher Anlagen.** Von W. v. Rüdiger. 2. Auflage. — 1901. Vergriffen.
17. **Preußisches Gerichtskostengesetz.** Von P. Siméon. 8. Auflage. In Vorbereitung.
18. **Preußisches Stempelsteuergesetz.** Von P. Loeck und W. Seyffarth. 10. Auflage von Eiffler. In Bearbeitung.
19. **Jagdscheingesetz.** Von F. Kunze. 2. Auflage. — 1899. *Rm* 2,—
20. **Die preußischen Erbschaftssteuergesetze.** Von U. Hoffmann. — 1905. *Rm* 3,—
    (**Reichs**-Erbschaftssteuergesetz siehe S. 12.)
21. **Handelskammern.** Von F. Lusensky. 2. Auflage. — 1909. *Rm* 3,—
22. **Anstellung und Versorgung der Kommunalbeamten.** Von W. Ledermann. 2. Auflage von L. Brühl. — 1914. *Rm* 2,—
23. **Ausführungsgesetze zum Bürgerlichen Gesetzbuche.** Von P. Siméon. 3. Auflage. — 1914. *Rm* 2,20
24. **Die Hinterlegungsordnung [1879].** Von G. Bartels. 2. Auflage. — 1908. *Rm* 2,—
    Abänderungsgesetz vom 21. April 1913 siehe Bd. 53.

Band

25. **Preußische Kommunalbeamtengesetzgebung.** Von F. Kremski. — 1901. *Rm* 3,—
26. **Diensteinkommen der Lehrer und Lehrerinnen.** Von E. Cremer. — 1900. *Rm* 2,20
27. **Warenhaussteuer.** Von G. Strutz. — 1900. *Rm* 1,20
28. **Die Fürsorgeerziehung Minderjähriger.** Von P. F. Aschrott. 3. Auflage. — 1917. *Rm* 2,80
29. **Ärztliche Ehrengerichte, das Umlagerecht und die Kassen der Ärztekammern.** Von F. Fidler. — 1901. *Rm* 1,50
30. **Preußisches Staatsschuldbuch** und **Reichsschuldbuch.** Von J. Mücke. — 1902. *Rm* 2,—
31. **Die preußischen Gesindeordnungen.** Zwei Bände. Von St. Gerhard.
    31 a. Altpreußische Provinzen und Rheinland. 2. Auflage. — 1914. *Rm* 3,—
    31 b. Hannover, Schleswig-Holstein, Hessen-Nassau und Hohenzollern. — 1902. *Rm* 2,50
32. **Städteordnung.** Von W. Ledermann und L. Brühl. 2. Auflage. — 1913. *Rm* 6,—
33. **Rentenguts- und Anerbenrechtsgesetzgebung.** Von M. Peltasohn und B. Peltasohn. — 1903. Vergriffen.
34. Sammlung der wichtigsten **preußischen Strafgesetze.** Von Lindemann. 2. Auflage. — 1912. *Rm* 3,50
35. **Geschäftsordnung für Gerichtsvollzieher.** Von E. Exner. — 1904. *Rm* 3,—
36. **Polizeiverordnungen in Preußen.** Von O. Lindemann. 2. Auflage. — 1912. *Rm* 2,50
37. **Enteignung von Grundeigentum.** Von O. Meyer. 3. Auflage. — 1927. *Rm* 5,50
38. **Kreis- und Provinzialabgabengesetz.** Von F. Schmidt. — 1906. *Rm* 1,20
39. **Unterhaltung der öffentlichen Volksschulen.** Von A. Marcks. — 1906. *Rm* 1,80
40. **Verwaltungsstrafverfahren.** Von R. Katzenstein. — 1907. *Rm* 3,50
41. **Die preußischen Jagdpolizeigesetze.** Von F. Kunze und R. Kühnemann. 2. Auflage. — 1907. Vergriffen.
42. **Allgemeine Landesverwaltung** und **Zuständigkeit der Verwaltungs- und Verwaltungsgerichtsbehörden.** Von K. Friedrichs. 3. Auflage. — 1927. *Rm* 5,—

Band

43. **Verschuldungsgrenze** für land- und forstwirtschaftlich benutzte Grundstücke. Von R. Leweck. — 1908. *Rm* 2,40
44. **Quellenschutzgesetz.** Von L. Voelkel. — 1909. *Rm* 1,—
45. **Rechtsverhältnisse der Juden in Preußen.** Von M. Kollenscher. — 1910. *Rm* 2,40
46. **Austritt aus der Landeskirche.** Von H. Caro. — 1911. *Rm* 2,40
47. **Feuerbestattung.** Von W. Lohmann. — 1912. *Rm* 1,50
48. **Zweckverbandsgesetz für Groß-Berlin.** Von L. Brühl, K. Gordan und W. Lebermann. — 1912. *Rm* 4,—
49. **Gesetze gegen die Verunstaltung landschaftlich hervorragender Gegenden.** Von O. Goldschmidt. — 1912. *Rm* 2,40
50. **Gesetz, betr. die Anlegung und Veränderung von Straßen und Plätzen in Städten und ländlichen Ortschaften.** Von O. Meyer. — 1913. *Rm* 3,—
51. **Das preußische Disziplinargesetz für die nichtrichterlichen Beamten.** Von E. v. Dultzig. — 1914. *Rm* 4,20
52. **Preußisches Wassergesetz.** Von G. Wulff und F. Herold. — 1913. *Rm* 4,50
53. **Hinterlegungsordnung** von 1913. Von Hagemann. — 1914. *Rm* 2,20
54. **Anlegung von Sparkassenbeständen in Inhaberpapieren.** Von H. Döhring. — 1914. *Rm* 2,80
55. **Preußisches Wohnungsgesetz.** Von B. Schmittmann. — 1918. *Rm* 2,60
56. **Das preußische Tumultschadengesetz.** Von Bruno Friedländer. — 1919. *Rm* 0,80
57. Gesetz über **Landeskulturbehörden.** Von W. Holzapfel. — 1919. *Rm* 2,—
58. **Arbeitsnachweis.** Von P. Wölbling. — 1920. *Rm* 1,—
59. **Bildung der neuen Stadtgemeinde Berlin.** Von P. Wölbling 2. Auflage. — 1920. *Rm* 1,40
60. **Umlegungsordnung.** Von W. Holzapfel. — 1921. *Rm* 1,80
61. **Preußische Verwaltungsgebührenordnung.** Von K. Eiffler. Mit Nachtrag. — 1925. *Rm* 6,—

C. Textausgaben

ohne Anmerkungen mit Sachregister.

Aufwertungsgesetze mit Einleitung. Von Michaelis. *Rm* 1,50

Bürgerliches Gesetzbuch. 14. Auflage. *Rm* 5,—

Erbschaftsteuergesetz. Neue Fassung von H. Schachian. 3. Auflage. *Rm* 2,50

Freiwillige Gerichtsbarkeit. — 1920. *Rm* 1,—

Handelsgesetzbuch mit **Seerecht.** 11. Auflage. — 1924. *Rm* 2,60

Konkursordnung. 2. Auflage. — 1915. Mit Nachtrag 1925. *Rm* 1,—

Reichsmietengesetz. — 1922. *Rm* 0,50

Reichssteuergesetze 1925 (Steuerüberleitungsgesetz mit Durchführungsbestimmungen — Einkommensteuer, Körperschaftsteuer, Reichsbewertungsgesetz, Vermögensteuer, Erbschaftsteuer). *Rm* 4,—

Strafgesetzbuch. — 1925. *Rm* 3,—

Strafprozeßordnung. 5. Auflage. — 1924. *Rm* 2,50

Verfassung des Freistaates Preußen. *Rm* 0,60

Versicherungsgesetz für Angestellte. — 1927. *Rm* 2,50

Wechselordnung. — 1908. *Rm* 0,50

Wehrbeitrag und **Besitzsteuer.** — 1913. *Rm* 1,50

Zivilprozeßordnung mit **Gerichtsverfassungsgesetz** und **Einführungsgesetzen.** — 1924. *Rm* 3,50

Zuwachssteuergesetz. — 1911. *Rm* 0,50

— **Ausführungsbestimmungen.** — 1911. *Rm* 0,40

Preuß. Ausführungsanweisung zur **Gewerbeordnung.** — 1904. *Rm* 1,—

---

de Gruytersche Sammlung Deutscher Gesetze.

Handkommentare.

Zivilprozeßordnung von Sydow-Busch-Krantz. 19. Auflage. — 1926. *Rm* 25,—

Strafprozeßordnung von Feisenberger. — 1926. Mit Nachtrag 1927. *Rm* 17,—

Aufwertungsrecht von Michaelis. — 1926. *Rm* 16,—

Schlagwort-Register.

R = Nummer der Sammlung Deutscher Reichsgesetze, P = Nummer der Sammlung Preußischer Gesetze, S. = Seite.

Otto Walter, Buchdruckerei, Berlin S 14

Nachtrag zu
Sydow-Busch u. Krieg, Konkursordnung, 14. Aufl.
(Guttentagsche Sammlung Deutscher Reichsgesetze, Nr. 13)

Gesetz über den Vergleich zur Abwendung des Konkurses
(Vergleichsordnung)
vom 5. Juli 1927

Berlin und Leipzig 1927
Walter de Gruyter & Co.
vormals G. J. Göschen'sche Verlagshandlung — J. Guttentag, Verlagsbuchhandlung — Georg Reimer — Karl J. Trübner — Veit & Comp.

Gesetz über den Vergleich zur Abwendung des Konkurses (Vergleichsordnung).

Vom 5. Juli 1927 (RGBl. I 139).

Der Reichstag hat das folgende Gesetz beschlossen, das mit Zustimmung des Reichsrats hiermit verkündet wird:

1. Abschnitt.

Allgemeine Vorschriften.

§ 1. Ein Schuldner, der zahlungsunfähig geworden ist, kann zur Abwendung des Konkurses bei dem für die Eröffnung des Konkursverfahrens zuständigen Gerichte die Eröffnung eines gerichtlichen Vergleichsverfahrens beantragen.

Die Eröffnung des Vergleichsverfahrens kann auch im Falle der Überschuldung beantragt werden, wenn das Konkursverfahren im Falle der Überschuldung eröffnet werden könnte.

Ist gegen den Schuldner ein Antrag auf Eröffnung des Konkursverfahrens gestellt worden, so kann der Schuldner bei seiner nach § 105 Abs. 2, 3 der Konkursordnung vorgeschriebenen Anhörung die Eröffnung des Vergleichsverfahrens beantragen.

§ 2. An dem Vergleichsverfahren beteiligt und von dem Vergleiche betroffen werden die Gläubiger, die nicht bevorrechtigte Konkursgläubiger wären, wenn statt des Vergleichsverfahrens das Konkursverfahren eröffnet worden wäre. Die Vorschriften der §§ 5, 64 bis 70 der Konkursordnung finden entsprechende Anwendung.

§ 3. Für Gläubiger, die später als am dreißigsten Tage vor der Stellung des Antrags auf Eröffnung des Vergleichsverfahrens durch Zwangsvollstreckung eine Sicherung oder Befriedigung erlangt haben, gelten die folgenden Vorschriften.

Ist der Gläubiger ohne die innerhalb der Frist vorgenommenen Vollstreckungsmaßregeln an dem Vergleichsverfahren beteiligt, so bleibt er an dem Verfahren beteiligt und wird von dem Vergleiche betroffen.

Ist der Gläubiger ohne die innerhalb der Frist vorgenommenen Vollstreckungsmaßregeln nur aus dem Grunde an dem Verfahren nicht beteiligt, weil sein Anspruch nach § 63 der Konkursordnung im Konkursverfahren nicht geltend gemacht werden kann, so bleiben gleichwohl die innerhalb der Frist vorgenommenen Vollstreckungsmaßregeln für das Vergleichsverfahren und einen sich anschließenden Konkurs (§ 82) außer Betracht (§§ 32, 33, 70, 74, 84).

Der Tag der Stellung des Antrags auf Eröffnung des Vergleichsverfahrens wird in die Frist nicht eingerechnet. Zwangsvollstreckung ist auch die Vollziehung eines Arrestes oder einer einstweiligen Verfügung.

§ 4. Gläubiger, deren Ansprüche auf einem gegenseitigen Vertrage beruhen, der zur Zeit der

Eröffnung des Vergleichsverfahrens von dem Schuldner und von dem anderen Teile noch nicht oder noch nicht vollständig erfüllt ist, sind an dem Verfahren nicht beteiligt und werden von dem Vergleiche nicht betroffen. Die Vorschrift des § 30 bleibt unberührt.

§ 5. Der Vergleich muß allen von ihm betroffenen Gläubigern gleiche Rechte gewähren.

Eine ungleiche Behandlung der Gläubiger ist nur zulässig, wenn die Mehrheit der zurückgesetzten Gläubiger zustimmt und die Gesamtsumme der Forderungen der zustimmenden Gläubiger mindestens drei Vierteile der Forderungen der zurückgesetzten Gläubiger beträgt.

Jedes andere Abkommen des Schuldners oder anderer Personen mit einzelnen Gläubigern, durch welches diese bevorzugt werden, ist nichtig.

§ 6. Der Vergleich muß, wenn er auf einen ziffernmäßig bestimmten, teilweisen Erlaß der Forderungen lautet, den Gläubigern mindestens dreißig vom Hundert ihrer Forderungen gewähren.

§ 7. Enthält der Vergleich einen teilweisen Erlaß der Forderungen, so ist im Zweifel anzunehmen, daß der Erlaß hinfällig wird, wenn der Schuldner mit der Erfüllung des Vergleichs in Verzug kommt oder wenn vor vollständiger Erfüllung des Vergleichs das Konkursverfahren über das Vermögen des Schuldners eröffnet wird.

§ 8. Auf das Vergleichsverfahren finden, soweit dieses Gesetz nichts anderes bestimmt, die Vorschriften der Zivilprozeßordnung entsprechende Anwendung.

§ 9. Das Gericht hat alle das Verfahren betreffenden Ermittlungen anzustellen. Es kann zu diesem Zwecke insbesondere den Schuldner hören, Zeugen und Sachverständige vernehmen und eine Gläubigerversammlung berufen. Für diese Gläubigerversammlung genügt an Stelle der Ladungen öffentliche Bekanntmachung des Termins.

§ 10. Die Entscheidungen des Gerichts können ohne mündliche Verhandlung ergehen.

§ 11. Die Zustellungen erfolgen durch Aufgabe zur Post; die Postsendung ist, wenn die Person, an die zugestellt werden soll, sich im Ausland befindet, mit der Bezeichnung „Einschreiben" zu versehen.

Zustellungen an Personen, deren Aufenthalt unbekannt ist, finden nur statt, wenn die Person einen im Inland wohnenden zur Empfangnahme von Zustellungen befugten Vertreter hat, der dem Gerichte bekannt ist.

Einer Beglaubigung des zuzustellenden Schriftstücks bedarf es nicht.

§ 12. Öffentliche Bekanntmachungen erfolgen durch mindestens einmalige Einrückung in das zur Veröffentlichung amtlicher Bekanntmachungen des Gerichts bestimmte Blatt; die Einrückung kann auszugsweise geschehen. Die Bekanntmachung gilt als bewirkt mit dem Ablauf des zweiten Tages nach der Ausgabe des die Einrückung oder die erste Einrückung enthaltenden Blattes.

Die Bekanntmachung ist auszugsweise in den Deutschen Reichsanzeiger einzurücken; auch kann das Gericht weitere Bekanntmachungen anordnen.

Die öffentliche Bekanntmachung gilt als Zustellung an alle Beteiligten, auch wenn dieses Gesetz neben ihr eine besondere Zustellung vorschreibt.

In der Bekanntmachung soll der Schuldner genau bezeichnet werden, insbesondere sollen seine Anschrift und sein Geschäftszweig angegeben werden.

§ 13. Der Schuldner, die Vertrauensperson (§ 40) und jeder Gläubiger können die Akten einsehen; der Schuldner und die Vertrauensperson können sich auch Abschriften daraus erteilen lassen. Auf die Akteneinsicht durch andere Personen findet die Vorschrift des § 299 Abs. 2 der Zivilprozeßordnung entsprechende Anwendung.

Gläubigern kann die Einsicht in solche Teile der Akten versagt werden, deren Kenntnis für die Gläubiger ohne Bedeutung ist oder deren Geheimhaltung nach Angabe des Schuldners für die Fortführung seines Unternehmens erforderlich ist.

§ 14. Die Entscheidungen des Gerichts können nur insoweit angefochten werden, als dieses Gesetz es bestimmt.

Soweit eine Anfechtung stattfindet, erfolgt sie durch sofortige Beschwerde. Die Beschwerdefrist (Notfrist) beträgt eine Woche. Sie beginnt mit der Verkündung der Entscheidung; wenn diese nicht verkündet wird, mit der Zustellung. Eine weitere Beschwerde findet nicht statt.

2. Abschnitt.

Eröffnung des Verfahrens.

§ 15. Der Antrag auf Eröffnung des Vergleichsverfahrens muß einen bestimmten Vergleichsvorschlag enthalten und ergeben, ob und wie die Erfüllung des Vergleichs sichergestellt werden soll. Der Vorschlag muß dem § 6 genügen.

In dem Antrag hat der Schuldner anzugeben:

1. ob innerhalb der letzten fünf Jahre vor dem Tage des Antrags im Inland die Geschäftsaufsicht, das Konkursverfahren oder das Vergleichsverfahren zur Abwendung des Konkurses über sein Vermögen rechtskräftig eröffnet oder die Eröffnung eines dieser Verfahren mangels Masse rechtskräftig abgelehnt worden ist;
2. ob innerhalb derselben Frist von ihm der Offenbarungseid auf Grund des § 807 der Zivilprozeßordnung geleistet oder gegen ihn zur Erzwingung eines solchen Eides die Haft angeordnet worden ist;
3. wann und wo er geboren ist.

Zu Nr. 1 und 2 des Abs. 2 ist anzugeben, bei welchem Gerichte das Verfahren anhängig ist oder wann und bei welchem Gericht es anhängig gewesen ist.

Die Richtigkeit der Angaben (Abs. 2, 3) hat der Schuldner an Eides Statt zu versichern oder durch öffentliche Urkunden nachzuweisen.

§ 16. Dem Antrag sind beizufügen:

1. ein Verzeichnis der Gläubiger und der Schuldner unter Angabe der einzelnen Forderungen und Schulden;
2. eine Übersicht des Vermögensstandes des Schuldners;
3. eine Erklärung des Schuldners darüber, ob innerhalb des letzten Jahres vor dem Tage des Antrags zwischen ihm und seinem Ehegatten vor oder während der Ehe, seinen oder seines Ehegatten Verwandten auf- und absteigender Linie, seinen oder seines Ehegatten voll- und halbbürtigen Geschwistern oder den Ehegatten einer dieser Personen eine Vermögensauseinandersetzung stattgefunden hat, sowie darüber, ob und welche Verfügungen über Vermögensgegenstände er innerhalb des letzten Jahres vor dem Tage des Antrags zugunsten einer dieser Personen vorgenommen hat; Verfügungen, die ausschließlich gebräuchliche Gelegenheitsgeschenke zum Gegenstande hatten, bleiben außer Betracht;
4. die schriftliche Erklärung der Mehrheit der an dem Verfahren beteiligten Gläubiger, die zugleich mehr als die Hälfte der Gesamtsumme der von dem Vergleiche betroffenen Forderungen darstellen müssen, daß sie mit der Eröffnung eines Vergleichsverfahrens einverstanden sind; Gläubiger, deren Stimmen zugunsten eines Vergleichs nicht gezählt werden (§ 64), bleiben bei der Berechnung der Mehrheiten

außer Betracht; die Mehrheiten sind auf Grund des Gläubigerverzeichnisses (Nr. 1) zu berechnen;

5. wenn für die Erfüllung des Vergleichs Sicherheit geleistet werden soll, die genaue Bezeichnung der Sicherheiten und, wenn die Sicherheit in einer Bürgschaft besteht, die Bürgschaftserklärung;

6. die Erklärung des Schuldners, daß er bereit sei, den Offenbarungseid zu leisten.

Der Antrag und seine Anlagen sollen in zwei Stücken eingereicht werden.

§ 17. In die Verzeichnisse der Gläubiger und der Schuldner (§ 16 Abs. 1 Nr. 1) sind alle Gläubiger und Schuldner aufzunehmen. Gläubiger, deren Forderungen der Schuldner bestreitet, und Schuldner, die ihre Schuld bestreiten, sind unter Angabe dieser Tatsachen aufzuführen. Gläubiger, die von dem Verfahren nicht betroffen werden, sind getrennt von den übrigen Gläubigern aufzuführen. Ist einer der im § 16 Abs. 1 Nr. 3 genannten Angehörigen Gläubiger oder Schuldner, so ist dies anzugeben. Ebenso ist anzugeben, wenn ein Gläubiger oder ein Schuldner mit dem Schuldner in einem Gesellschafts- oder anderen Gemeinschaftsverhältnisse steht; das Gesellschafts- oder andere Gemeinschaftsverhältnis ist genau zu bezeichnen.

Bei allen Gläubigern und Schuldnern ist ihre Anschrift anzugeben. Wohnt ein Gläubiger im Ausland oder ist sein Wohnort unbekannt, ist jedoch dem Schuldner ein im Inland wohnender zur Empfangnahme von Zustellungen befugter Vertreter bekannt, so ist auch dessen Anschrift anzugeben.

§ 18. In der Übersicht des Vermögensstandes (§ 16 Abs. 1 Nr. 2) müssen sämtliche Vermögensgegenstände (Aktiva) und Verbindlichkeiten (Passiva) einzeln unter Angabe ihres Betrages oder Wertes aufgeführt und einander gegenübergestellt werden. Bei Forderungen ist die Person des Schuldners, bei Verbindlichkeiten die Person des Gläubigers, bei beiden der Schuldgrund anzugeben. Bei allen Aktiven und Passiven sind etwaige Nebenrechte, insbesondere zur Sicherung übertragenes Eigentum, Hypotheken, Pfandrechte und Bürgschaften sowie Ansprüche aus zur Deckung erhaltenen oder begebenen Wechseln zu bezeichnen, bei Forderungen auch die vorhandenen Beweismittel. Bei Passiven, deren Gläubiger im Falle des Konkurses abgesonderte Befriedigung beanspruchen können, ist auch die Höhe des mutmaßlichen Ausfalls anzugeben. Uneinbringliche oder zweifelhafte Aktiva sind als solche kenntlich zu machen.

Ist der Schuldner Kaufmann, so hat er auch die letzte Bilanz einzureichen.

§ 19. Unterläßt es der Schuldner, dem Antrag die im § 16 Abs. 1 genannten Anlagen beizufügen, oder genügen der Antrag und die beigefügten Anlagen nicht den Vorschriften des § 15, des § 16 Abs. 1 und der §§ 17, 18, so kann das Gericht, falls der Mangel entschuldbar erscheint, dem Schuldner eine Frist zur Nachholung bewilligen. Die Frist soll in der Regel nicht über eine Woche, im Falle des § 1 Abs. 3 nicht über zwei Wochen, in keinem Falle aber über vier Wochen bemessen werden.

§ 20. Vor der Entscheidung über den Antrag hat das Gericht unbeschadet seiner Verpflichtung nach § 9, wenn der Schuldner Handel- oder Gewerbetreibender oder Landwirt ist, die zuständige amtliche Berufsvertretung des Handels (Industrie), Handwerks (Gewerbes) oder der Landwirtschaft zu hören. Die Vertretung hat sich über den Antrag unverzüglich, spätestens jedoch vor Ablauf einer Woche zu äußern; sie kann eine bestimmte Vertrauensperson (§ 40) benennen. Das Gericht kann die Frist auf Antrag der Vertretung um eine weitere Woche verlängern.

Die Anhörung der Berufsvertretung unterbleibt, wenn der Eröffnung des Vergleichsverfahrens einer der im § 22 bezeichneten Gründe entgegensteht und die Beseitigung dieses Grundes nicht möglich oder mit Sicherheit nicht zu erwarten ist.

§ 21. Nach Abschluß der erforderlichen Ermittlungen, insbesondere nach Eingang der Äußerung der amtlichen Berufsvertretung oder nach Ablauf der im § 20 Abs. 1 Satz 2, 3 bezeichneten Frist, entscheidet das Gericht, ob das Vergleichsverfahren zu eröffnen ist.

§ 22. Die Eröffnung ist abzulehnen:

1. wenn den Erfordernissen des § 15, des § 16 Abs. 1 oder der §§ 17, 18 nicht genügt ist und der Mangel auch nicht innerhalb der nach § 19 gesetzten Frist beseitigt wird;

2. wenn der Schuldner flüchtig ist oder sich verborgen hält oder auf eine an ihn ergehende Ladung des Gerichts (§ 9) ohne genügende Entschuldigung ausbleibt;
3. wenn gegen den Schuldner wegen betrügerischen Bankrotts eine gerichtliche Untersuchung oder ein wiederaufgenommenes Verfahren anhängig oder der Schuldner wegen betrügerischen Bankrotts rechtskräftig verurteilt ist;
4. wenn sich, insbesondere aus der Übersicht des Vermögensstandes (§ 16 Abs. 1 Nr. 2, § 18), der nach § 16 Abs. 1 Nr. 3 vom Schuldner abzugebenden Erklärung oder aus der Bilanz (§ 18 Abs. 2) ergibt, daß der Schuldner seinen Vermögensverfall durch Unredlichkeit oder Leichtsinn herbeigeführt hat, daß er den Antrag auf Eröffnung des Vergleichsverfahrens böswillig verzögert hat oder daß der Vergleichsvorschlag der Vermögenslage des Schuldners nicht entspricht;
5. wenn das Vermögen des Schuldners unter Berücksichtigung der in dem Vergleichsvorschlag übernommenen Verpflichtungen nicht ausreicht, um die gerichtlichen Kosten des Verfahrens einschließlich der einer Vertrauensperson zu gewährenden Vergütung zu decken; die Ablehnung unterbleibt, wenn ein zur Deckung dieser Kosten ausreichender Geldbetrag bei Stellung des Antrags vorgeschossen oder sonst hinreichend sichergestellt wird.

§ 23. Die Eröffnung kann abgelehnt werden,

1. wenn die Gläubiger bei einem Vergleiche, der auf einen ziffermäßig bestimmten teilweisen Erlaß ihrer Forderungen lautet, nicht mindestens die Hälfte ihrer Forderungen erhalten sollen und die amtliche Berufsvertretung das Angebot als unzureichend bezeichnet;

2. wenn innerhalb der letzten fünf Jahre vor dem Tage des Antrags auf Eröffnung des Vergleichsverfahrens im Inland die Geschäftsaufsicht, das Konkursverfahren oder das Vergleichsverfahren zur Abwendung des Konkurses über das Vermögen des Schuldners rechtskräftig eröffnet oder mangels Masse rechtskräftig abgelehnt worden ist;

3. wenn innerhalb der letzten fünf Jahre vor dem Tage des Antrages auf Eröffnung des Vergleichsverfahrens der Schuldner im Inland den Offenbarungseid auf Grund des § 807 der Zivilprozeßordnung geleistet hat oder im Inland gegen ihn zur Erzwingung dieses Eides die Haft angeordnet worden ist.

§ 24. Wird die Eröffnung des Vergleichsverfahrens abgelehnt, so ist zugleich über die Eröffnung des Konkursverfahrens zu entscheiden. Für diese Entscheidung gilt der Antrag auf Eröffnung des Vergleichsverfahrens als Antrag auf Eröffnung des Konkursverfahrens, der nicht zurückgenommen werden kann.

Gegen die Entscheidung über die Eröffnung des Konkursverfahrens steht dem Schuldner die sofortige Beschwerde zu. Mit ihr kann auch geltend gemacht werden, daß die Eröffnung des Vergleichsverfahrens zu Unrecht abgelehnt worden sei.

§ 25. In dem Beschlusse, durch den das Vergleichsverfahren eröffnet wird, ist die Stunde der Eröffnung anzugeben.

Ist dies versäumt worden, so gilt als Zeitpunkt der Eröffnung die Mittagsstunde des Tages, an dem der Beschluß erlassen worden ist.

§ 26. Bei der Eröffnung des Vergleichsverfahrens ist ein Termin zur Verhandlung über den Vergleichsvorschlag zu bestimmen.

Der Vergleichstermin ist nicht über einen Monat hinauszurücken.

§ 27. Der Gerichtsschreiber hat den Eröffnungsbeschluß und den Vergleichstermin sofort öffentlich bekanntzumachen.

Der Schuldner und die aus dem Gläubigerverzeichnis ersichtlichen, an dem Verfahren beteiligten Gläubiger, sowie die Vertrauensperson (§ 40) sind unter Bekanntmachung des Eröffnungsbeschlusses zu dem Vergleichstermine zu laden (§ 11).

Der Antrag auf Eröffnung des Vergleichsverfahrens nebst seinen Anlagen und das Ergebnis der etwaigen weiteren Ermittlungen wird auf der Gerichtsschreiberei zur Einsicht der Beteiligten (Abs. 2) niedergelegt. In der öffentlichen Bekanntmachung und in der Ladung der Gläubiger ist darauf hinzuweisen.

3. Abschnitt.

Wirkungen der Eröffnung des Vergleichsverfahrens.

§ 28. Ist ein gegenseitiger Vertrag zur Zeit der Eröffnung des Vergleichsverfahrens von dem Schuldner und von dem anderen Teile noch nicht oder noch nicht vollständig erfüllt, so kann jeder Vertragsteil mit Ermächtigung des Gerichts die Erfüllung oder die weitere Erfüllung ablehnen.

Das Gesuch um Ermächtigung zur Ablehnung der Erfüllung oder der weiteren Erfüllung muß binnen zwei Wochen nach der öffentlichen Bekanntmachung des Eröffnungsbeschlusses (§ 27) bei dem Gericht angebracht werden. Vor der Entscheidung soll das Gericht die bestellte Vertrauensperson (§ 40) und den Vertragsgegner hören. Dem Schuldner soll die Ermächtigung nur erteilt werden, wenn die Erfüllung oder die weitere Erfüllung des Vertrags das Zustandekommen oder die Ausführbarkeit des Vergleichs gefährden würde und die Ablehnung der Erfüllung dem anderen Teile keinen unverhältnismäßigen Schaden bringt.

§ 29. Auf Miet- und Pachtverträge, bei denen der Schuldner der Vermieter oder der Verpächter ist, sowie auf Dienstverträge, bei denen der Schuldner der zur Dienstleistung Verpflichtete ist, finden die Vorschriften des § 28 keine Anwendung.

Auf Miet- und Pachtverträge, bei denen der Schuldner der Mieter oder Pächter ist und der Miet- oder Pachtgegenstand ihm vor der Eröffnung des Verfahrens bereits überlassen worden ist, sowie auf Dienstverträge, bei denen der Schuldner der Dienstberechtigte ist, finden die Vorschriften des § 28 mit folgenden Maßgaben Anwendung:

1. An die Stelle der Befugnis zur Ablehnung der Erfüllung oder der weiteren Erfüllung tritt die Befugnis, das Vertragsverhältnis ohne Rücksicht auf eine vereinbarte Vertragsdauer unter Einhaltung der gesetzlichen Frist zu kündigen.
2. Bei Mietverträgen über Grundstücke oder Räume kann nur der Schuldner gemäß Nr. 1 kündigen.
3. Wird ein Miet- oder ein Pachtvertrag auf Grund der vorstehenden Bestimmungen vorzeitig gekündigt, so kann das dem Vermieter oder dem Verpächter nach den §§ 559, 581, 585 des Bürgerlichen Gesetzbuchs zustehende Pfandrecht für einen infolge der vorzeitigen Beendigung des Vertrags erwachsenden Schadensersatzanspruch nicht geltend gemacht werden.

§ 30. Wird die Erfüllung oder die weitere Erfüllung eines gegenseitigen Vertrags auf Grund des § 28 abgelehnt oder ein Miet-, Pacht- oder Dienstvertrag auf Grund des § 29 Abs. 2 vorzeitig gekündigt, so kann der Vertragsgegner des Schuldners Schadensersatz wegen Nichterfüllung verlangen. Er ist mit dem Ersatzanspruch am Vergleichsverfahren beteiligt und wird von dem Vergleiche betroffen.

§ 31. Von der Stellung des Antrags auf Eröffnung des Vergleichsverfahrens bis zur Rechtskraft der Entscheidung, die das Verfahren beendet, ist die Entscheidung über einen Antrag auf Eröffnung des Konkursverfahrens ausgesetzt.

§ 32. Nach der Eröffnung des Vergleichsverfahrens können die an ihm beteiligten Gläubiger Zwangsvollstreckungen gegen den Schuldner nicht mehr vornehmen. Das gleiche gilt für solche Gläubiger, die nur deshalb an dem Vergleichsverfahren nicht beteiligt sind, weil ihre Ansprüche nach § 63 der Konkursordnung im Konkursverfahren nicht geltend gemacht werden können.

§ 33. Zwangsvollstreckungen, die zur Zeit der Eröffnung des Vergleichsverfahrens zugunsten eines an ihm beteiligten Gläubigers gegen den Schuldner anhängig sind, sind für die Dauer des Verfahrens einstweilen einzustellen. Das gleiche gilt für Zwangsvollstreckungen zugunsten solcher Gläubiger, die nur deshalb an dem Vergleichsverfahren nicht beteiligt sind, weil ihre Ansprüche nach § 63 der Konkursordnung im Konkursverfahren nicht geltend gemacht werden können.

Das Vergleichsgericht kann die endgültige Einstellung und die Aufhebung der Vollstreckungsmaßregeln auf Antrag der Vertrauensperson anordnen, wenn die Verfügung über den von der Vollstreckung betroffenen Gegenstand im Interesse der an dem Vergleichsverfahren beteiligten Gläubiger geboten ist.

§ 34. Zwangsvollstreckung (§§ 32, 33) ist auch die Vollziehung eines Arrestes oder einer einstweiligen Verfügung.

§ 35. Erhebt ein am Vergleichsverfahren beteiligter Gläubiger nach Eröffnung des Verfahrens Klage auf Leistung, so fallen ihm die Prozeßkosten zur Last, wenn der Schuldner den Anspruch sofort anerkennt. Dies gilt nicht, wenn der Gläubiger bei der Erhebung der Klage die Eröffnung des Vergleichsverfahrens nicht kannte oder aus besonderen Gründen an alsbaldiger Erlangung des Urteils ein berechtigtes Interesse hatte.

§ 36. Ein Gläubiger, der nach der Eröffnung des Vergleichsverfahrens Zwangsvollstreckungen in das Vermögen des Schuldners nicht mehr vornehmen kann (§ 32), bleibt zur Aufrechnung befugt; die Vorschriften der §§ 54, 55 der Konkursordnung finden entsprechende Anwendung. Soweit die Aufrechnung hiernach statthaft ist, wird die Befugnis dazu durch die Wirkungen des Vergleichs nicht berührt.

§ 37. Ist der Schuldner Kaufmann, so hat er von der Zustellung des Beschlusses über die Eröffnung des Vergleichsverfahrens bis zur Bekanntmachung des Beschlusses über die Beendigung des Verfahrens seiner Firma den ausgeschriebenen Zusatz „im Vergleichsverfahren" beizufügen. Auf den im § 15a der Gewerbeordnung vorgesehenen Gebrauch der Firma findet diese Vorschrift keine Anwendung.

Die Vorschriften des § 32 und des § 37 Abs. 1 des Handelsgesetzbuchs finden entsprechende Anwendung. Der Gerichtsschreiber hat eine beglaubigte Abschrift der Formel des Eröffnungsbeschlusses und der Entscheidung, welche das Vergleichsverfahren beendet, dem Registergerichte mitzuteilen.

§ 38. Der Schuldner darf während der Dauer des Verfahrens die vorhandenen Mittel nur insoweit für sich verbrauchen, als es zu einer bescheidenen Lebensführung für ihn und seine Familie unerläßlich ist.

§ 39. Die Verjährung der Ansprüche der an dem Vergleichsverfahren beteiligten Gläubiger ist von der Eröffnung des Vergleichsverfahrens bis zur Rechtskraft der Entscheidung, die das Verfahren beendet, gehemmt.

§ 40. Das Gericht hat bei der Eröffnung des Vergleichsverfahrens zur Prüfung der Verhältnisse des Schuldners und zur Überwachung seiner Geschäftsführung sowie der Ausgaben für die Lebensführung des Schuldners und seiner Familie während des Verfahrens eine oder mehrere Vertrauenspersonen zu bestellen.

Von der Bestellung einer Vertrauensperson kann abgesehen werden, wenn sie aus besonderen Gründen, insbesondere wegen der Einfachheit und Klarheit der Verhältnisse oder wegen des geringen

Umfanges des Geschäftsbetriebs des Schuldners, entbehrlich erscheint. Eine Vertrauensperson muß jedoch auch in diesem Falle bestellt werden, sobald ein Gläubiger oder der Schuldner es beantragt oder sich im Laufe des Verfahrens herausstellt, daß die Voraussetzungen des Satz 1 nicht oder nicht mehr vorliegen.

§ 41. Die Vertrauensperson wird vom Gericht ausgewählt.

Die im § 16 Abs. 1 Nr. 4 genannte Gläubigermehrheit kann eine bestimmte Vertrauensperson vorschlagen, solange nicht eine andere bestellt ist. Das gleiche gilt nach der Entlassung einer bestellten Vertrauensperson (§ 45 Abs. 2). Einem solchen Vorschlag ist stattzugeben, es sei denn, daß die vorgeschlagene Person ablehnt oder daß Tatsachen vorliegen, die sie als ungeeignet erscheinen lassen. Der Beschluß, durch den die Bestellung einer vorgeschlagenen Vertrauensperson abgelehnt wird, ist zu begründen und den Gläubigern, die den Vorschlag gemacht haben, zuzustellen. Wird der Vorschlag nicht mit dem Antrag (§ 15) verbunden, so sind vor der Entscheidung der Schuldner und die zuständige amtliche Berufsvertretung (§ 20) zu hören.

§ 42. Der Gerichtsschreiber hat den Namen der Vertrauensperson öffentlich bekanntzumachen und dem Schuldner und den aus dem Gläubigerverzeichnis ersichtlichen, an dem Verfahren beteiligten Gläubigern ohne besondere Form mitzuteilen. Diese Vorschriften des § 11 Abs. 2 und des § 12 Abs. 3 finden entsprechende Anwendung.

§ 43. Der Vertrauensperson ist eine urkundliche Bescheinigung über ihre Bestellung zu erteilen. Die Bescheinigung ist bei Beendigung des Amtes dem Gerichte zurückzugeben.

§ 44. Die Vertrauensperson ist für die Erfüllung ihrer Pflichten dem Schuldner und den am Verfahren beteiligten Gläubigern verantwortlich.

§ 45. Die Vertrauensperson steht unter der Aufsicht des Gerichts.

Das Gericht kann gegen sie Ordnungsstrafen im Betrage von einer bis zu eintausend Reichsmark festsetzen und sie aus wichtigen Gründen ihres Amtes entlassen. Als ein wichtiger Grund soll es namentlich angesehen werden, wenn der Gläubigerausschuß oder in einer Gläubigerversammlung die im § 16 Abs. 1 Nr. 4 bezeichnete Mehrheit der Gläubiger die Entlassung beantragt.

Vor der Entscheidung ist die Vertrauensperson zu hören.

Gegen die Festsetzung einer Ordnungsstrafe steht der Vertrauensperson die sofortige Beschwerde zu. Das Vergleichsgericht kann der Beschwerde abhelfen.

§ 46. Die Vertrauensperson kann von dem Schuldner die Erstattung angemessener barer Auslagen und eine angemessene Vergütung für ihre Geschäftsführung verlangen.

Die Höhe der Auslagen und der Vergütung setzt das Vergleichsgericht fest.

Gegen den Beschluß findet die sofortige Beschwerde statt. Das Vergleichsgericht kann der Beschwerde abhelfen.

Die Landesjustizverwaltung kann für die der Vertrauensperson zu gewährende Vergütung allgemeine Anordnungen treffen.

§ 47. Der Schuldner hat der Vertrauensperson von der Aufnahme eines Darlehens oder dem Erwerbe von Gegenständen auf Kredit Anzeige zu machen. Er hat der Vertrauensperson Einsicht in seine Bücher und Geschäftspapiere zu gestatten; er und seine Angestellten haben ihr alle erforderlichen Auskünfte zu erteilen. Die Vertrauensperson ist berechtigt, die Geschäftsräume des Schuldners zu betreten und dort Nachforschungen anzustellen.

Die Vertrauensperson hat dem Gerichte sofort anzuzeigen, wenn ihr Tatsachen bekannt werden, die ein Einschreiten des Gerichts, insbesondere den Erlaß von Verfügungsbeschränkungen, die Einstellung des Vergleichsverfahrens oder die Verwerfung des Vergleichs, zu rechtfertigen vermögen. Sie hat dem Gericht auf Erfordern jederzeit Auskunft zu erteilen und in dem Vergleichstermin über die Sachlage, insbesondere über die Aussichten auf Erfüllung des Vergleichs, zu berichten.

§ 48. Zur Unterstützung und Überwachung der Vertrauensperson kann das Gericht aus der Zahl der an dem Vergleichsverfahren beteiligten

Gläubiger oder ihrer Vertreter einen Gläubigerausschuß bestellen, wenn der besondere Umfang des Unternehmens des Schuldners dies geboten erscheinen läßt. Ein Gläubigerausschuß ist zu bestellen, wenn der Schuldner, die im § 16 Abs. 1 Nr. 4 bezeichnete Gläubigermehrheit oder die Vertrauensperson es beantragen.

Das Gericht kann die Bestellung zum Mitglied des Ausschusses jederzeit widerrufen.

Die Mitglieder des Ausschusses sind für die Erfüllung ihrer Pflichten dem Schuldner und den an dem Vergleichsverfahren beteiligten Gläubigern verantwortlich.

Ein Beschluß des Ausschusses ist gültig, wenn die Mehrheit der Mitglieder an der Beschlußfassung teilgenommen hat und der Beschluß mit der Mehrheit der abgegebenen Stimmen gefaßt worden ist.

§ 49. Die Mitglieder des Gläubigerausschusses sind berechtigt, die Bücher und Geschäftspapiere des Schuldners und der Vertrauensperson einzusehen und Aufklärung über hierbei sich ergebende Fragen zu verlangen. Sie haben dem Gerichte sofort anzuzeigen, wenn ihnen Tatsachen bekannt werden, die eine Entlassung der Vertrauensperson, ein Einschreiten des Gerichts gegen den Schuldner, insbesondere den Erlaß von Verfügungsbeschränkungen, die Einstellung des Vergleichsverfahrens oder die Verwerfung des Vergleichs, zu rechtfertigen vermögen.

§ 50. Bei der Eröffnung des Vergleichsverfahrens hat das Gericht zu prüfen, ob und welche

Verfügungsbeschränkungen dem Schuldner aufzuerlegen sind.

Das Gericht kann jederzeit während des Verfahrens von Amts wegen oder auf Antrag der Vertrauensperson, eines Mitgliedes des Gläubigerausschusses oder eines an dem Verfahren beteiligten Gläubigers Verfügungsbeschränkungen anordnen.

§ 51. Die Verfügungsbeschränkungen können darin bestehen, daß an den Schuldner ein allgemeines Veräußerungsverbot erlassen wird, oder daß dem Schuldner die Verfügung über einzelne Vermögensgegenstände verboten wird. Die Wirkungen dieser Maßnahmen bestimmen sich ausschließlich nach den Vorschriften der §§ 54 bis 57.

§ 52. Auf das allgemeine Veräußerungsverbot finden die Vorschriften des § 25 entsprechende Anwendung.

Das allgemeine Veräußerungsverbot ist nach Maßgabe des § 12 öffentlich bekanntzumachen und dem Schuldner sowie seinen Schuldnern nach Maßgabe des § 11 zuzustellen.

§ 53. Das allgemeine Veräußerungsverbot ist in das Grundbuch einzutragen:

1. bei den Grundstücken, als deren Eigentümer der Schuldner im Grundbuch eingetragen ist;
2. bei den für den Schuldner eingetragenen Rechten an Grundstücken oder an eingetragenen Rechten, wenn nach der Art des Rechtes und den obwaltenden Umständen bei Unterlassung

der Eintragung eine Beeinträchtigung der an dem Vergleichsverfahren beteiligten Gläubiger zu besorgen ist.

Das Vergleichsgericht hat, soweit ihm solche Grundstücke oder Rechte bekannt sind, das Grundbuchamt von Amts wegen um die Eintragung zu ersuchen; die Eintragung kann auch von der Vertrauensperson beantragt werden.

Erwirbt der Schuldner während des Bestehens des allgemeinen Veräußerungsverbots ein Grundstück, ein Recht an einem Grundstück oder ein Recht an einem solchen Rechte, so finden die Vorschriften der Abs. 1 und 2 entsprechende Anwendung.

Die Eintragung von Vermerken auf Grund der vorstehenden Vorschriften geschieht gebührenfrei.

§ 54. Das allgemeine Veräußerungsverbot hat die Wirkung, daß Verfügungen, die der Schuldner nach seinem Erlaß über sein Vermögen trifft, den am Vergleichsverfahren beteiligten Gläubigern gegenüber unwirksam sind.

Hat der Schuldner eine Verfügung am Tage des Erlasses des allgemeinen Veräußerungsverbots getroffen, so wird vermutet, daß er sie nach dem Erlasse des Verbots getroffen habe.

Die Vorschriften der §§ 892, 893 des Bürgerlichen Gesetzbuchs bleiben unberührt.

§ 55. Das Verbot der Verfügung über einzelne Vermögensgegenstände hat die Wirkung, daß die Verfügung über den Gegenstand den am Vergleichsverfahren beteiligten Gläubigern gegenüber unwirksam ist. Die Vorschrift des § 135 Abs. 2 des Bürgerlichen Gesetzbuchs findet Anwendung.

Ist dem Schuldner die Verfügung über ein Grundstück, ein Recht an einem Grundstück oder ein Recht an einem solchen Rechte verboten worden, so finden die Vorschriften des § 53 Abs. 1, 2, 4 entsprechende Anwendung.

Ist dem Schuldner die Verfügung über einen Anspruch, insbesondere die Einziehung einer Forderung, verboten worden, so ist das Verbot auch dem Verpflichteten nach Maßgabe des § 11 zuzustellen; dabei hat ihm das Gericht zugleich die Leistung an den Schuldner zu verbieten.

§ 56. Einem Schuldner des Schuldners gegenüber werden Verfügungsbeschränkungen, soweit sich nicht aus den Vorschriften des § 893 des Bürgerlichen Gesetzbuchs anderes ergibt, erst mit dem Zeitpunkt wirksam, in dem sie ihm bekannt werden. Ist die Anordnung der Verfügungsbeschränkung dem Schuldner des Schuldners zugestellt (§ 52 Abs. 2, § 55 Abs. 3) oder das allgemeine Veräußerungsverbot öffentlich bekanntgemacht (§ 52 Abs. 2), so wird die Kenntnis vermutet.

§ 57. Eine Verfügungsbeschränkung steht der Wirksamkeit einer Verfügung nicht entgegen, wenn die Vertrauensperson der Verfügung zustimmt. Das Gericht kann Abweichendes bestimmen.

§ 58. Eine angeordnete Verfügungsbeschränkung ist aufzuheben, wenn für sie kein Bedürfnis mehr besteht.

Die Aufhebung ist in derselben Weise zuzustellen, öffentlich bekanntzumachen und in das Grundbuch einzutragen wie die Anordnung (§ 52 Abs. 2, § 53, § 55 Abs. 2, 3).

4. Abschnitt.

Verhandlung im Vergleichstermine.

§ 59. In dem Vergleichstermine wird über den Vergleichsvorschlag verhandelt, das Stimmrecht der Forderungen, soweit es bestritten wird, festgestellt und abgestimmt. Die an dem Vergleichsverfahren nicht beteiligten Gläubiger können in dem Vergleichstermin erscheinen und sind auf ihren Antrag zu hören.

§ 60. Ein am Verfahren beteiligter Gläubiger, dessen Forderung in das Gläubigerverzeichnis (§ 16 Abs. 1 Nr. 1, § 17) nicht aufgenommen ist, wird bei der Abstimmung nach Maßgabe des § 62 berücksichtigt, wenn er seine Forderung bis zum Beginne der Abstimmung über den Vergleichsvorschlag schriftlich oder zu Protokoll des Gerichtsschreibers anmeldet.

Die Anmeldung hat den Betrag und den Grund der Forderung zu enthalten; urkundliche Beweisstücke sind in Urschrift oder in Abschrift der Anmeldung beizufügen und im Vergleichstermine vorzulegen.

Der Gerichtsschreiber hat das Gläubigerverzeichnis nach den Anmeldungen zu berichtigen.

§ 61. Der Schuldner hat in dem Vergleichstermine persönlich zu erscheinen.

Er darf sich nur vertreten lassen, wenn er glaubhaft macht, daß ihn besondere Gründe am Erscheinen verhindern.

Auf Verlangen eines am Verfahren beteiligten Gläubigers hat der Schuldner im Vergleichstermine den Offenbarungseid dahin zu leisten, daß er nach bestem Wissen sein Vermögen und seine Verbindlichkeiten so vollständig angegeben habe, als er dazu imstande sei.

§ 62. Die Forderungen der am Verfahren beteiligten Gläubiger werden an der Hand des berichtigten Gläubigerverzeichnisses erörtert; der Schuldner hat sich über sie zu erklären.

Soweit gegen eine Forderung weder der Schuldner noch ein beteiligter Gläubiger, noch die Vertrauensperson Widerspruch erhebt, gilt sie als stimmberechtigt. Soweit widersprochen wird, ist zu erörtern, ob und zu welchem Betrag ein Stimmrecht gewährt werden soll. Einigen sich der Schuldner, die im Termin erschienenen, am Vergleichsverfahren beteiligten Gläubiger und die Vertrauensperson nicht, so entscheidet das Gericht. Es kann seine Entscheidung auf Antrag des Schuldners, eines im Termin erschienenen, am Verfahren beteiligten Gläubigers oder der Vertrauensperson bis zum Beginne der Abstimmung über den Vergleichsvorschlag ändern. Die Wirkung der Entscheidung beschränkt sich auf die Frage des Stimmrechts.

In gleicher Weise entscheidet das Gericht, ob und zu welchem Betrag aufschiebend bedingte Forderungen, sowie Forderungen, für die abgesonderte Befriedigung beansprucht wird, zum Stimmen berechtigen.

Der Gerichtsschreiber hat nach der Erörterung einer jeden Forderung das Ergebnis in das Verzeichnis der Gläubiger einzutragen. Soweit gegen eine Forderung weder der Schuldner noch ein an dem Verfahren beteiligter Gläubiger noch die Vertrauensperson Widerspruch erhoben hat, ist in dem Verzeichnis zu vermerken, daß die Forderung anerkannt ist.

§ 63. Zum Abschluß eines Vergleichs ist erforderlich, daß

1. die Mehrheit der stimmberechtigten Gläubiger dem Vergleiche zustimmt und
2. die Gesamtsumme der Forderungen der zustimmenden Gläubiger mindestens drei Vierteile der Forderungen der stimmberechtigten Gläubiger beträgt.

Die Mehrheiten berechnen sich nach dem berichtigten Gläubigerverzeichnisse.

Lautet der Vergleichsvorschlag auf einen ziffermäßig bestimmten teilweisen Erlaß der Forderungen und gewährt er den Gläubigern nicht mindestens die Hälfte ihrer Forderungen, so muß die nach Abs. 1 Nr. 2 erforderliche Gesamtsumme der Forderungen der zustimmenden Gläubiger mindestens vier Fünfteile der Forderungen der stimmberechtigten Gläubiger betragen.

Soll der Vergleich nur auf Stundung bis zur Dauer von längstens einem Jahre nach der Bestätigung, allein oder in Verbindung mit einem Erlasse von Zinsen für die Dauer der Stundung, gehen, so genügt es, wenn die nach Abs. 1 Nr. 2 erforderliche Gesamtsumme mehr als die Hälfte der Gesamtsumme der Forderungen der stimmberechtigten Gläubiger beträgt.

§ 64. Bei der Berechnung der Mehrheiten bleibt der Ehegatte des Schuldners außer Betracht, wenn er für den Vergleich gestimmt hat.

Das gleiche gilt von dem, dem der Ehegatte des Schuldners nach der Eröffnung des Vergleichsverfahrens oder in dem letzten Jahre vorher eine Forderung gegen den Schuldner abgetreten hat, soweit das Stimmrecht auf der abgetretenen Forderung beruht. Diese Vorschrift findet keine Anwendung, wenn der Ehegatte zu der Abtretung durch Gesetz oder durch einen Vertrag verpflichtet war, der früher als ein Jahr vor der Eröffnung des Vergleichsverfahrens geschlossen worden ist.

§ 65. Ein Gläubiger kann dem Vergleichsvorschlag auch schriftlich zustimmen; die Erklärung ist nur zu berücksichtigen, wenn sie dem Gerichte bis zum Schlusse der Abstimmung zugegangen ist.

§ 66. Der Vergleichstermin kann auf Antrag von drei Vierteilen der erschienenen, am Verfahren beteiligten Gläubiger vertagt werden, wenn zu erwarten ist, daß der neue Termin zu einem Vergleiche führen wird. Der Termin kann ferner vertagt werden, wenn der Schuldner sich in ihm zulässigerweise hat vertreten lassen (§ 61 Abs. 2) und die Leistung des Offenbarungseides verlangt wird (§ 61 Abs. 3). Der neue Termin ist alsbald zu bestimmen und soll in der Regel nicht über zwei Wochen hinaus anberaumt werden.

5. Abschnitt.

Entscheidung über die Bestätigung des Vergleichs. Wirkung des bestätigten Vergleichs.

§ 67. Der angenommene Vergleich bedarf der Bestätigung des Gerichts.

Das Gericht hat vor der Bestätigung den Schuldner, die Vertrauensperson und den Gläubigerausschuß zu hören.

Die Entscheidung über die Bestätigung ist in dem Vergleichstermin oder in einem alsbald zu bestimmenden, nicht über eine Woche hinaus anzusetzenden Termine zu verkünden.

§ 68. Der Vergleich ist zu verwerfen:

1. wenn die für den Inhalt und den Abschluß des Vergleichs gegebenen Vorschriften sowie die Vorschriften über das nach der Eröffnung zu beobachtende weitere Verfahren in einem wesentlichen Punkte nicht beobachtet worden sind und das Fehlende nicht ergänzt werden kann;

2. wenn der Schuldner flüchtig ist oder sich verborgen hält, wenn gegen ihn eine gerichtliche Untersuchung oder ein Wiederaufnahmeverfahren wegen betrügerischen Bankrotts anhängig ist, oder wenn sich ergibt, daß er wegen betrügerischen Bankrotts rechtskräftig verurteilt worden ist.

Auf Antrag eines an dem Verfahren beteiligten Gläubigers ist der Vergleich zu verwerfen:

1. wenn er unlauter, insbesondere durch Begünstigung eines Gläubigers zustande gebracht worden ist;
2. wenn er dem gemeinsamen Interesse der beteiligten Gläubiger widerspricht.

Das Gericht kann eine Glaubhaftmachung der den Antrag (Abs. 2) begründenden Tatsachen erfordern.

§ 69. Wird der Vergleich bestätigt, so ist zugleich das Vergleichsverfahren aufzuheben. Die Aufhebung ist nach Maßgabe des § 12 öffentlich bekanntzumachen.

War eine Verfügungsbeschränkung angeordnet worden, so verliert sie für die Zukunft ihre Kraft. § 58 Abs. 2 findet entsprechende Anwendung.

Mit der Aufhebung des Vergleichsverfahrens endet das Amt der Vertrauensperson und der Mitglieder des Gläubigerausschusses. Ein Antrag auf Eröffnung des Konkursverfahrens, über den die Entscheidung nach § 31 ausgesetzt war, gilt als nicht gestellt.

§ 70. Hat ein Gläubiger später als am dreißigsten Tage vor der Stellung des Antrags auf Eröffnung des Vergleichsverfahrens durch Zwangsvollstreckung eine Sicherung oder Befriedigung erlangt, so wird, sofern die Voraussetzungen des § 3 Abs. 2 oder 3 zutreffen, mit der Bestätigung des Vergleichs die Sicherung unwirksam und ist das zur Befriedigung Erlangte nach den Vorschriften über die Herausgabe einer ungerechtfertigten Bereicherung herauszugeben. Der Tag der Stellung des Antrags auf Eröffnung des Vergleichsverfahrens wird in die Frist nicht eingerechnet. Zwangsvollstreckung ist auch die Vollziehung eines Arrestes oder einer einstweiligen Verfügung.

§ 71. Wird der Vergleich verworfen, so ist zugleich über die Eröffnung des Konkursverfahrens zu entscheiden. Für diese Entscheidung gilt der Antrag auf Eröffnung des Vergleichsverfahrens als Antrag auf Eröffnung des Konkursverfahrens, der nicht zurückgenommen werden kann. Gegen die Entscheidung über die Eröffnung des Konkursverfahrens steht dem Schuldner die sofortige Beschwerde zu. Mit ihr kann auch geltend gemacht werden, daß der Vergleich zu Unrecht verworfen worden sei.

Die Entscheidung, die den Vergleich verwirft, und die Entscheidung über die Eröffnung des Konkursverfahrens werden erst mit der Rechtskraft wirksam.

§ 72. Der Beschluß, durch den der Vergleich verworfen wird, ist, wenn der Konkurs nicht eröffnet wird, nach Rechtskraft dem Schuldner, der Vertrauensperson und jedem an dem Verfahren beteiligten Gläubiger zuzustellen und nach Maßgabe des § 12 öffentlich bekanntzumachen.

Die Vorschriften des § 69 Abs. 2, Abs. 3 Satz 1 finden entsprechende Anwendung.

§ 73. Der bestätigte Vergleich ist wirksam für und gegen alle an dem Verfahren beteiligten Gläubiger, auch wenn sie an dem Verfahren nicht teilgenommen oder gegen den Vergleich gestimmt haben.

Die Rechte der Gläubiger gegen Mitschuldner und Bürgen des Schuldners sowie die Rechte aus einem für die Forderung bestehenden Pfandrecht, aus einer für sie bestehenden Hypothek, Grundschuld oder Rentenschuld oder aus einer zu ihrer Sicherung eingetragenen Vormerkung werden, unbeschadet der Vorschrift des § 70, durch den Vergleich nicht berührt.

§ 74. Der Vergleich wirkt nach Maßgabe des § 73 auch für und gegen die Forderungen aus einer Freigebigkeit des Schuldners.

Die für die Zeit von der Eröffnung des Verfahrens bis zur Bestätigung des Vergleichs laufenden Zinsen der von dem Vergleiche betroffenen Forderungen sowie die Kosten, welche den von dem Vergleiche betroffenen Gläubigern durch die Teilnahme an dem Verfahren oder eine nach § 70 wirkungslos werdende Vollstreckungsmaßregel erwachsen sind, gelten, wenn nicht der Vergleich etwas anderes bestimmt, mit der Bestätigung des Vergleichs als erlassen.

§ 75. Aus dem bestätigten Vergleich in Verbindung mit einem Auszug aus dem berichtigten Gläubigerverzeichnisse findet wegen der darin als anerkannt vermerkten Forderungen gegen den Schuldner und die Personen, die in dem Vergleiche für seine Erfüllung neben dem Schuldner ohne Vorbehalt der Einrede der Vorausklage Verpflichtungen übernommen haben, die Zwangsvollstreckung unter entsprechender Anwendung der §§ 724 bis 793 der Zivilprozeßordnung statt.

Für Klagen auf Erteilung der Vollstreckungsklausel, sowie für Klagen, durch welche eine die Forderung selbst betreffende Einwendung geltend gemacht oder der bei der Erteilung der Vollstreckungsklausel als bewiesen angenommene Eintritt der Voraussetzungen für ihre Erteilung bestritten wird, ist das Amtsgericht, bei dem das Vergleichsverfahren anhängig war, und, wenn der Streitgegenstand die Zuständigkeit des Amtsgerichts übersteigt, das Landgericht ausschließlich zuständig, zu dessen Bezirke das Vergleichsgericht gehört.

§ 76. Der Vergleich verliert für alle von ihm betroffenen Gläubiger, unbeschadet der ihnen durch den Vergleich gewährten Rechte, seine Wirkung, wenn der Schuldner wegen vorsätzlicher Verletzung der Eidespflicht bei Leistung des ihm nach § 61 auferlegten Eides oder im Zusammenhange mit dem Vergleichsverfahren wegen betrügerischen Bankrotts oder deswegen rechtskräftig verurteilt wird, weil er die im § 15 Abs. 4 vorgeschriebene Versicherung an Eides Statt vorsätzlich falsch abgegeben hat.

Auf Antrag eines von dem Vergleiche betroffenen Gläubigers kann das Gericht, bei dem das Vergleichsverfahren anhängig war, auch schon vor der rechtskräftigen Verurteilung des Schuldners Sicherungsmaßregeln anordnen, insbesondere Verbote nach Maßgabe der §§ 51 bis 58 erlassen.

§ 77. Jeder von dem Vergleiche betroffene Gläubiger kann, unbeschadet der durch den Vergleich gewährten Rechte, den Vergleich anfechten, wenn er durch Betrug zustande gekommen ist und der Gläubiger ohne sein Verschulden außerstande war, den Anfechtungsgrund im Vergleichsverfahren einschließlich des Bestätigungsverfahrens geltend zu machen.

§ 78. Es kann nicht deshalb auf Aufhebung des Vergleichs geklagt werden, weil der Vergleich nicht erfüllt wird.

6. Abschnitt.

Einstellung des Verfahrens.

§ 79. Das Vergleichsverfahren ist einzustellen:

1. wenn der Schuldner den Antrag zurücknimmt; die Rücknahme des Antrags ist bis zur Beendigung der Abstimmung über den Vergleichsvorschlag zulässig;

2. wenn vor dem Zustandekommen des Vergleichs (§ 63) das Vergleichsverfahren unzulässig wird (§ 22) oder sich ergibt, daß die Eröffnung des Verfahrens hätte abgelehnt werden müssen und das Fehlende nicht ergänzt werden kann;
3. wenn der Schuldner einem nach § 51 erlassenen Verbote vorsätzlich zuwiderhandelt;
4. wenn der Schuldner der Vertrauensperson oder einem Mitglied des Gläubigerausschusses die Einsicht in seine Bücher und Geschäftspapiere oder ohne genügenden Grund eine Auskunft oder eine Aufklärung verweigert;
5. wenn der Schuldner durch einen nach Lage der Sache unangemessenen Aufwand der Vorschrift des § 38 zuwiderhandelt;
6. wenn der Schuldner in dem Vergleichstermine nicht erscheint und, soweit dies zulässig ist, sich auch nicht vertreten läßt;
7. wenn der Schuldner die Leistung des Offenbarungseids (§ 61) verweigert;
8. wenn sich im Vergleichstermine die zum Abschluß des Vergleichs erforderliche Mehrheit nicht ergibt und ein Antrag auf Vertagung des Termins nicht gestellt oder abgelehnt wird.

In den Fällen der Nr. 6 und 7 kann die Einstellung unterbleiben, wenn drei Vierteile der in dem Termin erschienenen, am Verfahren beteiligten Gläubiger mit der Fortsetzung des Verfahrens einverstanden sind. Wird das Verfahren nicht eingestellt, so ist alsbald ein neuer Vergleichstermin zu bestimmen, der in der Regel nicht über zwei Wochen hinaus anberaumt werden soll.

Im Falle der Nr. 6 darf der Einstellungsbeschluß erst am dritten Werktag nach dem Terminstag erlassen werden. Macht der Schuldner vor dem Erlasse des Beschlusses dem Gerichte glaubhaft, daß er oder, soweit Vertretung zulässig war, sein Vertreter durch einen auch bei äußerster Sorgfalt nicht zu vermeidenden Zufall an der Wahrnehmung des Termins verhindert worden ist und auch keine Möglichkeit hatte, dies dem Gerichte vor dem Termin anzuzeigen, so unterbleibt die Einstellung und es ist ein neuer Vergleichstermin anzuberaumen, der in der Regel nicht über zwei Wochen hinaus angesetzt werden soll.

§ 80. Wird das Verfahren eingestellt, so ist zugleich über die Eröffnung des Konkursverfahrens zu entscheiden. Für diese Entscheidung gilt der Antrag auf Eröffnung des Vergleichsverfahrens als Antrag auf Eröffnung des Konkursverfahrens, der nicht zurückgenommen werden kann. Gegen die Entscheidung über die Eröffnung des Konkursverfahrens steht dem Schuldner die sofortige Beschwerde zu. Mit ihr kann auch geltend gemacht werden, daß die Einstellung des Vergleichsverfahrens zu Unrecht erfolgt sei.

Die Entscheidung über die Einstellung des Vergleichsverfahrens und die Entscheidung über die

Eröffnung des Konkursverfahrens werden erst mit der Rechtskraft wirksam.

§ 81. Der Beschluß, durch den das Vergleichsverfahren eingestellt wird, ist, wenn der Konkurs nicht eröffnet wird, nach Rechtskraft dem Schuldner, der Vertrauensperson und jedem an dem Verfahren beteiligten Gläubiger zuzustellen und nach Maßgabe des § 12 öffentlich bekanntzumachen. Die Vorschriften des § 69 Abs. 2, Abs. 3 Satz 1 finden entsprechende Anwendung.

7. Abschnitt.

Überleitung des Vergleichsverfahrens in das Konkursverfahren.

§ 82. Wird bei Ablehnung der Eröffnung des Vergleichsverfahrens, bei der Verwerfung des Vergleichs oder bei der Einstellung des Vergleichsverfahrens das Konkursverfahren eröffnet, so gelten die Vorschriften der §§ 83 bis 87.

§ 83. Die im § 32 vorgesehene Beschränkung der Rechte der Gläubiger bleibt wirksam. Ein nach § 51 erlassenes Verbot gilt als zugunsten der Konkursgläubiger erlassen.

§ 84. Hat ein Gläubiger später als am dreißigsten Tage vor der Stellung des Antrags auf Eröffnung des Vergleichsverfahrens durch Zwangsvollstreckung eine Sicherung oder Befriedigung erlangt, so wird, sofern die Voraussetzungen des § 3 Abs. 2 oder 3 zutreffen, mit der Eröffnung des Konkursverfahrens die Sicherung unwirksam und ist das zur Befriedigung Erlangte nach den Vorschriften über die Herausgabe einer ungerechtfertigten Bereicherung herauszugeben. Der Tag der Stellung des Antrags auf Eröffnung des Vergleichsverfahrens wird in die Frist nicht eingerechnet. Zwangsvollstreckung ist auch die Vollziehung eines Arrestes oder einer einstweiligen Verfügung.

§ 85. Die gerichtlichen Kosten des Vergleichsverfahrens sowie der Anspruch der Vertrauensperson auf Ersatz ihrer Auslagen und auf Vergütung (§ 46) gehören zu den Massekosten im Sinne des § 58 Nr. 1, 2 der Konkursordnung.

§ 86. Ansprüche aus Darlehen, die der Schuldner während der Dauer des Vergleichsverfahrens zur Fortführung seines Geschäfts, insbesondere zur Bezahlung von Löhnen oder ähnlichen Forderungen, oder im Interesse des Zustandekommens oder der Ausführung eines Vergleichs, insbesondere zur Befriedigung von Kleingläubigern, mit Zustimmung der Vertrauensperson aufgenommen hat, gehören zu den Masseschulden im Sinne des § 59 Nr. 1 der Konkursordnung.

§ 87. Soweit die Anfechtbarkeit einer Rechtshandlung im Konkurse von der Kenntnis des Antrags auf Eröffnung des Konkursverfahrens abhängt, steht die Kenntnis des Antrags auf Eröffnung des Vergleichsverfahrens der Kenntnis des Antrags auf Eröffnung des Konkursverfahrens gleich.

In die im § 31 Nr. 2, in den §§ 32, 33, 55 Nr. 3 und im § 183 Abs. 2 der Konkursordnung bezeichneten Fristen wird die seit der Eröffnung des Vergleichsverfahrens verstrichene Zeit nicht eingerechnet.

8. Abschnitt.

Besondere Bestimmungen.

§ 88. Bei Aktiengesellschaften, Gesellschaften mit beschränkter Haftung, anderen juristischen Personen und Vereinen, die als solche verklagt werden können, ist die Einleitung des Vergleichsverfahrens nach der Auflösung unzulässig.

§ 89. Für offene Handelsgesellschaften, Kommanditgesellschaften und Kommanditgesellschaften auf Aktien gelten folgende besonderen Vorschriften:

1. Die Einleitung des Vergleichsverfahrens ist unzulässig, wenn die Gesellschaft aufgelöst ist.
2. Der Vergleichsvorschlag muß von allen persönlich haftenden Gesellschaftern gemacht werden.
3. Soweit es für die Eröffnung oder die Fortsetzung des Verfahrens auf das Verhalten des Schuldners ankommt, genügt es, wenn ein die Ablehnung der Eröffnung, die Verwerfung des Vergleichs oder die Einstellung des Ver-

fahrens rechtfertigender Grund in der Person eines persönlich haftenden Gesellschafters, in den Fällen des § 79 Abs. 1 Nr. 3—7 in der Person eines zur Vertretung berechtigten Gesellschafters vorliegt; dies gilt insbesondere von der Rücknahme des Antrags.

4. Der Vergleich begrenzt, soweit er nichts anderes festsetzt, zugleich den Umfang der persönlichen Haftung des Gesellschafters.

§ 90. In dem Vergleichsverfahren über das Privatvermögen eines persönlich haftenden Gesellschafters einer offenen Handelsgesellschaft, einer Kommanditgesellschaft oder einer Kommanditgesellschaft auf Aktien sind die Gesellschaftsgläubiger, wenn über das Gesellschaftsvermögen das Vergleichsverfahren oder das Konkursverfahren eröffnet worden ist, nur in Höhe des Betrags beteiligt, für den sie in dem Verfahren über das Gesellschaftsvermögen keine Befriedigung erhalten. § 62 Abs. 3 findet entsprechende Anwendung.

Das Vergleichsverfahren über das Vermögen einer offenen Handelsgesellschaft, einer Kommanditgesellschaft oder einer Kommanditgesellschaft auf Aktien steht im Sinne des § 212 der Konkursordnung dem Konkursverfahren gleich.

§ 91. Für eingetragene Genossenschaften, die den Vorschriften des Gesetzes, betreffend die Erwerbs- und Wirtschaftsgenossenschaften, unterliegen, gelten folgende besonderen Vorschriften:

1. Die Einleitung des Vergleichsverfahrens ist unzulässig, wenn die Genossenschaft aufgelöst ist.

2. Zur Stellung des Antrags ist jedes Mitglied des Vorstandes berechtigt. Wird der Antrag nicht von allen Vorstandsmitgliedern gestellt, so hat das Gericht vor der Entscheidung die Vorstandsmitglieder, welche den Antrag nicht gestellt haben, zu hören.

3. In dem Verzeichnis der Gläubiger und der Schuldner (§ 16 Abs. 1 Nr. 1) ist anzugeben, wenn ein Gläubiger Mitglied der Genossenschaft ist; das gleiche gilt für eine Anmeldung gemäß § 60. In dem Antrag ist weiter anzugeben, welchem Revisionsverbande die Genossenschaft angehört oder innerhalb der letzten drei Jahre vor der Stellung des Antrags angehört hat; hat die Genossenschaft innerhalb dieser Zeit keinem Revisionsverband angehört, so ist der Revisionsverband anzugeben, in dessen Bezirke die Genossenschaft ihren Sitz hat. Der Antrag und seine Anlagen sollen in drei Stücken eingereicht werden.

4. Der Revisionsverband, dem die Genossenschaft angehört, ist vor der Entscheidung über den Antrag auf Eröffnung des Vergleichsverfahrens nach Maßgabe des § 20 sowie vor der Entscheidung über die Bestellung einer von der Gläubigermehrheit vorgeschlagenen Vertrauensperson (§ 41 Abs. 2) zu hören. Die Er-

öffnung des Vergleichsverfahrens kann gemäß § 23 Nr. 1 abgelehnt werden, wenn der Revisionsverband das Angebot als unzureichend bezeichnet.

Gehört die Genossenschaft keinem Revisionsverband an, so stehen die im vorstehenden Absatz bezeichneten Rechte dem Revisionsverbande, dem die Genossenschaft innerhalb der letzten drei Jahre vor der Stellung des Antrags angehört hat, oder, wenn sie auch in dieser Zeit keinem Revisionsverband angehört hat, dem Revisionsverbande zu, in dessen Bezirke die Genossenschaft ihren Sitz hat. Kommen hiernach mehrere Revisionsverbände in Betracht, so steht die Auswahl dem Gerichte zu.

5. Zum Abschluß eines Vergleichs ist erforderlich, daß die Gläubiger, die Mitglieder der Genossenschaft sind, und die Gläubiger, die nicht Mitglieder der Genossenschaft sind, dem Vergleiche gesondert mit den im § 63 festgesetzten Mehrheiten zustimmen.

6. Hat ein Genosse seinen Austritt aus der Genossenschaft erklärt oder der Gläubiger eines Genossen das Kündigungsrecht ausgeübt, so scheidet der Genosse nicht vor dem Schlusse des Geschäftsjahrs aus, in dem das Vergleichsverfahren endet oder, wenn in einem Vergleich eine Stundung bewilligt wird, die Stundung abläuft. Die Erklärung des Genossen oder des Gläubigers über den

Austritt oder die Kündigung ist spätestens sechs Wochen vor dem Ende des Geschäftsjahrs, mit dessen Schlusse der Genosse ausscheidet, oder, wenn das Vergleichsverfahren innerhalb der letzten sechs Wochen dieses Jahres endet, unverzüglich zu der Liste der Genossen einzureichen. Der Jahresschluß, zu dem der Genosse ausscheidet, ist erst nach Beendigung des Vergleichsverfahrens in die Liste der Genossen einzutragen; ist er bereits früher eingetragen, so ist nachträglich zu vermerken, daß ein Vergleichsverfahren eröffnet worden ist.

§ 92. Für das Vergleichsverfahren zur Abwendung des Nachlaßkonkurses gelten folgende besonderen Vorschriften:

1. Zur Stellung des Antrags ist mit Ausnahme der Nachlaßgläubiger berechtigt, wer die Eröffnung des Konkurses beantragen kann. Die Vorschriften des § 217 Abs. 3 und des § 218 Abs. 2 der Konkursordnung gelten entsprechend. Mehrere Erben können den Antrag nur gemeinschaftlich stellen.

2. Der Antrag kann vor der Annahme der Erbschaft gestellt werden.

3. Der Antrag kann nicht mehr gestellt werden, wenn der Erbe oder einer der Erben für die Nachlaßverbindlichkeiten allen oder einzelnen Nachlaßgläubigern gegenüber unbeschränkt haftet oder wenn der Nachlaß geteilt ist.

4. In Ansehung der Haftung des Erben für die Nachlaßverbindlichkeiten wirkt das Vergleichsverfahren und ein in dem Verfahren geschlossener Vergleich wie der Nachlaßkonkurs und ein in dem Konkursverfahren geschlossener Zwangsvergleich.

5. Soweit es für die Eröffnung oder die Fortsetzung des Verfahrens auf das Verhalten des Schuldners ankommt, genügt es, wenn ein die Ablehnung der Eröffnung, die Verwerfung des Vergleichs oder die Einstellung des Verfahrens rechtfertigender Grund in der Person eines von mehreren Miterben vorliegt.

6. Die im § 226 Abs. 2 und 4 der Konkursordnung genannten Gläubiger sind an dem Vergleichsverfahren nicht beteiligt und werden von einem Vergleiche nicht betroffen; sie können jedoch während der Dauer des Vergleichsverfahrens in den Nachlaß keine Zwangsvollstreckung vornehmen, insbesondere Arreste und einstweilige Verfügungen nicht vollziehen.

7. Die Beteiligung der Nachlaßgläubiger an einem Vergleichsverfahren über das Vermögen des Erben oder des Ehemanns der Erbin bestimmt sich nach den im § 234 der Konkursordnung für die Beteiligung an einem Konkursverfahren gegebenen Vorschriften.

§ 93. Auf das Vergleichsverfahren zur Abwendung des Konkurses über das Gesamtgut einer fortgesetzten Gütergemeinschaft finden die Vorschriften des § 92 entsprechende Anwendung. Vor der Entscheidung über den Antrag auf Eröffnung des Verfahrens sind die anteilsberechtigten Abkömmlinge, soweit tunlich, zu hören.

§ 94. Ein Vergleichsverfahren zum Zwecke der Abwendung des Konkursverfahrens über das Vermögen einer Versicherungsunternehmung, die der Beaufsichtigung nach Maßgabe des Gesetzes über die privaten Versicherungsunternehmungen vom 12. Mai 1901 (Reichsgesetzbl. S. 139) unterliegt, findet nicht statt.

9. Abschnitt.

Strafvorschriften.

§ 95. Wer in einem Verfahren auf Herbeiführung eines Vergleichs zur Abwendung des Konkurses erdichtete Forderungen geltend macht, um sich oder einem anderen einen Vermögensvorteil zu verschaffen, wird mit Zuchthaus bis zu zehn Jahren, bei mildernden Umständen mit Gefängnis oder mit Geldstrafe bestraft.

§ 96. Ein Gläubiger, der sich besondere Vorteile dafür gewähren oder versprechen läßt, daß er bei der Abstimmung über den Vergleichsvorschlag in einem bestimmten Sinne stimmt, wird mit Gefängnis bis zu einem Jahre oder mit Geldstrafe bestraft.

10. Abschnitt.

Schluß- und Übergangsvorschriften.

§ 97. Das Gerichtsverfassungsgesetz in der Fassung der Bekanntmachung vom 22. März 1924 (Reichsgesetzbl. I S. 299) wird dahin geändert:

Der § 202 erhält die Fassung:

Auf das Kostenfestsetzungsverfahren, das Mahnverfahren, das Zwangsvollstreckungsverfahren, das Konkursverfahren und das Vergleichsverfahren zur Abwendung des Konkurses sind die Ferien ohne Einfluß.

§ 98. Das Gesetz, betreffend die Anfechtung von Rechtshandlungen außerhalb des Konkursverfahrens, in der Fassung der Bekanntmachung vom 20. Mai 1898 (Reichsgesetzbl. S. 709) wird dahin geändert:

Der § 3 erhält folgenden zweiten Absatz:

In die Fristen wird die Zeit nicht eingerechnet, während der ein Verfahren auf Herbeiführung eines Vergleichs zum Zwecke der Abwendung des Konkursverfahrens anhängig war.

§ 99. Das Gerichtskostengesetz (Reichsgesetzbl. 1923 I S. 12, 135, 813, 1186; 1924 I S. 135, 662; 1927 I S. 53) wird dahin geändert:

1. Im § 1 treten an die Stelle der Worte „oder die Konkursordnung" die Worte „die Konkurs-

ordnung oder das Gesetz über den Vergleich zur Abwendung des Konkurses".

2. Der dritte Abschnitt erhält die Überschrift:

Gebühren im Konkursverfahren und im Vergleichsverfahren zur Abwendung des Konkurses.

3. Im § 40 werden hinter den Worten „im Konkursverfahren" die Worte eingefügt „und im Vergleichsverfahren zur Abwendung des Konkurses".

4. Hinter § 48 werden folgende Vorschriften eingestellt:

§ 48a.

Für das Vergleichsverfahren zur Abwendung des Konkurses wird die volle Gebühr (§ 8) erhoben. Die Gebühr ermäßigt sich auf die Hälfte, wenn das Verfahren sich ohne Anberaumung eines Vergleichstermins erledigt.

Wird das Vergleichsverfahren in das Konkursverfahren übergeleitet (§ 82 des Gesetzes über den Vergleich zur Abwendung des Konkurses), so wird die im Vergleichsverfahren gemäß Abs. 1 entstandene Gebühr auf die im § 42 bestimmte Gebühr angerechnet. Wird bei Beendigung des Vergleichsverfahrens die Eröffnung des Konkursverfahrens abgelehnt, so wird die Gebühr des § 41 nicht erhoben.

Für das Verfahren zur Abnahme des Offenbarungseids gemäß § 61 Abs. 3 des Gesetzes über den Vergleich zur Abwendung des Konkurses wird eine Gebühr nicht erhoben.

§ 48b.

Die im § 48a Abs. 1 bestimmten Gebühren werden nach dem Werte der Aktiven (§ 18 des Gesetzes über den Vergleich zur Abwendung des Konkurses) zur Zeit der Stellung des Antrags auf Eröffnung des Vergleichsverfahrens erhoben. Übersteigt der Wert der Aktiven den Gesamtbetrag der Forderungen der am Verfahren beteiligten Gläubiger, so ist der letztere maßgebend.

§ 48c.

Für das Verfahren in der Beschwerdeinstanz findet § 38 Abs. 2 mit der Maßgabe entsprechende Anwendung, daß nur die halbe Gebühr erhoben wird.

5. Im § 74 werden hinter den Worten „in bürgerlichen Rechtsstreitigkeiten" die Worte eingefügt „im Vergleichsverfahren zur Abwendung des Konkurses".

6. Hinter § 78 wird folgende Vorschrift eingestellt:

§ 78a.

Im Vergleichsverfahren zur Abwendung des Konkurses ist Schuldner der Gebühren und Auslagen der Vergleichsschuldner.

§ 100.

Die Gebührenordnung für Rechtsanwälte (Reichsgesetzbl. 1898 S. 692; 1909 S. 475; 1910 S. 767; 1916 S. 1263; 1919 S. 2115; 1921 S. 910; 1923 I S. 1, 813, 1188; 1924 I S. 135, 662; 1927 I S. 53) wird dahin geändert:

1. Im § 1 treten an die Stelle der Worte „oder die Konkursordnung" die Worte „die Konkursordnung oder das Gesetz über den Vergleich zur Abwendung des Konkurses".

2. Der dritte Abschnitt erhält die Überschrift:

   Gebühren im Konkursverfahren und im Vergleichsverfahren zur Abwendung des Konkurses.

3. Im § 53 werden hinter den Worten „im Konkursverfahren" die Worte eingefügt „und im Vergleichsverfahren zur Abwendung des Konkurses".

4. Hinter § 61 wird folgende Vorschrift eingestellt:

§ 61a.

Der Rechtsanwalt erhält für die Tätigkeit im Vergleichsverfahren zur Abwendung des Konkurses die Sätze des § 9. Die Gebühr verringert sich um die Hälfte, wenn sich die Vertretung vor dem Vergleichstermin erledigt.

Für die Vertretung in der Beschwerdeinstanz erhält der Rechtsanwalt den Satz des § 41 Nr. 1.

Die Gebühren werden bei der Vertretung des Schuldners nach dem Betrage der Aktiven (§ 48b des Gerichtskostengesetzes) und bei der Vertretung eines Gläubigers nach dem Werte der Forderung unter entsprechender Anwendung des § 148 der Konkursordnung berechnet.

§ 101. Dieses Gesetz tritt mit dem 1. Oktober 1927 in Kraft.

Mit dem Inkrafttreten dieses Gesetzes treten die Verordnung über die Geschäftsaufsicht zur Abwendung des Konkurses vom 14. Dezember 1916 (Reichsgesetzbl. S. 1363) in der Fassung der Verordnungen vom 8. Februar und 14. Juni 1924 (Reichsgesetzbl. I S. 51, 641) sowie das Gesetz zur Änderung der Bekanntmachung des Bundesrats über die Geschäftsaufsicht zur Abwendung des Konkurses vom 14. Dezember 1916 in der Fassung der Verordnung vom 8. Februar 1924, vom 12. Juni 1924 (Reichsgesetzblatt I S. 641) außer Kraft.

Die beim Inkrafttreten dieses Gesetzes anhängigen Geschäftsaufsichten werden nach den bisherigen Vorschriften weitergeführt. Wird nicht binnen einem Monat nach dem Inkrafttreten dieses Gesetzes oder, wenn die Geschäftsaufsicht nicht früher als einen Monat vor dem Inkrafttreten dieses Gesetzes angeordnet worden ist, binnen zwei Monaten nach dem Inkrafttreten dieses Gesetzes ein Vergleich abgeschlossen, so ist die Geschäftsaufsicht aufzuheben und, auch wenn ein solcher Antrag nicht vorliegt, von Amts wegen zu entscheiden, ob das Konkursverfahren zu eröffnen sei. Die Vorschriften der §§ 50 bis 58, des § 69 Abs. 1 Satz 2, Abs. 2 finden mit dem Inkrafttreten dieses Gesetzes auf die anhängigen Geschäftsaufsichten Anwendung.

Berlin, den 5. Juli 1927.

Der Reichspräsident.

von Hindenburg.

Der Reichsminister der Justiz.

Hergt.

Gedruckt bei A. W. Hayn's Erben, Potsdam.

Kolibri 360 GmbH
Ferdinand-Jühlke-Straße 7
99095 Erfurt, Deutschland
produktsicherheit@kolibri360.de

KLAUS HIMMELREICH

Notwehr und unbewußte Fahrlässigkeit

NEUE KÖLNER RECHTSWISSENSCHAFTLICHE ABHANDLUNGEN

HERAUSGEGEBEN VON
DER RECHTSWISSENSCHAFTLICHEN FAKULTÄT
DER UNIVERSITÄT ZU KÖLN

HEFT 70

W DE G

1971

DE GRUYTER · BERLIN · NEW YORK

Notwehr und unbewußte Fahrlässigkeit

Von

Klaus Himmelreich

1971

DE GRUYTER · BERLIN · NEW YORK

ISBN 3 11 004005 0

Satz und Druck: Saladruck, 1 Berlin 36

INHALTSVERZEICHNIS

LITERATUR- UND ABKÜRZUNGSVERZEICHNIS

(Stand: 1. 4. 1969)

A. A.	Akademie-Ausgabe (Kant's Gesammelte Schriften, hrsg. von der Königlich Preußischen Akademie der Wissenschaften), Berlin.
a. A. (A. A.)	anderer Ansicht.
Abegg JuS Romanorum	Julius Friedrich Heinrich Abegg, De antiquissimo Romanorum jure criminali, Commentatio Prior, Königsberg 1823.
Abegg LB	Derselbe, Lehrbuch der Strafrechts-Wissenschaft, Neustadt a. d. Orla, 1836.
Abegg Untersuchungen	Derselbe, Untersuchungen aus dem Gebiete der Strafrechtswissenschaft, Breslau 1830.
Achter	Victor Achter, Geburt der Strafe, Frankfurt a. M. 1951.
a. E.	am Ende.
AE 1966	Alternativ-Entwurf eines Strafgesetzbuches, AT (vorgelegt von 14 Strafrechtslehrern), 1. Aufl., Tübingen 1966.
AE 1969	Derselbe, 2. Aufl., Tübingen 1969.
AG	Amtsgericht.
Alberti, v. Notwehr	Otto von Alberti, Notwehr heute und in den Volksrechten, Stuttgart 1898 (Diss. Tübingen).
Alberti, v. Notwehrrecht	Derselbe, Das Notwehrrecht, Stuttgart 1901.
Allfeld	Philipp Allfeld, Lehrbuch des Deutschen Strafrechts, AT, 9. Aufl., Leipzig 1934.
Almendingen, v.	L. Harscher von Almedingen, Ueber das kulpose Verbrechen. Gegen Grolman, Kleinschrod, Klein und Feuerbach, in: Bibliothek fuer die peinliche Rechtswissenschaft und Gesetzeskunde, Bd. 2, Göttingen 1804. 2. Stueck, lit. A, S. 1 ff.
Ambrosius	Jürgen Ambrosius, Untersuchungen zur Vorsatzabgrenzung; Strafrecht. Strafverfahren. Kriminologie, Bd. 12, Neuwied a. Rh. — Berlin 1966.
Amira, v.	Karl von Amira, Grundriss des germanischen Rechts, Grundriss der germanischen Philologie, 3. Aufl., Strassburg 1913.
Anm.	Anmerkung.

ArchCrim.	Archiv des Criminalrechts (zitiert nach Jahr, Band und Seite).
Aristoteles	Aristoteles, Ethica Nicomachea, ed. J. Bywater, Oxford 1959; Übersetzung bei Franz Dirlmeier, Aristoteles, Nikomachische Ethik, 4. Aufl., Berlin 1966 (Aristoteles, Werke in deutscher Übersetzung, hrsg. von Ernst Grumach, Bd. 6).
Aschaffenburg-Festgabe	Beiträge zur Kriminalpsychologie und Strafrechtsreform, Festgabe zum 60. Geburtstage von Gustav Aschaffenburg, Beiheft 1 zu Monatsschrift für Kriminalpsychologie und Strafrechtsreform, Heidelberg 1926.
AT	Allgemeiner Teil.
Baldus Niederschriften	Baldus, Notwehr, in: NGrStrK, Bd. 2, AT, 18. Sitzung, Bonn 1958, S. 127 f.
Baldus Niederschriften (Anhang)	Derselbe, Leitsätze zum Thema Notwehr, Notstand und Nötigungsstand, I. Notwehr, Umdruck R 41, Anhang Nr. 23, in: NGrStrK, Bd. 2, AT, 18. Sitzung, Bonn 1958, S. 69 ff.
Bambergensis	s. u. Kohler und Scheel.
Bambergische Halsgerichtsordnung	s. u. Kohler und Scheel.
Bar, v. Geschichte	Ludwig von Bar, Handbuch des Deutschen Strafrechts, Bd. 1: Geschichte des deutschen Strafrechts und der Strafrechtstheorien, Berlin 1882.
Bar, v. Schuld	Derselbe, Gesetz und Schuld im Strafrecht, Bd. 2: Die Schuld im Strafrecht, Berlin 1907 (zit.: II); Bd. 3: Berlin 1909 (zit.: III).
Barnett	S. A. Barnett, Instinkt und Intelligenz. Rätsel des tierischen und menschlichen Verhaltens, Bergisch Gladbach 1968.
Bauer, A.	Anton Bauer, Lehrbuch des Strafrechts, 2. Ausg., Göttingen 1833.
Bauer, F. Strafrecht	Fritz Bauer, Das Strafrecht und das heutige Bild vom Menschen, in: Deutsche Strafrechtsreform, 1967, S. 11 ff.
Bauer, F. Verbrechen	Derselbe, Das Verbrechen und die Gesellschaft, München / Basel 1957.
Baumann AT	Jürgen Baumann, Strafrecht, AT, 5. Aufl., Bielefeld 1968 (auch benutzt und kenntlich gemacht; 4. Aufl., Bielefeld 1966).
Baumann Entwurf	Derselbe, Entwurf eines Strafgesetzbuchs, AT; Recht und Staat in Geschichte und Gegenwart, Heft 274/275, Tübingen 1963.
Baumann Notwehr	Derselbe, Notwehr im Straßenverkehr?, in: NJW 1961, S. 1745 ff.
Baumann	Derselbe, Rechtsmißbrauch bei Notwehr. Zu der

Rechtsmißbrauch	Entscheidung des BGH vom 1. 8. 1961, in: MDR 1962, S. 349 ff.
Baumann Reform	Derselbe, Die Reform des Allgemeinen Teils eines Strafgesetzbuches, in: Deutsche Strafrechtsreform, 1967, S. 56 ff.
Baumann Schuld	Derselbe, Schuld und Verantwortung, in: JZ 1962, S. 41 ff.
Baumann Streitschriften	Derselbe, Kleine Streitschriften zur Strafrechtsreform. 10 Beiträge, Bielefeld 1965.
Baumgarten	Arthur Baumgarten, Notstand und Notwehr, Eine Studie im Hinblick auf das künftige Strafrecht, Tübingen 1911.
Beling Grenzlinien	Ernst Beling, Grenzlinien zwischen Recht und Unrecht, 1913.
Beling Grundzüge	Derselbe, Grundzüge des Strafrechts, 11. Aufl., Tübingen 1930.
Beling Tatbestand	Derselbe, Die Lehre vom Tatbestand, Tübingen 1930.
Beling Verbrechen	Derselbe, Die Lehre vom Verbrechen, Tübingen 1906.
Berg	Otto Berg, Der gegenwärtige Stand der Schuldlehre im Strafrecht; Strafr.Abh., Heft 220, 1927.
Berner Grundlinien	Albert Friedrich Berner, Grundlinien der criminalistischen Imputationslehre, Berlin 1843.
Berner LB	Derselbe, Lehrbuch des Deutschen Strafrechtes, 1. Aufl., Leipzig 1857; 18. Aufl., Leipzig 1898 (die benutzte Auflage ist kenntlich gemacht).
Berner Nothwehrtheorie	Derselbe, Die Nothwehrtheorie, in: ArchCrim., N. F. 1848, S. 547 ff.
Berner Theilnahme	Derselbe, Die Lehre von der Theilnahme am Verbrechen und die neueren Controversen über Dolus und Culpa, Berlin 1847.
Beschütz	Max Beschütz, Die Fahrlässigkeit innerhalb der geschichtlichen Entwicklung der Schuldlehre, Teil I: Vom primitiven Strafrecht bis zur peinlichen Gerichtsordnung Karls V., Breslau 1907.
Beyerle	Franz Beyerle, Das Entwicklungsproblem im germanischen Rechtsgang, Deutschrechtliche Beiträge, Bd. 10, Heft 2; 1. Sühne, Rache u. Preisgabe in ihrer Beziehung zum Strafprozeß der Volksrechte, Heidelberg 1915.
BGBl.	Bundesgesetzblatt.
BGH	Bundesgerichtshof.
BGHSt.	Entscheidungen des Bundesgerichtshofs in Strafsachen (zitiert nach Band und Seite).

Binder — Hans Binder, Die menschliche Person, Bern und Stuttgart 1964.

Binding Grundriß — Karl Binding, Grundriß des gemeinen deutschen Strafrechts, 5. Aufl., Leipzig 1897.

Binding Handbuch — Derselbe, Handbuch des Strafrechts, Systematisches Handbuch der deutschen Rechtswissenschaft, 7. Abth., 1. Theil, Bd. 1, Leipzig 1885.

Binding Normen — Derselbe, Die Normen und ihre Übertretung. Eine Untersuchung über die rechtmässige Handlung und die Arten des Delikts, Bd. 1: Normen und Strafgesetze, 4. Aufl., Leipzig 1922 (zit.: I); Bd. 2: Schuld und Vorsatz (zit.: II); Hälfte 1: Zurechnungsfähigkeit, Schuld, 2. Aufl., Leipzig 1914, Hälfte 2: Der rechtswidrige Vorsatz, 2. Aufl., Leipzig 1916; Bd. 3: Der Irrtum, Leipzig 1918 (zit.: III); Bd. 4: Die Fahrlässigkeit, Leipzig 1919 (zit.: IV); sämtliche Bände: Neudruck Aalen 1965.

Binding Schuld — Derselbe, Die Schuld im deutschen Strafrecht. Vorsatz. Irrtum. Fahrlässigkeit, Leipzig 1919.

Binding Verbrechen — Derselbe, Culpose Verbrechen im gemeinen römischen Rechte?, 1. Abhdl. (zit.: I) und 2. Abhdlg. (zit. II), Leipzig 1877.

Binding Vermutungen — Derselbe, Rechtsvergleichende Vermutungen zu membrum ruptum, os fractum und iniuria der Lex XII Tabularum, in: ZSR, Roman. Abt., Bd. 40 (1919), S. 106 ff.

Binding-Festschrift — Festschrift für Karl Binding zum 4. Juni 1911, Bd. 2, Leipzig 1911 (zit.: II).

Bindokat — Heinrich Bindokat, Zur Frage des doppelten Irrtums, in: NJW 1963, S. 745 ff.

Birkmeyer — Karl von Birkmeyer, Schuld und Gefährlichkeit in ihrer Bedeutung für die Strafbemessung; Kritische Beiträge zur Strafrechtsreform, Heft 16, Leipzig 1914.

Blanke — Ernst-August Blanke, Die subjektiven Rechtfertigungselemente, Diss. Bonn 1960.

Bluntschli-Festgaben — Festgaben zum fünfzigjährigen Doktorjubiläum des Herrn Geheimrath Professor Dr. J. C. Bluntschli in Heidelberg, Bd. 1—6, Heidelberg 1879—1880.

Bockelmann Menschenrechtskonvention — Paul Bockelmann, Menschenrechtskonvention und Notwehrrecht, in: Engisch-Festschrift, Frankfurt a. M. 1969, S. 456 ff.

Bockelmann Studien — Derselbe, Studien zum Täterstrafrecht; Abhandlungen des Kriminalistischen Instituts an der Universität Berlin, 4. Folge, Bd. 4, 4. Heft, 1. Teil, Berlin 1939; 5. Heft, 2. Teil, Berlin 1940.

Bockelmann Tatstrafe und Täterstrafe	Derselbe, Tatstrafe und Täterstrafe. Bericht, in: ZStW Bd. 60 (1941), S. 417 ff.
Bockelmann Täterstrafrecht	Derselbe, Wie würde sich ein konsequentes Täterstrafrecht auf ein neues Strafgesetzbuch auswirken? in: Mat., Bd. 1, 1954, S. 29 ff.
Böhmer Meditationes	Johann Samuel Friedrich Böhmer, Meditationes in constitutionem criminalem Carolinam, Halle 1770.
Böhmer Observationes	Derselbe, Observationes selectae ad Benedicti Carpzovii consiliarii electoralis Saxonici Practicam novam imperialis Saxonicae rerum criminalium, Pars prima, Frankfurt a. M. 1758.
Boldt	Gottfried Boldt, Zur Struktur der Fahrlässigkeits-Tat, in: ZStW Bd. 68, 1956, S. 335 ff.
Brant	Sebastian Brant, Der Richterlich Clagspiegel, Straßburg 1516, zitiert nach der Ausgabe Straßburg 1518 (vgl. auch Ausgabe Straßburg 1553 mit kleinen Abweichungen in der Schreibweise; Verfassername: Brandt).
Braun	Werner Braun, Die Bedeutung der subjektiven Unrechtselemente für das System eines Willensstrafrechts; Leipziger rechtswissenschaftliche Studien, Heft 97, Leipzig 1936.
Breidenbach	M. W. A. Breidenbach, Commentar über das Großherzoglich Hessische Strafgesetzbuch, Bd. 1 (6. Heft), 2. Abth., Darmstadt 1844.
Bruck	Felix Friedrich Bruck, Zur Lehre von der Fahrlässigkeit im heutigen deutschen Strafrecht, Breslau 1885.
Brunnenmeister Bambergensis	Emil Brunnenmeister, Die Quellen der Bambergensis, Leipzig 1879.
Brunnenmeister Tödtungsverbrechen	Derselbe, Das Tödtungsverbrechen im altrömischen Recht, Leipzig 1887.
Brunner Antwort	Heinrich Brunner, Antwort auf Fragen zur Rechtsvergleichung, gestellt von Th. Mommsen, in: Zum ältesten Strafrecht der Kulturvölker, Leipzig 1905, S. 53 ff.
Brunner Friedlosigkeit	Derselbe, Abspaltungen der Friedlosigkeit, ZSR, German. Abt., Bd. 11, 1890, 1. Heft.
Brunner Missethat	Derselbe, Über absichtslose Missethat im altdeutschen Strafrechte, in: Sitzungsberichte der Königlich Preußischen Akademie der Wissenschaft zu Berlin, 2. Halbband, Berlin 1890, S. 815 ff.
Brunner Geschichte	Derselbe, Quellen und Geschichte des deutschen Rechts (Geschichte und System des deutschen und römischen Rechts); in: Enzyklopädie der Rechts-

	wissenschaft in systematischer Bearbeitung, Bd. 1, 7. Aufl., München — Leipzig — Berlin 1915, Ziff. II, Nr. 1, S. 65 ff.
Brunner Rechtsgeschichte	Derselbe, Deutsche Rechtsgeschichte; Systematisches Handbuch der Deutschen Rechtswissenschaft, 2. Abth., 1. Teil, Bd. 1, 2. Aufl., Leipzig 1906 (zit.: I); Bd. 2, Leipzig 1892 (zit.: II); (vgl. auch 2. Aufl. München — Leipzig 1928, bearbeitet von Claudius Frhr. v. Schwerin).
Bruns	Carl Georg Bruns, Fontes iuris Romani antiqui, Pars prior: Leges et negotia (zit.: I); Pars posterior: Scriptores (zit.: II); 7. Aufl. von Otto Gradenwitz, Tübingen 1909.
Bruns-Lenel	Carl Georg Bruns, Otto Lenel, Geschichte und Quellen des römischen Rechts (Geschichte und System des deutschen und römischen Rechts); in: Enzyklopädie der Rechtswissenschaft in systematischer Bearbeitung, Bd. 1, 7. Aufl. München — Leipzig — Berlin 1915, Ziff. II, Nr. 3, S. 303 ff.
Busch	Richard Busch, Moderne Wandlungen der Verbrechenslehre, Bonner Antrittsrede; Recht und Staat in Geschichte und Gegenwart, Heft 137, Tübingen 1949.
Busse	Volker Busse, Nötigung im Straßenverkehr, in: Strafrecht, Strafverfahren, Kriminologie, Bd. 27, Neuwied und Berlin 1968.
Calker, van	Fritz van Calker, Vervollkommnungsidee und Entwicklungsgedanke im Strafrecht, in: ZStW Bd. 32 (1911), S. 149 ff.
Carolina	s. u. Kohler und Scheel.
Carpzov	Benedict Carpzov, Practica nova imperialis Saxonicae rerum criminalium, Pars I, Ausgabe: Wittenberg 1646.
CIC	s. u. D.
Clagspiegel	s. u. Brant.
Coenders Anmerkung	A. Coenders, Anmerkung zum Urteil des OLG Dresden — 2 OSZ 104/29 — vom 11. 6. 1929, JW 1929, 2760, in: JW 1929, 2760.
Coenders Notrecht	Derselbe, Zur Lehre vom Notrecht, in: JW 1925, S. 891 ff.
Coing	Helmut Coing, Römisches Recht in Deutschland, ius romanum medii aevi, Pars 5, 6, Varese 1964.
Coll.	Mosaicarum et Romanorum legum collatio, in: Fontes II, S. 541 ff. (573 f.).
Conrad	Hermann Conrad, Deutsche Rechtsgeschichte, Bd. 1: Frühzeit und Mittelalter, 2. Aufl., Karlsruhe 1962

(zit.: I); Bd. 2: Neuzeit bis 1806, Karlsruhe 1966 (zit.: II).

Creifelds — Carl Creifelds, Rechtswörterbuch, Stichwort: Notwehr, S. 740 f., München 1968.

Cüppers — Cüppers, Anmerkung zu OLG Frankfurt Ss 213/49 vom 12. 7. 1949, NJW 1950, S. 119 f. in: NJW 1950, S. 119 f.

D. — Digesta, in: Corpus iuris civilis, vol. I, hrsg. von Theodor Mommsen und Paul Krüger, 16. Aufl., Berlin 1954.

Dahm — Georg Dahm, Der Tätertyp im Strafrecht, in: Siber-Festschrift, 1941, S. 183 ff.

Dalcke-Fuhrmann-Schäfer — Albert Dalcke, Ernst Fuhrmann, Karl Schäfer, Strafrecht und Strafverfahren, 37. Aufl., Berlin 1961.

Dallinger — Wilhelm Dallinger, Aus der Rechtsprechung des Bundesgerichtshofes in Strafsachen, in: MDR 1958, S. 12 ff.

DAR — Deutsches Autorecht, vereinigt mit der Zeitschrift „Das Recht des Kraftfahrers“, Rechtszeitschrift des Allgemeinen Deutschen Automobil-Clubs (zitiert nach Jahr und Seite).

Das Recht — Das Recht. Rundschau für den Deutschen Juristenstand, Hannover (zitiert nach Jahr und Seite).

Dencker — Paul-Heinz Dencker, Notwehr gegen Unterlassen, Diss. Mainz 1953.

Deutsch — Erwin Deutsch, Fahrlässigkeit und erforderliche Sorgfalt, Eine privatrechtliche Untersuchung, Köln — Berlin — Bonn — München 1963.

Deutscher Strafgesetz-Entwurf — Der deutsche Strafgesetz-Entwurf, Berichte und Abänderungsvorschläge, bei der I. Tagung der Österreichischen Kriminalistischen Vereinigung vom 13. bis 15. Oktober 1921, hrsg. von W. Gleispach, Leipzig 1921.

Deutsche Strafrechtsreform — Die deutsche Strafrechtsreform (Zehn Beiträge) Beck'sche Schwarze Reihe, Bd. 47, München 1967.

d. i. — das ist.

Diehl — Horst Diehl, Die subjektiven Elemente der Unrechtsausschließungsgründe, Diss. Kiel 1953.

Diss. — Dissertation einer juristischen Fakultät.

DÖG — Der öffentliche Gesundheitsdienst, Stuttgart (Zeitschrift; zitiert nach Jahr und Seite).

Dohna zu Rechtswidrigkeit — Alexander Graf zu Dohna, Die Rechtswidrigkeit als allgemeingültiges Merkmal im Tatbestande strafbarer Handlungen, Ein Beitrag zur allgemeinen Strafrechtslehre, Halle a. S. 1905.

Dohna, zu Verbrechenslehre	Derselbe, Der Aufbau der Verbrechenslehre, 2. Aufl., Bonn 1941.
Driesch	Hans Driesch, Grundprobleme der Psychologie. Ihre Krisis in der Gegenwart, 2. Aufl., Leipzig 1929.
Düll	Rudolf Düll, Das Zwölftafelgesetz, Texte, Übersetzungen und Erläuterungen, 2. Aufl., München 1953.
Dürig	s. u. Maunz-Dürig.
E	Entwurf.
E 1927	Entwurf eines Allgemeinen Deutschen Strafgesetzbuchs, nebst Begründung (Reichstag, III. Wahlperiode 1924/27, Nr. 3390), Berlin 1927.
E 1962	Entwurf eines Strafgesetzbuches (StGB), E 1962, mit Begründung, Bundesratsvorlage, Drucksache 200/62 (Deutscher Bundestag, 4. Wahlperiode, Drucksache IV/650), Bonn 1962.
ebd.	ebenda.
Eckhardt Sachsenspiegel	Karl August Eckhardt, Sachsenspiegel, Landrecht, Land- und Lehnrechtsbücher, Germanenrechte, N. F., Göttingen 1955.
Eckhardt Schwabenspiegel	Derselbe, Schwabenspiegel, Kurzform I: Erster Landrechtsteil, Land- und Lehnrechtsbücher, Germanenrechte, N. F., Berlin — Frankfurt 1960.
Emge-Festschrift	Philosophie und Recht, Festschrift zum 70. Geburtstag von Carl August Emge, hrsg. von Ulrich Klug, Wiesbaden 1960.
Engelmann Irrtum	Woldemar Engelmann, Irrtum und Schuld nach der italienischen Lehre und Praxis des Mittelalters, Ein lehrgeschichtlicher Nachweis und Beitrag zur Klärung der strafrechtlichen Zurechnungslehre, Berlin 1922.
Engelmann Rechtsbeachtungspflicht	Derselbe, Rechtsbeachtungspflicht und rechtliche Schuld, in: Traeger-Festschrift, 1926, S. 133 ff.
Engelmann Schuldlehre	Derselbe, Die Schuldlehre der Postglossatoren und ihre Fortentwicklung, Leipzig 1895.
Engisch Einführung	Karl Engisch, Einführung in das juristische Denken, 3. Aufl., Stuttgart 1964.
Engisch Vorsatz	Derselbe, Untersuchungen über Vorsatz und Fahrlässigkeit im Strafrecht, Berlin 1930.
Engisch Willensfreiheit	Derselbe, Die Lehre von der Willensfreiheit in der strafrechtsphilosophischen Doktrin der Gegenwart, Vortrag, Schriftenreihe der Juristischen Gesellschaft e. V. Berlin, Heft 10, 2. unveränd. Auflage, Berlin 1965 (vgl. auch 1. Aufl., Berlin 1963).

Engisch-Festschrift	Festschrift für Karl Engisch zum 70. Geburtstag; hrsg. von Paul Bockelmann, Arthur Kaufmann, Ulrich Klug; Frankfurt a. M. 1969.
Erforderlichkeit	s. u. Himmelreich, Erforderlichkeit.
Exner	Franz Exner, Das Wesen der Fahrlässigkeit, Leipzig und Wien 1910.
Ferneck, v.	Freiherr Alexander Hold von Ferneck, Die Rechtswidrigkeit, Eine Untersuchung zu den allgemeinen Lehren des Strafrechts, Bd. 2, 1. Abth.: Notstand und Notwehr, Jena 1905.
Feuerbach, v. Dolus und culpa	Paul Johann Anselm von Feuerbach, Betrachtungen ueber dolus und culpa ueberhaupt und den dolus indirectus insbesondere, in: Bibliothek fuer die peinliche Rechtswissenschaft und Gesetzkunde, Bd. 2, Göttingen 1800, 1. Stueck, Lit. A, Ziff. V, S. 193 ff.
Feuerbach, v. LB	Derselbe, Lehrbuch des gemeinen in Deutschland geltenden Peinlichen Rechts, 1. Aufl., Gießen 1801 (auch benutzt und kenntlich gemacht: 9. Aufl., Gießen 1826).
Feuerbach, v. — Mittermaier	Paul Johann Anselm von Feuerbach, C. J. A. Mittermaier, Lehrbuch des gemeinen in Deutschland gültigen Peinlichen Rechts, 14. Aufl., Gießen 1847.
Fichte	Johann Gottlieb Fichte, Grundlage des Naturrechts nach Principien der Wissenschaftslehre, 1796, in: J. G. Fichte's sämtliche Werke, hrsg. v. J. H. Fichte, Bd. 3, Berlin 1845.
Finkler	Otto Finkler, Die provozierte Notwehr, Diss. Erlangen 1936.
Fischer, H. A.	Hans Albrecht Fischer, Die Rechtswidrigkeit mit besonderer Berücksichtigung des Privatrechts, München 1911.
Fischer, S.	Sigrid Fischer, Das Vergessen als Fahrlässigkeit, Strafr. Abh., Heft 346, 1934.
Focke	Ernstgünter Focke, Notwehr in Lehre und Rechtsprechung. Zum Strafgesetz in Deutschland und Italien, Strafr. Abh., Heft 403, 1939.
Fontes II	Fontes iuris Romani antejustiniani, in usum Scholarum, ediderunt S. Riccolono, J. Baviera, C. Ferrini, J. Furlani, V. Arangio-Ruiz; Editio altera; Pars altera: Auctores, ed. Johannes Baviera; Libri Syro-Romani, ed. J. Furlani, Florenz 1940—1948.
Frank, v.	Reinhard von Frank, Das Strafgesetzbuch für das Deutsche Reich, 18. Aufl., Tübingen 1931.
Frank, v.-Festgabe	Festgabe für Reinhard von Frank zum 70. Geburtstag, 16. August 1930, Beiträge zur Strafrechtswissenschaft, Bd. 1, Tübingen 1930.

Frankenstein	Karl Frankenstein, Persönlichkeitswandel durch Fürsorge, Erziehung und Therapie, München — Berlin 1964.
Freud Bemerkungen über Unbewußtes	Sigmund Freud, Einige Bemerkungen über den Begriff des Unbewußten in der Psychoanalyse, in: Gesammelte Werke, Bd. 8, London 1943, S. 429 ff.
Freud Das Unbewußte	Derselbe, Das Unbewußte, in: Gesammelte Werke, Bd. 10, London 1946, S. 263 ff.
Freud Ich und Es	Derselbe, Das Ich und das Es, in: Gesammelte Werke, Bd. 13, London 1947, S. 235 ff.
Freud Psychopathologie	Derselbe, Zur Psychopathologie des Alltagslebens (über Vergessen, Versprechen, Vergreifen, Aberglauben und Irrtum), Gesammelte Werke, Bd. 4, London 1947.
Freud Unbewußtes	Sigmund Freud, Das Unbewußte und die Motivation, in: Gesammelte Werke, Bd. 13, London 1947, S. 240 ff. (vgl. auch in: Die Motivation menschlichen Handelns, hrsg. von Hans Thomae; Neue wissenschaftliche Bibliothek, Bd. 4: Psychologie, Köln — Berlin 1965, S. 97 ff.).
Freytag	Hans Waldemar Freytag, Das Schuldproblem im Vorentwurf zu einem Deutschen Strafgesetzbuch und seine Kritiker, Diss. Göttingen 1912.
Froelichsburg, de	Hn. Joh. Chr. Froelichs de Froelichsburg, Commentarius in Kaeyser Carl deß Fuenfften und deß H. Roem. Reichs Peinliche Halsgerichtsordnung, Ulm 1709.
GA	Goltdammer's Archiv für Strafrecht, begr. v. Goltdammer (bis 1952 zitiert nach Band, Jahr und Seite, ab 1953 zitiert nach Jahr und Seite; ältere Ausgaben: Jahr in Klammern).
Gaertner	Carl Wilhelm Gaertner, Institutiones iuris criminalis, quibus Articuli Ordinationis Criminalis Caroli Imp. V. Ordine Systematico Dispositi, Ed. II, Leipzig 1746.
Gallas	Wilhelm Gallas, Zum gegenwärtigen Stand der Lehre vom Verbrechen, in: ZStW Bd. 67, 1955, S. 1 ff.
Galliner	Moritz Galliner, Die Bedeutung des Erfolges bei den Schuldformen des geltenden Strafgesetzbuchs, Strafr. Abh., Heft 116, 1910.
Ganter	H. Ganter, Verkehrs-Psychologie und angrenzende Gebiete, Auszüge aus dem Zentralblatt für Verkehrsmedizin, in: PTV 1958, S. 269 ff.
Gehlen	Arnold Gehlen, Der Mensch, 7. Aufl., Frankfurt a. M., Bonn 1962.

Gerland	Heinrich B. Gerland, Deutsches Reichsstrafrecht, 2. Aufl., Berlin und Leipzig 1932.
Germann Recht und Unrecht	Oscar Adolf Germann, Zur Grenze von Recht und Unrecht, in: F. v. Hippel-Festschrift, 1967, S. 145 ff.
Germann Verbrechen	Derselbe, Das Verbrechen im neuen Strafrecht, Zürich 1942.
Geßler	Th. Geßler, Ueber den Begriff und die Arten des Dolus, Tübingen 1860.
Gessner	Carlo Gessner, Die bewußte Fahrlässigkeit, Diss. Saarbrücken 1959.
Geyer	J. U. D. August Geyer, Die Lehre von der Nothwehr. Eine strafrechtliche Abhandlung, Jena 1857.
Giacometti-Festgabe	Demokratie und Rechtsstaat, Festgabe zum 60. Geburtstag von Zaccaria Giacometti, Zürich 1953.
Gleispach	s. u. Deutscher Strafgesetz-Entwurf.
Gössel	Karl-Heinz Gössel, Wertungsprobleme des Begriffs der finalen Handlung unter besonderer Berücksichtigung der Struktur des menschlichen Verhaltens; Schriften zum Strafrecht, Bd. 5, Berlin 1966.
Goldschmidt	James Goldschmidt, Der Notstand, ein Schuldproblem (Mit Rücksicht auf die Strafgesetzentwürfe Deutschlands, Österreichs und der Schweiz), in: Österreichische Zeitschrift für Strafrecht, 1. u. 2. Heft, 4. Jahrg., Wien 1913.
Graßberger	Roland Graßberger, Aufbau, Schuldgehalt und Grenzen der Fahrlässigkeit, unter besonderer Berücksichtigung des Verkehrsstrafrechtes in Österreich, in ZfRV 1964, 18 ff.
Gribbohm	Günter Gribbohm, Zumutbarkeitserwägungen im Notwehrrecht, in: SchlHA 1964, S. 155 ff.
Grimm	Jakob Grimm, Deutsches Wörterbuch, Bd. 3, Leipzig 1862, 54—60.
Grolman(n)	Karl Ludwig Wilhelm von Grolman, Grundsätze der Criminalrechts-Wissenschaft, 4. Aufl., Gießen 1825 (Verfasser oft bezeichnet mit „Grolmann“).
Groddeck	Georg Groddeck, Das Buch vom Es, Leipzig — Wien — Zürich 1923.
Grossmann	Hans Grossmann, Die Grenze von Vorsatz und Fahrlässigkeit. Ein neuer Beitrag zu einer alten Frage, Hamburgische Schriften zur gesamten Strafrechtswissenschaft, Heft 6, Hamburg 1924.
Grotius	Hugo Grotius, De iure belli ac pacis, Libri tres Paris 1625, Editio secunda, Amsterdam 1631.
Grünhut	Max Grünhut, Gefährlichkeit als Schuldmoment, in: Aschaffenburg-Festgabe, 1962, S. 87 ff.

Grünhut-Erinnerungsgabe	Erinnerungsgabe für Max Grünhut (1893—1964), Marburg 1965.
GS	Der Gerichtssaal, Stuttgart (Zeitschrift; zitiert nach Band, Jahr und Seite; ältere Ausgaben: Jahr in Klammern).
Güterbock-Festgabe	Festgabe für Karl Güterbock zur achtzigsten Wiederkehr seines Geburtstages, Berlin 1910.
Hälschner	Hugo Hälschner, Das preußische Strafrecht, Erster Theil: Geschichte des Brandenburgisch-Preußischen Strafrechtes. Ein Beitrag zur Geschichte des deutschen Strafrechtes, Bonn 1855.
Haensel	Werner Haensel, Beiträge zur Strukturanalyse des Wollens, Leipzig 1939.
Hagen	Konrad Hagen, Der Vorsatz und seine Feststellung, Berlin 1899.
Hardwig Schuld	Werner Hardwig, Personales Unrecht und Schuld, in: MonKrim. 1961, S. 195 ff.
Hardwig Zurechnung	Derselbe, Die Zurechnung. Ein Zentralproblem des Strafrechts; Hamburger Rechtsstudien, Heft 46, Hamburg 1957.
Harpprecht	Johannes Harpprecht, Tractatus criminalis, Frankfurt 1603.
Hdb.	Handbuch (i. S. v. Lehrbuch).
Heffter	August Wilhelm Heffter, Lehrbuch des gemeinen deutschen Strafrechtes mit Rücksicht auf ältere und neuere Landesrechte, 6. Aufl., Braunschweig 1857.
Hegel	Georg Wilhelm Friedrich Hegel, Grundlinien der Philosophie des Rechts, oder Naturrecht und Staatswissenschaft im Grundrisse 1821, in: Georg Wilhelm Friedrich Hegel's Werke, vollständige Ausgabe, Bd. 8, hrsg. von Eduard Gans, 2. Aufl., Berlin 1840 (siehe auch: Grundlinien der Philosophie des Rechts, hrsg. v. Johannes Hoffmeister, Hamburg 1955; Hegel, Jubiläumsausgabe, hrsg. v. Hermann Glockner, Bd. 7, 4. Aufl., Stuttgart-Bad Cannstadt 1964).
Hegler Subjektive Rechtswidrigkeitsmomente	August Hegler, Subjektive Rechtswidrigkeitsmomente im Rahmen des allgemeinen Verbrechensbegriffs, in: Frank-Festgabe, Bd. 1, 1930, S. 251 ff.
Hegler Verbrechen	Derselbe, Die Merkmale des Verbrechens, in: ZStW Bd. 36 (1914), S. 19 ff.
Heims	Eduard Heims, Zur Lehre vom Schuldbegriff, in: ZStW Bd. 41 (1920), S. 74 ff.
Heinitz	Ernst Heinitz, Strafzumessung und Persönlichkeit, in: ZStW Bd. 63, 1951, S. 57 ff.
Heinsius	Dietrich Heinsius, Moderne Entwicklung des Notwehrrechts, Diss. Hamburg 1965.

Heiss	Robert Heiss, Allgemeine Tiefenpsychologie, Bern und Stuttgart 1956.
Heitzer	Heitzer, Unrechtsbegriff und Schuldbegriff beim Fahrlässigkeitsdelikt, in: NJW 1951, S. 828 ff.
Henke Beyträge	Eduard Henke, Beyträge zur Criminalgesetzgebung, Regensburg 1813.
Henke Handbuch	Derselbe, Handbuch des Criminalrechts und der Criminalpolitik, Erster Theil, Berlin und Stettin 1823.
Henke LB	Derselbe, Lehrbuch der Strafrechtswissenschaft, Zürich 1815.
Henkel Recht	Heinrich Henkel, Recht und Individualität, Berlin 1958.
Henkel Zumutbarkeit	Derselbe, Zumutbarkeit und Unzumutbarkeit als regulatives Rechtsprinzip, in: Mezger-Festschrift, 1954, S. 249 ff.
Hepp	F. C. Th. Hepp, Commentar über das neue württembergische Straf=Gesetzbuch, nach seinen authentischen Quellen, den Vorlagen der Staats=Regierung, und den staendischen Verhandlungen des Jahres 1838, Bd. 1, Tübingen 1839.
Himmelreich Anmerkung	Klaus Himmelreich, Anmerkung zu Urteil des AG Bensberg 6 C 35/65 v. 25. 10. 1965, NJW 1966, 733 ff., in: NJW 1966, S. 733 f.
Himmelreich Erforderlichkeit	Derselbe, Erforderlichkeit der Abwehrhandlung, Gebotensein der Notwehrhandlung; Provokation und Rechtsmißbrauch; Notwehrexzeß (Zugleich Anmerkung zu BGH NJW 1962, 308 und BGH GA 1965, 147), in: GA 1966, S. 129 ff.
Himmelreich Nothilfe	Derselbe, Nothilfe und Notwehr: insbesondere zur sog. Interessenabwägung, in: MDR 1967, S. 361 ff.
Himmelreich Teilnahme	Derselbe, Teilnahme und Urheberschaft de lege lata et ferenda. (Zugleich ein Beitrag zur Unfallflucht), in: StuP 1965, S. 57 ff.
Himmelreich Willens- und Handlungsbeziehungen	Derselbe, Die finalen Willens- und Handlungsbeziehungen, in: StuP 1964, S. 189 ff.
Hippel, v.-Festschrift	Festschrift für Fritz von Hippel zum 70. Geburtstag, Tübingen 1967.
Hippel, R. v. LB	Robert von Hippel, Lehrbuch des Strafrechts, Berlin 1932.
Hippel, R. v. Strafrecht	Derselbe, Deutsches Strafrecht, Bd. 1. Allgemeine Grundlagen, Berlin 1925 (zit.: I); Bd. 2: Das Verbrechen, Allgemeine Lehren, Berlin 1930 (zit.: II).
Hirsch	Hans Hirsch, Die hohe Gerichtsbarkeit im deutschen Mittelalter, 2. Aufl., Graz — Köln 1958.

Hirschberg	Rudolf Hirschberg, Schuldbegriff und adäquate Kausalität. Eine Untersuchung über das Zurechnungsproblem, Breslau 1928 (Diss. Königsberg).
His Karolina	Rudolf His, Geschichte des deutschen Strafrechts bis zur Karolina, Handbuch der mittelalterlichen und neueren Geschichte, Abt. III: Verfassung, Recht, Wirtschaft, München und Berlin 1928.
His Mittelalter	Derselbe, Das Strafrecht des deutschen Mittelalters, Bd. 1: Die Verbrechen und ihre Folgen, Leipzig 1920 (zit.: I); Bd. 2: Die einzelnen Verbrechen (zit.: II), Weimar 1935.
h. L. (H. L.)	herrschende Lehre.
h. M. (H. M.)	herrschende Meinung (Rechtsprechung und h. L.).
Hocheder	Carl Hocheder, Das Strafgesetzbuch für das Königreich Bayern, Bd. 1, Allg. Theil, München 1862.
Hoffmann	Hans-Joachim Hoffmann, Die Abstufung der Fahrlässigkeit in der Rechtsgeschichte unter besonderer Berücksichtigung der culpa levissima; Neue Kölner rechtswissenschaftliche Abhandlungen, Heft 54, Berlin 1968.
Horn	Hans Rudolf Horn, Untersuchungen zur Struktur der Rechtswidrigkeit, Schriften zur Rechtstheorie, Heft 1, Berlin 1962 (Diss. Mainz 1961).
HRR	Höchstrichterliche Rechtsprechung (zitiert nach Jahr und Nummern).
hrsg.	herausgegeben.
Huber, H.	Hans Huber, Niedergang des Rechts und Krise des Rechtsstaates, in: Giacometti-Festschrift, 1953, S. 59 ff.
Humbert	George Humbert, Subjektive Elemente der Rechtswidrigkeit in ihrer Bedeutung für die allgemeinen Rechtfertigungsgründe, Diss. Freiburg 1932.
i. V. m.	in Verbindung mit.
Jagusch	s. u. LK.
Janka	Karl Janka, Der strafrechtliche Notstand, Erlangen 1878.
Jescheck Fahrlässigkeit	Hans-Heinrich Jescheck, Aufbau und Behandlung der Fahrlässigkeit im modernen Strafrecht, Freiburger Universitätsreden, N. F., Heft 39, Freiburg 1965.
Jescheck LB	Derselbe, Lehrbuch des Strafrechts, AT, Berlin 1969.
Jesser	Walter Jesser, Der Gedanke der Verhältnismäßigkeit im Notwehrrecht, Diss. Tübingen 1951.
JMBl. NJW	Justizministerialblatt für das Land Nordrhein-Westfalen (zitiert nach Jahr und Seite).

Jörs-Kunkel-Wenger	Paul Jörs, Wolfgang Kunkel, Leopold Wenger, Römisches Recht: Römisches Privatrecht. Auf Grund des Werkes von Paul Jörs in zweiter Auflage neu bearbeitet von Wolfgang Kunkel; Abriß des römischen Zivilprozeßrechts von Leopold Wenger; Enzyklopädie der Rechts- und Staatswissenschaft, Abteilung Rechtswissenschaft, Bd. 2/3, 3. Aufl., Berlin — Göttingen — Heidelberg 1949.
JR	Juristische Rundschau (zitiert nach Jahr und Seite).
Jung Ich und Unbewußtes	Carl Gustav Jung, Die Beziehungen zwischen dem Ich und dem Unbewußten, 2. Aufl. (1. Aufl. 1928 in Darmstadt erschienen), in: Gesammelte Werke, Bd. 7: Zwei Schriften über analytische Psychologie, Zürich und Stuttgart 1964, S. 131 ff.
Jung Psychologie des Unbewußten	Derselbe, Über die Psychologie des Unbewußten, 5. Aufl. (1. Aufl. 1917 unter dem Titel „Die Psychologie der unbewußten Prozesse", 3. Aufl. als „Das Unbewußte im normalen und kranken Seelenleben", in 5. Aufl. zuerst in Zürich 1943 erschienen), in: Gesammelte Werke, Bd. 7: Zwei Schriften über analytische Psychologie, Zürich und Stuttgart 1964, S. 1 ff.
Jung Wesen des Psychischen	Derselbe, Theoretische Überlegungen zum Wesen des Psychischen (1946 unter dem Titel „Der Geist der Psychologie" erschienen), in: Gesammelte Werke, Bd. 8: Die Dynamik des Unbewußten, Zürich und Stuttgart 1967, S. 185 ff.
Juristentags-Festschrift 1960	Hundert Jahre Deutsches Rechtsleben, Festschrift zum hundertjährigen Bestehen des Deutschen Juristentages 1860—1960, Karlsruhe 1960.
JuS	Juristische Schulung (zitiert nach Jahr und Seite).
JW	Juristische Wochenschrift (zitiert nach Jahr und Seite).
JZ	Juristenzeitung (zitiert nach Jahr und Seite).
Kant	Immanuel Kant, Metaphysische Anfangsgründe der Rechtslehre, 1783, in: AA (Kant's Gesammelte Schriften, hrsg. von der Königlich Preußischen Akademie der Wissenschaften), Bd. 6, Berlin 1914.
Karolina	s. u. Kohler und Scheel.
Kaser Röm. Privatrecht (Hdb.)	Max Kaser, Das Römische Privatrecht, Bd. 1; Handbuch der Altertumswissenschaft, 10. Abt.: Rechtsgeschichte des Altertums, 3. Teil, 3. Bd., 1. Abschn.: Das altrömische, das vorklassische und klassische Recht, München 1955.
Kaser Röm. Privatrecht (StuB)	Derselbe, Römisches Privatrecht. Ein Studienbuch, 6. Aufl. München und Berlin 1968.

Kauffmann, M.	Max Kauffmann, Das Verschuldungsprinzip im Strafrecht, Halle a. S. 1912 (Diss. Rostock).
Kaufmann, Arm. Delikt	Armin Kaufmann, Das fahrlässige Delikt, in: ZfRV 1964, S. 41 ff.
Kaufmann, Arm. Lebendiges und Totes	Derselbe, Lebendiges und Totes in Bindings Normentheorie. Normlogik und moderne Strafrechtsdogmatik; Göttinger Rechtswissenschaftliche Studien, Bd. 14, Göttingen 1954.
Kaufmann, Arth. Handlung	Arthur Kaufmann, Die ontologische Struktur der Handlung, Skizze einer personalen Handlungslehre, in: H. Mayer-Festschrift 1966, S. 79 ff.
Kaufmann, Arth. Handlungslehre	Derselbe, Die finale Handlungslehre und die Fahrlässigkeit, in: JuS 1967, S. 145 ff.
Kaufmann, Arth. Schuldgedanke	Derselbe, Dogmatische und kriminalpolitische Aspekte des Schuldgedankens im Strafrecht, in: Neues Strafgesetzbuch, 1968, S. 56 ff.
Kaufmann, Arth. Schuldprinzip	Derselbe, Das Schuldprinzip. Eine strafrechtlich-rechtsphilosophische Untersuchung, Heidelberger Rechtswissenschaftliche Abhandlungen, N. F., 9. Abhandlung, Heidelberg 1961.
Kaufmann, Ekk.	Ekkehard Kaufmann, Die Erfolgshaftung; Untersuchungen über die strafrechtliche Zurechnung im Rechtsdenken des frühen Mittelalters, in: Frankfurter wissenschaftliche Beiträge, Rechts- und wirtschaftswissenschaftliche Reihe, Bd. 16, Frankfurt a. M. 1958.
Keller	Wilhelm Keller, Psychologie und Philosophie des Wollens, München — Basel 1954.
Kern-Festgabe	Festgabe für Eduard Kern zum 70. Geburtstag, 13. Oktober 1937, in: GA 1957, S. 289 ff., Hamburg 1957.
KG	Kammergericht (Berlin).
Klages	Ludwig Klages, Die Grundlagen der Charakterkunde, 12. Aufl., Bonn 1964.
Klagspiegel	s. u. Brant.
Klaus	Julius Bruno Klaus, Grundlagen des Notstands-(und Notwehr-)Problems und seine Lösung de lege ferenda, Urach (Württbg.) 1935 (Diss. Tübingen).
Klein Bemerkungen	Ernst Ferdinand Klein, Vermischte Bemerkungen ueber das Criminalrecht, in: ArchCrim., Bd. 2, 1799, 1. Stueck, Nr. IX, S. 211 ff.
Klein Dolus und culpa I	Derselbe, Ueber dolus und culpa, in: ArchCrim., Bd. 3, 1800, 1. Stueck, Ziff. VI, S. 105 ff.
Klein Dolus und culpa II	Derselbe, Vom Unterschiede zwischen dolus und culpa in Beziehung auf Verbrechen und Strafe, in: ArchCrim., Bd. 1, 1798, 2. Stueck, Nr. X, S. 56 ff.

Klein Grundsätze	Derselbe, Grundsätze des gemeinen deutschen und preußischen peinlichen Rechts, Halle 1796.
Klein Nachtrag I	Derselbe, Ueber dolus und culpa, ein Nachtrag zu Nr. 7, St. 2. B. 1. und Nr. 9. St. 1. B. 2., S. 316 ff. (des ArchCrim.), in: ArchCrim., Bd. 3, 1. Stueck, Ziff. VI, 1800, S. 119 ff.
Klein Nachtrag II	Derselbe, Nachträge zu der ersten Abtheilung des ersten Bandes des von Quistorps'schen Werks: Johann Christian Edlen von Quistorps, Grundsaetze des deutschen Peinlichen Rechts, Bd. 1, 1. Abth., Herausg. E. F. Klein, 6. Aufl., Leipzig, Rostock und Schwerin 1809, S. 417 ff.
Klein (Über:) *Grolmann*	Derselbe, Herr Professor Carl Grolmann (Eine Würdigung), in: ArchCrim., Bd. 1, 1799, 4. Stueck, Nr. V, S. 128 ff.
Klug Handlungsbegriff	Ulrich Klug, Der Handlungsbegriff des Finalismus als methodologisches Problem, in: Emge-Festschrift, 1960, S. 33 ff.
Klug Kant und Hegel	Derselbe, Abschied von Kant und Hegel, in: Neues Strafgesetzbuch, 1968, S. 36 ff.
Klug Menschenrechtskonvention	Derselbe, Das Verhältnis zwischen der Europäischen Menschenrechtskonvention und dem Grundgesetz, in: H. Peters-Gedächtnisschrift, 1967, S. 434 ff.
Klug Schutzgedanke	Derselbe, Die zentrale Bedeutung des Schutzgedankens für den Zweck der Strafe, Beihefte zum Archiv für Rechts- und Sozialphilosophie, Beiheft 35, Berlin 1938.
Klug Sexualstrafrecht	Derselbe, Rechtsphilosophische und rechtspolitische Probleme des Sexualstrafrechts, in: Sexualität und Verbrechen, 1963, S. 27 ff.
Knoch	Lothar Knoch, Die Nothilfe zugunsten des Staates (Staatsnothilfe), Diss. Würzburg 1965.
Köhler Fahrlässigkeit	August Köhler, Probleme der Fahrlässigkeit im Strafrecht, München 1912.
Köhler Schuld	Derselbe, Die Schuld als Grundlage des Strafrechts, in: GS Bd. 95 (1927), S. 433 ff. (1. Teil) und Bd. 96 (1928), S. 91 ff. (2. Teil bzw. Schluß).
Köhler Strafrecht	Derselbe, Deutsches Strafrecht, AT, Leipzig 1917.
Köhnen	Klaus Köhnen, Antizipierte Notwehr, Ein Beitrag zur Frage der Verteidigung durch selbstwirkende Schutzmittel, Diss. München 1950.
Köst	Ewald Köst, Juristisches Wörterbuch, 6. Aufl., Bremen 1967, Stichwort: Notwehr, S. 335 f.
Köstlin Revision	Christian Reinhold Köstlin, Neue Revision der Grundbegriffe des Criminalrechts, Tübingen 1845.

Köstlin System	Derselbe, System des deutschen Strafrechts, 1. Abth., AT, Tübingen 1855.
Köstlin Todtschlag	Derselbe, Die Lehre von Mord und Todtschlag, einer historisch-philosophischen Kritik unterworfen, Erster Theil, Die Ideen des römischen Rechts, Stuttgart 1838.
Koffka	Koffka, Notwehr, in: NGrStrK, Bd. 2, AT, 18. Sitzung, 1958, S. 134.
Kohler	Josef Kohler, Lehrbuch des Bürgerlichen Rechts, Bd. 2: Vermögensrecht, Erster Teil: Schuldrecht, Berlin 1906.
Kohler und *Scheel*	Josef Kohler und Willy Scheel, Die Carolina und ihre Vorgängerinnen. Text, Erläuterung und Geschichte. Alles Erschienene in 4 Bänden (Bd. 4 vom Verfasser nicht benutzt): Bd. 1: Die Peinliche Gerichtsordnung, Kaiser Karls V. Constitutio criminalis Carolina, Halle a. S. 1900 (zit.: I); Bd. 2: Die Bambergische Halsgerichtsordnung. Constitutio criminali, Bambergensis, Halle a. S. 1902 (zit.: II); Bd. 3: Die Bambergische Halsgerichtsordnung in niederdeutscher Übersetzung Hermann Borkhusens 1510 . . .; Halle a. S. 1904 (zit.: III); sämtliche Bände: Neudruck Aalen 1968.
Kohlrausch Entwurf	Eduard Kohlrausch, Der Allgemeine Teil des Entwurfs 1925, in: Reform des Strafrechts, 1926, S. 3 ff.
Kohlrausch Schuld	Derselbe, Die Schuld (Vorsatz, Fahrlässigkeit, Rechtsirrtum, Erfolgshaftung), in: Reform — StGB, Bd. 1, AT, 1910, S. 179 ff.
Kohlrausch Sollen und Können	Derselbe, Sollen und Können als Grundlagen der strafrechtlichen Zurechnung, in: Güterbock-Festgabe, 1910, S. 1 ff.
Kohlrausch-Lange	Eduard Kohlrausch, Richard Lange, Strafgesetzbuch, 43. Aufl., Berlin 1961.
Kollmann Carolina	Horst Kollmann, Die Schuldauffassung der Carolina, in: ZStW Bd. 34 (1913), S. 605 ff.
Kollmann Handlungsbegriff	Derselbe, Die Stellung des Handlungsbegriffs im Strafrechtssystem, Strafr.Abh. Heft 91, 1908.
Kollmann Versari	Derselbe, Die Lehre vom versari in re illicita im Rahmen des corpus juris canonici, in: ZStW Bd. 35 (1914), S. 46 ff.
Konopak	Christian Gottlieb Konopak, Ueber dolus und culpa, in: ArchCrim. Bd. 4, 1802, 3. Stueck, Ziff. III, S. 32 ff.
Kratzsch	Dietrich Kratzsch, Grenzen der Strafbarkeit im Notwehrrecht. Zugleich ein Beitrag zur Grundlagenforschung der Rechtswissenschaft unter besonderer

	Berücksichtigung der erkenntnistheoretischen Untersuchungen von Fr. Vinding Kruse; Neue Kölner Rechtswissenschaftliche Abhandlungen, Heft 57, Berlin 1968.
Kraus, Fr.	Friedrich Kraus, Allgemeine und spezielle Pathologie der Person, Leipzig 1926.
Krauß, Detl.	Detlef Krauß, Erfolgsunwert und Handlungsunwert im Unrecht, in: ZStW Bd. 76, 1964, S. 19 ff.
Kraushaar	Reinhold Kraushaar, Die Rechtswidrigkeit in teleologischer Sicht, in: GA 1965, S. 1 ff.
Kriegsmann	Hermann Kriegsmann, Literaturbericht zum Allg. Teil des Strafrechts, in: ZStW Bd. 34 (1913), S. 749 ff.
Krille	Krille, Notwehr, in: NGrStrK, Bd. 2, AT, 18. Sitzung, 1958, S. 133.
Kritik	Kritik der Strafrechtsreform, Edition Suhrkamp Nr. 264, Suhrkamp Verlag, Frankfurt a. M. 1968.
Krüger	Paul Krüger, Geschichte der Quellen und Literatur des römischen Rechts, Systematisches Handbuch der Deutschen Rechtswissenschaft, 1. Abt., 2. Teil, 2. Aufl. Leipzig 1912.
Krümpelmann	Justus Krümpelmann, Stufen der Schuld beim Verbotsirrtum. Zugleich eine Stellungnahme zur Behandlung des Irrtums über Rechtfertigungsgründe im Entwurf 1962 und im Alternativ-Entwurf, in: GA 1968, S. 129 ff.
Krug	August Otto Krug, Ueber dolus und culpa und insbesondere ueber den Begriff der unbestimmten Absicht, Leipzig 1854.
Kühlwein	Hans Peter Kühlwein, Grundlegung zu einer Kritik der Strafrechtstheorien im Lichte der modernen Kriminologie; Kriminologische Schriftenreihe aus der Deutschen Kriminologischen Gesellschaft, Bd. 31, Hamburg 1968.
Kullmann	Georg Kullmann, Irrtum und Schuld im Lichte der Symptomatik, in: MonKrimPsych. 1913/14, Jahrg. 10, S. 471 ff.
Kunkel	Wolfgang Kunkel, Diligentia, in: ZSR Roman. Abt., Bd. 45 (1925), S. 266 ff.
Lackner-Maassen	Karl Lackner, Hermann Maassen, StGB — Strafgesetzbuch mit Erläuterungen, 5. Aufl., München und Berlin 1969.
Lampe, E.-J. Täterschaft	Ernst-Joachim Lampe, Täterschaft bei fahrlässiger Straftat, in: ZStW Bd. 71, 1959, S. 539 ff.
Lampe, E.-J. Unrecht	Derselbe, Das personale Unrecht, Schriften zum Strafrecht, Bd. 7, Berlin 1967.

Lampe, O.	Ortrun Lampe, Defensiver und aggressiver übergesetzlicher Notstand, in: NJW 1968, S. 88 ff.
Lange Anthropologie	Richard Lange, Die moderne Anthropologie und das Strafrecht, in: Schuld—Verantwortung—Strafe, Zürich 1964, S. 277 ff.
Lange Literaturbericht (1942)	Derselbe, Literaturbericht zum Allgemeinen Teil des Strafrechts, in: ZStW Bd. 61 (1942), S. 188 ff.
Lange Literaturbericht (1951)	Derselbe, Literaturbericht zum Allgemeinen Teil des Strafrechts, in: ZStW Bd. 63, 1951, S. 456 ff. und 477 ff.
Lange Niederschriften	Derselbe, Notwehr, in: NGrStrK, Bd. 2, AT, 18. Sitzung, 1958, S. 130 f.
Lange Rechtfertigungsgründe	Derselbe, Gesetzgebungsfragen bei den Rechtfertigungsgründen, in: v. Weber-Festschrift, 1963, S. 162 ff.
Lange Rechtsstaat	Derselbe, Der Rechtsstaat als Zentralbegriff der neuesten Strafrechtsentwicklung, Tübingen 1952.
Lange Strafanspruch	Derselbe, Der Strafanspruch des Staates und die Grenzen der Strafbarkeit, in: Strafrechtsreform, 1963, S. 75 ff.
Lange Strafrechtsreform	Derselbe, Grundfragen der deutschen Strafrechtsreform, in: SchwZStr. 70. Jahrg. 1955, S. 373 ff.
Lange Täterbegriff	Derselbe, Der moderne Täterbegriff und der deutsche Strafgesetzentwurf, Abhandlungen des kriminalistischen Instituts an der Universität Berlin, Folge 4, Bd. 3, Heft 1, Berlin und Leipzig 1935.
Lange Täterschuld	Derselbe, Täterschuld und Todesstrafe, in: ZStW Bd. 62 (1944), S. 175 ff.
Lange Wandlungen	Derselbe, Wandlungen in den kriminologischen Grundlagen der Strafrechtsreform, in: Juristentags-Festschrift, 1960, S. 345 ff.
Lassberg, v.	F. L. A. von Lassberg, Der Schwabenspiegel oder schwäbisches Land- und Lehen-Rechtbuch nach einer Handschrift vom Jahr 1287, Tübingen 1840, Neudruck Aalen 1961.
Lenckner Gebotensein	Theodor Lenckner, „Gebotensein" und „Erforderlichkeit" der Notwehr, in: GA 1968, S. 1 ff.
Lenckner Notstand	Derselbe, Der rechtfertigende Notstand, Zur Problematik der Notstandsregelung im Entwurf eines Strafgesetzbuches (E 1962), Tübinger rechtswissenschaftliche Abhandlungen, Bd. 14, Tübingen 1965.
Lenckner Rechtfertigungsgründe	Derselbe, Die Rechtfertigungsgründe und das Erfordernis pflichtgemäßer Prüfung, in: H. Mayer-Festschrift, 1966, S. 165 ff.

Leonhard	Karl Leonhard, Verhütung von Verkehrsunfällen durch den Erwerb von Automatismen, in: ZVS Jahrg. 3, 1957, Heft 1/2, S. 6 ff.
Lersch	Philipp Lersch, Aufbau der Person, 9. Aufl., München 1964.
Levita	Carl Levita, Das Recht der Nothwehr, Eine strafrechtliche Abhandlung, Gießen 1856.
Lex Frisionum	s. u.: de Richthofen.
Liszt, v.	Franz von Liszt, Lehrbuch des Deutschen Strafrechts, 21. u. 22. Aufl., Berlin und Leipzig 1919.
Liszt, v.-Schmidt	Franz von Liszt, Eberhard Schmidt, Lehrbuch des deutschen Strafrechts, Bd. 1, AT, 26. Aufl., Berlin und Leipzig 1932.
LB	Lehrbuch.
LK	Strafgesetzbuch, Leipziger Kommentar (begr. von L. Ebermaier, A. Lobe und W. Rosenberg), herausgegeben von Heinrich Jagusch, Edmund Mezger, August Schäfer und Wolfhart Werner, 8. Aufl., Berlin 1957.
LM	Entscheidungen des Bundesgerichtshofs, in: Nachschlagewerk des Bundesgerichtshofs, hrsg. von Lindenmaier-Möhring.
Lobe	s. u. RGRK.
Löffler Rechtswidrigkeit	Alexander Löffler, Rechtswidrigkeit, Notwehr, Notstand, in: Deutscher Strafgesetzentwurf, 1921, S. 27 ff.
Löffler Schuldformen	Derselbe, Die Schuldformen des Strafrechts in vergleichend-historischer und dogmatischer Darstellung, Bd. 1: Die Entwicklung des geltenden Rechts, Abt. I: Deutschland und Österreich, Leipzig 1895.
Löffler Unrecht	Derselbe, Unrecht und Notwehr, Prolegomena zu einer Revision der Lehre von der Notwehr, in: ZStW Bd. 21 (1901), S. 537 ff.
Loening	Richard Loening, Der Reinigungseid bei Ungerichtsklagen im Deutschen Mittelalter, Bluntschli-Festgaben, Bd. 5, 1880.
Luden Abhandlungen	Heinrich Luden, Abhandlungen aus dem gemeinen teutschen Strafrechte, Bd. 2: Ueber den Thatbestand des Verbrechens nach gemeinem teutschen Rechte, Göttingen 1840.
Luden Handbuch	Derselbe, Handbuch des teutschen gemeinen und particularen Strafrechtes, Bd. 1, Jena 1847.
Luff	Karl Luff, Das automatische Reaktionsverhalten des Kraftfahrers und seine rechtliche Würdigung, in: DÖG 1957, S. 154 ff.

MacIntyre	Alasdair C. MacIntyre, Das Unbewußte. Eine Begriffsanalyse. Mit einem Abriß „Freuds Theorie" von Richard S. Peters als Einleitung; Theorie 2 im Suhrkamp Verlag Frankfurt a. M. 1968.
Maihofer	Werner Maihofer, Zur Systematik der Fahrlässigkeit, in: ZStW Bd. 70, 1958, S. 159 ff.
Marc.	Marcianus.
Martin	Christoph Reinhard Dietrich Martin, Lehrbuch des Teutschen gemeinen Criminal-Rechts, mit besonderer Rücksicht auf das im Jahre 1813 publicirte Strafgesetzbuch für das Königreich Baiern, 2. Aufl., Heidelberg 1829.
Mat.	Materialien zur Strafrechtsreform, Bd. 1, Gutachten der Strafrechtslehrer, Bonn 1954.
Maurach AT	Reinhart Maurach, Deutsches Strafrecht, AT, Ein Lehrbuch, 1. Aufl., Karlsruhe 1954, 3. Aufl., Karlsruhe 1965, 4./5. Aufl., Karlsruhe 1969.
Maurach Beiträge	Derselbe, Die Beiträge der neueren höchstrichterlichen Rechtsprechung zur Bestimmung des Wahnverbrechens, in: NJW 1962, S. 716 ff. und 767 ff.
Maurach Grundriß	Derselbe, Grundriß des Strafrechts, AT; Grundrisse der Rechtswissenschaft, Wolfenbüttel und Hannover 1948.
Maurach Notstandslehre	Derselbe, Kritik der Notstandslehre, Berlin 1935.
Maurach Schuld	Derselbe, Schuld und Verantwortung im Strafrecht, Wolfenbüttel und Hannover 1948.
Mayer, H. LB	Hellmuth Mayer, Strafrecht, LB, AT, Stuttgart und Köln 1953.
Mayer, H. StuB	Derselbe, Strafrecht, AT, Kohlhammer Studienbücher, Rechtswissenschaft, Stuttgart — Berlin — Köln — Mainz 1967.
Mayer, H.-Festschrift	Beiträge zur gesamten Strafrechtswissenschaft, Festschrift für Hellmuth Mayer zum 70. Geburtstag am 1. Mai 1965, Berlin 1966.
Mayer, M. E.	Max Ernst Mayer, Der allgemeine Teil des Deutschen Strafrechts, Lehrbuch, 2. Aufl., Heidelberg 1923.
MDR	Monatsschrift für Deutsches Recht (zitiert nach Jahr und Seite).
Mergen	Armand Mergen, Die Antwort der Gesellschaft auf das Verbrechen — Strafe oder Maßnahme, in: Deutsche Strafrechtsreform, 1967, S. 40 ff.
Merkel	Rudolf Merkel, Die Kollision rechtmäßiger Interessen und die Schadenersatzpflicht bei rechtmäßigen Handlungen, Straßburg 1895.

Metzger, W. — Wolfgang Metzger, Psychologie, Die Entwicklung ihrer Grundannahmen seit der Einführung des Experiments, Wissenschaftliche Forschungsberichte, Naturwissenschaftliche Reihe, Bd. 52, 3. Aufl., Darmstadt 1963.

Mezger Grundriß — Edmund Mezger, Deutsches Strafrecht, Ein Grundriß, 3. Aufl., Berlin 1943.

Mezger LB — Derselbe, Strafrecht, Ein Lehrbuch, 3. Aufl., Berlin — München 1949.

Mezger Moderne Wege — Derselbe, Moderne Wege der Strafrechtsdogmatik, Berlin — München 1950.

Mezger StuB — Derselbe, Strafrecht, Ein Studienbuch, Bd. 1, AT, 9. Aufl., München — Berlin 1960.

Mezger Unrechtselemente — Derselbe, Die subjektiven Unrechtselemente, in: GS Bd. 89 (1924), S. 207 ff.

Mezger Vom Sinn — Derselbe, Vom Sinn der strafrechtlichen Tatbestände, in: Traeger-Festschrift, 1926, S. 187 ff.

Mezger-Blei — Edmund Mezger, Hermann Blei, Strafrecht, I. Allgemeiner Teil, Ein Studienbuch, 13. Aufl., München 1968.

Mezger-Festschrift — Festschrift für Edmund Mezger zum 70. Geburtstag, München und Berlin 1954.

MGH — Monumenta Germaniae Historica, herausg. von G. H. Pertz, Legum Tomus III, Hannover 1863.

Michaelowa — Klaus Michaelowa, Der Begriff der strafrechtswidrigen Handlung. Zugleich ein kritischer Versuch zur Systematik des Schuldstrafrechts; Strafr. Abh., N. F., Bd. 1: Berlin 1968.

Michelet Dolus et culpa — Karl Ludwig Michelet, De doli et culpae in iure criminali notionibus, Phil. Diss. Berlin 1824.

Michelet System — Derselbe, Das System der philosophischen Moral mit Rücksicht auf die juridische Imputation, die Geschichte der Moral und das christliche Moralprinzip, Berlin 1828.

Miller — Neal E. Miller, Learning of visceral and glandular responses, in: American Association for the advancement of Science, Washington 31. 1. 1969, Vol. 163, p. 434—445.

Mitteis-Lieberich — Heinrich Mitteis, Heinz Lieberich, Deutsche Rechtsgeschichte, Ein Studienbuch, 10. Aufl., München und Berlin 1966.

Mittelbach — Hans Mittelbach, Deutsches Strafrecht. Leitfaden, Leitfadenreihe des Deutschen Rechts für Ausbildung und Praxis, Berlin — Leipzig — Wien 1944.

Mittermaier Fahrlässigkeit	Wolfgang Mittermaier, Zur Frage des Schuldcharakters der Fahrlässigkeit, in: ZStW Bd. 32 (1911), S. 415 ff.
Mittermaier Strafrechtsschuld	Derselbe, Kritische Beiträge zur Lehre von der Strafrechtsschuld, Gießen 1909.
Möhl	W. Möhl, Anmerkung zu Urteil des OLG Stuttgart 1 Ss 632/65 v. 8. 12. 1965, JR 1966, 228 ff. = NJW 1966, 745 ff. = VRS 30, 106 ff., in: JR 1966, S. 229.
Mohrmann	Gottlieb Mohrmann, Die neueren Ansichten über das Wesen der Fahrlässigkeit im Strafrecht, Diss. Breslau 1929.
Molitoris	Albrecht Günther Molitoris, Die subjektiven Unrechtselemente im geltenden Strafgesetzbuch, Diss. Erlangen 1939.
Mommsen, Fr.	Friedrich Mommsen, Erörterungen aus dem Obligationenrecht, Zweites Heft: Über die Haftung der Contrahenten bei der Abschließung von Schuldverträgen, Braunschweig 1879.
Mommsen, Th.	Theodor Mommsen, Römisches Strafrecht, Systematisches Handbuch der Deutschen Rechtswissenschaft 1, 4, Leipzig 1899, Neudruck Graz 1955.
MonKrim.	Monatsschrift für Kriminologie und Strafrechtsreform (zitiert nach Jahr und Seite).
MonKrimPsych.	Monatsschrift für Kriminalpsychologie und Strafrechtsreform, hrsg. v. G. Aschaffenburg (bis 1936; dann: für Kriminalbiologie und Strafrechtsreform (zitiert nach Jahr und Seite).
Moser	Karl Moser, Allgemeiner Teil des Strafgesetzbuchs nach der Rechtsprechung des Reichsgerichts und des Bundesgerichtshofs unter Berücksichtigung der Steuergesetze, Augsburg 1953.
Müller-Dietz	Heinz Müller-Dietz, Grenzen des Schuldgedankens im Strafrecht, Freiburger rechts- und staatswissenschaftliche Abhandlungen, Bd. 26, Karlsruhe 1967.
Münzberg Unterlassungsklage	Wolfgang Münzberg, Bemerkungen zum Haftungsgrund der Unterlassungsklage, in: JZ 1967, 689 ff.
Münzberg Verhalten und Erfolg	Derselbe, Verhalten und Erfolg als Grundlagen der Rechtswidrigkeit und Haftung, Juristische Abhandlungen, Bd. 4, Frankfurt a. M. 1966.
m. w. N.	mit weiteren Nachweisen.
Nachw.	Nachweise.
Naegeli	Eduard Naegeli, Das Böse und das Strafrecht, Kindler-Taschenbücher „Geist und Psyche", Nr. 2021, München 1966.

Nagler	Johannes Nagler, Der heutige Stand der Lehre von der Rechtswidrigkeit, in: Binding-Festschrift, Bd. 2, 1911, S. 273.
NArchCrim.	Neues Archiv des Criminalrechts (zitiert nach Jahr und Seite).
Nass Kriminalpsychologie	Gustav Nass, Der Mensch und die Kriminalität, Bd. 1: Kriminalpsychologie, Die Strukturgesetze der Täterpersönlichkeit, Ein psychologischer Beitrag zur Strafrechtsreform, Köln — Berlin 1959.
Nass Schuldbegriff	Derselbe, Wandlungen des Schuldbegriffs im Laufe des Rechtsgedankens, Ursprung und Wandlungen des Schuldbegriffs. Ein Beitrag der psychologischen Anthropologie zur Evolution des Rechtsdenkens, Strafrecht Strafverfahren Kriminologie, Bd. 4, Neuwied a. Rh. — Berlin 1963.
Neues Strafgesetzbuch	Programm für ein neues Strafgesetzbuch, Der Alternativ-Entwurf der Strafrechtslehrer, Fischer Bücherei, Informationen zur Zeit, Hamburg 1968.
N. F.	Neue Folge.
NGrStrK	Niederschriften über die Sitzungen der Großen Strafrechtskommission (14.—25. Sitzung), Bd. 2, AT, Bonn 1958.
Niese Finalität	Werner Niese, Finalität, Vorsatz und Fahrlässigkeit, Tübingen 1951.
Niese Strafrechtsdogmatik	Derselbe, Die moderne Strafrechtsdogmatik und das Zivilrecht, in: JZ 1956, S. 457 ff.
NJW	Neue Juristische Wochenschrift (zitiert nach Jahr und Seite).
Noll Rechtsfertigungsgründe	Peter Noll, Die Rechtfertigungsgründe im Gesetz und in der Rechtsprechung, in: SchwZStr. Bd. 80, 1964, S. 160 ff.
Noll Tatbestand	Derselbe, Tatbestand und Rechtswidrigkeit: Die Wertabwägung als Prinzip der Rechtfertigung, in: ZStW Bd. 77, 1965, S. 1 ff.
Nothilfe	s. u.: Himmelreich, Nothilfe.
Notwehr	s. u.: Himmelreich, Notwehr.
Nowakowski Fahrlässigkeit	Friedrich Nowakowski, Zu Welzels Lehre von der Fahrlässigkeit, in: JZ 1958, S. 335 ff. und 388 ff.
Nowakowski Rechtswidrigkeit	Derselbe, Zur Lehre von der Rechtswidrigkeit, in: ZStW Bd. 63, 1950/51, S. 287 ff.
Nowakowski Strafrecht	Derselbe, Das österreichische Strafrecht in seinen Grundzügen, Graz — Wien — Köln 1955.
Nowakowski Theorie	Derselbe, Zur Theorie der Fahrlässigkeit, Kriminalbiologische Gegenwartsfragen, Mitteilungen der Kriminalbiologischen Gesellschaft, Bd. 7, Stuttgart 1953 (vgl. auch in: Juristische Blätter, 1953, S. 506 ff.).

Oehler Gefahrsetzung	Dietrich Oehler, Die erlaubte Gefahrsetzung und die Fahrlässigkeit, in: Eb. Schmidt-Festschrift, Göttingen 1961, S. 232 ff.
Oehler Legalordnung	Derselbe, Wurzel, Wandel und Wert der strafrechtlichen Legalordnung, Münsterische Beiträge zur Rechts- und Staatswissenschaft, Heft 1, Berlin 1950.
Oehler Rechts- und Pflichtnormen	Derselbe, Der materielle Gehalt der strafrechtlichen Rechts- und Pflichtnormen, in: Sauer-Festschrift, 1949, S. 262 ff.
Oehler Zweckmoment	Derselbe, Das objektive Zweckmoment in der rechtswidrigen Handlung, Berliner Juristische Abhandlungen, Bd. 1, Berlin 1959.
Oersted	A. S. Oersted, Ueber die Grundregeln der Strafgesetzgebung, Abhandlungen aus dem Gebiete der Moral und Gesetzgebungs=Philosophie, Bd. 1, Kopenhagen 1818.
Oetker Notwehr I	Friedrich Oetker, Notwehr und Notstand, in: Frank-Festgabe, Bd. 1, 1930, S. 359 ff.
Oetker Notwehr II	Derselbe, Notwehr und Notstand, in: VDA Bd. 2 (1908), S. 255 ff.
Oetker Über Notwehr	Derselbe, Über Notwehr und Notstand nach den §§ 227, 228, 904 des bürgerlichen Gesetzbuchs, Leipzig 1903.
Oetker Vorentwurf	Derselbe, Die Behandlung der Notwehr und des Notstandes im Vorentwurf und im Gegenentwurf zu einem deutschen StGB, in: Das Recht, 1912, 16. Jahrg., S. 402 ff.
OLG	Oberlandesgericht.
OLG Celle-Festschrift	Göttinger Festschrift für das Oberlandesgericht Celle (Zum 250jährigen Bestehen), Göttinger rechtswissenschaftliche Studien, Bd. 40, Göttingen 1961.
OLGSt.	Entscheidungen der Oberlandesgerichte zum Straf- und Strafverfahrensrecht, Berlin und Neuwied.
Olshausen-Niethammer	Mehrere Verfasser, Kommentar zum Strafgesetzbuch (bis § 246 angeführt); Bearbeiter von § 53: Emil Niethammer, 12. Aufl., Berlin 1942.
Oppermann	Oppermann, Die Schuldlehre der Carolina, Diss. Leipzig 1904.
Perneder	Andreas Perneder, Von Straff und Peen aller Malefitzhandlungen (Halsgerichtsordnung), 3. Aufl., Ingolstadt 1545.
Pernice Labeo	Alfred Pernice, Marcus Antistius Labeo, Römisches Privatrecht im ersten Jahrhundert der Kaiserzeit, Teil B, Bd. 2 in 1. Aufl., 1. Buch, Allgemeine Lehren, Kapitel 4: Die Zurechnung, Halle 1878; Teil C,

	Bd. 2, Abteilung 1 in 2. Aufl., 7. Buch: Dolus malus und bona fides, Halle 1895; beide Neudruck Aalen 1963.
Pernice Sachbeschädigungen	Derselbe, Zur Lehre von den Sachbeschädigungen nach römischem Recht, Weimar 1867.
Peters, H.-Gedächtnisschrift	Gedächtnisschrift Hans Peters; Herausgeber: H. Conrad, H. Jahrreiß, P. Mikat, H. Mosler, H. C. Nipperdey, J. Salzwedel; Berlin — Heidelberg — New York 1967.
Petters-Preisendanz	Walter Petters, Holger Preisendanz, Strafgesetzbuch, 25. Aufl., Berlin 1965.
Pfeiffer-Meul-Schulte	Gerd Pfeiffer, Heinrich Meul, Benno Schulte, Strafgesetzbuch. Kommentar an Hand der Rechtsprechung des Bundesgerichtshofes, Essen 1969.
phil. Diss.	Dissertation einer philosophischen Fakultät.
Platzgummer	Winfried Platzgummer, Die Bewußtseinsform des Vorsatzes, Eine strafrechtsdogmatische Untersuchung auf psychologischer Grundlage, Wien 1964.
PTV	Polizei, Technik, Verkehr, Fachzeitschrift für Verkehrs-, Kraftfahr-, Fernmelde- und Waffenwesen der Polizei, Wiesbaden (zitiert nach Jahr und Seite).
Pufendorf	Samuel Pufendorf, De iure naturae et gentium, Frankfurt und Leipzig 1744.
Quensel	Stephan Quensel, Sozialpsychologische Aspekte der Kriminologie, Kriminologische Abhandlungen über abwegiges Sozialverhalten, Nr. 1, Stuttgart 1964.
R. bzw. Randnr.	Randnummer.
Radbruch	Gustav Radbruch, Über den Schuldbegriff, in: ZStW Bd. 24 (1904), S. 333 ff.
Rafidjah	Seyed Mohssen Rafidjah, Die Notwehr im persischen und deutschen Recht, (masch.schr.) Diss., München 1956.
Rauchdorn	Heinrich Rauchdorn, Practica Und Proces peinlicher Halsgerichtsordnung aus Keyserlichen / Geistlichen / Weltlichen / und Sechsischen Rechten, Erfurt 1592.
Reform	s. u.: E 1927, E 1962, AE 1966, Strafrechtsreform (1963), Sexualität und Verbrechen (1963), Deutsche Strafrechtsreform (1967), Neues Strafgesetzbuch (1968), Kritik (1968); vgl. auch Worm (1968) in: StrRG (2.) vom 9. 5. 1969.
Reform des Strafrechts	Reform des Strafrechts, Kritische Besprechung des Amtlichen Entwurfs eines Allgemeinen Deutschen Strafgesetzbuchs, hrsg. von P. F. Aschrott und Ed. Kohlrausch, Berlin und Leipzig 1926.
Reform — StGB	Die Reform des Reichsstrafgesetzbuchs. Kritische Besprechung des Vorentwurfs zu einem Strafgesetz-

	buch für das Deutsche Reich unter vergleichender Berücksichtigung des österreichischen und schweizerischen Vorentwurfs; Bd. 1, AT, Berlin 1910.
Rein	Wilhelm Rein, Das Criminalrecht der Römer, Leipzig 1844, Neudruck Aalen 1962.
Remplein	Heinz Remplein, Die seelische Entwicklung des Menschen im Kindes- und Jugendalter, 14. Aufl., München — Basel 1966.
RG	Reichsgericht.
RGSt.	Entscheidungen des Reichsgerichts in Strafsachen (zitiert nach Band und Seite).
RGRK	Reichs-Strafgesetzbuch, Leipziger Kommentar, herausgegeben von L. Ebermayer, A. Lobe, W. Rosenberg, 5. Aufl., Bd. 1, AT, Berlin und Leipzig 1933.
Richthofen, de	Karl de Richthofen, Lex Frisionum, in: MGH 1863, S. 631 ff.
Rittler	Theodor Rittler, Lehrbuch des Österreichischen Strafrechts, Bd. 1, AT, 2. Aufl., Wien 1954.
Rittler-Festschrift	Festschrift für Theodor Rittler zu seinem achtzigsten Geburtstag, hrsg. v. Siegfried Hohenleitner, Ludwig Lindner, Friedrich Nowakowski, Aalen 1957.
Rösch	Rösch, Notwehr, in: NGrStrK, Bd. 2, AT, 18. Sitzung, 1958, S. 131 f.
Röwer	Heinz Hugo Röwer, Die Zumutbarkeit des Rechtsgehorsams, Regensburg 1957 (Diss. Köln).
Rohner	Peter Rohner, Das Phänomen des Wollens, Beiheft zur Schweizerischen Zeitschrift für Psychologie und ihre Anwendungen, Nr. 49, Bern und Stuttgart 1964.
Rohracher	Hubert Rohracher, Kleine Charakterkunde, 11. Aufl. Wien — Innsbruck 1965.
Rost	Wolfgang Rost, Die Rechtfertigungsgründe bei Fahrlässigkeitsdelikten, Diss. München 1965.
Rothacker	Erich Rothacker, Die Schichten der Persönlichkeit, 6. Aufl., Bonn 1965.
Roxin Handlungslehre	Claus Roxin, Zur Kritik der finalen Handlungslehre, in: ZStW Bd. 74, 1962, S. 515 ff.
Roxin Literaturbericht	Derselbe, Literaturbericht zum Allg. Teil des Strafrechts, in: ZStW Bd. 77, 1965, S. 60 ff.
Roxin Notwehrlage	Derselbe, Die provozierte Notwehrlage, in: ZStW Bd. 75, 1963, S. 541 ff.
Roxin Offene Tatbestände	Derselbe, Offene Tatbestände und Rechtspflichtmerkmale, Hamburger Rechtsstudien, Heft 47, Hamburg 1959.
Roxin Pflichtwidrigkeit	Derselbe, Pflichtwidrigkeit und Erfolg bei fahrlässigen Delikten, in: ZStW Bd. 74, 1962, S. 411 ff.

Roxin Strafzweck	Derselbe, Strafzweck und Strafrechtsreform, in: Neues Strafgesetzbuch, 1968, S. 75 ff.
Roxin Täterschaft	Derselbe, Täterschaft und Tatherrschaft, Hamburger Rechtsstudien, Heft 50, Hamburg 1967.
Roxin Vorsatz und Fahrlässigkeit	Derselbe, Zur Abgrenzung von bedingtem Vorsatz und bewußter Fahrlässigkeit — BGHSt. 7, 363, in: JuS 1964, S. 53 ff.
Rspr.	Rechtsprechung.
s.	siehe.
Sachsenspiegel	s. u. K. A. Eckhardt.
Salm	Karl Salm, Das vollendete Verbrechen. Studien zur Erfolgshaftung im Strafrecht, 1. Teil: Über Fahrlässigkeit und Kausalität, 1. Halbband: Der Tatbestand des fahrlässigen Erfolgsdelikts, Berlin 1963.
Sander	A. Sander, Beiträge zur Lehre von der Nothwehr, in: ArchCrim. N. F. 1841, S. 68 ff.
Sauer	Wilhelm Sauer, Allgemeine Strafrechtslehre, Eine lehrbuchmäßige Darstellung, 3. Aufl., Berlin 1955 (auch benutzt und kenntlich gemacht: 1. Aufl. mit Titel „Die Grundlagen des Strafrechts", Berlin und Leipzig 1921).
Sauer-Festschrift	Festschrift für Wilhelm Sauer zu seinem 70. Geburtstag am 24. Juni 1949, Berlin 1949.
Sax	Walter Sax, Dogmatische Streifzüge durch den Entwurf des Allgemeinen Teils eines Strafgesetzbuches nach den Beschlüssen der Großen Strafrechtskommission, in: ZStW Bd. 59 (1940), S. 412 ff.
Schaffstein Notwehr	Friedrich Schaffstein, Notwehr und Güterabwägungsprinzip, in: MDR 1952, S. 132 ff.
Schaffstein Rechtfertigungsgründe	Derselbe, Putative Rechtfertigungsgründe und die finale Handlungslehre, in: MDR 1951, S. 196 ff.
Schaffstein Tatbestandsirrtum	Derselbe, Tatbestandsirrtum und Verbotsirrtum, in: OLG Celle-Festschrift, 1961, S. 175 ff.
Schaffstein Verbrechen	Derselbe, Die allgemeinen Lehren vom Verbrechen in ihrer Entwicklung durch die Wissenschaft des gemeinen Strafrechts, Berlin 1930.
Schafheutle	Schafheutle, Notwehr, in: NGrStrK, Bd. 2, AT, 18. Sitzung, 1958, S. 137.
SchlHA	Schleswig-Holsteinische Anzeigen, Justizministerialblatt für Schleswig-Holstein, Kiel (zitiert nach Jahr und Seite).
Schmid, Rich.	Richard Schmid, Vorwort (zu Beiträgen zur Strafrechtsreform), in: Kritik, 1968, S. 7 ff.
Schmidhäuser Fahrlässigkeit	Eberhard Schmidhäuser, Zum Begriff der bewußten Fahrlässigkeit, in: GA 1957, S. 305 ff. (Kern-Festgabe).

Schmidhäuser Gesinnungsmerkmale	Derselbe, Gesinnungsmerkmale im Strafrecht, Tübingen 1958.
Schmidt, Eb. Niederschriften	Eberhard Schmidt, Notwehr, in: NGrStrK, Bd. 2, AT, 18. Sitzung, 1958, S. 126 f.
Schmidt, Eb. Niederschriften (Anhang)	Derselbe, Leitsätze zum Thema Notwehr, Notstand und Nötigungsstand, Erster Teil: Notwehr, in: NGrStrK, Bd. 2, AT, Umdruck R 34, Anhang Nr. 21, 1958, S. 51 ff.
Schmidt, Eb. Notstand	Derselbe, Das Reichsgericht und der „übergesetzliche Notstand", in: ZStW Bd. 49 (1928), S. 350 ff.
Schmidt, Eb. Strafrechtspflege	Derselbe, Einführung in die Geschichte der deutschen Strafrechtspflege, 2. Aufl., Göttingen 1951.
Schmidt, Eb.-Festschrift	Festschrift für Eberhard Schmidt zum 70. Geburtstag, Göttingen 1961.
Schmidt, Rud.	Rudolf Schmidt, Der rechtswidrige Angriff bei der Notwehr, in: NJW 1960, 1706 f.
Schmitt, Rud.	Rudolf Schmitt, Subjektive Rechtfertigungselemente bei Fahrlässigkeitsdelikten? — OLG Hamm NJW 1962, 1169, in: JuS 1963, 64 ff.
Schönke-Schröder	Adolf Schönke, Horst Schröder, Strafgesetzbuch, Kommentar, 11. Aufl., München — Berlin 1963; 14. Aufl., München — Berlin 1968 (die benutzte Auflage ist jeweils kenntlich gemacht).
Schollmeyer	Friedrich Schollmeyer, Das Recht der Notwehr nach dem BGB für das Deutsche Reich, Würzburger Festrede, Würzburg 1899.
Schreiber	Franz Josef Schreiber, Die Beurteilung der Notwehr in der christlichen Literatur zwischen dem 4. und 12. Jahrh., Nürnberg 1966 (Diss. Erlangen).
Schroeder	Friedrich-Christian Schroeder, Der Täter hinter dem Täter. Ein Beitrag zur Lehre von der mittelbaren Täterschaft; Schriften zum Strafrecht, Bd. 2, Berlin 1965.
Schröder	Horst Schröder, Aufbau und Grenzen des Vorsatzbegriffs, in: Sauer-Festschrift, 1949, S. 207 ff.
Schröder-v. Künßberg	Richard Schröder, Eberhard v. Künßberg, Lehrbuch der deutschen Rechtsgeschichte, 7. Aufl., Berlin und Leipzig 1932.
Schudt	Rolf Schudt, Die subjektiven Unrechtselemente in der neueren Strafrechtsentwicklung, Diss. München 1951.
Schwab	Dieter Schwab, Die deliktische Haftung bei widerrechtlichem Verweilen des Verletzten im Gefahrenbereich, in: JZ 1967, 13 ff.
Schwabenspiegel	s. u.: K. A. Eckhardt und v. Lassberg.

Schwalm	Schwalm, Notwehr, in: NGrStrK, Bd. 2, AT, 18. Sitzung, 1958, S. 124 f.
Schwarz-Dreher	Otto Schwarz, Eduard Dreher, Strafgesetzbuch, 30. Aufl., München und Berlin 1968.
Schwerin-Thieme	Claudius Freiherr von Schwerin, Hans Thieme, Grundzüge der deutschen Rechtsgeschichte, 4. Aufl., Berlin und München 1950.
SchwZStr.	Schweizerische Zeitschrift für Strafrecht, Revue Pénale Suisse, Bern (zitiert nach Band, Jahr und Seite).
Seeger	Hermann Seeger, Bemerkungen über die Grundansichten des römischen und deutschen Rechts von der Nothwehr, insbesondere über das Verhältnis der letzteren zur Selbsthilfe im Allgemeinen, in: Abhandlungen aus dem Strafrechte, Tübingen 1858, S. 173 ff.
Sexualität und Verbrechen	Sexualität und Verbrechen, Beiträge zur Strafrechtsreform, Fischer Bücherei, Bd. 518/519, Frankfurt a. M. und Hamburg 1963.
Siber-Festschrift	Festschrift der Leipziger Juristenfakultät für Dr. Heinrich Siber zum 10. April 1940, Bd. 1, Leipziger rechtswissenschaftliche Studien, Heft 124, Leipzig 1941.
Sieverts	Rudolf Sieverts, Beiträge zur Lehre von den subjektiven Unrechtselementen im Strafrecht, Hamburger Rechtsstudien Bd. 19, Hamburg 1934.
Sommerfeld	B. Sommerfeld, Ist Notwehr zur Verteidigung sämtlicher Rechtsgüter zulässig? Diss. Kiel 1934.
Sp.	Spalte.
Staab	Edgar Gustav Staab, Das Problem subjektiver Elemente im Rahmen der Notwehr, (masch.schr.) Diss. Frankfurt a. M. 1953.
Stackelberg, v.	Freiherr von Stackelberg, Notwehr, in: NGrStrK, Bd. 2, AT, 18. Sitzung, 1958, S. 135.
StGB	Strafgesetzbuch vom 15. 5. 1871 in der Fassung vom 25. 8. 1953.
Stiegler	Heinrich Stiegler, Die geschichtliche Entwicklung der Notwehr, München 1925 (Diss. Erlangen).
Stillmark	Max Stillmark, Die Lehre von der Nothwehr in ihrer gegenwärtigen Entwicklung, Diss. Dorpat 1875.
Stintzing	Roderich Stintzing, Geschichte der Wissenschaften in Deutschland, Neuere Zeit, Bd. 18, Geschichte der Deutschen Rechtswissenschaft, 1. Abth. München und Leipzig 1880.
Stirtz	Hans Stirtz, Die subjektive Seite der Notwehr, Bonn 1897 (Diss. Erlangen).

Storch	Heinrich Storch, Über den Begriff, die Arten und die Bestrafung der culpa. Nach der deutschen strafrechtlichen Literatur von Feuerbach bis zum Reichsstrafgesetzbuch, StrafAbh., Heft 175, 1913.
Strafr.Abh.	Strafrechtliche Abhandlungen, hrsg. von Lilienthal / Schoetensack, Breslau (zitiert nach Heft und Jahr).
Strafr.Abh. N. F.	Strafrechtliche Abhandlungen N. F. Berlin, hrsg. v. Eb. Schmidhäuser in Zusammenarbeit mit den Strafrechtslehrern der deutschen Universitäten (seit 1968).
Strafrechtsreform	Probleme der Strafrechtsreform. Vorträge. Schriftenreihe der Friedrich Naumann-Stiftung zur Politik und Zeitgeschichte, Nr. 5, Deutsche Verlags-Anstalt, Stuttgart 1963.
Stratenwerth Handlungs- und Erfolgsunwert	Günter Stratenwerth, Handlungs- und Erfolgsunwert im Strafrecht, in: SchwZStr. Bd. 79, 1963, S. 233 ff.
Stratenwerth Rechtfertigung	Derselbe, Prinzipien der Rechtfertigung, in: ZStW Bd. 68, 1956, S. 41 ff.
Stratenwerth Strafrechtsdogmatik	Derselbe, Entwicklungstendenzen der neueren deutschen Strafrechtsdogmatik, in: Juristen-Jahrbuch, Bd. 2, 1961/62, S. 195 ff.
StrRG (2.)	Zweites Gesetz zur Reform des Strafrechts (2. StrRG) v. 9. 5. 1969; Deutscher Bundestag, 5. Wahlperiode, Drucksache V/4095.
StuP	Studium und Praxis, Monatsschrift für den jungen Juristen (zitiert nach Jahr und Seite).
Struvius	Georg Adam Struvius, Dissertationes criminales, Jena 1671.
StuB	Studienbuch.
Stuebel Handlungen	Christoph Carl Stuebel, Ueber gefaehrliche Handlungen, als fuer sich bestehende Verbrechen, zur Berichtigung der Lehre von verschuldeten Verbrechen, nebst Vorschlaegen zur gesetzlichen Bestimmung ueber die Bestrafung der erstern, in: NArchCrim., Bd. 8, 2. Stueck, Ziff. X, Halle 1825, S. 236 ff.
Stuebel System	Derselbe, System des allgemeinen peinlichen Rechts mit Anwendung auf die in Chursachsen geltenden Gesezze, Bd. 2, Leipzig 1795.
Sturm Schuldarten	Friedrich Sturm, Die Schuldarten und der Vorentwurf zu einem deutschen Strafgesetzbuch, in: Strafr.-Abh., Heft 122, 1910.
Sturm Verschuldung	Derselbe, Die strafrechtliche Verschuldung, Strafr.-Abh., Heft 41, 1902.
s. u.	siehe unter.
Teilnahme	s. u.: Himmelreich, Teilnahme.

Theodoricus	Petrus Theodoricus, Judicium Criminale Practicum, Ed. II, Jena 1671.
Thon	August Thon, Rechtsnorm und subjectives Recht, Untersuchungen zur allgemeinen Rechtslehre, Weimar 1878.
Traeger-Festschrift	Festschrift für Ludwig Traeger zum 70. Geburtstage am 10. Juni 1926, Berlin 1926.
u. a.	unter anderem.
u. a. m.	und anderes mehr.
Ulp.	Ulpinianus.
Ulsenheimer	Klaus Ulsenheimer, Das Verhältnis zwischen Pflichtwidrigkeit und Erfolg bei den Fahrlässigkeitsdelikten, Bonner rechtswissenschaftliche Abhandlungen, Bd. 65, Bonn 1965.
Unruh	Georg Christoph Unruh, Wargus, Friedlosigkeit und magisch-kultische Vorstellungen bei den Germanen, in: ZSR, German. Abt., Bd. 74, 1957, S. 1 ff.
Urteilsanmerkung	s. u.: Himmelreich, Anmerkung.
u. U.	unter Umständen.
VDA	Vergleichende Darstellung des deutschen und Ausländischen Strafrechts, AT. Vorarbeiten zur deutschen Strafrechtsreform; hrsg. von: Birkmeyer, v. Calker, v. Frank, v. Hippel, v. Liszt, Bd. 2 u. 3, Berlin 1908.
vgl.	vergleiche.
Vocke	G. Vocke, Vorsatz und Fahrlässigkeit vom psychologischen Gesichtspunkt, in: ZStW Bd. 48 (1928), S. 269 ff.
Voigt Leges regiae	Moritz Voigt, Über die leges regiae; Teil I: Bestand und Inhalt der leges regiae (zit.: I); Teil II: Quellen und Authentie der leges regiae (zit.: II). Abhandlungen der philologisch historischen Classe der königlich sächsischen Gesellschaft der Wissenschaften, Bd. 7, Leipzig 1879, S. 555 ff.
Voigt XII-Tafeln	Derselbe, Die XII Tafeln, Geschichte und System des Civil- und Criminal-Rechtes, wie -Processes der XII Tafeln nebst deren Fragmenten, Bd. 2: Das Civil- und Criminalrecht der XII Tafeln, Leipzig 1883.
Voll	Voll, Notwehr, in: NGrStrK, Bd. 2, AT, 18. Sitzung, 1958, S. 132.
Vollmann	Herbert Vollmann, Die subjektiven Unrechtselemente im Strafrecht, Diss. Erlangen 1933.
Voltz	Valentin Voltz, Commentarii duo, II: Commentarius in Tit. Dig. ad 1. Cornel. de Sicar., Ed. II, Tübingen 1620.

VRS	Verkehrsrechts-Sammlung, Entscheidungen aus allen Gebieten des Verkehrsrechts (zitiert nach Jahr und Seite).
Wächter, v.	Carl Georg von Wächter, Lehrbuch des Roemisch-Teutschen Strafrechts, 1. Theil, Stuttgart 1825; 2. Theil, Stuttgart 1826.
Wahlberg	Wilhelm Emil Wahlberg, Das Princip der Individualisirung in der Strafrechtspflege, Wien 1869.
Weber, v. Rechtfertigungsgrund	Hellmuth von Weber, Der Irrtum über einen Rechtfertigungsgrund, in: JZ 1951, S. 260 ff.
Weber, v. Strafrecht	Derselbe, Grundriß des deutschen Strafrechts, 2. Aufl., Bonn 1948.
Weber, v. Tatbestandsmerkmale	Derselbe, Negative Tatbestandsmerkmale, in: Mezger-Festschrift, 1954, S. 183 ff.
Weber, v.-Festschrift	Festschrift für Hellmuth von Weber zum 70. Geburtstag, Bonn 1963.
Wegner	Arthur Wegner, Strafrecht, AT, Göttingen 1951.
Welzel Das neue Bild	Hans Welzel, Das neue Bild des Strafrechtssystems. Eine Einführung in die finale Handlungslehre; Göttinger rechtswissenschaftliche Studien, Heft 1, 4. Aufl., Göttingen 1961.
Welzel Dogmatik	Derselbe, Die deutsche strafrechtliche Dogmatik der letzten 100 Jahre und die finale Handlungslehre, in: JuS 1966, S. 421 ff.
Welzel Fahrlässigkeit	Derselbe, Fahrlässigkeit und Verkehrsdelikt, Zur Dogmatik der fahrlässigen Delikte, Juristische Studiengesellschaft, Karlsruhe, Schriftenreihe, Heft 49, Karlsruhe 1961.
Welzel Handlungslehre	Derselbe, Die finale Handlungslehre und die fahrlässigen Handlungen, in: JZ 1956, S. 316 ff.
Welzel LB	Derselbe, Das deutsche Strafrecht, Eine systematische Darstellung, 10. Aufl., Berlin 1967.
Welzel Mißverständnis	Derselbe, Ein unausrottbares Mißverständnis? Zur Interpretation der finalen Handlungslehre, in NJW 1968, S. 425 ff.
Welzel Persönlichkeit	Derselbe, Persönlichkeit und Schuld, in: ZStW Bd. 60 (1941), S. 428 ff.
Welzel Studien	Derselbe, Studien zum System des Strafrechts, in: ZStW Bd. 58 (1938/39), S. 491 ff.
Welzel Vom Bleibenden	Derselbe, Vom Bleibenden und vom Vergänglichen in der Strafrechtswissenschaft, in: Grünhut-Erinnerungsgabe, 1965, S. 173 ff.
Wieczorek	Eberhard Wieczorek, Strafrecht für Schule und Praxis, Köln — Berlin — Bonn — München 1968.

Wiedow	Alexander Wiedow, Die subjektive Seite der Rechtfertigung im Strafrecht, Diss. München 1948.
Wilda	Wilhelm Eduard Wilda, Das Strafrecht der Germanen, Geschichte des deutschen Strafrechts, Bd. 1, Halle 1842.
Willens- und Handlungsbeziehungen	s. u.: Himmelreich, Willens- und Handlungsbeziehungen.
Wimmer	August Wimmer. Das Zufallsproblem beim fahrlässigen Verletzungsdelikt, in: NJW 1958, S. 521 ff.
Winkler	Siegfried Winkler, Die Stellung der Notwehr im System des Bürgerlichen Rechts, Diss. Tübingen 1962.
Winssinger	Rudolph Winssinger, Responsio Ad Quaestionem Juridicam, Caput III: Quaenam sit differentia inter delicta dolosa et culposa? in: Annales Academiae Lovaniensis, Brüssel 1823.
w. N. (W. N.)	weitere Nachweise.
Wolff	Ernst Amadeus Wolff, Der Handlungsbegriff in der Lehre vom Verbrechen, Heidelberg 1964.
Worm	Manfred Worm, SPD und Strafrechtsreform; Beiheft 8 der Zweimonatsschrift Politische Studien, München — Wien 1968 (Diss. München).
Würtenberger Geistige Situation	Thomas Würtenberger, Die geistige Situation der deutschen Strafrechtswissenschaft, Freiburger rechts- und staatswissenschaftliche Abhandlungen, Bd. 7, 2. (im Text unveränderte) Aufl., Karlsruhe 1959 (vgl. auch 1. Aufl. Karlsruhe 1957).
Würtenberger Rechtsstaatsgedanke	Derselbe, Vom Rechtsstaatsgedanken in der Lehre der strafrechtlichen Rechtswidrigkeit, in: Rittler-Festschrift, 1957, S. 125 ff.
ZfRV	Zeitschrift für Rechtsvergleichung (zitiert nach Jahr und Seite).
Zimmerl	Leopold Zimmerl, Aufbau des Strafrechtssystems, Tübingen 1930.
Zippelius	Reinhold Zippelius, Der Aufbau der modernen Unrechtslehre, Regensburg 1953.
Zirpins-Schulz	Georg Zirpins, Walter Schulz, Strafgesetzbuch, Komm., Braunschweig 1954.
Zöpfl	Heinrich Zöpfl, Beiträge zur Revision der Lehre von der Nothwehr, in: ArchCrim., N. F., Erster Aufsatz, 1842, S. 118 ff., Zweiter Aufsatz, 1842, S. 311 ff., Dritter Aufsatz, 1843, S. 27 ff.

ZSR bzw. ZRG	Zeitschrift der Savigny-Stiftung für Rechtsgeschichte (zitiert nach Band und Jahr; ältere Ausgabe: Jahr in Klammern).
ZStW	Zeitschrift für die gesamte Strafrechtswissenschaft (zitiert nach Band, Jahr und Seite; bei den älteren Ausgaben: Jahr in Klammern).
ZVS	Zeitschrift für Verkehrssicherheit, Frankfurt a. M. (zitiert nach Jahr und Seite).
Zwölftafelgesetz	s. u. Voigt (XII-Tafeln) und Düll.

EINLEITUNG

De lege lata wird bei vorsätzlichen und fahrlässigen Delikten die einen gesetzlichen Straftatbestand erfüllende Handlung infolge von Notwehr gemäß § 53 StGB als gerechtfertigt angesehen. Diese Vorschrift bestimmt:

„(1) Eine strafbare Handlung ist nicht vorhanden, wenn die Handlung durch Notwehr geboten war.

(2) Notwehr ist diejenige Verteidigung, welche erforderlich ist, um einen gegenwärtigen, rechtswidrigen Angriff von sich oder einem anderen abzuwenden."

Die Notwehrvorschrift soll nun nach § 32 des Zweite(n) Gesetz(es) zur Reform des Strafrechts (2. StrRG)[1] von 1969 folgende Fassung erhalten:

„(1) Wer eine Tat begeht, die durch Notwehr geboten ist, handelt nicht rechtswidrig.

(2) Notwehr ist die Verteidigung, die erforderlich ist, um einen gegenwärtigen rechtswidrigen Angriff von sich oder einem anderen abzuwenden."

Wie man sieht, erfährt Absatz 2 der Notwehrbestimmung lediglich eine stilistische Änderung. Demgegenüber wäre es notwendig gewesen, gerade die Fassung dieses Absatzes nicht nur sprachlich zu verbessern. Denn eben aus diesem Absatz soll sich nach der h. M.[2] ergeben, daß ein deliktisches Verhalten nur dann infolge von Notwehr gerechtfertigt ist, wenn die Verteidigungshandlung auch von einem Verteidigungswillen bzw. einem Willen zu sozial billigenswertem Handeln begleitet wird. Dieser Abwehrwille setzt die Kenntnis der Notwehrsituation voraus und lenkt die Abwehrhandlung in Richtung auf das betroffene Rechtsgut. Da die h. M. den Abwehrwillen ohne Ausnahme verlangt, muß sich diese Forderung auch auf die Fälle der unbewußten Fahrlässigkeit erstrecken. Das bedeutet aber, daß nach

---

[1] Bundestagsdrucksache V/4095, S. 57 (m. Begr. S. 14). — Vgl. auch Fn. 339.

[2] Vgl. statt vieler: BGH (4. Senat) NJW 1968, 1885 = LM Nr. 7 zu § 53 StGB; H. *Mayer*, StuB, AT, § 22 IV 1, S. 100 f.; *Schwarz-Dreher*, § 53, 2 A, S. 223; w. N. in Fn. 340.

der h. M. ein unbewußt-fahrlässig Handelnder die Kenntnis der Notwehrsituation und den Abwehrwillen ohne weiteres besitzen kann. Es ist aber zweifelhaft, ob ein unbewußt-fahrlässig Handelnder schon von Natur aus jenes subjektive Rechtfertigungselement aufweisen kann. Handelt der Täter nämlich willentlich in bezug auf das von ihm angegriffene Rechtsgut, so kann von einer *unbewußten* Fahrlässigkeit nicht die Rede sein; es ist dann eine *bewußte* Fahrlässigkeit oder Vorsatz anzunehmen. Entsprechend hat R. *Lange* „eine Vertiefung der Frage, ob auch eine (unbewußt) fahrlässige Tat durch Notwehr gerechtfertigt werden kann", gefordert, wobei zu prüfen sei, ob ein „Verteidigungswille nicht nur insoweit zu fordern ist, als ohne ihn eine bewußte Rechtsgutsverletzung vorläge"[3], m. a. W.: ob man bei unbewußt-fahrlässiger Verletzung eines Rechtsguts nicht ohne einen Verteidigungswillen auskommen kann.

Hierbei drängt sich sofort die weitere Frage auf, woraus sich die Notwendigkeit des Abwehrwillens ergeben soll, da die Notwehrvorschrift in Abs. 2 nur von „Verteidigung" und „Notwehr" spricht, jedoch ein kognitives und voluntatives Moment „expressis verbis" nicht erwähnt. Dessenungeachtet soll nun der Absatz 2 der Notwehrvorschrift — eine seit Einführung des StGB bestehende Rechtsnorm von weittragender Bedeutung — bis auf eine sprachliche Verbesserung unverändert übernommen werden. Die hergebrachte Regelung des Rechts der Notwehr gilt als wohlgelungen. So erklärt z. B. *Binding* die Notwehrvorschrift für einen „der bestgelungenen Paragraphen des Gesetzbuchs"[4] und *Oetker* unterstreicht dies speziell hinsichtlich der Notwehrdefinition (Abs. 2)[5]. Auch *Maurach* meint: „Diese Definition bietet einen Beleg für die segensreiche Wirkung wohlausgewogener Gesetzestechnik, denn kaum eine andere Institution des Allgemeinen Teils ist in Bedeutung, Folgerungen und Einzelheiten so unbestritten und so geklärt wie die Notwehr[6]."

Demnach scheint es nicht verwunderlich, daß auch die Referenten des E 1962[7] nur erklärten: „Schließlich sieht der Entwurf davon ab, ausdrücklich zu betonen, daß *jede* Notwehrhandlung von einem Verteidigungswillen getragen sein muß. Das liegt schon im Wesen der Verteidigung. Sie läßt sich *nur* als Äußerung des ernsten Willens

---

[3] R. *Lange*, Literaturbericht (1942), S. 204 (Klammer vom Verfasser).

[4] *Binding*, Handbuch, § 150 III, S. 732, Fn. 5.

[5] Vgl. *Oetker*, Über Notwehr, S. 6 f.

[6] *Maurach*, AT, § 26 I, S. 262.

[7] Entwurf eines Strafgesetzbuches (StGB) — E 1962 — mit Begründung, Bundesrats-Drucksache 200/62, Bonn 1962 (vgl. auch Bundestags-Drucksache IV/650 von 1962 und V/32 von 1965). — Vgl. auch Fn. 339.

denken, einen Angriff von sich oder einem anderen abzuwenden[8]." Auch in der Großen Strafrechtskommission wurde zum E 1962 betont, „das subjektive Element des Verteidigungswillens (sei) in dem Begriff der Verteidigung (als) ein finales Element enthalten"[9]. Im Sonderausschuß zum 2. StrRG (1969)[10] hat man sich über den Begriff der Verteidigung weiter keine Gedanken gemacht.

In der Tat handelt es sich bei den bisher von der Rechtsprechung behandelten Notwehrfällen, bei denen der Abwehrwille ein Kriterium bildet, — bis auf eine unten näher zu erörternde Ausnahme[11] — um vorsätzlich oder bewußt-fahrlässig (also mit Verletzungs- oder Gefährdungswillen[12]) begangene Delikte; bei diesen jedoch gibt der Täter deutlich zu verstehen, daß er sein Notwehrrecht, das ihm zusteht, nicht ausüben bzw. einen Angriff gerade nicht abwehren will. Sein Wollen schließt die mögliche Gefährdung eines Rechtsguts, d. h. eine Risikohandlung, mit ein. Mithin hat er sich aufgrund dieser bewußten Steuerung seines Verhaltens bewußt gegen die Rechtsordnung aufgelehnt. Mit Recht muß man in einem solchen Fall verlangen, daß einem Täter, der sich eindeutig gegen das Recht entschieden hat[13], nicht ohne eigenes Zutun die Rechtswohltat einer Rechtfertigung infolge von Notwehr zugebilligt werden darf. Die Forderung nach einem subjektiven Rechtfertigungselement mag in diesen Fällen berechtigt sein. Zweifelhaft ist aber, ob auch bei *unbewußten* Fahrlässigkeitsdelikten ein subjektives Rechtfertigungselement zu verlangen ist.

Zu dieser Frage gibt es — soweit ersichtlich — nur eine Entscheidung des OLG Dresden[14] aus dem Jahre 1929:

---

[8] Begründung des E 1962 zu § 37, S. 156 (Hervorhebungen vom Verfasser!). — Die Sachbearbeiter des Bundesjustizministeriums wollten zunächst unter Ableitung „aus der finalen Fassung des § 53 Abs. 2" gesetzlich den Abwehrwillen verankern durch die Verdeutlichung: „Verteidigung ... ausgeübt wird" (vgl. Anhang Nr. 25 in: NGrStrK 1958, S. 75).

[9] Vgl. *Baldus*, Niederschriften, S. 127.

[10] Vgl. Fn. 1.

[11] OLG Dresden, Urt. v. 11. 6. 1929, 2 OSt. 104/29, JW 1929, 2760 (m. Anm. v. *Coenders*).

[12] Bei bewußter Fahrlässigkeit liegt ein Entschluß gegenüber einem erkannten Risiko vor (vgl. auch Arth. *Kaufmann*, Schuldprinzip, S. 156; derselbe, Handlungslehre, S. 150; *Schaffstein*, Tatbestandsirrtum, S. 180; *Nowakowski*, Fahrlässigkeit, S. 338; vgl. auch z. B. *Engisch*, Vorsatz, S. 187 u. 401 ff. (m. w. N.); a. A. wohl OLG Karlsruhe, DAR 1968, 220; E.-J. *Lampe*, Unrecht, S. 82). — Näheres vgl. Fn. 293.

[13] Vgl. *Baldus*, Niederschriften, a. a. O.: „Schießt jemand auf einen anderen, um ihn zu töten, (kann) seine Tat ... nicht gerechtfertigt sein", wenn der Verteidigungswille fehlt.

[14] OLG Dresden, a. a. O. (vgl. Fn. 11).

Die Gutsbesitzer P und E hatten ein gemeinsames Benutzungsrecht an einem zu ihren Feldern führenden Weg. Eines Tages sperrte P diesen Weg, indem er einen Jauchewagen querstellte und eines der Räder des Wagens entfernte, um das Beiseiteschieben zu erschweren. Der auf diesem Weg fahrende Knecht A des E fuhr daher mit dem Pferdegespann um den Jauchewagen des P herum über dessen Kleestoppelfeld, da wegen des unsicheren Wetters auf dem Feld seines Dienstherrn E noch der Hafer unabgeerntet stand. Um ein Befahren seines Stoppelfeldes durch A zu verhindern, er griff P von der Seite in die Kopfzäumung der Pferde. Dabei erhielt er von A einen seine Hand verletzenden Schlag mit dem Zügel. A wollte den P nicht mit dem Zügel schlagen; der Gedanke, den P abzuwehren, war ihm gar nicht gekommen; der Schlag mit dem Zügel hatte nur den Pferden gegolten, um sie zu schnellerem Lauf anzutreiben.

Das OLG Dresden bejahte bei diesem unbewußten Fahrlässigkeitsdelikt eine Rechtfertigung infolge von Notwehr und betonte: „Zwar konnte dieser Umstand nicht in dem Sinne in Betracht kommen, ob die Notabwehr den Beweggrund gebildet, der Angekl. also zur Abwehr gehandelt hätte; denn ein Beweggrund (scil. der Abwehrwille), der ausschließlich dem vorsätzlichen Täter innewohnen kann, scheidet für fahrlässiges Verhalten begrifflich aus[15].“ Das Gericht hielt jedoch einen Fall der Notwehr trotzdem für gegeben, weil „das Gesetz sogar ein vorsätzliches Zuschlagen mittels der Zügel auf den Angreifer gestattet hätte“[16].

Heute würde das Urteil vermutlich anders ausfallen. Da die Rechtsprechung sowie die herrschende Lehre im Rahmen der Notwehr stets ein subjektives Rechtfertigungselement, nämlich einen Abwehr*willen*, verlangt, würden beide hier wegen Fehlens eines Abwehrwillens des A und somit einer „Verteidigung“ zu einer Verneinung einer Rechtfertigung infolge von Notwehr gelangen. Dabei ist es jedoch bedenklich, daß von einem unbewußt-fahrlässig Handelnden eine Steuerung seines Willens in Richtung auf das verletzte Rechtsgut bzw. ein Erkennen des sozial wertvollen Zwecks seines Tuns im Rahmen der Notwehr gefordert wird. Unter dieser Voraussetzung wäre bei unbewußten Fahrlässigkeitsdelikten eine Rechtfertigung infolge von Notwehr bei Fehlen dieses subjektiven Rechtfertigungselements stets ausgeschlossen. Dabei stellt sich die Frage, ob dem unbewußt-fahrlässig Handelnden eine Berufung auf Notwehr versagt werden kann, wenn man sie dem bewußt-fahrlässig und vorsätzlich Handelnden zubilligt. Weiterhin gilt es zu bedenken, ob die Forderung nach einem Abwehrwillen im Rahmen der Notwehr zu Ungereimtheiten in der Dogmatik des Strafrechts führt.

Man hat im Strafrecht das Problem der Notwehr bei unbewußten Fahrlässigkeitsdelikten offenbar als wenig bedeutsam angesehen. Es scheint, daß die stete Forderung nach einem Abwehrwillen des Not-

---

[15] OLG Dresden, a. a. O.

[16] OLG Dresden, a. a. O.

wehrübenden zu voreilig erhoben worden ist. Dagegen herrscht „im bürgerlich-rechtlichen Schrifttum gegenüber dem Erfordernis des Verteidigungswillens eine sehr viel stärkere Zurückhaltung"[17].

Wie leicht es sich die Rechtsprechung bei der Lösung des Problems des Abwehrwillens bei Fahrlässigkeitsdelikten macht, zeigt eine Entscheidung des OLG Frankfurt[18] aus dem Jahre 1949, in der betont wird, daß ein Abwehrwille bei den Fahrlässigkeitsdelikten — also bei bewußten wie bei unbewußten Delikten — *schon begrifflich* ausscheide; in diesem Urteil wurde sogar darüber hinaus angenommen, „daß der Rechtfertigungsgrund der Notwehr für einen fahrlässigen Tatbestand nicht in Betracht" komme[19]:

Der Kommissariatsleiter E der Grenzpolizei sowie der ihm unterstellte Wachtmeister L bemerkten auf ihrem Kontrollgang längs des die Zonengrenze bildenden Flusses einen Fährmann in einem Kahn flußaufwärts fahren. Er hatte soeben zwei Personen übergesetzt. E befahl L, den Kahnbesitzer zwecks Kontrolle zur Rückkehr aufzufordern. Dieser beachtete die Zurufe des L nicht, steuerte vielmehr auf das gegenüberliegende Ufer zu und antwortete auf die weiteren Zurufe der Beamten, seine Papiere seien in Ordnung und er käme daher nicht zurück. Nun gab E Befehl, Warnschüsse abzufeuern. L gab daraufhin 7 Schüsse ab, die 20 bis 40 Meter vor und hinter dem Kahn aufs Wasser trafen. Weil der Fährmann sich dadurch nicht von seiner Weiterfahrt abhalten ließ, befahl E dem L weiterzuschießen; der 4. Schuß traf den Kahnbesitzer tödlich.

Das Schwurgericht sprach L und E aufgrund des Rechtfertigungsgrundes der maßgeblichen Dienstvorschrift über den Waffengebrauch frei. Das OLG verwies die Sache zur erneuten Verhandlung und Entscheidung zurück. Es führte dazu für den Fall einer Annahme eines Fahrlässigkeitsdelikts aus: Es „ist nach st. Rspr. und überwiegender Meinung der Rechtslehre ... der Rechtfertigungsgrund der Notwehr auch nur dann gegeben, wenn die Handlung des Betreffenden der Abwendung eines Angriffs dienen sollte (RG 60, 262, GA 45, 272). Will der Täter gar nicht einen Angriff abwenden, ... so handelt er trotz Vorliegen der sonstigen Voraussetzungen des § 53 nicht in Notwehr (RGSt. 78, 182). Es ist auch keine Notwehr, wenn jemand einen anderen verletzen wollte und hierdurch, ohne es zu wissen, einen Angriff abwehrte (RGSt. 54, 199). Es kommt für die Frage der Notwehr nicht allein auf das Vorliegen einer Notwehrlage, sondern auch auf die innere Einstellung des Handelnden dazu im Zeitpunkt der Tat an. Hat jemand nicht in Notwehr handeln wollen, so ist seine Tat strafrechtlich nach den allgemeinen Grundsätzen über die strafrechtliche Verantwortlichkeit (scil. nach Bejahung der Rechtswidrigkeit, d. h. also über die Schuld), insbesondere die der fahrlässigen Tatbe-

[17] R. *Lange*, Rechtfertigungsgründe, S. 163 (m. w. N.). — Vgl. Literaturnachweise z. B. bei *Schwab*, S. 14, Fn. 6.

[18] OLG Frankfurt, Urt. v. 12. 7. 1949, Ss 213/49, NJW 1950, 119 f. (m. Anm. v. *Cüppers*).

gehung, zu beurteilen (... RGSt. 56, 285). Das bedeutet, daß der Rechtfertigungsgrund der Notwehr für einen fahrlässigen Tatbestand nicht in Betracht kommt, daß also eine solche Tat widerrechtlich ist. Der gleiche Grundsatz muß für den Rechtfertigungsgrund der Dienstbefugnis gelten, der offensichtlich ebenfalls auf vorsätzliches Verhalten zugeschnitten ist"[20]. Daraus folgerte das Gericht: E und L „können sich daher, auch wenn objektiv eine Rechtfertigungsgrundlage gemäß der Dienstvorschrift über den Waffengebrauch für eine Tötungshandlung vorgelegen hat, sie aber nicht aufgrund dieses Rechtfertigungsgrundes haben töten wollen, einer fahrlässigen Tötung schuldig gemacht haben"[21], da ein solches Verhalten rechtswidrig sei.

Gegen diese Entscheidung wandte sich — in Zusammenhang mit bewußter Fahrlässigkeit — das OLG Hamm[22] zu Recht. Auch in der Rechtslehre[23] stieß die Ansicht des OLG Frankfurt auf Kritik, daß bei der erfolgten objektiven Abwehrhandlung eine innere Willensrichtung auf das angegriffene Rechtsgut (also der Abwehrwille) dann zu verneinen sei, wenn die Notwehrübenden „nicht aufgrund dieses Rechtfertigungsgrundes *haben töten wollen*"[24]. Das OLG Hamm[25] meinte dazu treffend[26]: „Die Rechtfertigung einer Notwehrhandlung" könne hinsichtlich des durch die Handlung verursachten *Erfolges* „nicht ... von subjektiven Erwägungen" abhängig gemacht werden; es genüge bei einem bewußten Fahrlässigkeitsdelikt, „daß der Täter mit Verteidigungswillen *handelt*"[27]; m. a. W.: bei bewußten Fahrlässigkeitsdelikten brauche der Abwehrwille nur die Abwehrhandlung zu be-

---

[19] OLG Frankfurt, a. a. O., S. 120.

[20] OLG Frankfurt, a. a. O. (Klammern mit Entscheidungen im Original!).

[21] OLG Frankfurt, a. a. O.

[22] OLG Hamm, Urt. v. 23. 11. 1961, 2 Ss 1179/61, NJW 1962, 1169 f.; vgl. aber schon OLG Hamm, 2 Ss 1194/60. Urt. v. 24. 11. 1960, VRS 20, 232 f.

[23] Vgl. *Niese*, Finalität, S. 47 (Anm. dort); *Maurach*, AT, § 43 II C 1, S. 470; *Schwarz-Dreher*, § 53, Anm. 4 A, S. 278; *Welzel*, Das neue Bild, § 4 III, S. 36; *Rost*, S. 65—72 (insb. S. 69 f.); Rud. *Schmitt*, S. 66.

[24] So OLG Frankfurt, a. a. O., S. 120 (Hervorhebungen vom Verfasser!).

[25] OLG Hamm, NJW 1962, 1169 f.

[26] Dies wird von Rud. *Schmitt* (S. 65) verkannt, wenn er sagt: „Das OLG Hamm hat ... zutreffend Bedenken dagegen gehabt, die Rechtfertigung einer Fahrlässigkeitstat von ‚subjektiven Erwägungen' abhängig zu machen. Die Begründung wird nur dadurch unklar, daß zum Schluß doch noch ein Verteidigungswille verlangt wird."

[27] OLG Hamm, a. a. O. (Hervorhebung vom Verfasser!); der Hinweis auf „*Schönke-Schröder*, StGB, 9. Aufl., Anm. X 6 b zu § 59, S. 354" anstatt auf „Vorbem. IV a. E., vor § 51, S. 329" zeigt — entgegen Rud. *Schmitt* (a. a. O.) — deutlich, daß das OLG Hamm (a. a. O.) am Abwehrwillen bei bewußten Fahrlässigkeitsdelikten festhält.

gleiten und sich nicht darüber hinaus auch auf den verursachten Erfolg zu erstrecken[28].

Zweifelhaft bleibt aber immer noch, ob ein *unbewußt*-fahrlässig Handelnder bei seiner vorgenommenen Abwehrhandlung zur Rechtfertigung stets *auch* mit einem solchen Abwehrwillen handeln muß, oder ob schon die Kenntnis der Notwehrsituation ausreicht oder ob gar lediglich die objektive Abwehrhandlung bei Erfüllen sämtlicher anderen Notwehrvoraussetzungen als Notwehrhandlung angesehen werden kann, die zu einer Rechtfertigung (Abs. 1 der Notwehrvorschrift) führt. Auch eine zivilrechtliche Entscheidung des AG Bensberg[29] tastet sich nur zaghaft an dieses Problem heran, ohne es zu lösen. Immerhin entnimmt sie den Abwehrwillen nicht dem Begriff der Verteidigung, sondern verlangt jenen — in Anlehnung an *Schröder*[30] — als Korrelat zur bewußten Auflehnung gegen die Rechtsordnung.

Der Ausgangspunkt dieser Arbeit ist die unbefriedigende Fassung des Begriffs der Notwehr de lege lata et ferenda, insbesondere die Unbestimmtheit und Mehrdeutigkeit des dort verwendeten Ausdrucks der „Verteidigung". Die daraus resultierende Unklarheit zeigt sich besonders im Rahmen der Notwehr bei *unbewußten* Fahrlässigkeitsdelikten. Der oben vom OLG Dresden entschiedene Fall stellt — soweit ersichtlich — die einzige Behandlung dieses Problems seitens der Rechtsprechung dar[31]. Auch in der wissenschaftlichen Literatur zeigen sich nur sehr spärliche Ansätze und Hinweise zur Behandlung des vorliegenden Themas. So steht bei *Maurach* in seiner Schrift „Schuld und Verantwortung" (1948) in einer Fußnote die Bemerkung[32], daß dem unbewußt-fahrlässig Handelnden eine Berufung auf Rechtfertigung entzogen sei. Bei neglegentia bilde die Erfüllung des Tatbestandes ein unwiderlegbares Indiz der Rechtswidrigkeit. Er bestätigt diese seine Auffassung auch in seinem „Grundriß des Strafrechts" (1948)[33].

---

[28] In diesem Sinne z. B. auch *Baumann*, AT, § 21 II 1 a, *δ*, S. 291.

[29] AG Bensberg, 6 C 35/65, Urt. v. 25. 10. 1965, NJW 1966, 733 (735; m. Anm. d. Verfassers).

[30] *Schönke-Schröder*, Bem. IV, R. 77 vor § 51.

[31] Näheres vgl. Fn. 366.

[32] *Maurach*, Schuld, S. 72, Fn. 50.

[33] *Maurach*, Grundriß, S. 77 f.; auf S. 79 betont er aber inkonsequenterweise für sämtliche Deliktstypen, es folge „aus dem Begriff der Verteidigungs-‚Handlung' (daß) ein Verteidigungswille vorliegen" müsse. Später behauptet *Maurach* in seinem Lehrbuch, Allgemeiner Teil, seit der 1. Aufl. 1954 (§ 45 II C 1, S. 475 f.), zuletzt 3. Aufl. 1965, § 43 II C L, S. 469, mit dem erforderlichen subjektiven Rechtfertigungselement des Wollens des sozial wertvollen Ergebnisses könne auch ein Täter handeln, der an die Möglichkeit des tatbestandsmäßigen Erfolges nicht denke, also auch bei unbewußter Fahrlässigkeit.

Auch *Schwab* betont: „Derjenige, der einen Angreifer ‚fahrlässig' kampfunfähig macht, ohne sich einer Verteidigungsaktion auch nur bewußt zu sein, hat sich nicht verteidigt[34]." Er zieht „auch die daraus sich ergebende Konsequenz, daß eine fahrlässige Rechtsgutsverletzung in keinem Fall eine Notwehrhandlung darstellen kann"[35].

Die Münchener Dissertation von Wolfgang *Rost* „Die Rechtfertigungsgründe bei Fahrlässigkeitsdelikten" (1965) enthält einen kurzen Abschnitt über den „Verteidigungswille(n) bei der unbewußt fahrlässigen Verletzung"[36]. Nach *Rost* soll der Rechtfertigungsgrund der Notwehr auch für die unbewußt-fahrlässige Verletzung gelten, „allerdings ohne die subjektive Voraussetzung, daß der Täter sich durch eine konkrete gefährliche Handlung verteidigen will"; zur Rechtfertigung genüge die Kenntnis der Notwehrlage[37]. *Baumann*, der der „Verteidigung" eine subjektive und objektive Komponente zuteilt[38], betont seit der vierten Auflage (1965) seines Lehrbuchs, daß man allgemein bei Fahrlässigkeitsdelikten einen Verteidigungswillen nicht verlangen könne, wohl aber Kenntnis der rechtfertigenden Situation[39]. Auch Rudolf *Schmitt* läßt in seinem JuS-Artikel von 1963 bei sämtlichen Fahrlässigkeitsdelikten die objektiven Rechtfertigungsmerkmale für die Rechtfertigung durch Notwehr genügen[40]. Schließlich erwähnen *Schönke-Schröder*, daß zur Rechtfertigung bei Fahrlässigkeitstaten die objektive Notwehrlage ausreiche[41].

Angesichts der Dürftigkeit der in der Rechtsprechung und Rechtslehre vorliegenden Erörterungen des Problems der Notwehr bei *unbewußten* Fahrlässigkeitsdelikten und der Feststellung, daß die Erfassung des Wesens der unbewußten Fahrlässigkeit „keineswegs gesichert"[42] ist, hat es sich diese Arbeit zur Aufgabe gemacht, den (de lege lata et ferenda) unklar formulierten Begriff der Verteidigung im Zusammenhang mit der unbewußten Fahrlässigkeit, „deren meisterhafte wissenschaftliche Erkenntnis" wir, wie *Binding* gemeint hat,

---

[34] *Schwab*, S. 21 (r. Sp.).

[35] *Schwab*, S. 14.

[36] *Rost*, S. 55 ff.

[37] *Rost*, S. 57.

[38] *Baumann*, AT, § 20 I 1 b, S. 274 u. 275; § 21 I 3 c, S. 283 u. 284; § 21 II 1 a, δ, S. 291.

[39] *Baumann*, AT, § 21 II 1 a, δ (S. 284 in der 4. Aufl.), S. 292 in der 5. Aufl. 1968. — Erstaunlich ist bei *Baumann* die Inkonsequenz, daß er einerseits für sämtliche Delikte im Rahmen der Notwehr eine „Verteidigung" (als Abwehrhandlung plus Abwehrwille) verlangt, dies jedoch andererseits bei Fahrlässigkeitsdelikten für überflüssig hält.

[40] Rud. *Schmitt*, S. 68.

[41] *Schönke-Schröder*, Vorbem. IV (a. E.) vor § 51; R. 77; unter „Fahrlässigkeitstaten" verstehen diese allerdings nur die unbewußten Fahrlässigkeitsdelikte (§ 59 X 4, R. 152) und ordnen die bewußten wohl unter die bedingt vorsätzlichen ein.

[42] *Roxin*, Literaturbericht (1965), S. 86.

„schon den Römern" zu verdanken hätten[43], ausführlich zu erläutern.

Das Ziel der angestellten Erörterungen ist die Feststellung, ob zur Rechtfertigung einer den gesetzlichen Straftatbestand erfüllenden Handlung durch Notwehr bei den unbewußten Fahrlässigkeitsdelikten die Annahme eines subjektiven Rechtfertigungselements notwendig ist. Hierzu wird zunächst im ersten Teil der Arbeit im Rahmen einer Erörterung des Wesens der unbewußten Fahrlässigkeit zu klären versucht, ob überhaupt und in welchem Umfang einem aktuell-bewußten Element bei unbewußter Fahrlässigkeit eine rechtlich relevante Bedeutung zukommen kann. Dabei soll ein geschichtlicher Rückblick zeigen, welche Ansätze hierfür in der Entwicklung der unbewußten Fahrlässigkeit sichtbar geworden sind. Im Anschluß daran wird die neuere und gegenwärtige Diskussion über die unbewußte Fahrlässigkeit dargestellt. Hieran schließt sich zu einem tieferen Eindringen in das Wesen der unbewußten Fahrlässigkeit eine Erörterung der psychischen Beziehung des unbewußt-fahrlässig Handelnden zu den Gegenständen seiner Handlung wie zu dieser selbst an. Schließlich wird versucht, den Unrechtscharakter der unbewußten Fahrlässigkeit und deren rechtlich wesentlichen Teil klarer zu erfassen.

Im zweiten Teil der Arbeit, der sich dem Problem der Notwehr bei unbewußten Fahrlässigkeitsdelikten zuwendet, werden zunächst im Rahmen der Erörterung der Notwehr die Theorien zur Verteidigung anhand von Fällen aus dem Bereich der Fahrlässigkeit einer kritischen Betrachtung unterzogen.

Um festzustellen, ob ein subjektives Rechtfertigungselement im Rahmen der Notwehr auch dem unbewußt-fahrlässig Handelnden faktisch möglich ist oder ob dies schon *der Natur* eines solchen Delikts widerspricht, wird auf die Beschaffenheit des Abwehrwillens sowie der Kenntnis der Notwehrsituation näher eingegangen. Dieses Ergebnis wird dann daraufhin überprüft, ob es sich widerspruchslos in das System der Lehre von der Notwehr einfügen läßt, wobei gleichzeitig das Wesen und der Sinn der Notwehr herausgearbeitet werden, um die Notwehr als durchgehendes Rechtfertigungsprinzip für sämtliche denkbaren Deliktstypen aufzuzeigen.

Die Erfassung der Notwehr als Erfassung der Bestimmung ihrer Funktion führt dann zur Beantwortung der Frage, ob vom unbewußt-fahrlässig Handelnden zur Rechtfertigung durch Notwehr ein Abwehrwille und/oder Kenntnis der Notwehrsituation zu fordern sind, wobei die Notwehrhandlung und insbesondere der Begriff der Verteidigung unter Zurückgreifen auf das Notwehrprinzip näher bestimmt werden und der sog. Abwehrwille schließlich eine dogmatisch richtige Einordnung erfährt.

[43] *Binding*, Normen II, 1, S. 13, Fn. 15.

A. DIE UNBEWUSSTE FAHRLÄSSIGKEIT

I. Historische Genese des Begriffs der Fahrlässigkeit

Die Untersuchung des Begriffs und des Wesens der unbewußten Fahrlässigkeit in der geschichtlichen Entwicklung, und damit die der Fahrlässigkeit überhaupt, soll zur Klärung und Beleuchtung der Probleme bei unbewußt-fahrlässigem Handeln beitragen, insbesondere auch die Ansätze dartun, die sich zur Erfassung des Wesens der unbewußten Fahrlässigkeit im Hinblick auf deren psychologische Voraussetzungen zeigen.

Im ältesten *römischen Strafrecht* war die Fahrlässigkeit nicht Gegenstand der crimina publica. Man sah den casu oder fortuito entstandenen Schaden (Erfolg) als ein durch den Zorn der Götter verhängtes Unglück an, wofür sich der Betroffene mit der Gottheit durch Sühneopfer zu versöhnen hatte[44].

Der grundlegende Anstoß zur Erfassung der Fahrlässigkeit im Strafrecht ging von den — im angeblich in den letzten Jahrzehnten v. Chr. verfaßten Jus Papirianum enthaltenen, dem Numa Pompilius zugeschriebenen — *leges regiae*[45] über die Tötung aus, von deren Inhalt uns überliefert wird:

„Si qui hominem liberum *dolo sciens* morti duit paricidas esto" (Festus s. p. 221 v. parricidii quaestores); „in Numae legibus cautum est, ut si quis *imprudens*[46] occidisset hominem, pro capite occisi agnatis eius in contione offerret arietem" (Servius Sulpicius in Vergil. ecl. 4, 43)[47].

---

[44] Vgl. *v. Feuerbach-Mittermaier*, § 55, Note I, S. 103; *Rein*, S. 162; *Brunnenmeister*, Tödtungsverbrechen, S. 130 ff. Vgl. auch *Gessner*, S. 13 f.

[45] Diese sind um 450 v. Chr. zu datieren. — Vgl. dazu *Voigt*, Leges regiae, I, S. 557 ff. (609 ff., 618 ff.); II, S. 643 ff.; *Bruns*, Fontes, I, S. 1 ff.; *Abegg*, Jus Romanorum, Caput primum, II., § 8 ff., S. 9 ff. (De legibus regiis); *Bruns-Lenel*, S. 319. Vgl. auch *Krüger*, S. 4 ff.; *Oehler*, Legalordnung, S. 7.

[46] Im Sinne von „nicht voraussehend", „nicht vermutend", mit „casus" gleichzusetzen.

[47] Bei *Bruns*, Fontes, I, S. 10; II, S. 79 (Hervorhebungen vom Verfasser!). Vgl. dazu *Kaser*, Röm. Privatrecht (Hdb.), § 118, II, 1, S. 420 f. u. § 41, II, S. 140.

Diese Auffassung ging ohne große Änderung in das *Gesetz der Zwölf Tafeln*[48] über. Die Tötung wurde hier in dolose und nichtdolose eingeteilt. Die letztere wurde nicht weiter unterschieden; sie galt als Zufall (casus), für den nicht gehaftet wurde[49]. Vom casus spaltete sich erst zur Zeit Hadrians im Strafrecht die *culpa lata* ab[50]. Ob sie als ein hoher Grad der unbewußten Fahrlässigkeit anzusehen ist[51], kann nicht mit Bestimmtheit gesagt werden[52]. Doch lagen hier bewußte und unbewußte Fahrlässigkeit noch ungetrennt nebeneinander. Die römischen Juristen haben die heutige feine Unterscheidung nicht gekannt.

Mit der Zeit ging man dazu über, in einzelnen Fällen im Wege der extraordinaria cognito zu bestrafen[53], die ursprünglich auf dem Ge-

---

[48] Ausgabe durch: *Bruns,* Fontes iuris Romani antiqui, Pars prior, 7. Aufl., 1909, S. 15 ff.; Text und Übersetzung von Rudolf *Düll,* Das Zwölftafelgesetz, 2. Aufl. 1953.

[49] Vgl. bei *Düll* (a. a. O.), insbes. Tafel VIII, 24 a, S. 93; vgl. dazu *Kaser,* Röm. Privatrecht (Hdb.), § 118, II, 1, S. 420 f. u. § 41, I, S. 139; *Voigt,* Die XII Tafeln, Bd. II, S. 794 f.; *Abegg,* Jus Romanorum, Caput secundum, II., § 18, S. 25 f. (De legibus XII. Tabularum); *Binding,* Vermutungen, S. 106 ff.; *Jörs-Kunkel-Wenger,* § 108, S. 173; *Krüger,* S. 7 u. 14 ff.; *Oehler,* Legalordnung, S. 7 f. — Unser heutiger dolus eventualis fällt nicht unter den damaligen Begriff des dolus.

[50] Vgl. auch *Gessner,* S. 14.

[51] So Fr. *Mommsen,* S. 198 ff.; *Pernice,* Labeo, Teil B, Bd. 2, 1. Aufl., 1. Buch, Kapitel 4, S. 420 ff. (insbes. S. 425); *Löffler,* Schuldformen, S. 85 f., 106, 84 (Fn. 84), 86 (m. w. N. auf S. 100 ff.); a. A. *Beschütz,* S. 51 ff. (52). Vgl. dazu auch *Binding,* Normen, II, 2, S. 716 ff.

[52] So heißt es im *CIC*: „‚Lata culpa‘ est nimia neglegentia, id est non intellegere quod omnes intellegunt“ (Ulp. D. 50.16.213.2). Die Definition ist zwar für das Privatrecht aufgestellt; es spricht jedoch nichts gegen eine Verwertung auch im Strafrecht (vgl. auch *Beschütz,* S. 51). Auch auf folgende Quellen sei noch hingewiesen: „Sed eis qui non data opera incendium fecerint plerumque ignoscitur, nisi in *lata et incauta neglegentia* vel *lascivia* fuit“ (Ulpianus in Coll. 12.5.2). Im *CIC*: „Si fortuito incendium factum sit, venia indiget, nisi tam *lata culpa* fuit, ut *luxuria* aut *dolo* sit proxima“ (Marc. D. 47.9.11); „... divus Hadrianus ... rescripsit, quotiens costodia militibus evaserit, exquiri oportere, utrum *nimia neglegentia* militum evaserit an *casu* ... et ita demum adficiendos supplicio milites, quibus costodiae evaserint si *culpa* eorum *nimia* deprehendatur“ (Marc. D. 48.3.12). Auch Paulus betont: „Magna neglegentia culpa est: magna culpa dolus est“ (D.50.16.226); „latae culpae finis est non intellegere id quod omnes intellegunt“ (D. 50.16.223). Vgl. dazu auch *Binding,* Verbrechen, insbes. S. 19 f. sowie w. N. bei *Hoffmann,* S. 4 u. 6 f. — Zum Begriff „neglegentia“, der dem Zivilrecht entnommen worden ist, wo er als Unterscheidung zur „diligentia“ verstanden wurde, vgl. *Binding,* Normen II, 2, S. 769 f.; *Kunkel,* S. 314 ff.; *Kaser,* Röm. Privatrecht (StuB), § 36 IV 1, S. 144; vgl. auch *Deutsch,* S. 10 (m. w. N.).

biete des straflosen casus lagen, wegen ihrer Schwere jedoch kriminalpolitisch bedenklich erschienen, so daß sie mit einer milden Strafe belegt wurden. Dies war dann der Fall, wenn der schädigende Erfolg entweder durch lascivia, luxuria, oder cupiditas einerseits oder durch culpa lata andererseits hervorgerufen wurde.

Leichtere Fälle der culpa blieben auch weiterhin straflos. Auf die psychologische Beziehung des Täters zu den Gegenständen seiner Handlung wurde — wenn man vom dolus absieht[54] — in dieser Periode nicht eingegangen.

Die Elemente lascivia (Übermut), luxuria (Mutwille) und cupiditas (Leidenschaft) bezeichneten keine bestimmte Schuldart[55] oder Schuldstufe, sondern charakterisierten als Ableitungen vom casus die seelische Einstellung, aus der die Handlung resultierte[56]. Der damals noch benutzte Begriff „impetus" (Affekt) entwickelte sich aus dem dolus und führte wie die obigen Begriffe nur dazu, daß die Strafe gemildert wurde[57].

Zusammenfassend läßt sich somit feststellen: Im römischen Strafrecht gab es nur die vom straflosen casus abgespaltene culpa lata, deren Fälle sich allerdings mit denen unserer heutigen Fahrlässigkeit nicht decken. Die lascivia und luxuria, die als Einstellungs- bzw. Vorstellungselemente den dolus ausschlossen, fielen unter den weiteren Begriff des casus fortuitus.

Im *deutschen* Recht stützte sich der Fahrlässigkeitsbegriff hauptsächlich auf das römische Recht, auf das der italienischen Postglossatoren sowie auf das kanonische Recht[58].

Im germanischen Strafrecht bestimmte der Erfolg den Unwert der Tat[59]. Demzufolge wurde die Frage, wann „Ungefährwerke" (Fahr-

---

[53] Vgl. *Löffler*, Schuldformen, S. 83; *Köstlin*, Todtschlag, S. 202 ff.

[54] Was *v. Almendingen* (S. 194 ff., insbes. S. 230 f.) zu sehr verallgemeinert.

[55] Die luxuria war auch nicht unsere heutige bewußte Fahrlässigkeit; vgl. auch *Gessner*, S. 15; *Binding*, Schuld, S. 14. Vgl. dagegen *v. Bar*, Schuld, II, S. 436.

[56] Vgl. *Binding*, Normen, II, 2, S. 759 ff. (769); derselbe, Verbrechen, S. 12; *Löffler*, Schuldformen, S. 83. Vgl. aber auch *v. Bar*, Schuld, II, S. 436. — Vgl. neuerdings die Einstellungselemente bei *Gessner*, S. 105 ff., 114 f.

[57] Vgl. *Löffler*, Schuldformen, S. 82; *Rein*, S. 210; *Beschütz*, S. 57 f. u. 65.

[58] Vgl. auch *Gessner*, S. 14 (m. w. N.).

[59] Vgl. Eb. *Schmidt*, Strafrechtspflege, S. 30 f. Vgl. auch: *Zimmerl*, S. 167 f.; Arth. *Kaufmann*, Schuldprinzip, S. 218; *Brunner*, Antwort, S. 55 ff.; *v. Amira*, S. 231; *Wilda*, S. 155 f.; Ekk. *Kaufmann*, S. 37 ff.; *Deutsch*, S. 11; *Achter*, S. 12 f. — Die damals „zeitgerechte Erfolgshaftung" kann nicht mit den Maßstäben von heute gesehen werden. Der Erfolg war damals so entscheidend, „weil durch die Tat die geheimnisvolle Harmonie zerstört (war), die

lässigkeit und Zufall)[60] anzunehmen waren, im germanischen Rechtsdenken nach äußeren Besonderheiten zu beantworten versucht. Man nahm — wie im römischen Recht — an, daß derjenige, der gewisse typische Delikte begeht, diese auch meistens will. Auf die inneren Vorgänge beim Handeln, ob in Wirklichkeit nur reiner Zufall mitgespielt hatte oder ob im Einzelfall das Verhalten doch auf einen (bösen) Willen zurückzuführen war, wurde aber nicht eingegangen. Allenfalls vom Erfolg her zog man Rückschlüsse auf die psychische Beziehung des Täters zu den Gegenständen seiner Handlung. In der verletzenden Tat steckte „typisch der verletzende Wille"[61].

Frühzeitig trat neben das germanische Kompositionensystem die von der Gesamtheit des Volkes ausgehende Friedensordnung; wer sich darüber hinwegsetzte, wurde „friedlos" (exlex)[62]. Schließlich wurde der Volksfriede abgelöst vom Königsfrieden (das Freikaufen mittels eines fredus[63] ersetzt durch den bannus regius[64]), was den Grundstein zu einem öffentlichen Strafrecht legte. Bei der Unterscheidung zwischen der den Friedensbruch begründenden absichtlichen Missetat[65] („Willenswerk") — die nur als „gewollte" („böser Wille") erscheint, wobei jeder nicht-gewollte Erfolg als „Ungefährwerk" („ane gevaerde"), Unglück oder „Casus" bezeichnet wird[66] — und der absichtslosen Missetat[67] gehörte die mit culpa vorgenommene Handlung

---

für die Menschen jener Zeit unumstößliche Voraussetzung des Lebens war" (*Achter*, S. 15); vgl. auch Ekk. *Kaufmann*, S. 108; Arth. *Kaufmann*, Schuldprinzip, S. 218 f. (m. w. N. dort in Fn. 15).

[60] Vgl. *Welzel*, LB, § 2, S. 9 f.

[61] *Welzel*, LB, § 2, S. 10; vgl. auch *Schwerin-Thieme*, § 12, S. 28; *Hardwig*, Zurechnung, S. 33. Für das röm. Recht vgl.: *Kaser*, Röm. Privatrecht (Hdb.), § 118, II, S. 420.

[62] Vgl. zur Friedlosigkeit: *Unruh*, S. 1 ff.; *Brunner*, Rechtsgeschichte, I, S. 156 ff., 232 ff.; *Löffler*, Schuldformen, S. 35 ff.; Eb. *Schmidt*, Strafrechtspflege, S. 28 ff.; *v. Amira*, S. 237 ff.; *Schröder-v. Künßberg*, S. 79 ff.; *Conrad*, I, S. 50 ff.; *Schwerin-Thieme*, § 12, S. 29 u. § 31, S. 95 ff.

[63] Vgl. dazu *Brunner*, Friedlosigkeit, S. 62 ff., 79 ff., 93; *derselbe*, Rechtsgeschichte, II, S. 487, 642 ff.; *Beyerle*, S. 215 ff.; *Wilda*, S. 438 ff.; *Loening*, S. 248 (Anm. dort).

[64] Vgl. dazu H. *Hirsch*, S. 173 ff.

[65] Vgl. dazu *Brunner*, Rechtsgeschichte, I, S. 216; *derselbe*, Geschichte, S. 74 f.; *Wilda*, S. 264 ff. (268).

[66] Vgl. *Brunner*, Rechtsgeschichte, I, S. 211 ff. (213 f., 240, 223); *derselbe*, Geschichte, S. 95 f. (96); *Wilda*, S. 578; *His*, Mittelalter, I, S. 88 ff.; Eb. *Schmidt*, Strafrechtspflege, S. 67; R. *v. Hippel*, Strafrecht, I, S. 51; *Beschütz*, S. 72; *Löffler*, Schuldformen, S. 38. Vgl. auch *Maurach*, AT, § 4 II, S. 35.

[67] Vgl. dazu *Brunner*, Missethat, S. 815 ff.; *derselbe*, Geschichte, S. 75 u. 96; Ekk. *Kaufmann*, S. 82 ff. (103).

[68] Ausgabe durch: *de Richthoven*, Lex Frisionum, in: MGH, Legum Tomus III, 1863, S. 631 ff. (673 ff.).

zu letzterer. Culpa und casus lagen jedoch ungeschieden nebeneinander, wie gerade der Titel XXII der *lex Frisionum*[68] beweist[69].

Das Recht der *Glossatoren* sowie das italienische Statutarrecht, das größtenteils auf germanischem Recht fußte, haben nicht zur Unterscheidung von bewußter und unbewußter culpa geführt. Die Glossatoren übernahmen gleichwohl aus dem römischen Privatrecht, insbesondere aus der lex Aquilia[70], die Einteilung der culpa in culpa lata, levis und levissima. Als höchster Grad der culpa erschien ihnen die culpa lata (culpa dolo proxima; luxuria)[71].

Im *kanonischen* Recht[72] findet sich als Kriterium für die Strafbarkeit oder Straflosigkeit des casus die Unterscheidung des „versari in re licita et illicita"[73].

Neue Impulse brachte erst der Einfluß der *Postglossatoren*[74]. *Cinus* sah Handlungen für dolos an, bei denen der Wille gar nicht auf Herbeiführung des rechtswidrigen Erfolges gerichtet war; es genügte, daß dem Täter die Gefahr des Erfolgseintritts bewußt war[75]. Auch nach *Bartolus* genügte es, daß der Täter die Richtung des Delikts auf den Erfolg kannte[76]. In der Schuldlehre, wie sie *Baldus* vortrug, erschien als schwerste Schuldart der dolus, als „Mittelstufe" die culpa latior (bzw. der dolus praesumtus[77]), als leichteste die culpa lata, levis und levissima; „latior culpa est medium inter haec duo, dolum et latam culpam, et de utroque participat[78]". *Bartolus* definierte die culpa latior der lex quod Nerva: „Culpa latior est machinatio ad decipiendum fallendumque alterum adhibita praesumtive[79]." In dem Begriff

[69] So betreffen insbesondere die Fälle 65, 82, 83, 88 und 89 keinen casus. — Vgl. dazu *Mitteis-Lieberich*, Kap. 9, IV, 2, S. 28; *Löffler*, Schuldformen, S. 41, Fn. 34.

[70] Die lex Aquilia, deren 1. und 3. Kapitel überliefert sind, soll aus dem Jahre 286 v. Chr. stammen. Vgl. dazu z. B. *Pernice*, Sachbeschädigungen, insbes. S. 11 ff; *Bruns*, I, S. 45; Th. *Mommsen*, S. 826; *Binding*, Normen, IV, S. 36 f.; *Kaser*, Röm. Privatrecht (Hdb.), § 41, VI, S. 144.

[71] Sie sahen darin etwa eine „grobe Fahrlässigkeit"; vgl. *Beschütz*, S. 88 f.; *Schaffstein*, Verbrechen, S. 151.

[72] Vgl. dazu z. B.: *Engelmann*, Schuldlehre, S. 211 ff.; *Kollmann*, Versari, S. 46 ff.; *Binding*, Normen, IV, S. 115 ff.; *Löffler*, Schuldformen, S. 139 ff.; *Beschütz*, S. 93 ff.

[73] Vgl. *Löffler*, Schuldformen, S. 147 ff.

[74] Vgl. dazu: *Engelmann*, Schuldlehre, insbes. S. 185 ff.; *derselbe*, Irrtum, S. 1 ff.

[75] Vgl. bei *Engelmann*, Schuldlehre, S. 77.

[76] Vgl. bei *Engelmann*, Schuldlehre, S. 79 f.

[77] Vgl. *Engelmann*, Schuldlehre, S. 156, Fn. 5.

[78] Vgl. bei *Engelmann*, Schuldlehre, S. 155 ff.

[79] Vgl. bei *Engelmann*, Schuldlehre, S. 148 u. S. 192 f.; vgl. auch *Hoffmann*, S. 56.

„culpa latior", dem wie dem Begriff „dolus" das Wissensmoment innewohnte, waren alle Fälle des dolus eventualis und der bewußten Fahrlässigkeit im heutigen Sinne enthalten. Die Fälle, in denen wir heute bewußte Fahrlässigkeit sehen, wurden nicht als Fälle der eigentlichen „culpa" aufgefaßt; die culpa in den übrigen Formen (lata etc.) umfaßte die Fälle unserer heutigen unbewußten Fahrlässigkeit. Es decken sich also nicht die Fälle der culpa lata mit denen unserer heutigen bewußten Fahrlässigkeit[80]. Hatte der Täter eine Vorstellung von der Erfolgsmöglichkeit, so wurde er im Sinne des erweiterten Begriffs des dolus bestraft. Die culpa lata war die einzige strafbare culpa. Hinsichtlich der von den Glossatoren übernommenen culpa levis und culpa levissima betonte *Cinus*: „Et his duobis ultimis casibus non punitur criminaliter, sed civiliter tantum[81]." Die culpa lata war insoweit der höchste Grad der unbewußten Fahrlässigkeit[82], wie auch *Sallicetus* hervorhebt: „Non cogitare casum naturaliter vel verisimiliter eventurum inspecta indigentia praesentis status est lata culpa[83]."

Zusammenfassend ergibt sich also: Die Strafbarkeit wurde bei der culpa (unbewußten Fahrlässigkeit) auf die culpa lata, die dem dolus bzw. der culpa latior am nächsten stand, beschränkt. Von entscheidender Bedeutung für die Entwicklung des Begriffs der heutigen unbewußten Fahrlässigkeit ist, daß die culpa nicht eine Ableitung vom „dolus", sondern von „casus" bzw. dem „Ungefährwerk" darstellt. In Abweichung vom römischen Recht versuchten die Postglossatoren, gewisse psychische Momente im Verhalten des Täters aufzuspüren und diesen bei der Beurteilung der Straftaten Rechnung zu tragen.

Innerhalb der weiteren Entwicklung des deutschen Rechts findet sich erstmalig[84] im *Sachsenspiegel*[85] das Wort „Schuld" zur Bezeichnung der psychischen Einstellung des Täters. Dort heißt es, der Täter habe „ane sine scult"[86] den Erfolg herbeigeführt. „Schuld" steht hier

---

[80] Vgl. auch *Engelmann*, Schuldlehre, S. 202; *Beschütz*, S. 109 (vgl. auch S. 107 f. u. S. 114).

[81] Vgl. bei *Engelmann*, Schuldlehre, S. 226 u. 191.

[82] Vgl. *Beschütz*, S. 101; *Schaffstein*, Verbrechen, S. 151. Vgl. auch *Engelmann*, Schuldlehre, S. 187 f., 142 f.; *Löffler*, Schuldformen, S. 85, 106, 84 (Fn. 84), 86 (der dies allerdings schon als im klassischen römischen Strafrecht verwirklicht ansah).

[83] Vgl. bei *Engelmann*, Schuldlehre, S. 203; vgl. auch *Beschütz*, S. 108; *Hoffmann*, S. 54 f.

[84] *Löffler*, Schuldformen, S. 119; *His*, Mittelalter, I, S. 94.

[85] Von 1220/35. — Ausgabe: K. A. *Eckhardt*, Sachsenspiegel Landrecht, in: Germanenrechte Neue Folge, Land- und Lehnrechtsbücher, 1955.

[86] III 5 § 3 (*Eckhardt*, Sachsenspiegel, S. 197, Zeile 16); vgl. auch III 91 § 1 (*Eckhardt*, Sachsenspiegel, S. 269, Zeile 177); III 5 § 5 (*Eckhardt*, Sachsenspiegel, S. 197, Zeilen 19 f.); III 6 § 3 (*Eckhardt*, Sachsenspiegel, S. 198, Zeile 11).

im Gegensatz zum „Zufall" („von ungelucke unde ane sine scult"[87]) und umfaßt auch die unbewußte Fahrlässigkeit („warlose"[88])[89]. Das Recht begnügt sich damit, den Täter zu Schadenersatz (Wergeld)[90] zu verpflichten, was bei Zufall[91] jedoch entfällt[92]. Ein genaueres Eingehen darauf, was Fahrlässigkeit ist, ist allerdings zu dieser Zeit nicht festzustellen. Bei bestimmten typischen Vorgängen wird noch ohne Prüfung des konkreten Falles unter Festhalten am äußeren Schein Fahrlässigkeit angenommen[93].

In Anlehnung an das römische Recht unterscheidet der *Schwabenspiegel*[94] scharf zwischen Fahrlässigkeit und Zufall. Einen Fortschritt bedeutet, daß reiner Zufall straflos bleibt. Aber die fahrlässige Tat wird ohne weiteres der mit Absicht begangenen gleichgestellt[95]. Insoweit befindet sich der Schwabenspiegel im Gegensatz zur feineren Differenzierung der Auffassung des Sachsenspiegels auf einer noch nicht so fortgeschrittenen Entwicklungsstufe. Für die Schuld ist nicht nur ein „Wissen" um den Erfolg wesentlich; dem „Wissen" wird ein „Wille" zugeordnet, so daß das „Wissen" als Voraussetzung des „bösen Willens" und der Schuld erscheint. Hat der Täter aber keine Vorstellung vom Erfolg und tritt ein schädlicher Erfolg ein, so wird

---

[87] I 23 § 1 (*Eckhardt,* Sachsenspiegel, S. 90, Zeilen 40 f.); vgl. auch I 11 (*Eckhardt,* Sachsenspiegel, S. 80, Zeilen 54 f.).

[88] II 38. (zitiert nach *Eckhardt,* Sachsenspiegel, S. 162).

[89] Wie III 48 § 3 zeigt: „enes mannes sculden, unde doch ane sinen willen" (zitiert nach *Eckhardt,* Sachsenspiegel, S. 235, Zeile 72). Vgl. dazu *Löffler,* Schuldformen, S. 119; *Conrad,* I, S. 442 u. 426; *His,* Mittelalter, I, a. a. O.; *derselbe,* Carolina, S. 13; a. A. z. B. *Binding,* Normen, IV, S. 91 ff.

[90] Für die Fahrlässigkeit wurde in Fortentwicklung des altgermanischen Friedensrechts nur mit Geld gehaftet: „De man gelden den scaden, de van siner warlose gescut anderen lude, it si van brande oder van bornen, den je nicht bewerket knes ho boven der erden, oder of he scut oder werpt enen man oder en ve, alse he ramet enes vogeles; hir umme ne verdelet men eme nicht sin lif noch sin gesunt, of de man wol stirft; wan he mut ene gelden alse sin wergelt steit" (II, 38; zitiert nach *Eckhardt,* Sachsenspiegel, S. 162).

[91] Der Text spricht hier von „ungeschicht", „ungelucke" u. a. m. (vgl. Sachsenspiegel I 23 § 1; I 11; w. N. bei *His,* Mittelalter, I, S. 88 ff.).

[92] Aber u. U. mußte ein Bußgeld gezahlt werden (*His,* Mittelalter, I, S. 93; vgl. auch *Brunner,* Quellen, S. 126).

[93] Vgl. *His,* Karolina, S. 13; Eb. *Schmidt,* Strafrechtspflege, S. 67. Vgl. auch *Beschütz,* S. 120 f.

[94] Von 1273. — Ausgabe: F. L. A. *von Lassberg.* Der Schwabenspiegel oder Schwäbisches Land- und Lehen-Rechtsbuch nach einer Handschrift vom Jahr 1287, Neudruck 1961 der Ausgabe 1840; moderne Ausgabe von: K. A. *Eckhardt,* Schwabenspiegel, Kurzform I und II, Germanenrechte Neue Folge, Land- und Lehnrechtsbücher, 1960—1961.

[95] Vgl. *His,* Mittelalter, I, S. 99; *derselbe,* Karolina, S. 13 f.; Eb. *Schmidt,* Strafrechtspflege, S. 67.

dieselbe Strafe festgesetzt, als wenn der Täter den Erfolg „gewollt" hätte. Es genügt das Herbeiführen einer gefährlichen Situation, etwa im Sinne einer unbewußten Fahrlässigkeit, wie sie heute verstanden wird[96].

Ein tieferes Eingehen auf die psychische Beziehung des Handelnden und damit eine genauere Unterscheidung zwischen bewußter und unbewußter Fahrlässigkeit ist dieser Zeit noch unbekannt.

Der *Klagspiegel*[97] erfaßt zum ersten Mal in Deutschland mit voller Klarheit den Begriff der culpa[98]. Es findet sich darin eine allgemeine Bestimmung über den „unbedacht" herbeigeführten Erfolg[99]. Zwar kann auch hier noch nicht von einer Unterscheidung in bewußte und unbewußte Fahrlässigkeit gesprochen werden. Hat aber dem Täter die Vorstellung von der Möglichkeit des Eintritts des schädlichen Erfolgs gefehlt, so wird zwischen strafbaren und straflosen Fällen unterschieden. Es werden somit dem Sinne nach alle Fälle der unbewußten

---

[96] So heißt es in Kapitel 182: „Ramet ein man eins vogels uf einem boume. oder uf einem wege. da nut luite phliget zegenne allichen mit werfenne. oder schiezzenne. und triffet er einen menschen. und stirbet er da von. da verwirket nieman sinen lip mit. noch sinen gesunt. und rueffet man in an. daz er weder werfe. noch schiezze. und siht er das mensche. und mag man in dez uber ziugen selbe dritte. er ist an dem menschen schuldig. und wen sol uber in rihten alse ob er den menschen mit siner hant ertoetet hette. geschiht es aber uf einem wege. da die luite alle zit phlegent ze genne. da wirt er schuldig an den menschen. wan swa die luite gant. oder ritent. da sol nieman nuites varen. mit werfenne noch mit schiezzenne." (zitiert nach *v. Lassberg*, Schwabenspiegel, S. 87 f.).

[97] Von einem unbekannten Verfasser um 1425 geschrieben (vgl. dazu *Stintzing*, S. 43 f.). — Ausgabe: Sebastian(us) *Brant*, Der Richterlich Clagspiegel, Straßburg 1516 (zitiert nach Ausgabe Straßburg 1518; vgl. auch Ausgabe Straßburg 1553 mit Abweichungen in der Schreibweise und Verfassernamen „Brandt"). Vgl. dazu: *Brunnenmeister*, Bambergensis, S. 143 ff.; *Binding*, Normen, IV, S. 123 ff.; *Coing*, S. 206 f. (m. w. N.).

[98] Vgl. *Brunnenmeister*, Bambergensis, S. 172; *Binding*, Normen, IV, S. 126, Fn. 3.

[99] Es sind hier zwei Arten von straflosen Fällen zu unterscheiden: „Hat er aber etwas gethon unn auch volendet / und hat sollichs nit gedacht zuo thuon / als der der ein menschen ertoedt / ist dann der selb ertoedter ein kindt / infans in latein / oder furiosus ein thore oder narr / so sol das malefitz ungestrafft bleiben. Auch wo einer an eim end uff eim baum este stymmelt unn abhawet / da kein gemeiner unn sunderlicher füßpfad were / unn so einer da geschediget würt / solichs bleybt auch ungestrafft. Und auch in andern casus etc. Ist er aber zuo seiner verstentnüß kommen / unn ist gesundts gemuets / geschicht dann das übelthat in trunckener weiß / so sol sollichs guetlicher gestrafft werden. Ist das criminaliter die sach geuebt würt / unn auch wann sollichs geschehe durch geylheit / oder ein boeß exempel braecht oder maecht / so sol auch leichtlicher gestrafft werden." (zitiert nach *Brant*, a. a. O., De penis, Blatt CXLVI Rückseite).

Fahrlässigkeit ausdrücklich unter Strafe gestellt: Handelt der Täter „sunder per lasciviam durch geylheyt" oder gibt die Tat „ein boeß exempel", so soll mit einer geringeren als der ordentlichen Strafe eingeschritten werden[100]; anderenfalls bleibt der Täter straflos. In den Fällen, in denen der Täter mit „geylheit"[101] handelt, sind also zum ersten Mal die Fälle zusammengefaßt, die wir heute unter die unbewußte Fahrlässigkeit einordnen[102].

Da die *Karolina*[103] die einschlägigen Stellen der *Bambergensis*[104] fast unverändert übernahm, darf in der folgenden Darstellung eine Beschränkung auf erstere erfolgen und letztere bei Wortabweichungen gesondert erwähnt werden.

Die Karolina enthält eine große Anzahl von Worten, die das Verschulden ausdrücken[105] sowie die psychische Einstellung und Beziehung des Täters zum betroffenen Rechtsgut kennzeichnen sollen, jedoch keine Definition der Schuld, insbesondere keine der Fahrlässigkeit[106].

---

[100] „Ich bin schuldig / aber ich würd ein cleiner peen leyden" (zitiert nach *Brant*, a. a. O., Ad legem corneliam de siccariis, Blatt CXXXVIII [Mitte]; vgl. auch Fn. 99).

[101] Zu den geteilten Ansichten, ob „geylheit" etwa der ‚culpa lata' des römischen Rechts entspricht, vgl. *Oppermann*, S. 42 (vgl. auch S. 40).

[102] Vgl. auch *Beschütz*, S. 132 ff.; a. A. *Kollmann*, Carolina, S. 631 ff., Fn. 123.

[103] Von 1532. — Ausgabe: *Kohler* und *Scheel*, Die Carolina und ihre Vorgängerinnen, I: Die peinliche Gerichtsordnung Kaiser Karls V. constitutio criminalis carolina, 1900.

[104] Von 1507. — Ausgabe: *Kohler* und *Scheel*, Die Carolina und ihre Vorgängerinnen, II u. III: Die Bambergische Halsgerichtsordnung, 1902 bzw. 1904.

[105] Vgl. die Aufzählung bei *Binding*, Grundriß, S. 101 ff. Vgl. dazu auch z. B. *Krug*, S. 10; *Löffler*, Schuldformen, S. 162; *Maurach*, AT, § 4 IV 2, S. 39.

[106] Im Art. 146, im Tatbestand „Von ungeverlicher entleibung, die wider eins thätters willen geschicht, ausserhalber einer notweher" heißt es: „Item so einer ein zimblich unverpotten werck ann einem ende oder ort, da sollich werck zu uben zimblich ist, thout Unnd dardurch von *ungeschichten*, ganntz *ungeverlicher weise* wider des thatters willen jmandt enntleipt: Derselbig wirt jnn viell wege, die nit muglich zu benennen sein, entschülldigt"; es folgen die Beispiele vom Barbier und vom Schützen über fahrlässige Tötung; anschließend heißt es: „der thatter keiner wurdt genugsam entschulldigt. Aber dannocht ist meher Barmhertzigkeit bey sollichenn entleibungen, die *ungeferlich, auss geylheitt* oder *unfursichtigkeitt* (in Art. 172 der Bambergensis statt dessen: ‚unbehutsamkeyt'; vgl. *Kohler* und *Scheel*, II, S. 72); doch *widder des thätters willenn* geschehen, zu haben, Dan wa arglistig unnd mit willen geschicht; Und wa solliche enntleybung gescheen, Sollen die urteiller bey den verstenndigen, so es vor jn zu schulldenn kompt, der straff halb, Raths pflegenn." (zitiert nach *Kohler* und *Scheel*, I, S. 76 f; Hervorhebungen vom Verfasser!).

Der Täter wird auch dann bestraft, wenn er nicht an den Erfolg gedacht hat; bestraft werden somit auch die Fälle, die wir heute unter die unbewußte Fahrlässigkeit einordnen würden[107], wobei letztere klar vom Zufall abgetrennt wird[108].

Trotz Fehlens einer festen Terminologie in der Schuldauffassung der Karolina fand sich hier als durchgehendes Kriterium für die Strafbarkeit einer Handlung die unberechtigte Herbeiführung einer gefährlichen Situation durch einen verständigen Menschen. In jedem Einzelfall wird die Persönlichkeit des Täters sowie die psychische Einstellung berücksichtigt und nach einem schuldhaften Verhalten gefragt. Das eine zeigt sich als eine Ableitung aus dem dolus (böswillige Gesinnung) des römischen Rechts, das andere als aus dem casus (unvorsichtiges Verhalten) hervorgegangen. Beide Verhaltensweisen sind vollkommen selbständige Schuldformen, die nur darin übereinstimmen, daß ein verständiger Mensch unberechtigterweise eine gefährliche Situation herbeigeführt hat. Die Fälle, die wir heute unter die Fahrlässigkeit einordnen, decken sich ungefähr mit jener zweiten Schuldform[109].

Zusammenfassend läßt sich somit sagen: Schon im 13. Jahrhundert[110] wird die culpa im deutschen Recht mit Fahrlässigkeit („warlose") bezeichnet. Aber erst zum Anfang des 16. Jahrhunderts ist eine klare Unterscheidung von Fahrlässigkeit und Zufall festzustellen[111]. Es wird aber nicht „expressis verbis" zwischen bewußter und unbewußter Fahrlässigkeit unterschieden, sondern die Fahrlässigkeit insgesamt dem Vorsatz gegenübergestellt, der einen auf das Rechtsgut und dessen Verletzung gerichteten Willen erfordert[112]. Fahrlässigkeit

---

[107] Vgl. *Beschütz*, S. 141; *v. Almendingen*, S. 230 f.; w. N. bei *Kollmann*, Carolina, S. 631, Fn. 120; — a. A. *Kollmann*, Carolina, S. 631. Unklar *Welzel*, LB, § 2, S. 11 („grundsätzlich ist nur die vorsätzliche Tat strafbar").

[108] Vgl. auch *Welzel*, LB, a. a. O.; *Oppermann*, S. 39.

[109] Der Schlußsatz des Art. 146 der Karolina zeigt, daß es für den „gemeinen man" viel zu schwer war, zwischen diesen Schuldformen zu unterscheiden, und daß es ein viel zu subtiles Eingehen auf die psychische Eigenart des Handelnden erforderte: „Jedoch haben disse felle zu zeitten gar subtile unnderschidd, die dem gemeinen man, so ann den peinlichen gerichten sitzenn, verstenndig oder begrifflich nit zu machen sein: Hierumb sollen die urteiller jn disen obgemellten fellenn allen, wan es zu schullden kompt, angezeigter erclerung halb, der verstenndigen leuthe Rat nicht verachten, sondern gepraudienn" (zitiert nach *Kohler* und *Scheel*, I, S. 77). — Vgl. im übrigen auch *Beschütz*, S. 142 u. 146 ff.; *Gessner*, S. 15 f.

[110] Bisher wurde angenommen, daß dies erst im 15. Jahrhundert geschehen sei (vgl. *Grimm*, Sp. 1620). Vgl. über die Etymologie u. a. *Deutsch*, S. 12, Fn. 29 (m. w. N.).

[111] Vgl. auch *His*, Mittelalter, I, S. 93.

[112] Vgl. dazu auch Eb. *Schmidt*, Strafrechtspflege, S. 111 f.

liegt vor, wenn die Tat „ungeferlich, auss geylheitt[113] oder unfursichtigkeitt, doch widder des thätters willenn" geschieht. Ob der Täter eine Vorstellung von dem schädlichen Erfolg hat, ihn bedenkt oder nicht, ist gleichgültig. Es soll bestraft werden, wenn ein verständiger Mensch den Erfolg vorhersehen konnte, wenn somit ein Verschulden vorliegt. Es wird einem mehr objektiven Kriterium Platz gemacht. Die psychische Beziehung des Täters zum betroffenen Rechtsgut findet erst in zweiter Linie Berücksichtigung. Die Gesamteinstellung des Täters zu den Anforderungen des sozialen Lebens sowie die Gesamtpersönlichkeit des Täters finden Berücksichtigung[114].

Was bei den Rechtsgelehrten des 16. Jahrhunderts über die Fahrlässigkeit gesagt wird[115], kann zur Sache nicht viel beitragen. Erst im *17. Jahrhundert*[116] zeichnet sich eine Entwicklung zur vollständigen Inhaltsbestimmung der unbewußten Fahrlässigkeit ab[117]. Es findet sich jedoch noch nirgends ein Eingehen speziell auf die unbewußte Fahrlässigkeit. Statt dessen ist nur die Rede von einer Zweiteilung der Fahrlässigkeit, je nachdem, ob die ursächliche Handlung des Täters res illicita oder licita war. Im ersteren Fall lag culpa vor, „sie ex eo actu, quem quis exercebat, necessario vel frequenter aut praesumptive saltem homicidium sequatur: etiamsi omnem diligentiam adhibuerit, ne caedem perpetraret", im zweiten Fall war es culpa, „si diligentiam, quam debuit, non adhibuerit"[118].

Eine Änderung tritt zwar durch *Carpzov* aufgrund seiner Lehre vom „dolus indirectus" ein; er rechnet die regelmäßigen Folgen des „varsari in re illicita" dem dolus, die zufälligen der culpa zu[119]. Aber

---

[113] Zur Bedeutung dieses Begriffs vgl. Fn. 101.

[114] Vgl. dazu auch Eb. *Schmidt,* Strafrechtspflege, S. 112 f.; *Kollmann,* Carolina, S. 656; *Beschütz,* S. 144.

[115] So z. B. *Perneder,* Von Straff und Peen aller Malefitzhandlungen (Halsgerichtsordnung), 3. Aufl. 1945, sowie *Rauchdorn,* Practica und Proces peinlicher Halsgerichtsordnung, 1592.

[116] An Literatur vgl. u. a.: *Harpprecht,* Tractatus criminalis, 1603; *Voltz,* Commentarii duo, II: Commentarius in Tit. Dig. ad L. Cornel. de Sicar., Ed. II, 1620; *Theodoricus,* Judicium criminale Practicum, Ed. II, 1671.

[117] Vgl. *Harpprecht,* a. a. O., Ad § item lex Cornel. Institut. de publ. judic., S. 428, Nr. 167; *Voltz,* a. a. O., Caput VI (S. 546 ff.), Randnr. 26, 27, 31, 35 u. 47; *Theodoricus,* a. a. O., Caput VII, Aphorismus V, Randnr. 5 ff., S. 979 ff. — Vgl. dazu auch *Schaffstein,* Verbrechen, S. 148 f.

[118] *Harpprecht,* a. a. O.

[119] *Carpzov,* Practica nova imperialis Saxonicae rerum criminalium, Pars I, Ed. II, 1646, Quaestio 27, Randnr. 10 ff., S. 142 ff. (vgl. Näheres dazu bei *Schaffstein,* Verbrechen, S. 149); vgl. (*Carpzov* folgend) auch: *Struvius,* Dissertationes criminales, 1671, Tit. VI, Nr. 19; *de Froelichsburg,* Commentarius in Kaeyser Carl deß Fuenfften und deß H. Roem. Reichs Peinliche Halsgerichtsordnung, 1709; Anderter Tractat., Andertes Buch,

auch bei *Carpzov* findet sich kein wirklicher Fortschritt auf dem Weg zur Erkenntnis des Wesens der unbewußten Fahrlässigkeit. Die dann von *Böhmer* vorgenommene Änderung der Formulierung blieb für die letzten Jahrzehnte des *18. Jahrhunderts* maßgebend. Eine fahrlässige Tötung begingen, die „rem illicitatem suscipiunt armis mediisque per se non lethiferis praeter spem et cogitationem lethum inferunt" sowie die, die „si res quidem in se honesta est, illicito loco, illicito tempore vel illicito modo" handelten[120].

Faßt man diese historische Übersicht bis zum Ende des 18. Jahrhunderts in ihrem Ergebnis zusammen, so muß man feststellen: Zwar sind im 13. Jahrhundert einige Ansatzpunkte zur näheren Erfassung des Wesens der unbewußten Fahrlässigkeit festzustellen, die zum Anfang des 16. Jahrhunderts weiter entwickelt werden. Jedoch fehlt es weiterhin an einem Eingehen im Hinblick auf eine besondere Betonung einer unbewußten Fahrlässigkeit und somit einer genauen Erkenntnis über das psychische Erscheinungsbild des unbewußt-fahrlässig Handelnden.

Erst im *19. Jahrhundert* finden sich dann Bezeichnungen wie „unmittelbare" und „mittelbare"[121], „nahe" und „entfernte"[122] und schließlich auch „bewußte"und „unbewußte"[123] Fahrlässigkeit.

II. Die Hauptlehren zur unbewußten Fahrlässigkeit

Der Tatsache, daß unbewußte Fahrlässigkeitsdelikte gewisse Besonderheiten aufweisen und nicht ohne Berücksichtigung ihrer Eigenheit betrachtet werden können, wird seit dem vergangenen Jahrhundert in der Rechtslehre in zunehmendem Maße Rechnung getragen.

VI. Titul., Randnr. 1 ff., S. 163 ff.; *Gaertner*, Institutiones iuris criminalis, quibus articuli ordinationis criminalis Caroli Imp. V., Ed. II, 1746, Art. 134, 136, 146, § 1, S. 298.

[120] *Böhmer*, Observationes selectae ad Benedicti Carpzovii consiliarii electoralis Saxonici, Practicam novam imperialis Saxonicae rerum criminalium, Pars prima 1758, Quaestio 27, Observatio II, S. 190 ff.; *derselbe*, Meditationes in constitutionem criminalem Carolinam, 1770, Art. 146, § II ff., S. 695 ff.

[121] *v. Feuerbach*, LB (ab) 9. Aufl., §§ 56 f., S. 53 f.; *Hepp*, S. 486, Fn. 2. — Vgl. zum folgenden auch: *Sturm*, Verschuldung, S. 29 ff.; *derselbe*, Schuldarten, S. 19 ff.; *Galliner*, S. 18 ff.; *Mohrmann*, S. 25 ff; *Storch*, S. 3 ff.; *Berg*, S. 10 ff. (m. w. Literaturangaben dort in Fn. 3 u. 4).

[122] *Grolman*, § 48, S. 42; *v. Wächter*, S. 129 f.; *Henke*, Handbuch, S. 359 f.

[123] A. *Bauer*, § 61, S. 96; *Abegg*, LB, § 86, S. 139; *Hocheder*, S. 63 f.; *Breidenbach*, S. 19.

1. *Die Willens- und Vorstellungstheorien*

Eine Unterscheidung zwischen unbewußter und bewußter Fahrlässigkeit ist auf *Feuerbach* zurückzuführen[124]. Dieser geht aus vom dolus als der „Bestimmung des Begehrungsvermoegens"[125] (Willens) „zu der rechtswidrigen Handlung als Zweck"[126], mit dem „Entschluß zur Gesetzwidrigkeit" derselben[127]. Bei der culpa dagegen habe der Handelnde sich die verursachte Rechtsverletzung selbst nicht zum Zweck gesetzt, diese sei vielmehr „nach Naturursachen, nicht nach Gesetzen des Willens" eingetreten[128]. „Culpa ist die gesetzwidrige Bestimmung des Begehrens zu einer Handlung oder Unterlassung, welche nach Naturursachen wider die Absicht des Subjects, die Rechtsverletzung begruendet[129]." Wenn der Staat durch Gesetze etwas verbiete, wolle er das Herbeiführen eines bestimmten Erfolges verhindern; dabei sei es für ihn in der Wirkung gleichgültig, ob dieser Erfolg absichtlich oder unabsichtlich herbeigeführt werde. Daraus ergebe sich für jeden Bürger die Pflicht, „nicht nur jenen gesetzwidrigen Effect nicht unmittelbar zu wollen, sondern auch alles zu thun oder zu unterlassen, damit nicht durch ihn jener Effect auch wider seine Absicht entstehe"[130]. Wer diese „Verbindlichkeit zum gehoerigen Fleiße (obligatio ad diligentiam)" verletze, mache sich einer culpa schuldig[131]. Diese Verletzung müsse aber vorsätzlich geschehen, denn nur durch bewußte Übertretung könne man eine „Verbindlichkeit" strafbar verletzen[132]; deshalb müßten bei der culpa die Merkmale des dolus vorliegen, d. h. der Täter müsse „die Einsicht in den Zusammenhang seiner Handlung oder Unterlassung mit einem gesetzwidrigen Erfolge" gehabt haben[133].

Feuerbach läßt hier die unbewußte Fahrlässigkeit unberücksichtigt und beschränkt das mit culpa begangene Verbrechen auf die bewußte culpa[134]. Dies ist bedingt durch seine Theorie des „psychologischen Zwanges", nach der es der Sinn eines jeden Strafgesetzes sei, „durch die Vorstellung der gedrohten Strafe, von der in dem Gesetz genann-

[124] Vgl. *Schmidhäuser*, Fahrlässigkeit, S. 305 u. 313; *Gessner*, S. 16.
[125] *v. Feuerbach*, Dolus und culpa, S. 205.
[126] *v. Feuerbach*, Dolus und culpa, S. 203.
[127] *v. Feuerbach*, Dolus und culpa, S. 204; vgl. auch S. 202.
[128] *v. Feuerbach*, Dolus und culpa, S. 205.
[129] *v. Feuerbach*, Dolus und culpa, S. 207.
[130] *v. Feuerbach*, Dolus und culpa, S. 208.
[131] *v. Feuerbach*, Dolus und culpa, S. 208 f.
[132] *v. Feuerbach*, Dolus und culpa, S. 209 ff.
[133] *v. Feuerbach*, Dolus und culpa, S. 214.
[134] Vgl. dazu auch: *Storch*, S. 3 ff.; *v. Bar*, Schuld, II, S. 439 ff.

ten Handlung abzuschrecken, also den Willen psychologisch zur Unterlassung zu bestimmen"[135].

Später nimmt *Feuerbach* — in Anlehnung an *Stuebel*[136] — in seinem Lehrbuch[137] Korrekturen an seiner früheren Auffassung vor und unterscheidet jetzt vier Arten der culpa:

(1) „Culpa aus *Fahrlässigkeit*; diese besteht in der Begehung einer äussern Handlung mit dem Bewußtseyn des Subjects von dem Causalzusammenhang der Handlung mit einem möglichen oder wahrscheinlichen rechtswidrigen Erfolg[138]."

Dieser Art der culpa aufgrund der Begehung einer äußeren Handlung stellt *Feuerbach* die drei folgenden Arten der culpa aufgrund der Unterlassung „innerer" Handlungen gegenüber (wobei man von dem Erkenntnisvermögen denjenigen Gebrauch machen müsse, durch dessen Unterlassung gegen die Absicht des Subjekts eine gesetzwidrige Willensbestimmung verursacht werden könne[139]):

(2) „Culpa durch *Unwissenheit* des Gesetzes", wobei der Täter die ihm aufgrund der obligatio ad diligentiam obliegenden Verpflichtung der „Erwerbung der Erkenntniß des Gesetzes" verletzt und so aus Unwissenheit die verbotene Handlung vorgenommen hat[140];

(3) „Culpa durch *Übereilung*", wobei der Täter infolge der „unterlassenen Reflexion über die Handlung, um sie unter das Strafgesetz zu subsumieren", die allgemeine Verpflichtung, die vorhandenen Gesetze genau mit seinen Zwecken zu vergleichen, verletzt hat[141];

(4) „Culpa durch *Unbedachtsamkeit*", wobei aus einer an sich schuldlosen Handlung ein gesetzwidriger Erfolg infolge der „unterlassenen Reflexion über den möglichen Causalzusammenhang", die ihm die Erkenntnis davon verschafft haben würde, entspringt[142].

Diese Einteilung der culpa ändert *Feuerbach* ab der 9. Auflage seines Lehrbuchs[143] wiederum, indem er die unter (1) abgehandelte

---

[135] *v. Feuerbach*, Dolus und culpa, S. 211. — Vgl. hierzu insbes. *v. Bar*, Schuld, I, S. 248 ff.

[136] *Stuebel*, System, § 287, S. 70; vgl. auch *Stuebel*, Handlungen, § 49, S. 310 f. u. § 51, S. 315 ff.

[137] *v. Feuerbach*, LB, 1. Aufl. 1801.

[138] *v. Feuerbach*, LB, 1. Aufl., § 64, S. 49 f.

[139] Vgl. *v. Feuerbach*, LB, 1. Aufl., §§ 62 f., S. 47.

[140] Vgl. *v. Feuerbach*, LB, 1. Aufl., § 64, S. 49.

[141] Vgl. *v. Feuerbach*, LB, 1. Aufl., a. a. O.

[142] Vgl. *v. Feuerbach*, LB, 1. Aufl., a. a. O.

[143] Vgl. *v. Feuerbach*, LB, 9. Aufl., §§ 56 f., S. 53 f.

culpa „unmittelbare Fahrlässigkeit" nennt und die unter (2) bis (4) erörterten Arten zur „mittelbaren Fahrlässigkeit" zusammenfaßt. Doch postuliert er stets als Grund der Fahrlässigkeit „eine gesetzwidrige Bestimmung des Willens"[144]. Bestrafung sei nur möglich, wenn der Täter sich mit seinem positiv-bösen Willen — auch bezüglich der Verletzung der „obligatio ad diligentiam" nennt er die dieser „Verletzung zum Grunde liegende Willensbestimmung eine durch Dolus bestimmte Culpa" — gesetzwidrig betätigt[145]. „Der Fahrlässige *will* unaufmerksam sein[146]."

Der Lehre *Feuerbachs* stimmt später auch *Henke* zu[147], nachdem er zuvor[148] bezüglich der Verletzung der Sorgfaltspflicht nur eine „negative" Willensbestimmung betont hatte. *Grolman* sieht in der Fahrlässigkeit die Verletzung der allgemeinen „Verbindlichkeit", nicht zu handeln, „ohne sich die mögliche Gewißheit der Vermeidung nicht gewollter Rechtsverletzungen verschafft zu haben"[149]. Auch *Oerstedt* bezieht wie *Feuerbach* den Willen des fahrlässig handelnden Täters auf die Verletzung der „obligatio ad diligentiam"[150].

Klein lehnt die Auffassung *Feuerbachs* von der dolosen Übertretung der Aufmerksamkeitspflicht ab, weil es einen Entschluß, nicht aufmerksam zu sein, nicht geben könne[151]. Der fahrlässig handelnde Täter wolle positiv nichts Böses; „das Versehen besteht eben darin, daß der Mensch statt eines guten Vorsatzes andere Vorsätze faßte, welche ihm keine Zeit übrig ließen, sich jene Kenntnisse und Geschicklichkeiten zu erwerben, oder auch nur an die Erwerbung dieser Eigenschaften zu denken"[152]. Dieser Mangel sei die Folge eines Fehlers im Willen[153]. Es mangele an einem guten Willen; der Wille bei der Fahrlässigkeit sei also „negativ-böse" (beim dolus: „positiv-böse")[154].

Der Versuch *Kleins*, in der unbewußten Fahrlässigkeit einen negativen psychischen Willensvorgang zu erblicken, findet Nachfolger. *Konopak* und *Wächter* lehren, daß sich in der Fahrlässigkeit sowohl ein positiv-böser Wille bezüglich der Aufmerksamkeit als auch ein negativ-böser Wille in bezug auf das den eingetretenen Erfolg ver-

---

[144] Vgl. *v. Feuerbach*, LB, 9. Aufl., §§ 54 f., S. 51 f.

[145] Vgl. *v. Feuerbach*, LB, 9. Aufl., § 60, S. 57; vgl. auch Fn. 144.

[146] Charakteristik nach *Exner*, S. 19.

[147] *Henke*, Handbuch, § 55, S. 352 ff. (insbes. S. 357 ff.).

[148] *Henke*, Beyträge, S. 158; vgl. auch *denselben*, Lehrbuch, S. 59 f.

[149] *Grolman*, S. 40.

[150] *Oerstedt*, S. 251.

[151] *Klein*, Dolus und culpa, S. 118 ff.; *derselbe*, Nachtrag I, S. 135.

[152] *Klein*, Nachtrag II, S. 436 f.

[153] *Klein*, Nachtrag I, S. 120.

[154] *Klein*, Grundsätze, S. 91 ff.; *derselbe*, Dolus und culpa II, S. 61; *derselbe*, Bemerkungen, S. 220.

bietende Gesetz äußere[155]. Von einem Mangel eines pflichtgemäßen oder rechtlichen Willens sprechen auch z. B. *Martin* und *Heffter*[156]; einen Mangel des Willens, eine Gesetzwidrigkeit zu vermeiden, betonen z. B. *Winssinger* und *Geßler*[157].

Berner macht die Einschränkung, daß bei der Fahrlässigkeit „das Moment der That über das Moment des Willens überwiege"[158], weil mehr geschehen als direkt gewollt sei[159]. Grund der Fahrlässigkeit sei die Unaufmerksamkeit des Täters, wobei *Berner* zwei Arten der Unaufmerksamkeit unterscheidet:

(1) ein „animum non advertere" bei der unbewußten Fahrlässigkeit („Unbesonnenheit"), wobei der Täter es unterlasse, seine Aufmerksamkeit auf seine Handlung zu verwenden[160];

(2) ein „animum abvertere" bei der bewußten Fahrlässigkeit („Frevelhaftigkeit"), wobei der Handelnde seine Aufmerksamkeit trotz der Erkenntnis der Möglichkeit eines gesetzmäßigen Erfolges willentlich davon abwende[161].

Im Falle (1) liege etwas Negatives, im Falle (2) komme noch etwas Positiv-Böses hinzu.

Der Hegelschüler *Michelet* betont das „negative Verhalten" des Willens[162] und meint, daß die „unvorsaetzliche Rechtsverletzung... ihr Prinzip im Willen des Menschen hat"[163].

Köstlin sieht bei der unbewußten Fahrlässigkeit „ein negatives Verhalten des Willens", es liege aber „in diesem Negativen auch ein Positives": ein „Wissen und Wollen der Bedingung, aus welcher ein rechtsverletzender Erfolg sich als realmögliche Folge entwickelt"[164]. Weiterhin schiebt er zwischen diese und den dolus als Mittelstufe die „sog. bewußte culpa (Frevelhaftigkeit, luxuria)", die sich von der unbewußten Fahrlässigkeit durch das Bewußtsein von der objektiven Natur der Handlung unterscheide[165].

---

155 *Konopak*, S. 32 ff. (34 f. u. 42 f.) und S. 27 ff.; *v. Wächter*, § 72, Anm. 56, S. 128.

156 *Martin*, § 35, S. 79; *Heffter*, S. 60.

157 *Winssinger*, XV., § III, S. 61 und § I, S. 49; *Geßler*, S. 93 f.

158 *Berner*, Grundlinien, S. 233; vgl. auch S. 237 u. 239.

159 *Berner*, Grundlinien, S. 235 ff. Vgl. auch *denselben*, Theilnahme, S. 153 ff.

160 *Berner*, Grundlinien, S. 248 ff.; vgl. auch *denselben*, LB, 18. Aufl., § 72, S. 132.

161 *Berner*, Grundlinien, S. 246 ff.; vgl. auch *denselben*, LB, 18. Aufl., a. a. O.

162 *Michelet*, System, S. 58 ff. Vgl. auch *denselben*, Dolus et culpa, S. 57 ff.

163 *Michelet*, System, S. 71.

164 *Köstlin*, System, § 65, S. 165; vgl. auch *denselben*, Revision, S. 228.

165 *Köstlin*, System, § 65, S. 165 f.

Abegg, *Luden* und *Bruck* wollen die Fahrlässigkeit zurückführen auf einen „in Beziehung auf die mögliche Verletzung gesetzwidrigen Entschluß"[166] und sprechen bei der unbewußten Fahrlässigkeit von einem „unbewußt rechtswidrigen Willen"[167].

Ebenso will *Birkmeyer* „auch die Fahrlässigkeit"[168] als „Willensentschluß zu einem rechtswidrigen Tun"[169] verstanden wissen. „Denn auch hier will der Täter eine Handlung, die er nicht wollen sollte, weil er bei besserer Aufmerksamkeit ihre Rechtswidrigkeit hätte erkennen können und müssen[170]."

Auch *Maurach* scheint trotz gegenteiliger Äußerungen in diese Richtung zu tendieren. Er spricht zwar bei der unbewußten Fahrlässigkeit von „ungenügender Anspannung" der „Verstandes- und Willenskräfte"[171] und verneint einen „psychologischen Nexus zum Erfolg"[172], betont aber an anderer Stelle, die finale Handlungslehre verlange wegen ihres Ausgangspunktes (jedes deliktische Handeln ist final gesteuert) auch „bei den unvorsätzlichen Verbrechen eine *Festlegung* des Willensinhalts", aber im Sinne einer „negativ festgelegten Bestimmtheit", daß der „Erfolg" nicht dessen Gegenstand sein dürfe. Die Dinge lägen „hier nicht anders als beim vorsätzlichen Unterlassungsdelikt", bei dem die Finalität gewahrt sei, wenn „der Täter den *Willen* hat, die erwartete Handlung *nicht* auszuführen"[173]. „Was der Täter des unbewußt fahrlässigen Deliktes ‚*will*', ist ... nämlich eine *Risikohandlung*[174]." Die unbewußt-fahrlässige Handlung sei — wie auch *Gössel* Maurach interpretiert — ein „Fehlgehen vorsätzlicher Tat"[175]. *Gössel* betont dann in Anlehnung an *Lersch* die „psychologische Einsicht in das Wesen des Wollens als eines reinen Steuerungsvorgangs"[176] und stellt „bei ungewollter Herbeiführung von Nebenerfolgen" (i. S. der finalen Handlungslehre) fest, daß „der Täter sein Verhalten zwar auf (das Ziel) a, gleichzeitig aber auch auf die — als möglich *vorgestellte* — Vermeidung des Nebenziels b *hingesteuert*"

---

166 *Abegg*, LB, § 85, S. 137 (vgl. auch § 82, S. 131). Vgl. auch *Luden*, Abhandlungen, S. 533; *derselbe*, Handbuch, § 38, S. 259; vgl. auch *Rein*, S. 158 (erste Fußnote); *Heffter*, § 67, S. 60. Auch M. *Kauffmann* (S. 52) meint, Schuld sei nichts anderes als bewußtes Tun und spricht (S. 38 ff., 41) von einer „Vorsatzkomponente bei der Fahrlässigkeit".

167 *Bruck*, S. 4 i. V. m. S. 2.

168 *Birkmeyer*, S. 33.

169 *Birkmeyer*, S. 32.

170 Vgl. Fn. 168.

171 *Maurach*, AT, § 42 II A 1, S. 456.

172 *Maurach*, AT, § 30 II A 1, S. 301 f.

173 *Maurach*, AT, § 17 I 3, S. 157 (Hervorhebungen vom Verfasser!).

174 *Maurach*, AT, § 42 II A 2, S. 457 (Hervorhebungen vom Verfasser!).

175 *Gössel*, S. 114.

176 Vgl. *Gössel*, S. 77; *Lersch*, S. 485 f.

habe[177] und spricht schließlich von einem „Vermeidungswillen“ als Abgrenzungskriterium gegenüber der „gewollten Verwirklichung eines Erfolges“[178].

Mittermaier ist der Ansicht, das Fahrlässige beim Handelnden liege in der „Schwäche seiner Pflichtvorstellungen“[179]. Der Täter habe eine tatsächliche Vorstellung der äußeren Umstände, in denen die Gefahrbedeutung seines Verhaltens begründet liege; wenn er nicht zu der Vorstellung der Bedeutung dieser äußeren Umstände, die ihn von der Tat abhalten soll, durchdringe, so beweise dies eine momentane Schwäche seines Pflichtbewußtseins[180]. Fahrlässigkeit sei „eine *Beziehung* des Willens“[181]. Man könne nicht daran zweifeln, daß auch „bei der reinen *unbewußten* Unachtsamkeit ... irgendeine positive psychologische Beziehung des Täters zu der schädlichen Kausalität“ vorhanden sei[182].

In seiner zuerst[183] angestellten Gegenüberstellung der unbewußten mit der bewußten Fahrlässigkeit meint *Mittermaier*: „Bei der *bewußten* culpa ist es nun leicht zu erkennen, daß der Täter die Gefährdung billigt. Der Täter sieht die Möglichkeit des Erfolges voraus und handelt trotzdem; es ist Gefährdungsdolus gegeben. Bei der *unbewußten* Fahrlässigkeit aber sieht und will der Täter nur das nächstliegende (den Schuß, ... das rasche Fahren)“. Auch hier sei „ein Billigen oder *Wollen* der Gefahr“ festzustellen. Insofern sei auch für die unbewußte Fahrlässigkeit ein Wollensfehler zu erblicken. „Die gefährliche Situation ist *gewollt*, zum Teil sogar ohne Vorstellung der Gefahr[184].“

Später[185] rückt *Mittermaier* von dieser Auffassung wieder ab: Die Fahrlässigkeit sei „in der Willensbildung, in der Motivation“ begründet. Die subjektiv-psychische Beziehung könne „auch in den Vor-

---

177 *Gössel*, S. 117 (Hervorhebungen vom Verfasser!).

178 *Gössel*, S. 118. — Falls dies für die unbewußte Fahrlässigkeit nicht gelten sollte, hätte dies klar zum Ausdruck gebracht werden müssen.

179 Vgl. *Mittermaier*, Fahrlässigkeit, S. 427. Vgl. auch *denselben*, Strafrechtsschuld, S. 28, 33 ff., 53, sowie *denselben*, Fahrlässigkeit, S. 415 ff. (426 ff.). Vgl. auch *Freytag*, S. 74 ff.

180 Vgl. *Mittermaier*, Fahrlässigkeit, S. 426; vgl. auch S. 428.

181 *Mittermaier*, Strafrechtsschuld, S. 35.

182 *Mittermaier*, Fahrlässigkeit, S. 426 (Hervorhebung vom Verfasser!); *derselbe*, Strafrechtsschuld, S. 45 f.

183 Vgl. *Mittermaier*, Kritische Beiträge zur Lehre von der Strafrechtsschuld, 1909.

184 *Mittermaier*, Strafrechtsschuld, S. 53 (Hervorhebungen vom Verfasser!); vgl. auch *denselben*, Fahrlässigkeit, S. 425.

185 Vgl. *Mittermaier*, Zur Frage des Schuldcharakters der Fahrlässigkeit, 1911.

stellungen" liegen, die bei der konkreten Willensbildung bestünden[186]. Auch bei der unbewußten Fahrlässigkeit seien stets „tatsächlich Vorstellungen vorhanden, die das Pflichtgefühl beeinflussen konnten und hätten wecken müssen"; es fehle dem unbewußt-fahrlässig Handelnden nicht an *jeder* Vorstellung überhaupt, sondern nur an der Vorstellung von der *Bedeutung* der ihm entgegentretenden Objekte, der „Vorstellung der Gefahrseigenschaft"[187]. Jene „Vorstellung der äußeren Umstände"[188] genüge aber „zur Anregung des Pflichtgefühls"[189], die den Menschen mahne und ihm „als gefährlich zum Bewußtsein" komme[190]. Der unbewußt-fahrlässig verursachte Erfolg läge „in einem früheren Stadium des Seelenvorganges, in der Motivation" begründet[191].

Auch *Köhler* spricht von tatsächlich vorhandenen Vorstellungen, die den Täter hätten erinnern müssen. Die bewußte sowie die unbewußte[192] Fahrlässigkeit seien dann gegeben, wenn der Täter „warnende Vorstellungen" erhalten habe, wenn er „Vorstellungen mit einer Gefühlsbetonung hatte, die ihn antrieben, eine aus seinem geplanten Verhalten hervorgehende konkrete Gefahr für schutzwürdige Interessen zu bedenken", und wenn er dann „diese Vorstellung aus nicht billigenswerten Gründen verdrängt hat, ehe sie das Bewußtsein von der konkreten Schädigungsmöglichkeit in ihm hervorrufen und zu einem Bestandteil seines Willensbildungsprozesses machen konnte"[193], wenn er also „durch eine Willenshandlung die Anregung abgelehnt hat"[194]. Wie nach *Mittermaier*, so braucht auch nach *Köhler* der Täter allerdings kein konkretes Gefährdungsbewußtsein gehabt zu haben; es genüge, wenn ihm von einer „gefühlsbetonten Vorstellung" ein Anstoß zur „Veranschaulichung der Gefahr" gegeben worden sei[195]. Die „unlustbetonte Vorstellung einer Gefahr" führe zu einem „Streben, weitere Assoziationen zwecks Beseitigung der spannenden Ungewißheit ins Bewußtsein treten zu lassen"[196]. Dränge der Täter diese Vorstellung zurück, ehe sie ihm durch assoziative Vorstellungsreihen das konkrete Schädigungsobjekt als tatsächlich gefährdet ins Bewußtsein

---

[186] Vgl. *Mittermaier*, Fahrlässigkeit, S. 435.
[187] Vgl. *Mittermaier*, Fahrlässigkeit, S. 427.
[188] *Mittermaier*, Fahrlässigkeit, a. a. O.
[189] *Mittermaier*, Fahrlässigkeit, a. a. O.
[190] Vgl. *Mittermaier*, Fahrlässigkeit, S. 428.
[191] Vgl. *Mittermaier*, Fahrlässigkeit, a. a. O.
[192] Vgl. *Köhler*, Fahrlässigkeit, S. 87 ff. (89).
[193] *Köhler*, Schuld (2. Teil), S. 91 ff. (126); vgl. auch *denselben*, Schuld (1. Teil), S. 433 ff. u. 453 ff. (455).
[194] *Köhler*, Fahrlässigkeit, S. 86 ff. (94 f.).
[195] Vgl. *Köhler*, Fahrlässigkeit, S. 86 und 88; vgl. dazu auch *Gessner*, S. 89.
[196] *Köhler*, Fahrlässigkeit, S. 87.

gebracht hat, so folge aus diesem Ablehnungsakt die Fahrlässigkeit[197]. Es sei aber auch möglich, daß in einem konkreten Fall die unbewußte Fahrlässigkeit „in der *früheren* Ablehnung einer Mahnung besteht, sich *rechtzeitig* ein bestimmtes sorgfältiges Verhalten anzugewöhnen"; der Täter habe dann den in früheren Stadien eingetretenen Anstoß, Gefahren eines bestimmten leichtsinnigen Verhaltens zu bedenken, abgelehnt[198]. Auf die Verwertung derjenigen Vorstellungen, die im Bewußtsein auftauchen, ohne von Gefühlen begleitet zu werden, will *Köhler* allerdings nicht zurückgreifen, da diese nicht zu einer Willensbildung drängen würden[199].

Nach *Schaffstein* hat der Täter des unbewußten Fahrlässigkeitsdelikts die „objektiv in der Situation enthaltenen Anregungen" zur Vorsicht „nicht in sein Bewußtsein gehoben"[200].

Nach *Mezger* handelt der Täter immer nur dort fahrlässig, „wo ihm irgend eine *bewußte* Pflichtverletzung zur Last fällt und wo er sich bei dieser Verletzung zugleich *bewußt* ist, daß die an ihn herangetretene Forderung dazu bestimmt war, Erfolge dieser Art zu verhindern"[201]. Auch für die Fälle der *unbewußten* Fahrlässigkeit sollen sich in einem vorausgehenden Zeitpunkt bewußte Pflichtverletzungen feststellen lassen. Das wichtige Element des Fahrlässigkeitsbegriffs, nämlich das der *bewußten Pflichtverletzung* werde immer viel zu wenig hervorgehoben. Dabei liege doch gerade in ihm „der eigentliche Angelpunkt für das Verständnis der Fahrlässigkeit"[202].

Auch *Engelmann* schlug diese Richtung ein[203]. Er sah (mit *Binding*[204]) das Charakteristische der Fahrlässigkeit im Irrtum über die Rechtswidrigkeit. Er sah sich gezwungen, ein in einem solchen Irrtum begangenes Delikt zur Fahrlässigkeit zu rechnen, nämlich dann, wenn der Täter bewußt die Rechtsbeachtungspflicht verletzt und so die Möglichkeit, den Irrtum auszuschalten, nicht ausgenützt hat. Fahrlässig handele, „wer ohne Bewußtsein von der Rechtswidrigkeit sein Verhalten zu einer normwidrigen Ursächlichkeit oder Nichtursächlichkeit bestimmt ohne die begründete Überzeugung, die ihm bewußten Pflichten der Rechtsbeachtung nach Maß seines persönlichen Könnens vollkommen erfüllt zu haben"[205].

---

[197] Vgl. *Köhler*, Schuld (2. Teil), S. 126; vgl. auch *denselben*, Fahrlässigkeit, S. 86 und 88.

[198] Vgl. *Köhler*, Fahrlässigkeit, S. 89 (Fußnote dort, lit. a).

[199] Vgl. *Köhler*, Fahrlässigkeit, S. 102.

[200] *Schaffstein*, Tatbestandsirrtum, S. 180 f.

[201] *Mezger*, Unrechtselemente, S. 257.

[202] *Mezger*, Unrechtselemente, S. 254.

[203] *Engelmann*, Rechtsbeachtungspflicht, S. 133 ff. (insbes. S. 180 ff.).

[204] *Binding*, Normen, IV, § 299, S. 565 ff.; vgl. auch S. 350, 369 f., 511.

[205] *Engelmann*, Rechtsbeachtungspflicht, S. 185 f.

Während die Willens- und Vorstellungstheorien in der unbewußten Fahrlässigkeit einen positiv-psychologischen Vorgang mit willentlichen aktuell-bewußten Momenten sehen, wollen die Gefühls- und Interessentheorien das Vergessen und Nicht-daran-Denken näher in Verbindung mit dem Unbewußten bringen.

2. *Die Gefühls- und Interessentheorien*

In der unbewußten Fahrlässigkeit sieht *Exner* einen Gefühls- oder Interessenmangel gegenüber dem Rechtsgut[206]. Der Täter sei zu bestrafen, weil er durch sein Handeln zeige, „daß er die rechtlich geschützten Güter gering werte und ihm an ihrer Verletzung nichts liege"[207]. „Gewisse äußere Eindrücke" hätten in dem Handelnden eine bestimmte Vorstellung von den Objekten der Handlung, die man „hochschätzt und werthält"[208], oder ein bestimmtes Urteil darüber, ob es sich um wertvolle Rechtsgüter handelt, auslösen müssen. Sei dies nicht geschehen, so habe es „entweder an der assoziativen Verknüpfung der beiden Elemente oder an der nötigen Gefühlsbetonung jener Vorstellung gefehlt"[209], die in ihm ein lebhaftes Unlustgefühl erzeugten, wenn die Verletzung, Zerstörung oder Gefährdung dieser Objekte in Aussicht stünde. „Wäre ihm das verletzte Gut ein wirklich wertvolles gewesen, der Gedanke an seine Gefährdung wäre nicht ausgeblieben", weil „Bilder, die geeignet sind, beim Überschreiten der Bewußtseinsschwelle starke Gefühle auszulösen", stets zum Bewußtwerden drängten. Der unbewußt-fahrlässig Handelnde zeige daher, „daß ihm das verletzte Gut *nicht genügend schätzenswert* ist"[210]. Die unbewußte Fahrlässigkeit bestehe also in der „pflichtwidrigen Geringwertung des Rechtsgutes"[211]. Sie könne „nur in den emotionellen Mängeln, in den Fehlern der Gefühlsseite liegen"[212].

[206] Vgl. *Exner,* S. 145 ff. u. S. 175 ff. (159 f., 165, 170, 175, 234); vgl. auch z. B. *Kollmann,* Handlungsbegriff, S. 209; *van Calker,* S. 149 ff. (157: „Gleichgültigkeit gegen die Norm"); *Vocke,* S. 269 ff. (280 ff., 283); *Grünhut,* S. 92; *Heims,* S. 106 ff.; *Hirschberg,* S. 82; *Kriegsmann,* S. 757; *Kullmann,* S. 486; vgl. auch *Hagen,* S. 179 ff.

[207] *Exner,* S. 176; vgl. w. N. bei *Engisch,* Vorsatz, S. 460 f.

[208] *Exner,* S. 173.

[209] *Exner,* S. 157.

[210] *Exner,* S. 173 (Hervorhebungen vom Verfasser!); ähnlich auch *Haensel,* S. 145 ff.

[211] *Exner,* S. 177.

[212] *Exner,* S. 165. — Gegen die einseitige Betonung der „Gefühlsschuld" wendet sich zwar *v. Liszt;* er spricht aber andererseits hier von der „Gleichgültigkeit des Täters gegenüber den Anforderungen des sozialen Zusammenlebens" (§ 42 I, S. 176).

Auch *Grossmann* betont, „die Geringwertung des Rechtsgutes gegenüber dem eigenen Interesse" zeige sich bei der unbewußten Fahrlässigkeit darin, „daß die an die Vorstellung des rechtswidrigen Erfolges potentiell — für den Fall des Bewußtwerdens der Vorstellung — geknüpften Unlustgefühle gegenüber den an die Vorstellung des Zieles aktuell geknüpften Lustgefühlen im Kampf um den Vordergrund des Bewußtseins unterliegen"[213].

Nowakowski spricht bei der unbewußten Fahrlässigkeit von einem „Mangel im Gefüge der Wertgefühle"[214]. Auch dem unbewußt-fahrlässig Handelnden seien gewisse Umstände bewußt, „die einer maßgerechten Persönlichkeit eine inhaltlich bestimmte Warnung wären"; daß er diese Umstände nicht als Warnung empfinde, bedeute ein „Versagen der Persönlichkeit"[215].

Nach *Jescheck* hat bei der unbewußten Fahrlässigkeit „der Täter entweder der gefährlichen Situation keine Aufmerksamkeit geschenkt oder den Schluß von der an sich *erkannten Gefahr* auf die Gefährdung des geschützten Objekts nicht gezogen oder aber dem Bewußtsein dieser Gefährdung in seiner *Vorstellung* nicht genügend Raum gegeben". Beim unbewußt-fahrlässig Handelnden habe „entweder die richtige Einstellung zu den rechtlich geschützten Werten gefehlt", oder diese habe sich im entscheidenden Moment nicht durchsetzen können[216]. Daher sei bei der unbewußten Fahrlässigkeit von einem *„Mangel der Funktionsweise des Wertgefühls"*[217] zu sprechen.

Engisch folgt den Grundgedanken der Exnerschen Darlegungen, gibt jedoch „dem mangelnden Interesse des Täters einen anderen Bezugspunkt"[218]. Er hält daran fest, daß sich das Gefühlsmoment „auch in der *unbewußten* Fahrlässigkeit nachweisen läßt"[219], jedoch „als Mangel des Interesses an der Vermeidung der Tatbestandsverwirklichung und der Rechtsgutverletzung"[220]. In dem Mangel eines Gefühls oder eines Interesses sieht Engisch eine negativ-psychische Beziehung[221]. Das beim fahrlässig handelnden Täter vermißte Interesse will er als „Besorgnis, kein Unrecht zu begehen"[222] verstehen, als „eine gewisse Ängstlichkeit, die kein guter Staatsbürger entbehren

---

[213] *Grossmann*, S. 21 (m. w. N.).
[214] *Nowakowski*, Theorie, S. 104.
[215] *Nowakowski*, Theorie, S. 105.
[216] *Jescheck*, S. 21 f.
[217] *Jescheck*, S. 26.
[218] *Engisch*, Vorsatz, S. 461 ff. (469; m. w. N.).
[219] *Engisch*, Vorsatz, S. 475 (Hervorhebung vom Verfasser!); vgl. auch S. 466 und 465.
[220] *Engisch*, Vorsatz, S. 475; vgl. auch S. 461, 470, 473, 476 und 477.
[221] *Engisch*, Vorsatz, S. 463.
[222] *Engisch*, Vorsatz, S. 474.

kann"[223]. In dieser Besorgnis bzw. Ängstlichkeit sieht *Engisch* eine „Gefühlsbetonung der Vorstellung der Rechtsverletzung", „ein bald bewußtes, bald unbewußtes Gespanntsein auf die Gefahren der Rechtsverletzung", auf die der Besorgte „von selbst" aufmerksam werde. Die Besorgnis um Dritte sei „in gewisser Beziehung ein Analogon des Selbsterhaltungstriebs", der einen „automatisch die Gefahr wittern" lasse und damit zu den entsprechend sorgfältigen Handlungen veranlasse[224]. Sei der Handelnde auf Verhütung von Rechtsverletzungen bedacht, so bringe ihm die gefährliche Situation auch die erkennbar drohende Tatbestandsverwirklichung „zum Bewußtsein" und treibe „ihn dazu an, die gebotene Sorgfalt anzuwenden"[225]. Dies erkläre sich „aus der Funktion einer unwillkürlich arbeitenden, meist unter der Schwelle des Bewußtseins liegenden Disposition, die uns gegebenenfalls auf Gefahren aufmerksam macht und unsere Sorgfalt allererst lenkt"[226].

E.-J. *Lampe* hält das Verhalten eines Täters dann für fahrlässig, wenn in diesem „das Gefühl wach oder erweckt werden konnte, daß er sich um die (genauere) Erkenntnis des Handlungsobjekts bemühen solle; dieses Gefühl kann auch durch die Kenntnis der Strafdrohung" für fahrlässige Taten geweckt werden[227].

3. Die Theorien des Charakterfehlers

Daß die Persönlichkeit während ihres Aufbaues infolge Erziehung und eigener Erfahrung, durch passives Aufnehmen von Eindrücken und aktives Tun, auch zu Fehleinstellungen im Hinblick auf ihr unbewußtes Haltungsgefüge gelangen kann, berücksichtigen die Theorien des Charakterfehlers.

Die bei den anderen Theorien nur nebenbei, gewissermaßen als Anhängsel zu ihrer Lehre von der Fahrlässigkeit behandelte unbewußte Fahrlässigkeit erkennt *von Bar* in ihrem spezifischen Sondercharakter an. Bei seinem Versuch zu einer Grundlegung der Theorie der unbewußten Fahrlässigkeit, die er zum erstenmal als eine in sich geschlossene und selbständige Lehre erkannte, ging *von Bar* von einer charakterologischen Wertung aus und sprach demzufolge bei unbewußter Fahrlässigkeit von „mangelhafter Bildung des Charakters"[228].

---

[223] *Engisch*, Vorsatz, S. 475.

[224] *Engisch*, Vorsatz, a. a. O. Vgl. auch *Engisch*, Willensfreiheit, S. 59, Fn. 146.

[225] *Engisch*, Vorsatz, a. a. O.

[226] *Engisch*, Vorsatz, S. 476.

[227] E.-J. *Lampe*, Unrecht, S. 123 (Klammer im Original!).

[228] Vgl. *v. Bar*, Schuld, II, S. 443 f. Vgl. weitere Literatur bei *Engisch*, Vorsatz, S. 452 f.

Vermöge seiner Rücksichtslosigkeit schädige der „ungenügend erzogene Charakter" unbewußt hier die durch eine zu anderen Zwecken unternommene Handlung schuldvoll. Bei der Strafe für die unbewußte Fahrlässigkeit handele es sich im Grunde um eine Charakterstrafe, „zwar nicht unmittelbar des Charakters, wohl aber, wie es einem allgemeinen strafrechtlichen Prinzip entspricht, der Betätigung eines unerzogenen, rücksichtslosen Charakters". Zu bestrafen sei der unbewußt-fahrlässig Handelnde deswegen, weil er „sich nicht besser zum Wissen und zur Aufmerksamkeit erzogen hat"[229].

In der Weiterverfolgung dieses Ansatzes geht *Welzel* von dem philosophisch-anthropologischen Aspekt aus, der Mensch unterscheide sich vom Tier[230] „durch die Fähigkeit und Aufgabe..., die Richtigkeit seines Handelns durch einsichtige Akte *selbst* aufzufinden und herzustellen". Er sei andererseits „ein auf Selbstverantwortung angelegtes Wesen", das sich sein „Aktionssystem" in einer Schulungsperiode durch Auffüllen seiner Anlagen erst erarbeiten müsse[231].

Weiter greift *Welzel*, indem er insbesondere in Anlehnung an *Rothacker* und *Lersch* eine Mehrschichtigkeit der menschlichen Psyche voraussetzt, auf charakterologische Differenzierungen zurück. Eine „*Tiefenschicht*" umfasse „die aus dem Instinktverband gelösten Vitaltriebe der Art- und Selbsterhaltung, die Affekte, Begehrungen, ferner die ‚höheren' seelischen Strebungen, Neigungen, Interessen usf., die das Ich affizieren, es ergreifen, packen, mitreißen und zu einer Handlung zu treiben versuchen, so daß es gleichsam als passives Opfer der Antriebe" erscheine[232]. Die „Antriebe der Tiefenschicht" seien vom „*Ichzentrum*" (der Ichfunktion oder Ichkontrolle) als dem „Kontroll- und Regulationsorgan" überlagert, das die Antriebe nach den dem Menschen aufgegebenen Wertordnungen des Lebens steuere[233]; es handele sich hierbei „nicht um die Steuerung des äußeren Kausal-

---

229 *v. Bar*, Schuld, II, S. 444.

230 Vgl. hierzu *Barnett* (insbes. S. 209, 247 f.) und *Miller*.

231 *Welzel*, LB, § 20 I 1, S. 137 f.; vgl. auch *denselben*, Persönlichkeit, S. 430 ff., 434, 446 sowie: Das neue Bild, § 6 I 1, S. 44.

232 *Welzel*, LB, § 20 I 2, S. 138 (Hervorhebung vom Verfasser!); vgl. auch *denselben*, Persönlichkeit, S. 436 f. u. Das neue Bild, § 6 I 2, S. 44. — Vgl. auch *Lersch*, S. 104, 121 („endothymer Grund"), S. 46 („Tiefenschicht"); *Rothacker*, S. 72 f. (in Anlehnung an Fr. *Kraus*: „Tiefenperson"; in Anlehnung an *Klages*, *Freud* und *Groddeck*: „Es"; „Emotionalschicht"). — Vgl. dazu auch z. B.: *Frankenstein*, S. 198 f. („Tiefenzone").

233 *Welzel*, LB, § 20 II, S. 144 (Hervorhebung vom Verfasser!); vgl. auch *denselben*, Persönlichkeit, S. 437, 444, 448 u. Das neue Bild, a. a. O.; *Lersch*, S. 104, 596 ff. („Ichfunktion"). Vgl. auch *Gehlen*, S. 266 („Ichzentrum"); *Jung*, Psychologie des Unbewußten, S. 79 („Ich-Funktion"); *Naß*, Kriminalpsychologie, S. 15 f.; *Rothacker*, S. 14 ff., 86 f.

geschehens", d. h. um eine Handlungssteuerung, „sondern um die Steuerung der seelischen Antriebe"[234], um eine Antriebssteuerung nach einem überindividuellen, verpflichtenden Sinngehalt[235]. Tiefenschicht und Ichzentrum stünden dabei in einem gegenseitigen dynamischen Verhältnis[236]. Das Ichzentrum könne aber „immer nur für wenige, aktuell entscheidende Aufgaben tätig werden"; sämtliche übrigen Aufgaben müßten „schon vorweg im Halb- oder Unbewußten" entschieden sein [237], weil die meisten Antriebsimpulse „gar nicht das Stadium jener Sinnsteuerung" durchliefen, sondern „der Lenkung durch ein Reservoir vorgefällter Entscheidungen, das die Antriebe schon im Un- oder im Halbbewußten abfiltert oder zuläßt", unterlägen[238]. Diese Vorentscheidung gehöre zur Funktion einer sich zwischen der Tiefenschicht und dem Ichzentrum befindenden *„Persönlichkeitsschicht"*, die — vom Ichzentrum aus gesehen — „ein Reservoir früher vollzogener Entscheidungen" und Handlungsvollzüge ist, „die zur inneren unbewußten Haltung und Einstellung der Persönlichkeit geworden sind"[239]. Es handele sich hierbei um ein „inneres Gerüst der Persönlichkeit", das — von der Tiefenschicht aus gesehen — die von dort kommenden „es-haften Regungen schon im Unbewußten" kontrolliere, indem es die einen zurückdränge und die anderen zulasse[240]. Diese „Persönlichkeitsschicht" sei „von eminenter strafrechtlicher Bedeutung, vor allem für das Verständnis der unbewußten Fahrlässigkeit", deren Wesen in der „Mangelhaftigkeit der vom Ich aufgebauten Organisationszentrale"[241] bzw. „in dem mangelhaften oder fehlerhaften Aufbau dieser Persönlichkeitsschicht", d. h. in einem „schuldhaft erworbenen" bzw. „vorwerfbaren Charakterfehler"[242] („Sich-zum-‚Schlechten'-werden-lassen"[243]) begründet liege. Als „erworbenen Charakter" bezeichnet *Welzel* — in Anlehnung an *Gehlen* — die „durch früher vollzogene Entscheidungen und Handlungen einver-

---

[234] *Welzel,* LB, § 20 I 2, S. 138; vgl. auch *denselben,* Das neue Bild, a. a. O.; Dogmatik, S. 423 (1. Sp.).

[235] Vgl. *Welzel,* LB, a. a. O., S. 139 und *Welzel,* Vom Bleibenden, S. 87.

[236] *Welzel,* Persönlichkeit, S. 440.

[237] *Welzel,* LB, § 20 II, S. 144; *derselbe,* Persönlichkeit, S. 458; *Lersch,* S. 599; *Heiss,* S. 356. — A. A. wohl z. B. *Rohner,* S. 49 f.

[238] *Welzel,* Vom Bleibenden, a. a. O.

[239] *Welzel,* LB, a. a. O., S. 144 (Hervorhebung vom Verfasser!); vgl. auch *denselben,* Persönlichkeit, S. 438. Vgl. auch *Rothacker,* S. 86 ff. („Persönlichkeitsschicht"; „Personschicht"); *Heiss,* S. 97 ff., 215, 219, 351 f.; *Gehlen,* S. 374 f.; *Rohracher,* S. 244 f. u. 254 ff. (m. w. N.).

[240] *Welzel,* Persönlichkeit, S. 458.

[241] *Welzel,* Persönlichkeit, S. 439.

[242] *Welzel,* LB, § 20 II, S. 145; *derselbe,* Persönlichkeit, S. 462 f. Vgl. auch E.-J. *Lampe,* Unrecht, S. 174 f.

[243] *Welzel,* Persönlichkeit, S. 460.

leibte und ins Unbewußte eingegangene ,Ordnung von Haltungen und Führungsregeln'"[244].

Welzel schließt sich auch der Meinung von *Engisch*[245] an, beim Sorglosen und Leichtsinnigen sei das unbewußte Gespanntsein auf Gefahren ungenügend ausgebildet[246]. Im Sinne der „Sorglosigkeit" erweise sich die „unbewußte Fahrlässigkeit als Willensschuld", weil der Sorgfaltsmangel gerade die „unzulängliche willentliche bzw. willensbedingte Einstellung auf Gefahren, also ein Willensfehler, kein bloßer Mangel in der pathischen Gefühlslage" sei[247].

Welzel betont im Hinblick auf den Aufbau der Persönlichkeitsschicht, daß „der Mensch durch Erziehung und eigene Erfahrung, durch passives Aufnehmen und aktives Tun in das soziale Leben" hineinwachse, sich insofern ein unbewußtes Haltungsgefüge aufbaue[248]. Die in diesem Haltungsgefüge „eingegangenen Grundentscheidungen des sozialen Verhaltens" steuert „das Verhalten der Person schon weitgehend im Unbewußten"[249]. „Die rechtlichen Hauptkriterien von *Rechtswidrigkeit* und *Schuld*" will *Welzel* „unmittelbar den beiden anthropologischen Wesensbestimmungen des Menschen als handelnden und antriebsformierenden Wesens" entnehmen[250]. „Das für das Rechtswidrigkeitsurteil der Fahrlässigkeit entscheidende (Merkmal sei) die Art und Weise des Handlungsvollzugs[251]."

---

[244] *Welzel*, LB, a. a. O.; vgl. auch *denselben*, Persönlichkeit, S. 458 u. 438; *Gehlen*, S. 374 f. — Vgl. dazu auch: *Bockelmann*, Studien, 1. Teil u. 2. Teil (insbes. S. 151 ff.); *derselbe*, Täterstrafrecht, insbes. S. 30; *derselbe*, Tatstrafe und Täterstrafe, S. 417 ff.; *Dahm*, S. 183 ff.; *Grünhut*, S. 87 ff.; *Heinitz*, insbes. S. 72 ff.; Arth. *Kaufmann*, Schuldprinzip, S. 149 ff.; R. *Lange*, Täterschuld, S. 199; *Mezger*, LB, S. 257 ff. (m. w. N.); *Schmidhäuser*, Fahrlässigkeit, S. 109 ff. (m. w. N.), insbes. S. 131 u. 187 f.; *Worm*, S. 84 ff. (m. w. N.). Vgl. auch AE 1966, AT, S. 29.

[245] *Engisch*, Vorsatz, S. 475.

[246] *Welzel*, LB, a. a. O.; *derselbe*, Persönlichkeit, S. 472 f.

[247] *Welzel*, Persönlichkeit, S. 473.

[248] Vgl. *Welzel*, LB, S. 145; *derselbe*, Persönlichkeit, S. 446; *derselbe*, Vom Bleibenden, S. 186. Vgl. dazu auch *Keller*, S. 197 ff. (198); *Maihofer*, Fahrlässigkeit, S. 181 (Fn. 89); *Binder*, S. 37; E. A. *Wolff*, S. 26 u. 29. — *Welzel* begegnet dabei durch die Erwähnung der steten, aufbauenden „Steuerung" durch das den Veränderungen unterliegende „Haltungsgefüge" gleichzeitig der Kritik von *Nass* (Schuldbegriff, S. 117 ff.), in die Schuldtheorie die philosophische Anthropologie übernommen zu haben, obwohl der Mensch „ein sich entwickelndes, dauernd veränderndes, sich aufbauendes und sich abbauendes Wesen" (*Nass*, Schuldbegriff, S. 120) sei.

[249] *Welzel*, LB, a. a. O.

[250] *Welzel*, Persönlichkeit, S. 435 (Hervorhebungen vom Verfasser!).

[251] *Welzel*, Dogmatik, S. 424 (r. Sp. oben). Vgl. auch *Welzel*, Mißverständnis, insbes. S. 428.

4. Kritik der Lehren zur unbewußten Fahrlässigkeit

In der verallgemeinernden Form, wie das Wesen der unbewußten Fahrlässigkeit gesehen wird, sind alle jene Willens- und Vorstellungstheorien unhaltbar[252]. Die Willens- und Vorstellungstheorien können dem Wesen der *unbewußten* Fahrlässigkeit von vornherein nicht gerecht werden, weil der Widerspruch zwischen dem aktuell-bewußten Willen und dem vorstellenden Bewußtsein einerseits und der unbewußten Fahrlässigkeit andererseits immer bestehen bleiben wird. Ein bewußtheitlicher Wille kann nicht für das gesamte Gebiet des Emotionalen in Anspruch genommen werden[253]. Der Versuch, der unbewußten Fahrlässigkeit Willensmomente zuzuordnen und sie derart auszudehnen, daß die bewußte Fahrlässigkeit praktisch gegenstandslos wird, erweist sich als vergeblich. Die unbewußte Fahrlässigkeit wird auch zu Unrecht in einen positiv-psychologischen Vorgang umgedeutet. Denn es gibt Fälle von Fahrlässigkeitsdelikten, bei denen der Täter eventuell beginnende Zeichen von Nachdenken nicht weiter verfolgt und sich überhaupt keine Gedanken über sein Tun macht. Die Grenzen hierfür sind durch die bedingten Möglichkeiten der psychologischen Analyse gesetzt. Bei unbewußten Fahrlässigkeitsdelikten kann sachlich auch nicht von einem „Wollen einer Risikohandlung" gesprochen werden. Auch die „Festlegung" eines Willensinhalts, sei es auch im Sinne einer „negativen Bestimmtheit", erfordert einen aktuell-bewußten Akt, der zwar bei dem zum Vergleich herangezogenen vorsätzlichen Unterlassungsdelikt vorliegt, jedoch bei dem unbewußten Fahrlässigkeitsdelikt nicht festgestellt werden kann. Erst recht ist eine „Vorstellung" und ein „Hinsteuern" auf das reale (Neben-)Ziel im Sinne einer aktuell-bewußten Ausrichtung auf das Objekt der Handlung bei unbewußter Fahrlässigkeit nicht vorhanden[254]. Hier gar noch einen „Vermeidungswillen" zu konstruieren, scheint doch auch die finale Handlungslehre zu überstrapazieren[255]. Bei der unbewußten Fahrlässigkeit ist kein besonderer real-psychischer Vorgang, kein innerliches, subjektiv auf das Objekt der realen Handlung bezogenes

---

[252] Vgl. zum folgenden auch die Kritik von *Gessner*, S. 88 f., 90 f. u. 92 f. (m. w. N.).

[253] Vgl. dazu auch *Engisch*, Vorsatz, S. 394; S. *Fischer*, S. 16 ff. u. 65 f.; *MacIntyre*, S. 64, 60 ff., 65 u. 39.

[254] Vgl. dazu z. B. *MacIntyre (S. 65)*: „Damit eine Vorstellung ins Bewußtsein gelangt, genügt es jedoch nicht, daß der Betreffende dieser Vorstellung gewahr wird. (Auch wenn der Mensch) auf eine Vorstellung in seinem Unbewußten aufmerksam gemacht worden ist, hat er sie immer noch nicht bewußt gemacht. Dazu muß erst die eigene unbewußte Vorstellung in sein Bewußtsein gelangen" (vgl. auch *denselben*, S. 39, 68 u. 73 f.).

[255] Vgl. auch dazu z. B. *Roxin*, Täterschaft, S. 183 ff. u. 567 ff.

Moment zu erblicken[256]. Aber auch von gefühlsbetonten Vorstellungen, die willentlich hätten zurückgedrängt werden können, kann bei unbewußter Fahrlässigkeit nicht gesprochen werden[257]. Erst recht kann man nicht die Gefährlichkeit einer Handlung oder konkreten Situation *einsehen wollen*, die einem nicht bewußt ist[258]. Auch kann man bei unbewußter Fahrlässigkeit nicht von einer *Ablehnung* der anregenden, warnenden Vorstellungen „durch eine Willensentscheidung" sprechen. Solche willentlichen Momente sind bei dem unbewußt-fahrlässig Handelnden nicht anzutreffen.

Der Versuch, der unbewußten Fahrlässigkeit zeitlich vorausgehende bewußte Pflichtverletzungen zuzuordnen, muß ebenfalls als gescheitert angesehen werden. *Mezger*[259] verweist auf den Fall, daß eine Mutter vergißt, ein Gefäß mit ätzender Flüssigkeit nach Gebrauch wieder wegzuschließen. Wenn sich deren Kind durch Berührung mit der Flüssigkeit verletzt, macht *Mezger* der Mutter den Vorwurf, „daß sie nicht *vorher*, als ihr die Sorgepflicht noch gegenwärtig war, ihre Aufmerksamkeit genügend angespannt hat, um ihre Fürsorge nicht zu vergessen"[260]. Hier fragt *Welzel* mit Recht, wie es aber wäre, wenn die Frau so sorglos und leichtsinnig gewesen sei, daß ihr auch beim Hinstellen des Gefäßes der Gedanke an spätere Folgen gar nicht gekommen sei[261]?

---

[256] Vgl. auch *Salm*, S. 118.

[257] Daher sind auch gefühlsbetonte Vorstellungen zum Zweck der Betonung der Bewußtseinsdefizienz bei unbewußten Fahrlässigkeitsdelikten nicht nur „schwierig ... nachzuweisen", wie *Gessner* (S. 91) meint, sondern zu diesem Zweck überhaupt unbrauchbar.

[258] Vgl. dazu auch *v. Bar*, Schuld, II, S. 442; *Freytag*, S. 61 ff. (63 ff.). — Es gab auch weitere Bestrebungen in dieser Richtung, die hinsichtlich der unbewußten Fahrlässigkeit zum Scheitern verurteilt sind. *Stuebel* (System, S. 275 ff., 279 ff.; *derselbe*, Handlungen, S. 236 ff.; 278 ff., §§ 34 ff.), *Wahlberg* (S. 122) und *Thon* (S. 78 ff., Fn. 20) erkennen die Leistungen der Aufmerksamkeit als eines *Willensverhaltens* für die Produktion von Erkenntnissen an unter der Voraussetzung, daß das Interesse dem Willensverhalten zuerst den Anstoß gibt (vgl. dazu auch *Engisch*, Vorsatz, S. 466). „Je größer die vermöge einer gefährlichen Handlung zu befürchtende Beschädigung Anderer ist, desto größer ist das *Interesse* des Handelnden, diese Gefahr nicht zu veranlassen, und je größer dieses Interesse ist, desto mehr wird das Erkenntnis- oder Wahrnehmungsvermögen aufgeregt" (*Stuebel*, Handlungen, S. 292; Hervorhebung vom Verfasser!). Die oben geübte Kritik gilt auch hier, weil Interesse, Willensverhalten und Aufmerksamkeit in gesteigertem Maße bewußtheitliche Funktion darstellen.

[259] *Mezger*, LB, S. 356.

[260] *Mezger*, LB, a. a. O.

[261] *Welzel*, LB, § 20 II, S. 145, Nr. 1; *derselbe*, Persönlichkeit, S. 470; vgl. auch Arth. *Kaufmann*, Schuldprinzip, S. 157; *Freytag*, S. 73.

Die Gefühls- und Interessentheorien bemühen sich zwar um eine Aufhellung der Funktion des Unbewußten bei unbewußten Fahrlässigkeitsdelikten, zeigen aber nicht schlüssig und deutlich genug, wie es allgemein zu einer Interessendefizienz oder einem Gefühlsmangel bzw. einem Mangel der Funktionsweise des Wertgefühls des Täters kommen kann[262]. Es werden hier die *Freud*'schen Gedanken des Wertens und der Wertschätzung, die dieser zur Erklärung des Phänomens des Vergessens entdeckte, ins Strafrecht übertragen[263]. Während jedoch bei *Freud* dieser Mangel an Wertschätzung, die zum Vergessen des einmal gefaßten Entschlusses führt, durch einen „unbewußten Willen" erfolgt, von *Freud* „Gegenwille" genannt[264], wird bei obigen Theorien lediglich das Gefühl bzw. dessen mangelnde Betonung für die Verdrängung verantwortlich gemacht. Dabei bedenkt man nicht, daß das Nichtvorziehen der Reproduktion eines bestimmten Gedächtnisgehalts gegenüber anderen Vorstellungen oder das Fehlen eines unbewußten Gespanntseins auf Gefahren *(Exner, Engisch)* rechtlich nicht auf eine zu geringe *Gefühlsbetonung* der Vorstellung des zu reproduzierenden Bewußtseinsgegenstandes oder der Gefährdung von Rechtsgütern zurückgeführt werden darf, sondern nur auf das *Fehlen* des Eingestelltseins in bezug auf den betreffenden Bewußtseinsgegenstand zur Zeit seines Vorhandenseins im Bewußtseinsfeld. Für ein mehr oder weniger aktuell-bewußtes Wertschätzen des verletzten Rechtsguts mittels eines Wertgefühls des Handelnden, m. a. W. für ein Abwägen und Vergleicheziehen im Hinblick auf das gefährdete Rechtsgut, ist auch dort kein Raum, wo beim Täter von Natur aus überhaupt kein aktuell-bewußtes Ausgerichtetsein auf das Objekt seines Handelns festzustellen ist[265].

Eine aktuell-bewußte Vorstellung kann man in der unbewußten Fahrlässigkeit nicht erblicken, was die Gefühls- und Interessentheorien anscheinend nicht berücksichtigen wollen. So kann man bei unbewußt-fahrlässigem Handeln wohl nicht von einer Vorstellung oder einem Erkennen der konkreten Gefahr bzw. Gefährdung, also einem aktuell-bewußten Wahrnehmen sprechen. Die von diesen Theorien betonte Fehleinstellung kann rechtlich auch auf keinen bloßen Gefühlsmangel zurückgeführt werden, weil dieser als solcher ohne weiteres keine Fahrlässigkeit bedeutet[266].

Die Theorien des Charakterfehlers betonen in der Hauptsache die Schuldseite der unbewußten Fahrlässigkeit. In diesem Rahmen wollen

---

[262] Vgl. dazu auch *Welzel*, LB, § 20 II, S. 146, Nr. 2.

[263] Vgl. auch S. *Fischer*, S. 66 f. u. 22 ff.; *Freud*, Bemerkungen über Unbewußtes, S. 431 u. 433 f.; *derselbe*, Das Unbewußte, S. 277.

[264] Vgl. *Freud*, Psychopathologie, S. 171.

[265] Vgl. auch *Freytag*, S. 69.

[266] Vgl. auch *Welzel*, LB, § 20 II, S. 146, Nr. 2.

sie anscheinend mit ihrer Ansicht, das Wesen der unbewußten Fahrlässigkeit liege in einem „Charakterfehler" (einem „Sich-zum-Schlechten-werden-lassen") oder in der mangelhaften Bildung des Charakters, unmittelbar auf den Charakter des Täters abstellen. Dies widerspricht aber dem geltenden Recht[267]. Das Abstellen auf das ungenügend ausgebildete „Gespanntsein auf Gefahren" scheint darauf hinauszulaufen, daß der Täter sich in einem steten Spannungsverhältnis halten muß, was über ein Eingestelltsein auf die Situation bzw. das betroffene Rechtsgut hinausgeht. Fehlt die Ausbildung des Gespanntseins, so soll der Fehler darin liegen, daß der Täter nicht das aus sich gemacht hat, was möglich und notwendig gewesen wäre. Eine solche Lebensführungsschuld läuft schließlich jedoch wieder auf die abzulehnende „Idee der Charakterschuld" hinaus[268]. Für seine unzulängliche Charakterbeschaffenheit kann aber der Täter nicht verantwortlich gemacht werden. Auch kann die „Persönlichkeitsschicht" nicht nur als ein Reservoir von früher einmal vollzogenen bewußten Entscheidungen und Handlungsvollzügen angesehen werden. Vor neue, nie gestellte Situationen gestellt, kann der Mensch — wie Arth. *Kaufmann* zu Recht betont — „‚auf Anhieb', ‚unwillkürlich' zielstrebig handeln, ohne daß zuvor schon eine entsprechende Grundentscheidung getroffen worden wäre"[269]. Andererseits ist *Welzels* anthropologischen und psychologischen Aspekten zuzustimmen[270], ebenso seiner Auffassung, daß bereits *Aristoteles*[271] betont habe, daß man Unwissenheit, Unachtsamkeit, Sorglosigkeit und Nachlässigkeit schuldhaft erwerben kann[272]. Doch darf dies nicht auf ein crimen culpae hinauslaufen. Man kann bei der unbewußten Fahrlässigkeit — wie Arth. *Kaufmann* richtig hervorhebt — nicht auf einen Zeitpunkt abstellen, „in dem ein bestimmter Erfolg ein einzelnes crimen culposum, noch gar nicht in Sichtweite lag und in dem unter Umständen auch noch keine straf-

---

[267] Vgl. auch z. B. *Mezger*, LB, S. 259; *Schönke-Schröder*, Vorbem. vor § 51, V 3 b, R. 87.

[268] Vgl. dazu: *Baumann*, Streitschriften, S. 152 ff.; *derselbe*, Reform, S. 60 f.; *Engisch*, Willensfreiheit, S. 64 f.; *Kohlrausch*, Sollen und Können, S. 30 ff. — Vgl. auch die Literatur in Fn. 244. R. *Lange*, Strafrechtsreform, S. 389; *derselbe*, Täterschuld, S. 199; *derselbe*, Literaturbericht (1942), S. 203; *Maurach*, AT, § 35 III 2 u. 3, S. 349 f. (m. w. N.); H. *Mayer*, LB, AT, S. 61; *derselbe*, StuB, AT, § 10 IV, 1, 3 u. 4, S. 55; *Mergen*, S. 50 f. (vgl. auch S. 44 u. 48); *Mezger*, Grundriß, S. 84; *Mezger-Blei*, StuB, AT, § 106 II, S. 350 f.; *Naegeli*, S. 45 ff.; vgl. auch w. N. bei *Schönke-Schröder* (a. a. O.), Nr. 3 c, R. 88 sowie bei *Baumann*, AT, § 23 III 1 a, α, S. 337 ff.

[269] Arth. *Kaufmann*, Handlungslehre, S. 152; vgl. auch *denselben*, Handlung, S. 111.

[270] Vgl. dazu auch *Worm*, S. 81 ff.

[271] Vgl. *Aristoteles*, Ethica Nicomachea, II u. III, 1103 a—1115 a (Bekker).

[272] Vgl. *Welzel*, Persönlichkeit, S. 459.

rechtliche Pflicht, sich eine Sorgfalt zur Vermeidung bestimmter Erfolge anzuerziehen, bestand"[273]. Weiter ist Arth. *Kaufmann* zuzugeben, daß es in der Tat „reine Selbstgerechtigkeit" wäre, wenn jemand glaubte, ihm könne ein „menschliches Versagen" nicht unterlaufen[274]. Die Möglichkeit zu versagen, ist bei jedem menschlichen Individuum gegeben, ohne daß dieses Faktum gleich als unbewußte Fahrlässigkeit erfaßt werden muß. Es ist daher nicht so ohne weiteres die Ansicht als unzutreffend zu bezeichnen, daß die unbewußte Fahrlässigkeit an sich nicht echte Schuldform[275] bzw. nicht als Schuld im materiellen Sinne[276] betrachtet werden dürfte. Ob bei ihr — ähnlich der heutigen Geldbuße des Ordnungsstrafrechts — ein Denkzettel zwecks Anhalten zu künftig sozialgemäßem Verhalten besser angebracht wäre[277], betrifft jedoch einen weiteren, hier nicht zu lösenden Problemkreis[278].

Die besprochenen Auffassungen von der unbewußten Fahrlässigkeit haben deren rechtlich wesentlichen Teil noch nicht hinreichend dargestellt. Um das Wesen der unbewußten Fahrlässigkeit eindeutig zu erfassen, bedarf es zunächst einer Untersuchung der psychologischen Voraussetzungen der unbewußten Fahrlässigkeit sowie eines sich daran anschließenden Eingehens auf den Unrechtscharakter der unbewußten Fahrlässigkeit. Die bisherige Kritik an den vorliegenden Theorien lief darauf hinaus, von dem realpsychischen Vorgang bei der unbewußten Fahrlässigkeit jedes Gefühls-, Interessen-, Vorstellungs-, jedes kognitive und voluntative bzw. bewußtheitliche Moment fernzuhalten, aber auch nicht das Wesen der unbewußten Fahrlässigkeit in Charaktermerkmalen zu suchen. Das Ergebnis dieser Kritik darf jedoch nicht dazu führen, daß überhaupt jede bewußtseinsmäßige Beziehung von Täter und Objekt aufgehoben wird, was konsequenterweise darauf hinauslaufen würde, unbewußt-fahrlässigen Handlungen überhaupt den Deliktscharakter abzusprechen. Es muß sich vielmehr ein psychisches Element finden lassen, das die übergeordnete Einheit von Täter, Handlung und Objekt der Handlung bewahrt.

---

[273] Arth. *Kaufmann*, Schuldprinzip, S. 162.

[274] Arth. *Kaufmann*, Schuldprinzip, S. 162; vgl. auch S. 150.

[275] Vgl. Arth. *Kaufmann*, Schuldprinzip, S. 163; *Baumgarten*, S. 115 ff.; *Busch*, S. 43 (Fn. 56); *Galliner*, S. 29; *Germann*, Verbrechen, S. 94; *Jescheck*, S. 26 (m. w. N. in Fn. 60). — *Kohlrausch*, Schuld, S. 208 f. (vgl. auch *denselben*, Entwurf, S. 25); *Müller-Dietz*, S. 10 f. — Vgl. auch E. A. *Wolff*, S. 26 f.; *Würtenberger*, Geistige Situation, S. 4; *Binding*, Normen, IV, S. 311 ff. (m. w. N. auf S. 312).

[276] Vgl. Arthur *Kaufmann*, Schuldprinzip, S. 162.

[277] Vgl. E. A. *Wolff*, S. 26 f.; *Kohlrausch*, Schuld, S. 211.

[278] Auf diese Frage kann hier des Näheren leider nicht eingegangen werden. Vgl. dazu aber u. a. Arth. *Kaufmann*, Schuldprinzip, S. 223; *Oehler*, Zweckmoment, S. 32; *Maurach*, AT, § 42 II A 2, S. 457; *Wimmer*, S. 524.

III. Bewußtsein und unbewußte Fahrlässigkeit

Nach C. G. *Jung* „ist das Unbewußte als die Totalität aller derjenigen psychischen Phänomene aufzufassen, denen die Qualität der Bewußt*heit* mangelt“[279]. Der Wille dagegen „muß um ein Ziel ‚wissen‘“, d. h. der Wille setzt immer schon den Grad der Bewußtheit voraus und bedarf „wegen seiner empirischen Wahlfreiheit einer übergeordneten Instanz, etwas wie einer Bewußtheit seiner selbst, eines ‚Ichzentrums‘[280]“[281]. Es gibt somit „kein Wollen ohne Wissen“[282]. Es gibt „ein Bewußtsein, in welchem das Unbewußtsein überwiegt, wie ein Bewußtsein, in welchem die Bewußtheit dominiert“; ja man kann sagen, „daß es keinen Bewußtseinsinhalt gibt, der nicht in einer anderen Hinsicht unbewußt“ ist[283]. Es ergibt sich also, daß das noch näher zu erklärende „Bewußtsein“ in keinem sachlich ausschließenden Gegensatz zum „Unbewußten“ steht. Vielmehr ist das Unbewußte als eine besondere Art des Bewußtseins anzusehen, das in das Bewußtsein voll integriert ist. Dem „Unbewußten“ steht also terminologisch und sachlich nicht das „Bewußtsein“ gegenüber, sondern eben eine andere ihm entgegengesetzte Bewußtseinsmodifikation, welche *Jung* und andere Autoren[284] als „Bewußtheit“ bezeichnen. Weiterhin ist der Bereich des Unbewußten ebenso wie der der Bewußtheit keine fixe Größe, sondern dauernd in bezug auf seinen Umfang der zeitlichen Veränderung unterworfen[285]. Allgemein ist anzunehmen, daß der Umfang des Bereiches des Unbewußten zu jedem Zeitpunkt größer als der der Bewußtheit ist, da zu einem bestimmten Zeitpunkt immer nur ein kleiner Teil des gesamten Bewußtseins aktualisiert werden kann[286]. Im Bereich der Bewußtheit kann man jedoch sachlich und terminologisch den des aktuellen Bewußtseins von dem des potentiellen Bewußtseins unterscheiden. Das potentielle Bewußtsein umfaßt den Bewußtseinsbereich, der jederzeit willentlich aktualisiert werden *kann*, während das aktuelle Bewußtsein denjenigen Bereich betrifft, der zu einem bestimmten Zeitpunkt aktualisiert *ist*. Man gelangt demnach zu drei Bewußtseinsbereichen, denen des Unbewußten, des potentiellen und des aktuellen Bewußtseins, welche in dauernder Wechselwirkung mit-

---

[279] *Jung*, Wesen des Psychischen, S. 153 (Hervorhebung vom Verfasser!).
[280] Hierzu vgl. auch die in Fn. 233 angeführte Literatur.
[281] *Jung*, Wesen des Psychischen, S. 213; vgl. dazu auch *Lersch*, S. 608.
[282] *Driesch*, S. 80; *Jung*, Wesen des Psychischen, a. a. O.
[283] *Jung*, Wesen des Psychischen, a. a. O., S. 217 f.
[284] Vgl. z. B. *Lersch*, S. 601 u. 597; *Gehlen*, S. 67 u. 53 ff.; *Rothacker*, S. 10 f. und 133 f. Vgl. dazu auch: *Ambrosius*, S. 20 ff. u. 71 ff.; *Gössel*, S. 56 ff. u. 74 f.; *Quensel*, S. 89 f.
[285] Vgl. dazu auch *Lersch*, S. 600.
[286] Vgl. auch *Lersch*, S. 599.

einander stehen[287]. Andererseits zeigt dies gerade, daß die Unterscheidung mehrerer Bereiche des Bewußtseins nur eine künstliche ist, welche bestimmte Tendenzen der psychischen Wirklichkeit bezeichnen sollen. Überhaupt wird der Psychologe, der z. B. die bildhafte Vorstellung von dem Gedächtnis, als eines Behälters ablehnen muß, sich gegen die Aufteilung des Bewußtseins nach bestimmten umfänglich beschriebenen Bereichen, bildlich gesprochen, nach umschriebenen Räumen, wehren. Doch gerade dieses Vorgehen gestattet es dem Juristen, sich einer solchen Terminologie, welche für seine Zwecke dienlich ist, zu bedienen.

Die Strafrechtswissenschaft, die herkömmlicherweise von der Unterscheidung zwischen bewußter und unbewußter Fahrlässigkeit ausgeht, braucht demnach eine genaue Feststellung der Begriffe „bewußt" und „unbewußt", welche in einem disjunktiven Verhältnis stehen müssen. Diese Feststellung der Begriffe hat sachlich auf dem Hintergrund der von der Psychologie des Bewußtseins beigebrachten Erkenntnisse zu erfolgen, welche ihrerseits juristisch so auszuwerten sind, daß man zu der von der Strafrechtswissenschaft geforderten zweigliedrigen Disjunktion zwischen „bewußt" und „unbewußt" gelangt. Diesbezüglich wird es entgegen der oben angeführten dreifachen Aufteilung des Bewußtseins immer darauf ankommen, eine Unterscheidung zu treffen zwischen den in einem bestimmten Zeitraum im Bewußtsein eines Täters aktuell präsenten und allen übrigen nicht-aktuell präsenten Bewußtseinsinhalten. Bezüglich der ersteren handelt dann ein Täter entsprechend dem üblichen Sprachgebrauch „bewußt" (im folgenden als „aktuell-bewußt" bzw. „bewußtheitlich" bezeichnet), bezüglich der letzteren „unbewußt"[288].

Das „Bewußtsein als Ganzes", wie es oben in drei bzw. zwei Modifikationen aufgeteilt wurde, ist nun zu unterscheiden vom Begriff des „Bewußtseins überhaupt". „Bewußtsein" im Sinne von „Bewußtsein überhaupt" ist die notwendige psychische Bedingung für den Menschen *als* erlebendes und handelndes Subjekt. Eine genauere Qualifikation des Handelns und Erlebens menschlicher Subjekte hat dann aufgrund einer Feststellung des Charakters des Bewußtseinsbezuges zu erfolgen. Durch das Bewußtsein als Bewußtsein überhaupt ist der Mensch als

---

[287] Vgl. dazu *Lersch*, der von einer Doppeldeutigkeit des Wortstammes „unbewußt" und von den Aktualitätsstufen des „schlichten Erlebens", des „Bewußtseins" und der „Bewußtheit" spricht (S. 595 f., 598 u. 611). Vgl. hierzu auch: *Gössel*, S. 56 ff. u. 74 f.; *Ambrosius*, S. 20 f., 74 f. u. 24 f.; Sigm. *Freud*, Unbewußtes, S. 240 ff.; Arth. *Kaufmann*, Handlung, S. 109 ff. (m. w. N.).

[288] Auch *Rothacker* (S. 10 f., 133 u. 134) unterscheidet nur zwischen der Bewußtheit, die er im Sinne einer Wachheit versteht, und dem Begriff des Unbewußten.

durch die all sein Erleben und Handeln fundierende psychische Beziehung immer schon mit sich selbst und seiner Umwelt „bewußt" vermittelt. Deshalb ist jeder Täter sich, seiner Umwelt und seiner Tat immer schon irgendwie „bewußt" und daher irgendwie verantwortlich für seine Tat. Durch das „Bewußtsein überhaupt" ist gerade die Einheit von Täter, Handlung und Gegenstand der Handlung gesichert. Indem die psychische Beziehung die Subjekthaftigkeit des Täters fundiert und ermöglicht, begründet sie seine Täterschaft. Die Art der Verantwortlichkeit eines Täters gilt es allerdings dann erst zu klären.

Die bewußte Fahrlässigkeit beschreibt eine Täterschaft aufgrund eines aktuell-bewußten Selbst- und Umweltbezugs, während die unbewußte Fahrlässigkeit eben diesen ausschließt. Dessenungeachtet ist die Fahrlässigkeit als Handeln eines Subjekts in *beiden* Fällen durch die psychische Beziehung als dieses überhaupt fundierend bedingt. Also handelt, um dies sprachlich zuzuspitzen, auch der unbewußt-fahrlässig Handelnde „bewußt" (— aber nicht bewußtheitlich)[289]. Die psychische Beziehung als die den Selbst- und Umweltbezug eines handelnden Subjekts fundierende Vermittlung genügt aber noch nicht den für die Differenzierung der Fahrlässigkeit entscheidenden Kriterien der Kenntnis der Situation, in der sich ein fahrlässig Handelnder befindet, sowie einem willentlichen Bezug auf das Objekt, an dem sich der herbeigeführte Erfolg zeigt. Aus der psychologischen Sicht, die auch für die Strafrechtswissenschaft maßgebend ist, setzt situationsbedingtes Wollen und situationshaftes Wissen immer schon den psychischen Grad der Bewußtheit voraus[290]. Bei der unbewußten Fahrlässigkeit mangelt es somit nicht an jener psychischen Beziehung überhaupt, wenn der unbewußt-fahrlässig Handelnde ein Rechtsgut verletzt, wohl aber an einem realen cognitiven und voluntativen Moment. Wenn z. B. ein Autofahrer „gedankenverloren" auf der Straße an einem Fußgängerüberweg einen Menschen überfahren hat, *fuhr* er zwar willentlich, d. h. hielt sein willentlicher Entschluß zu fahren dauernd an im Sinne einer Willenshaltung und war er sich insofern auch irgendwie der Tatsache seines Fahrens bewußt[291]; dies schließt aber nicht ein, daß das *Überfahren* des Fußgängers während des Handlungsverlaufs von ihm gewollt oder ihm überhaupt nur im üblichen Sinne des Wortes bewußt war. Gerade kontinuierlich anhaltende Willenshaltungen wie etwa das Steuern eines Kraftfahrzeugs

---

[289] Vgl. dazu auch C. G. *Jung*, Ich und Unbewußtes, S. 195 f. Vgl. auch die in einem anderen Zusammenhang gemachten Ausführungen von *Klug* (Handlungsbegriff, S. 34) in bezug auf die finale Handlungslehre. Vgl. aber auch hierzu *MacIntyre*, S. 60 ff. (63 f.).

[290] Vgl. die zu Fn. 279 ff. angeführten Gedanken von C. G. *Jung*.

[291] Vgl. dazu auch *MacIntyre*, S. 73 f. u. 85.

implizieren einen kleineren oder größeren Bereich mehr oder weniger intensiver Aufmerksamkeit hinsichtlich der die Haupthandlung begleitenden Aktionen, ohne daß der Wille des Handelnden bewußtheitlich auf das angegriffene und bezogene Objekt der Handlung gerichtet zu sein braucht.

Der *unbewußt*-fahrlässig Handelnde hat in solchen Situationen weder bewußtheitlich Kenntnis von der konkreten Situation noch den Willen, daß sein Verhalten auf das von ihm angegriffene Rechtsgut ausgerichtet ist. Der Täter des unbewußten Fahrlässigkeitsdelikts will eine Handlung, die im Ergebnis zwar eine Rechtsgutverletzung herbeiführt, dieser Wille gibt jedoch jener Handlung nicht direkt die Richtung auf das von ihm objektiv angegriffene Rechtsgut. Wenn z. B. einem Autofahrer gegenwärtig ist, daß Autofahren an sich schon jederzeit mit der Möglichkeit von Gefahr bzw. aktiver und passiver Gefährdung verbunden ist, er sich aber überhaupt Gedanken macht und sich sagt, so wie er jetzt fahre, könne nach menschlichem Ermessen nichts passieren, so hat er — bei einem durch ihn verursachten Unfall — allenfalls nur ein *abstraktes* Gefährdungsbewußtsein, ihm *fehlen* dagegen ein *Gefährdungswille* (was nachgerade für die bewußte Fahrlässigkeit charakteristisch ist[292]) und die bewußtheitliche *Kenntnis der konkreten Gefährdung*[293].

Ob sich aber auch nun die unbewußte Fahrlässigkeit ohne Rückgriff auf bewußtheitliche Elemente in ihrem Unrechtsgehalt bestimmen läßt, muß ein näheres Eingehen auf das Wesen der unbewußten Fahrlässigkeit zeigen.

IV. Der Unrechtscharakter der unbewußten Fahrlässigkeit

Der Mensch kann frei über die Ziele seines Handelns entscheiden und seine Entscheidungen selbst steuern. Seine Entscheidungsfreiheit

[292] Vgl. Fn. 12.

[293] Vgl. dazu Arth. *Kaufmann*, Schuldprinzip, S. 155 (m. w. N. in Fn. 169); *Maihofer*, Fahrlässigkeit, S. 191 f.; *Kohlrausch*, Schuld, S. 196. Vgl. im übrigen auch *Platzgummer*, S. 56. — Der *bewußt*-fahrlässig handelnde Täter wird dagegen mit einem bewußtheitlichen Eingestelltsein der aktuell-bewußten „unrechtmäßigen (sozial-ethisch verwerflichen) Gefährdung eines Rechtsgutes“ tätig (vgl. Arth. *Kaufmann*, Schuldprinzip, S. 156). Die „Bewußtheit“ hat dabei zum Inhalt, daß der Täter das Vorhandensein einer konkreten Gefahr erkannt hat (vgl. auch *Ambrosius*, S. 85; a. A. *Schmidhäuser*, S. 314. — Vgl. dazu auch *Roxin*, Vorsatz und Fahrlässigkeit, S. 60, r. Sp., Abs. 3). Der bewußt-fahrlässige Täter handelt also mit „akutell-bewußter“ Kenntnis der bei der Handlung bestehenden konkreten Situation (a. A. wohl *Roxin*, Vorsatz und Fahrlässigkeit, a. a. O. Abs. 1) und steuert seine Handlung auf das von ihm gefährdete Rechtsgut. Auch ist bei ihm ein Wollen der abstrakten Gefährdung festzustellen (vgl. auch Fn. 12).

ist die Fähigkeit, sich sinngemäß und verantwortlich bestimmen zu können[294]. Er ist nicht lediglich ein Produkt von Anlage und Umwelt[295], sondern auf Selbstverwirklichung und Selbstvervollkommnung ausgerichtet[296]. „Im Sein des Menschen selbst ist ein Sollen angelegt[297].“ Letztlich ist dieses Sollen die Freiheit, die dem Menschen die Anpassung an die verschiedenartigsten Umweltbedingungen ermöglicht. Demnach besteht die Ausübung der Freiheit durch den Menschen insbesondere im Sammeln von Erfahrung und in der geistigen Formung und Bewältigung der gesammelten Erfahrung[298]. Das zunehmende Bewußtmachen des sonst Unbewußten bei fortschreitender aktiver Teilnahme am Geschehen hat zur Folge, daß der aktuelle Besitzstand des „Bewußtseins“ erweitert und so der Einfluß des Unbewußten so weit wie möglich gesteuert wird[299]. Auch kann das Ich „nicht umhin zu entdecken, daß der Zustrom an unbewußten Inhalten die Persönlichkeit belebt und bereichert und eine Gestalt aufbaut, welche an Umfang und Intensität das Ich irgendwie überragt“[300]. Die an die Freiheit gestellte Aufgabe besteht also in einem fortwährenden lernenden Anpassen an die natürlichen und sozialen Bedeutungszusammenhänge und in einer Ausbildung entsprechender Verhaltensweisen. Daraus jedoch, daß der Mensch sich heutzutage in der komplizierten Welt der Gegenwart weder physisch noch psychisch so zurechtfindet, daß er sämtliche auf ihn einströmenden Eindrücke und Bezüge aufnehmen und verarbeiten kann[301], ergibt sich für das Strafrecht ein Bündel von Problemen, insbesondere für die Fahrlässigkeit[302]. Die dauernde psychische Belastung gestattet es der erkennenden und ordnenden Bewußtheit nicht mehr, alle Aktions- und Reaktionshaltungen sicher und bestimmt auszubilden, zu steuern und zu festigen. Mehr als früher ist heute dieser Prozeß auf den Bereich des Unbewußten über-

---

[294] Vgl. *Welzel*, LB, § 20 I 3, S. 142; *derselbe*, Das neue Bild, § 6 I 3, S. 48; vgl. auch Arth. *Kaufmann*, Schuldgedanke, S. 72; *derselbe*, Schuldprinzip, S. 224.

[295] Vgl. dazu u. a. *Rohracher*, S. 239 ff.; *Naegeli*, S. 29. Vgl. auch R. *Lange* (Strafanspruch, S. 90), der der Kriminologie vorwirft, noch auf jener traditionellen Auffassung stehengeblieben zu sein. Vgl. zu den Strömungen der modernen Kriminologie z. B. *Kühlwein*, S. 127 ff. (135 ff.); vgl. auch *Worm*, S. 77 ff.

[296] Vgl. auch Arth. *Kaufmann*, Schuldprinzip, S. 208.

[297] R. *Lange*, Anthropologie, S. 289. — Vgl. dazu *Michaelowa*, S. 88 ff.

[298] Vgl. dazu auch: *Remplein*, S. 134; W. *Metzger*, S. 128; *Lersch*, S. 46 f.

[299] Vgl. auch *Jung*, Ich und Unbewußtes, S. 171 u. S. 203.

[300] *Jung*, Wesen des Psychischen, S. 256; vgl. auch *denselben*, Ich und Unbewußtes, S. 195 f. u. Psychologie des Unbewußten, S. 126 f.

[301] Vgl. auch *Luff*, S. 159 (m. w. N.).

[302] Vgl. dazu u. a. *Oehler*, Gefahrsetzung, S. 232 (mit statistischen Angaben über fahrlässige Delikte).

gegangen. So bildet etwa der Autofahrer seine Verhaltensweisen mehr durch unreflektierte Gewöhnung als durch bewußtheitliches Erlernen aus. Entsprechend ist sein Verhalten im konkreten Fall weniger durch ein Handeln der Bewußtheit bestimmt. Es handelt sich bei diesem Verhalten um gewohnheitsmäßig mehr oder weniger unreflektiert eingeübte Reaktionsketten[303]. Wie *Luff* im Zusammenhang mit der Verkehrspsychologie zu Recht betont, können die erlernten (mnestisch-gesteuerten) Reaktionen „zu spät ablaufen" oder auch „in falsche Bahnen gelenkt werden"; „das Bewußtsein kann durch Ermüdung ... getrübt und durch Affekte und Elementargefühle (Angst, Zorn) blockiert sein", so „daß die Umweltereignisse zu qualitativ und quantitativ falschen Erlebniswerten führen, aus denen sich eine verkehrswidrige Verhaltensweise geradezu ergeben muß"[304].

Angesichts dieser Tatsache muß der Mensch durch ständige Selbstbeobachtung und Selbstkontrolle der geistigen und körperlichen Leistungsfähigkeit die Voraussetzungen für ein ungestörtes Reaktionsverhalten schaffen und insbesondere die heutzutage unentbehrliche „Fähigkeit des unbewußten Eingestelltseins" auf die Anforderungen des Gemeinschaftslebens ausbauen und erhalten, indem er die auf ihn einströmenden Eindrücke aufnimmt und verarbeitet[305]. Er kann sich nicht mehr so sehr auf die bewußtheitliche Aufmerksamkeit[306] verlassen. Er muß vielmehr ein *unbewußtes Eingestelltsein auf die Objekte seiner Handlung* fördern und ein gleichsam automatisches Reagieren durch Übung ausbilden, erweitern und vervollkommnen[307]. So wird man etwa vom Kraftfahrer erwarten müssen, daß er sich die einmal von der Verkehrsordnung für bestimmte gefährliche Situationen zur eigenen und fremden Sicherung festgelegten Handlungs-

---

[303] Dies scheint der Tatsache, daß ein Fahrschüler in der Fahrschule die Handgriffe bewußt erlernen muß, zunächst zu widersprechen. Gerade die anfängliche Unsicherheit beim Fahren rührt aber bekanntlich daher, daß der Fahrschüler bei seinen ersten Fahrversuchen vor seinen einzelnen Handgriffen noch jedesmal überlegen muß, bis sie ihm dann später in „Fleisch und Blut" übergegangen sind. Das richtige Fahrverhalten erwächst ihm erst mit fortschreitender Fahrpraxis, die er nicht mehr nach der Weise des „bewußten" Lernens wie in der Fahrschule erwirbt, sondern durch bloße empirische Gewöhnung. Erst durch diese Fahrpraxis bildet er die für ein verkehrsgerechtes Fahrverhalten notwendigen Reaktionsketten aus, zu denen er durch ein bewußtes Lernen niemals in dem notwendigen Umfang gelangen könnte.

[304] *Luff*, S. 161.

[305] Vgl. dazu auch *Luff*, S. 161; *Lersch*, S. 602 f. („unwillkürliche, pathische" Aufmerksamkeit); *Naegeli*, S. 45.

[306] Vgl. dazu auch *Lersch*, a. a. O.

[307] Vgl. dazu insbesondere *Leonhard*, S. 10 u. 18; vgl. auch *Ganter*, S. 270; *Lersch*, S. 609.

folgen gleichsam bis zur Automatisierung aneignet[308]. Denn insbesondere im heutigen Straßenverkehr werden so hohe Anforderungen an den Verkehrsteilnehmer gestellt, daß die bewußtheitliche Aufmerksamkeit nicht ständig in der notwendigen Intensität vorhanden sein kann. Der Verkehrsteilnehmer wäre wohl überfordert, wenn er bei seiner Fahrweise stets aufmerksam im Sinne eines aktuellen Bewußtseins sein müßte. Man kann nicht dauernd mit gleichbleibender Intensität agieren und reagieren. Es ist zwar möglich, durch Willensanspannung die Aufmerksamkeit zeitweilig bedeutend zu steigern, doch oft wird diese nach einer solchen Anstrengung um so tiefer absinken[309]. Man muß also, um die eigene soziale Initiative nicht zu lähmen und sein eigenes Verhalten im sozialen Raum „sachgemäß" einzurichten, die Handlungsart einüben, die man im entscheidenden Augenblick nötig hat, damit sie dann gleichsam wie von selbst richtig abläuft. Das hier am Beispiel des Straßenverkehrs aufgezeigte Bild gilt auch für das gesamte übrige menschliche Leben[310].

An dem Menschen als ein in einer Gemeinschaft stehendes, d. h. moralisch und ethisch verantwortliches, weil frei handelndes Subjekt, richtet sich eine Norm, die die rechtswidrige Setzung des Tatbestands verbietet: der *Rechtsimperativ* (*Oehler*[311]). Dieser richtet sich nicht nur *bewertend*, sondern auch *bestimmend* an den Menschen, wie *Oehler* überzeugend nachgewiesen hat[312]. Der unbewußt-fahrlässig Handelnde wird vom Rechtsimperativ bewertet und bestimmt, sein Verhalten darauf einzurichten, daß keine vermeidbare Verletzung bzw. Gefährdung von Rechtsgütern verursacht wird[313]. Dabei zielt der Rechtsimperativ nur auf ein Verhalten hin, das rechtmäßig ist; wie dasselbe zustande kommt, ist mit Hinblick auf den Rechtsimpera-

---

[308] Vgl. auch *Leonhard*, S. 22 u. 10. — Zur „unbewußten (automatisierten) Handlungsbereitschaft" vgl. auch: OLG Frankfurt, VRS Bd. 28, 1965, S. 364 ff. (365 f.); *Welzel*, LB, § 20 II, S. 146; Arm. *Kaufmann*, Delikt, S. 53; *Ganter*, S. 270; *Luff*, S. 157 ff.; *Leonhard*, S. 10, 17 u. 19; *Heiss*, S. 218; *Lersch*, S. 609 u. 599. Vgl. auch F. *Bauer*, Strafrecht, S. 11 ff. (18 ff., 20) u. *Graßberger*, S. 27.

[309] Vgl. auch *Leonhard*, S. 17 u. 19. — Diesem Phänomen ist bisher weder von der Rechtsprechung noch von der Rechtslehre (vgl. u. a. *Radbruch*, S. 345 ff.) genügend Beachtung geschenkt worden.

[310] Vgl. dazu auch *Welzel*, LB, § 20 II, S. 146; *Leonhard*, S. 17.

[311] *Oehler*, Zweckmoment, S. 37 (in *Oehler*, Rechts- und Pflichtnormen, S. 265, wurde noch das Goldschmidtsche Begriffspaar „Rechts- und Pflichtnormen" verwendet). — Im Unterschied dazu trifft der *Pflichtimperativ* den der Schuld zugrunde liegenden Motivationsprozeß.

[312] Vgl. *Oehler*, Zweckmoment, S. 37 ff.; vgl. auch S. 41.

[313] Vom Pflichtimperativ wird er bestimmt, das Unrecht zu erkennen und daher nicht durch Schuld die Rechtsgüter zu verletzen (*Oehler*, Zweckmoment, S. 42).

tiv bedeutungslos[314]. Es kommt nämlich auf die Verhinderung eines objektiv sozialschädlichen Verhaltens zwecks Erhaltung bzw. Herstellung des Gemeinschaftsfriedens an[315], was nur durch Anruf des Menschen erreicht werden kann, damit dieser auf solche gefährliche Situationen eingestellt ist. Dabei ist es gleichgültig, ob der Mensch die an ihn adressierte Rechtsnorm auch tatsächlich erkannt hat[316]. Das Recht ist zufrieden, wenn es dem Menschen gelingt, ein solches dem Recht entsprechendes Verhalten herbeizuführen. „Es fragt nicht, warum der Täter so gehandelt hat. Es verlangt aber auch nicht etwa, daß der Handelnde seinen Willen auf diese rechtmäßigen Folgen eingestellt habe." Weder bei den Geboten noch bei den Verboten will das Strafrecht „Willensexerzitien" durchführen, sondern nur einen rechtmäßigen Zustand herbeiführen[317].

Der Rechtsimperativ, der den Täter anruft, zielt nicht auf eine Willensbeziehung des unbewußt-fahrlässig Handelnden, sondern auf dessen Verhalten als Objektivation; er trifft den Menschen in seiner *Tätergefährlichkeit,* in der Gefährlichkeit des Handelnden in bezug auf das betroffene Rechtsgut[318]. Da die Tätergefährlichkeit, von der sich der Täter lösen soll, weil diese zu einer Rechtsgüterverletzung oder -gefährdung führen könnte, sich auch zeigt, ohne daß der Täter bewußtheitlich handelt, würde vom Rechtsimperativ ein Wille des unbewußt-fahrlässig Handelnden, der lediglich den „Entschluß zu handeln" darstellt, allenfalls nur in seinem wirklichen Sosein getroffen. Der Rechtsimperativ würde sich aber dann an einen bewußtheitlich nicht auf das gefährdete Rechtsgut gerichteten Willen wenden, obwohl gerade die Gefährdung dieses Rechtsguts verhindert werden soll. Adressat der vom Rechtsimperativ ausgehenden Forderung wäre demnach ein Wille, der mangels rechtlich beachtlicher Finalität und mangels einer ihm innewohnenden besonderen Gefährdungsrichtung[319] der an ihn gerichteten Forderung überhaupt nicht entsprechen kann. Ein solcher, mit Bezug auf das gefährdete Rechtsgut rechtlich irrelevanter Wille kann daher vom Rechtsimperativ gar nicht angesprochen sein. Dem Rechtsimperativ kommt es mithin beim unbewußt-fahrlässigen Verhalten nur auf die Verhinderung der Auswirkung der Tätergefährlichkeit an, die hier losgelöst von jedem bewußtheitlich-

[314] Vgl. dazu auch *Oehler,* Zweckmoment, a. a. O.

[315] Vgl. auch z. B. *Michaelowa,* S. 66 ff. (m. w. N.) u. 113. Vgl. zur Ansicht der Subjektiv-Finalisten z. B. *Niese,* Strafrechtsdogmatik, S. 460 (r. Sp.).

[316] Vgl. auch *Oehler,* Zweckmoment, S. 44.

[317] *Oehler,* Zweckmoment, a. a. O.; vgl. auch *denselben,* Gefahrsetzung, S. 234.

[318] Vgl. auch *Oehler,* Zweckmoment, S. 45 f.

[319] Er ist gerade nicht auf das zu schützende, hier nun gefährdete Rechtsgut gerichtet!

subjektiven Element in einem dem Recht widersprechenden „Nichteingestelltsein“ des Täters auf das — gefährdete — Objekt seiner Handlung liegt[320]. Somit kommt bei unbewußten Fahrlässigkeitsdelikten einem bewußtheitlich-subjektiven Element keine rechtliche Bedeutung zu.

Die objektive Unrechtsbegründung bei den unbewußten Fahrlässigkeitsdelikten kann nun im Bereich der Rechtswidrigkeit keinen subjektiven *und* objektiven, sondern lediglich einen objektiven Unrechtsausschluß notwendig machen. Die Forderung nach subjektiven Rechtfertigungselementen hätte hiernach bei unbewußten Fahrlässigkeitsdelikten keine Berechtigung. Abgesehen hiervon vermeidet diese Auffassung des „relevanten objektiven Nichteingestelltseins“ den Widerspruch, der sich ergibt, wenn man auf der Unrechtsseite der unbewußten Fahrlässigkeit von einem Sorgfaltsmangel spricht, der als eine „unzulängliche willentliche bzw. willensbedingte Einstellung auf Gefahren“ bezeichnet wird[321]. Dasselbe gilt, wenn man darauf ab-

---

[320] Zwar ist ontologisch gesehen die Feststellung richtig, daß das Faktum des „Nichteingestelltseins auf das Objekt der Handlung“ (bzw. auf das gefährdete Rechtsgut) bei der unbewußten Fahrlässigkeit ein reines Negativum ist (vgl. dazu *Baumann*, AT, § 28 II 3 a, S. 438 sowie lit. b, *α*, S. 439; Arth. *Kaufmann*, Schuldprinzip, S. 160), das so nicht Gegenstand eines strafrechtlichen Vorwurfs im Rahmen der Schuld sein kann. Für eine strafrechtliche Betrachtung ist aber die ontologische Sicht zu eng und zu einseitig; der Vorwurf auf der Schuldebene gründet sich nicht nur auf eine *ontologische* Gegebenheit, er knüpft vielmehr sein Werturteil auch und entscheidend an der *ethischen* Realität an (vgl. dazu u. a. E.-J. *Lampe*, Unrecht, S. 191; *Roxin*, Handlungslehre, S. 529). Auf dieser Ebene ist aber das ontologisch Negative, nämlich das rechtlich relevante „Ausbleiben eines normgemäßen Eingestelltseins“ auf die Anforderungen des Gemeinschaftslebens, gegenüber dem ontologisch Positiven, nämlich dem bewußten, normwidrigen „Eingestelltsein auf das Objekt des Handelns“ bei Vorsatz und bewußter Fahrlässigkeit, als gleichwertig anzusehen. Das ontologisch Negative stellt — ethisch gesehen — durchaus ein Positivum dar, an dem ein Vorwurf im Rahmen der Schuld anknüpfen kann. Dieser Gegenstand des Vorwurfs auf der Schuldebene tritt auf der Rechtswidrigkeitsebene der unbewußten Fahrlässigkeitsdelikte als ungeschriebenes Tatbestandsmerkmal in Erscheinung (vgl. zum „Doppelbegriff Fahrlässigkeit“ u. a. die Nachweise in: Willens- und Handlungsbeziehungen, S. 193, Fn. 76; vgl. aber auch einerseits z. B. *Baumann*, AT, § 28 II 3 b, *β*, *αα*, S. 441 f., m. w. N. dort sowie mit Literaturübersicht in § 28 V, S. 448, sowie andererseits z. B. auch *Welzel*, Das neue Bild, S. 32; *Niese*, Finalität, S. 45 ff.; *Heitzer*, S. 828 ff.; die Vertreter des subjektiven Finalismus stellen dabei auf einen „besonders gearteten Willensakt“ ab. Vgl. dazu auch *Ulsenheimer*, S. 143 ff. (insbes. S. 145 unten); Arth. *Kaufmann*, Handlung, S. 112.

[321] *Welzel*, Persönlichkeit, S. 473 (der allerdings auf S. 472 zutreffend, jedoch nicht ganz konsequent von einem „unbewußten Eingestelltsein“ spricht).

stellt, daß die „richtige Einstellung zu den rechtlich geschützten Werten gefehlt" oder sich nicht im entscheidenden Augenblick durchgesetzt habe, indem der Täter „den Schluß von der an sich erkannten Gefahr auf die Gefährdung des geschützten Objekts nicht gezogen oder aber dem Bewußtsein dieser Gefährdung in seiner Vorstellung nicht genügend Raum gegeben" habe[322]. Mit der „Einstellung" werden hier bewußtheitliche Elemente verbunden. Dies befindet sich im Widerspruch mit dem tatsächlichen Gegenstand des Schuldvorwurfs, dem „objektiven Nichteingestelltsein". Wenn die zur objektiven Unrechtsbegründung bei unbewußten Fahrlässigkeitsdelikten führende Feststellung des objektiven „Nichteingestelltseins" bewußtheitliche Elemente ausschließt, so heißt dies nichts anderes, als daß das — einem Willensfehler gleich zu stellende — relevante „Nichteingestelltsein" ein unbewußtes, unsachgemäßes Verhalten des Täters darstellt[323].

Die Skizzierung[324] des Unrechtscharakters der unbewußten Fahrlässigkeit hat gezeigt, daß die früher bei der unbewußten Fahrlässigkeit vorgenommene „Jagd nach dem Vorsatz" *(Binding)* sowie die Feststellung eines Gefühls- oder Interessenmangels oder eines Charakterfehlers zumindest auf der Ebene der Rechtswidrigkeit (und deren Ausschluß) als verfehlt angesehen werden müssen. Insbesondere wurde im Laufe der Untersuchung des Verhaltens des unbewußt-fahrlässig Handelnden deutlich, daß bei der unbewußten Fahrlässigkeit keine direkte Verbindungslinie von einem finalen Willen über eine entsprechende finale Willensbetätigung zu dem objektiv wirklich bezogenen Gegenstand der realen Willensbetätigung festgestellt werden kann, was sich auch dogmatisch auf dem Weg in der Entwicklung der unbewußten Fahrlässigkeit zurückverfolgen läßt bis zum „casus", dem „Ungefährwerk", aus dem sich die unbewußte Fahrlässigkeit entwickelt hat. Weil dem unbewußt-fahrlässigen Handeln keine bewußtheitlichen Momente mit Intention auf den real bezogenen Gegenstand der Willensbetätigung anhaften, ist es auch insoweit zutreffend, die unbewußt-fahrlässigen Handlungen nicht als rechtlich relevante „subjektiv-finale" Handlungen anzusehen[325]. Man kann aber auch bei der

---

[322] *Jescheck*, S. 21 f.

[323] Das „Nichteingestelltsein" ist ferner nicht Gegenstand eines Vorwurfs auf der Schuldebene, der sich auf einen der strafbaren Handlung *vorausgehenden* Zeitraum bezieht. Damit ist ausgeschlossen, daß die unbewußte Fahrlässigkeit eine Charakterschuld darstellt.

[324] Die keineswegs als eine auch nur annähernd erschöpfende Behandlung dieses Problems anzusehen ist!

[325] Vgl. dazu z. B. *Baumann*, AT, § 16 IV 3 b, S. 198; *Roxin*, Täterschaft, S. 567; *Welzel*, Studien, S. 556. — *Boldt* (S. 343) sieht hier anscheinend eine Finalität als „wertende Bewußtheit". — Die Auffassung des Verfassers führt dazu, Anstiftung zu unbewußt-fahrlässigen Taten schon aus diesem Grunde

objektiv-finalen[326] unbewußten Fahrlässigkeit nicht von einem „Überwiegen des Akt- bzw. Handlungsunwerts gegenüber dem Erfolgsunwert" sprechen[327]. Dennoch liegt hier eine Willenshandlung im Rechtsinne vor, da diese nicht als im bewußtlosen Zustand geschehen oder als Reflexhandlung anzusehen ist, vielmehr die Handlungsfähigkeit des unbewußt-fahrlässig handelnden Menschen sich „in der finalsteuernden Funktion der Tiefenperson" gründet und „daher ein Wesenselement menschlichen Handelns" darstellt[328].

Die Analyse der Theorien zur unbewußten Fahrlässigkeit hat — unter Berücksichtigung der Psychologie des Unbewußten und der dogmatischen Entwicklung — ergeben, daß im Bereich der Rechtswidrigkeit der unbewußten Fahrlässigkeit für ein rechtlich relevantes bewußtheitlich-subjektives Element kein Raum ist. Andererseits hat sich aber auch gezeigt, daß entgegen der vorliegenden Auffassungen der Rechtslehre die unbewußte Fahrlässigkeit auch ohne Rückgriff auf bewußtheitliche Elemente in ihrem Unrechtscharakter befriedigend bestimmt werden kann.

Kann nun das Verhalten eines unbewußt-fahrlässig Handelnden bei einem der Gesamtrechtsordnung an sich entsprechenden Erfolg auch ohne einen *Abwehrwillen* und ohne die *Kenntnis der Notwehrsituation* infolge von Notwehr gerechtfertigt sein? Oder ist, wenn man mit der h. M. zur Rechtfertigung infolge von Notwehr ein subjektives Rechtfertigungselement verlangt, dem unbewußt-fahrlässig Handelnden eine Berufung auf Notwehr versagt?

Beruht vielleicht die Annahme, daß eine Verteidigung nur zugleich mit einem Abwehrwillen erfolgen könne, nur auf einer Fiktion[329]? Diese Frage führt zu der weiteren: „Warum soll der ‚hohe immaterielle Wert' der Notwehr dann nicht verwirklicht sein, wenn der Notwehrübende ohne Verteidigungswillen handelt[330]?"

Die Beantwortung dieser aufgeworfenen Fragen bedingt eine eingehende Erörterung des Rechtfertigungsgrunds der Notwehr, die bisher — trotz der gegenteiligen Feststellung von *Maurach*[331] — weder

---

zu verneinen; vgl. Literaturhinweise zu diesem Problem in: Teilnahme, S. 59, Fn. 22. Die übrigen vier Gesichtspunkte, die für den Ausschluß der Teilnahme an unvorsätzlicher Tat sprechen, vgl. dort auf S. 60 f. (auf S. 66 muß es dort im letzten Absatz statt „unvorsätzlichen" natürlich „vorsätzlichen" heißen).

[326] Vgl. z. B. auch Arth. *Kaufmann*, Handlung, S. 115; *denselben*, Handlungslehre, S. 151.

[327] Vgl. hierzu u. a. E.-J. *Lampe*, Unrecht, S. 92 ff. u. 78 ff.; *Baumann*, AT, § 19 II 1, S. 248; § 21 II 1 a, *β*, S. 289; § 20 II, S. 277.

[328] Arth. *Kaufmann*, Handlung, S. 113.

[329] Vgl. dazu auch *Horn*, S. 91.

[330] *Staab*, S. 35.

[331] *Maurach*, AT, § 26 I, S. 262.

in ihrer Bedeutung noch in ihren Folgerungen und Einzelheiten genügend klar behandelt und erkannt worden ist. Diese Tatsache erklärt sich wohl auch daraus, daß die Fragen, die im folgenden an die Notwehr herangetragen werden, von der Problematik der unbewußten Fahrlässigkeit ausgehen, deren Verbindung mit Notwehr in der Praxis selten auftritt und daher bisher in der Lehre so gut wie überhaupt nicht behandelt worden ist.

B. DIE NOTWEHR[332] BEI UNBEWUSSTEN FAHRLÄSSIGKEITSDELIKTEN

§ 53 Abs. 2 StGB enthält — mit § 227 BGB übereinstimmend — folgende „Legaldefinition"[333] der Notwehr, die auch fast wörtlich in § 32 Abs. 2 des 2. StrRG von 1969 übernommen worden ist[334]: „Notwehr ist diejenige Verteidigung, welche erforderlich ist, um einen gegenwärtigen, rechtswidrigen Angriff von sich oder einem anderen abzuwenden." Diese Begriffsbestimmung hat nur Bedeutung im Zu-

[332] Zur Notwehr vgl. insbes. folgende Literatur: *Stirtz*, Die subjektive Seite der Notwehr, Bonn 1897 (Diss. Erlangen); *v. Alberti*, Notwehr heute und in den Volksrechten, Stuttgart 1898 (Diss. Tübingen), S. 10 ff. (S. 3 ff. mit histor. Rückblick); *derselbe*, Das Notwehrrecht, 1901, S. 46 ff. u. 42 ff. (S. 4 ff. u. 7 ff. mit histor. Rückblick); *Löffler*, Unrecht und Notwehr, Prolegomena zu einer Revision der Lehre von der Notwehr, in: ZStW Bd. 21 (1901), S. 537 ff. (543, 567 f.); *Oetker*, Über Notwehr und Notstand nach den §§ 227, 228, 904 des bürgerlichen Gesetzbuchs, 1903, S. 6 ff.; *v. Ferneck*, Die Rechtswidrigkeit. Eine Untersuchung zu den allgemeinen Lehren des Strafrechts, Bd. 2, Erste Abteilung: Notstand und Notwehr, 1905, S. 122 ff.; *Oetker*, Notwehr und Notstand, in: VDA, Bd. 2, 1908, S. 255 ff.; *Baumgarten*, Notstand und Notwehr, Eine Studie im Hinblick auf das künftige Strafrecht, 1911, S. 97 ff.; *Oetker*, Die Behandlung der Notwehr und des Notstandes im Vorentwurf und im Gegenentwurf zu einem deutschen StGB, in: Das Recht 1912, S. 402 ff.; *Löffler*, Rechtswidrigkeit, Notwehr, Notstand, in: Der deutsche Strafgesetzentwurf, 1921, S. 27 ff.; *Oetker*, Notwehr und Notstand, in: Beiträge zur Strafrechtswissenschaft, v. *Frank*-Festgabe, Bd. 1, 1930, S. 359 ff.; *Humbert*, Subjektive Elemente der Rechtswidrigkeit in ihrer Bedeutung für die allgemeinen Rechtfertigungsgründe, Diss. Freiburg 1932; *Vollmann*, Die subjektiven Unrechtselemente im Strafrecht, Diss. Erlangen 1933, insbes. S. 42 ff.; *Sommerfeld*, Ist Notwehr zur Verteidigung sämtlicher Rechtsgüter zulässig?, Diss. Kiel 1934 (mit histor. Rückblick); *Klaus*, Grundlagen des Notstands- (und Notwehr-)Problems und seine Lösung de lege ferenda, Diss. Tübingen 1935, insbes. S. 19 ff. u. 99 ff.; *Maurach*, Kritik der Notstandslehre, 1935, S. 99 f.; *Finkler*, Die provozierte Notwehr, Diss. Erlangen 1936, insbes. S. 27 ff.; *Molitoris*, Die subjektiven Unrechtselemente im geltenden Strafgesetzbuch, Diss. Erlangen 1939, insbes. S. 77 ff.; *Focke*, Notwehr in Lehre und Rechtsprechung zum Strafgesetz in Deutschland und

sammenhang mit der weiteren Erklärung des Gesetzes in Absatz 1: „Eine strafbare Handlung ist nicht vorhanden, wenn die Handlung durch Notwehr geboten war[335]." Auch diese Erklärung ist noch nicht selbständig, sondern nur zu verstehen als Einschränkung von Verboten und Strafbarkeitserklärungen: Die Verletzung bzw. Tötung von Menschen, die im allgemeinen verboten und strafbar ist, ist im Falle der Notwehr erlaubt[336]. Die gesetzliche Begriffsbestimmung der Notwehr sowie die darin liegende Erlaubsnis erläutern und ergänzen den oben gekennzeichneten Rechtsimperativ.

I. Der Abwehrwille im Rahmen der Notwehr

Wie de lege lata die Notwehrvorschrift in Absatz 1 besagt, ist das tatbestandsmäßige Verhalten eines Angegriffenen gegenüber dem Angreifer gerechtfertigt, wenn die *„Handlung durch*[337] *Notwehr"* (Notwehrhandlung im Sinne des Absatzes 2) *geboten* im Sinne des Absatzes 1 ist; eine Handlung ist dann eine *Notwehrhandlung*, wenn sie

---

Italien, Strafr. Abh. Heft 403, 1939; *Maurach*, Schuld und Verantwortung im Strafrecht, 1948, S. 72; *derselbe*, Grundriß des Strafrechts, AT, 1948, S. 77 ff.; *Wiedow*, Die subjektive Seite der Rechtfertigung im Strafrecht, Diss. München 1948, S. 50 ff.; *Nowakowski*, Zur Lehre von der Rechtswidrigkeit, in: ZStW Bd. 63, 1950/51, S. 287 ff.; *Jesser*, Der Gedanke der Verhältnismäßigkeit im Notwehrrecht, Diss. Tübingen 1951; *Schudt*, Die subjektiven Unrechtselemente in der neueren Strafrechtsentwicklung, Diss. München 1951, insbes. S. 154 ff.; *Schaffstein*, Notwehr und Güterabwägungsprinzip, in: MDR 1952, S. 132 ff.; *Staab*, Das Problem subjektiver Elemente im Rahmen der Notwehr, Diss. Frankfurt 1953; *Diehl*, Die subjektiven Elemente der Unrechtsausschließungsgründe, Diss. Kiel 1953, insbes. S. 17 ff. u. 23 ff.; *Zippelius*, Der Aufbau der modernen Unrechtslehre, 1953, S. 57 ff.; *Henkel*, Zumutbarkeit und Unzumutbarkeit als regulatives Rechtsprinzip, in: *Mezger*-Festschrift, 1954, S. 249 ff. (271 ff.); *Stratenwerth*, Prinzipien der Rechtfertigung, in: ZStW Bd. 68, 1956, S. 41 ff. (59 ff.); *Röwer*, Die Zumutbarkeit des Rechtsgehorsams, Regensburg 1957 (Diss. Köln), S. 53 ff.; *Henkel*, Recht und Individualität, 1958, S. 66 ff.; *Oehler*, Das objektive Zweckmoment in der rechtswidrigen Handlung, Berliner Juristische Abhandlungen, Bd. 1, 1959, insbes. S. 165 ff.; *Roxin*, Offene Tatbestände und Rechtspflichtmerkmale, 1959, S. 158 ff. (insbes. S. 160 f.); Rud. *Schmidt*, Der rechtswidrige Angriff bei der Notwehr, in: NJW 1960, S. 1706 f.; *Blanke*, Die subjektiven Rechtfertigungselemente, Diss. Bonn 1960, insbes. S. 86 ff.; *Baumann*, Notwehr im Straßenverkehr?, in: NJW 1961, S. 1745 ff.; *Horn*, Untersuchungen zur Struktur der Rechtswidrigkeit, Schriften zur Rechtstheorie, Heft 1, Berlin 1962 (Diss. Mainz 1961), S. 90 f.; *Baumann*, Rechtsmißbrauch bei Notwehr, in: MDR 1962, S. 349 ff.; *Maurach*, Die Beiträge der neueren höchstrichterlichen Rechtsprechung zur Bestimmung des Wahnverbrechens, in: NJW 1962, S. 716 ff. u. 767 ff. (771); *Winkler*, Die Stellung der Notwehr im System des

als eine gegen[338] einen gegenwärtigen rechtswidrigen Angriff erforderliche[339] *„Verteidigung"* gelten kann.

Da „expressis verbis" von einem „Willen" bei der Notwehr oder Verteidigung im Gesetzestext nicht gesprochen wird, bedarf es daher einer Prüfung, was unter dem Begriff der *Verteidigung* zu verstehen ist.

1. Die verschiedenen Theorien zur Verteidigung

In der Rechtslehre hat der Begriff der Verteidigung verschiedene Bedeutung erfahren. Es lassen sich — soweit ersichtlich — fünf Auffassungen unterscheiden:

Nach der *ersten*[340] Ansicht (d. i. die h. M.) ist unter Verteidigung eine „Abwehrhandlung"[341] verbunden mit einem Abwehrwillen zu verstehen. Hiernach muß jede Abwehrhandlung von einem Abwehrwillen getragen sein, denn das liege schon im Wesen der Verteidigung[342]. Auch ließe sich diese nur als Äußerung des ernsten Willens

---

Bürgerlichen Rechts, Diss. Tübingen 1962; Rud. *Schmitt*, Subjektive Rechtfertigungselemente bei Fahrlässigkeitsdelikten?, in: JuS 1963, S. 64 ff.; *Deutsch*, Fahrlässigkeit und erforderliche Sorgfalt, Eine privatrechtliche Untersuchung, 1963, S. 257 ff.; *Roxin*, Die provozierte Notwehrlage, in: ZStW Bd. 75, 1963, S. 541 ff. (562 ff.); *Gribbohm*, Zumutbarkeitserwägungen im Notwehrrecht, in: SchlHA 1964, S. 155 ff.; *Noll*, Die Rechtfertigungsgründe im Gesetz und in der Rechtsprechung, in: SchwZStr. Bd. 80, 1964, S. 160 ff.; *Heinsius*, Moderne Entwicklung des Notwehrrechts, Diss. Hamburg 1965, S. 32 ff.; *Kraushaar*, Die Rechtswidrigkeit in teleologischer Sicht, in: GA 1965, S. 1 ff. (17 f.); *Lenckner*, Der rechtfertigende Notstand, Zur Problematik der Notstandsregelung im Entwurf eines Strafgesetzbuches (E 1962), Tübinger Rechtswissenschaftliche Abhandlungen, Bd. 14, 1965, insbes. S. 137 f.; *Noll*, Tatbestand und Rechtswidrigkeit: Die Wertabwägung als Prinzip der Rechtfertigung, in: ZStW Bd. 77, 1965, S. 1 ff. (8 ff.); *Rost*, Die Rechtfertigungsgründe bei Fahrlässigkeitsdelikten, Diss. München 1965; *Himmelreich*, Anmerkung zu Urteil des AG Bensberg 6 C 35/65 v. 25. 10. 65, NJW 1966, S. 733 ff., in: NJW 1966, S. 733 f.; *derselbe*, Erforderlichkeit der Abwehrhandlung, Gebotensein der Notwehrhandlung; Provokation und Rechtsmißbrauch; Notwehrexzeß, in: GA 1966, S. 129 ff.; *Lenckner*, Die Rechtfertigungsgründe und das Erfordernis pflichtgemäßer Prüfung, in: Beiträge zur gesamten Strafrechtswissenschaft, H. *Mayer*-Festschrift, 1966, S. 165 ff.; *Münzberg*, Verhalten und Erfolg als Grundlagen der Rechtswidrigkeit und Haftung, Juristische Abhandlungen, Bd. 4, 1966, S. 362 ff.; *Schreiber*, Notwehr in der christlichen Literatur zwischen dem 4. und 12. Jh., Diss. Erlangen — Nürnberg 1966; *Himmelreich*, Nothilfe und Notwehr: insbesondere zur sog. Interessenabwägung, in: MDR 1967, S. 361 ff.; *Lenckner*, „Gebotensein" und „Erforderlichkeit" der Notwehr, in: GA 1968, S. 1 ff.; O. *Lampe*, Defensiver und aggressiver übergesetzlicher Notstand, in: NJW

denken, einen Angriff von sich abzuwenden[343]. Das Merkmal „Verteidigung" enthalte[344] ein subjektives Element und sei somit ein Komplexbegriff. Kenntnis der Notwehrsituation sei stets zu fordern. Teilweise wird auch gesagt: „Dem objektiven Rechtfertigungselement (dem tatsächlichen Recht-Handeln des Täters trotz Tatbestandserfüllung) muß als subjektives Rechtfertigungselement der Wille zu sozial billigenswertem Handeln entsprechen. Das Fehlen eines der beiden Merkmale bewirkt die Inkongruenz von Willen und Erfolg[345]." Wenn „der tatbestandsmäßige Erfolg sich ‚zufällig' als sozial billigenswertes Ergebnis darstellt", kann dies „den Täter nicht ... entlasten; für sein Vorstellungsbild spielt dieses Ergebnis keine Rolle; er will lediglich den durch die Vertatbestandlichung als unwertig vertypten Erfolg, ohne die Möglichkeit in Rechnung zu stellen oder zu erstreben, daß dieser Erfolg im konkreten Falle wegen Vorliegens des objektiven Rechtfertigungselementes im Endergebnis das Unrechtsindiz ausräumt. Der Handlungsunwert bleibt für einen solchen Täter bestehen"[346].

Die *zweite* Auffassung[347] versteht unter Verteidigung nur die „Abwehrhandlung" und lehnt für diese jegliches Erfordernis eines sub-

---

1968, S. 88 ff. (92, r. Sp.); *Kratzsch*, Grenzen der Strafbarkeit im Notwehrrecht, Neue Kölner Rechtswissenschaftliche Abhandlungen, Heft 57, 1968. Zur älteren Literatur vgl. unten Fn. 402.

[333] Der Rechtfertigungsgrund steckt in Abs. 1; in Abs. 2 ist die Notwehr nur definiert. Vgl. dazu auch z. B.: *Engisch*, Einführung, S. 23; *Gribbohm*, S. 158; *Klug*, Handlungsbegriff, S. 40; OLG München, NJW 1966, S. 1166; AG Bensberg, NJW 1966, S. 733; *Lackner-Maassen*, § 53 Anm. 3, S. 124; *Schwarz-Dreher*, § 53 Anm. 4, S. 231.

[334] Vgl. Fn. 333.

[335] De lege ferenda: „Wer eine Tat begeht, die durch Notwehr geboten ist, handelt nicht rechtswidrig" (vgl. Fn. 333).

[336] Vgl. dazu *Engisch*, Einführung, a. a. O.

[337] Im Sinne von „infolge"!

[338] „Gegen" = „um ... abzuwenden".

[339] Nach E 1962 (vgl. die Begründung zu § 37, S. 156) sollte das Problem des Gebotenseins unter dem Begriff der Erforderlichkeit mitabgehandelt werden (vgl. dazu in: Erforderlichkeit, S. 129 ff. und in: Nothilfe, S. 361 ff.). Zumindest hatte man damit aber anerkannt, daß eine Nichtberücksichtigung des Gebotenseins deshalb unmöglich ist, weil die Notwehrvorschrift im Strafrecht der des Zivilrechts (§ 227 BGB) weiterhin entsprechen soll und muß. Eine verschiedenartige Beurteilung, ob Notwehr vorliegt, kann es in der Gesamtrechtsordnung nämlich nicht geben. In § 32 StrRG von 1969 (Bundestagsdrucksache V/4095, S. 57, m. Begr. S. 14) wurde die Selbständigkeit des Begriffs „Gebotensein" wiederhergestellt.

Die „Erforderlichkeit" setzt sich mithin zusammen: aus dem objektiv sachlich Geeignetsein und Notwendigsein der eigenhändigen Abwehrhandlung und bestimmt, *auf welche Weise* ein eigenhändiges „Begegnen der Gefahr" erfolgen darf.

jektiven Rechtfertigungselements — und somit auch den Abwehrwillen — ab. Auch Kenntnis der Notwehrsituation sei nicht notwendig. Der gesetzliche Tatbestand verlange keine subjektiven Elemente. Da die Rechtswidrigkeit durch die Tatbestandsmäßigkeit indiziert werde, gründe sich das Rechtswidrigkeitsurteil ausschließlich auf objektive Elemente.

Die *dritte* Ansicht[348] versteht wie die zweite unter Verteidigung nur eine „Abwehrhandlung"[349]; sie hält jedoch im Rahmen der Vorsatzdelikte neben den objektiven Rechtfertigungselementen auch den Willen für notwendig, in Ausübung des Notwehrrechts zu handeln, also einen Abwehrwillen, verbunden mit Kenntnis der Notwehrlage[350]. Der Unwertgehalt der Vorsatztat liegt nach dieser Auffassung nicht im objektiven Geschehen (wie die Verfechter der zweiten Ansicht annehmen), sondern in der Auflehnung des Willens gegen die Gebote des Rechts[351]; daher sei als „Gegenstück"[352] zu dem bewußten Auflehnen gegen die Rechtsordnung ein subjektives Rechtfertigungselement[353] notwendig[354].

Durch das „Gebotensein" der eigenhändigen Abwehrhandlung wird bestimmt, *ob* dem Angegriffenen ein eigenhändiges „Begegnen der Gefahr", also ein eigenhändiges *Abwehr*mittel oder ein anderes Mittel (Anrufen des Gerichts, Herbeiholen der Polizei bzw. der Hilfe Dritter oder gar Absehen von einer Abwehr) zuzumuten ist. — In § 17 Abs. 1 des neuen „Strafgesetzbuch(es) der Deutschen Demokratischen Republik — StGB — vom 12. Januar 1968" (Gesetzblatt I. der DDR 1968, S. 1 ff.), das am 1. 7. 1968 in Kraft trat, heißt es: „Wer einen gegenwärtigen Angriff gegen sich oder einen anderen oder gegen die sozialistische Staats- und Gesellschaftsordnung in einer der Gefährlichkeit des Angriffs angemessenen Weise abwehrt, handelt im Interesse der sozialistischen Gesellschaft und ihrer Gesetzlichkeit und begeht keine Straftat."

[340] Vgl. z. B.: RGSt. 16, 69 (72); 54, 196 (199); 55, 82 (83); 56, 259 (268); 56, 285; RG GA Bd. 45 (1897), 272; RGSt. 60, 261 (262): „Verteidigungszweck"; 62, 76 (77 f.); RG JW 1938, 657; RG HRR 1938 Nr. 909 (vgl. weitere Nachweise bei *Lobe*, RGRK, § 53, Anm. 5 b, S. 390); BGHSt. 2, 111 (114); 3, 194 (196, 198); 5, 245 (247 f.); BGH bei *Dallinger*, MDR 1958, 12 (13); BGHSt. 11, 257; BGH (4. Sen.) NJW 1968, 1885 = LM Nr. 7 zu § 53 StGB; BGH NJW 1969, 802; OLG Hamm, JMBl. NJW 1961, 128; OLG Saarbrücken, VRS 17, 25 (28); OLG Hamm, NJW 1962, 1169 (1170); OLG Neustadt in OLGSt. zu § 53, S. 3 f. (4); *v. Alberti*, Notwehrrecht, S. 47; *Baldus*, Niederschriften, S. 127; *derselbe*, a. a. O. (Anhang), S. 69, Nr. 2 c; *Binding*, Handbuch, § 150 III, S. 750; *derselbe*, Normen, II, 1, S. 612; *Bindokat*, S. 746 (1. Sp., Abs. 1, Mitte); *Blanke*, S. 103 (Handlungswille und aktuelle Kenntnis von dem objektiven Rechtfertigungselement); *Braun*, S. 50; *Busse*, S. 132, Fn. 44; *Dahm*, S. 53; *Dalcke-Fuhrmann-Schäfer*, Anm. 3 a zu § 53, S. 72; *Dencker*, S. 91; *Diehl*, S. 19 ff. u. 23 ff. (27 ff. u. 34); *zu Dohna*, Verbrechenslehre, S. 32; *Finkler*, S. 40 sowie S. 31, 34, 35; H. A. *Fischer*, § 14,

Dies gilt dieser Ansicht zufolge jedoch nicht im Rahmen der Fahrlässigkeitsdelikte[355]; denn bei diesen müsse für die Rechtfertigung die objektive Situation ausreichen[356]. Abwehrwille und Kenntnis der Notwehrsituation seien bei diesen nicht notwendig, da es an dem „Gegenstück"[357] des subjektiven Rechtfertigungselements, nämlich der bewußten Auflehnung gegen die Rechtsordnung, fehle[358].

Die *vierte* Meinung[359] sieht zwar wie die zuerst erörterte h. M. den Begriff der Verteidigung als Komplexbegriff an; als solcher enthalte dieser auch ein subjektives Element[360]. Notwehr sei „eine gezielte Aktion"[361]. Dann wird aber betont: „Allgemein wird man bei Fahrlässigkeitsdelikten einen Verteidigungswillen nicht verlangen können, wohl aber Kenntnis der rechtfertigenden Situation[362]."

Die *fünfte* Auffassung[363] schließlich hält wie die dritte und vierte Ansicht bei den Vorsatzdelikten an der Notwendigkeit von Abwehrwille und Kenntnis der Notwehrsituation fest. Sie unterscheidet sich von der vierten aber dadurch, daß sie bei den bewußten Fahrlässigkeitsdelikten außer der Kenntnis der Notwehrsituation einen Abwehrwillen für notwendig erachtet und von der dritten insofern, als

S. 138; *Focke*, S. 55 f.; *v. Frank*, § 53 II, S. 162; *Germann*, Recht und Unrecht, S. 175, *Heinsius*, S. 10 (u. S. 26; vgl. dazu unten Fn. 378) sowie S. 43 u. 61; *Hälschner*, S. 272, Fn. 2; *Humbert*, S. 38; *Jagusch*, LK, § 53, Anm. 3 b, S. 406; *Jescheck*, LB, § 32 II 2 a, S. 230 (vgl. auch § 31 IV 1, S. 221; § 31 V, S. 223; § 32 III 1, S. 231; § 32 IV 2 a, S. 232; § 32 V 1, S. 233); Arm. *Kaufmann*, Lebendiges und Totes, S. 244 ff. (247); (wohl auch:) *Klaus*, S. 24 f. u. 107 (vgl. auch S. 76 f.); *Knoch*, S. 99; *Köhler*, Strafrecht, § 31 III 9, S. 357 f., i. V. m. § 27 II 6, S. 288 f.; *Köhnen*, S. 49 f.; *Kratzsch*, S. 33 u. 39; *Kraushaar*, S. 17; *Krümpelmann*, S. 134 u. 137 („Rechtfertigungsbewußtsein"); *Lackner-Maassen*, § 53, 2 e, S. 123; E.-J. *Lampe*, Unrecht, S. 152 f. („Verteidigungsabsicht"); (wohl auch:) *Lenckner*, Rechtfertigungsgründe, S. 165 ff. (165); *v. Liszt-Schmidt*, § 33 II 2 c, S. 198; *Lobe* in RGRK, § 53, Anm. 5 b, S. 390; *Maurach*, AT, § 26 II B 1, S. 267; § 43 C 1 (Abs. 3), S. 469; § 25 V B 2, S. 259; § 43 C 1, Abs. 1 u. 4, S. 469 („Kongruenz der subjektiven und objektiven Rechtfertigungselemente"); H. *Mayer*, LB, AT, § 30 V 1, S. 204; *derselbe*, StuB, AT, § 22 IV 1, S. 100 f. („zum Zwecke der Verteidigung"), vgl. auch § 22 I 1 c, aa, S. 97 u. § 20 II 4, S. 88; *Mezger*, StuB, AT, § 40, 2 a, S. 118 sowie § 32 V, S. 91 (gegen früher: Unrechtselemente, S. 308 f. u. LB, S. 235 f.); *Mezger-Blei*, StuB, AT, § 40, 2 a, S. 127 sowie § 33 V, S. 99 (vgl. dazu Fn. 373); *Mittelbach*, § 17 II 2; *Molitoris*, S. 86; *Moser*, § 31 I 6, S. 98; *Nagler*, S. 16; *Niese*, Finalität, S. 17; *Oetker*, Notwehr II, S. 255 ff. (275, Anm. 1; vgl. auch *denselben*, Über Notwehr, S. 10); *Olshausen-Niethammer*, § 53, Anm. 11, S. 332; *Petters-Preisendanz*, § 53 II 3, S. 127, sowie Vorbem. AT, VI 5 c, S. 17; *Rafidjah*, S. 90; *Roxin*, Notwehrlage, S. 562 f. (Bedenken noch in: Offene Tatbestände, S. 160, 163 u. 177); *Sauer*, Strafrechtslehre, § 18 A I 2 b, aa, S. 121, sowie § 18 Abs. 2, S. 118 (anders noch in 1. Aufl., S. 345 ff.); *Schaffstein*, Rechtfertigungsgründe, S. 199; (wohl auch:) *Schroeder*, S. 97 u. 100; *Schudt*, S. 155 (dort Fn. v.

sie zwar bei den unbewußten Fahrlässigkeitsdelikten keinen Abwehrwillen verlangt, dafür aber eine Kenntnis der Notwehrsituation bei diesen postuliert. Abgesehen davon deutet diese Ansicht den Abwehrwillen als „Willen des Täters, das höherwertige Interesse durchzusetzen“[364].

An Hand einzelner Fälle von Fahrlässigkeitsdelikten soll nunmehr das *Problem des Abwehrwillens* veranschaulicht und insbesondere untersucht werden, ob eine dieser obigen Ansichten stets zu einem sinnvollen und zu einem das Rechtsgefühl befriedigenden Ergebnis führt.

2. *Fälle aus dem Bereiche der Fahrlässigkeit*[365]

Fall 1: Förster A sucht mit seinem Pkw sein Revier auf. Als er gedankenversunken seinen Wagen über einen Waldweg steuert, streift er dabei den mit einem Revolver auf ihn zielenden Wilderer B, der am Wegrand lauert; B wird dabei erheblich verletzt.

S. 154); *Schwalm*, S. 129; Schwarz-Dreher, § 53 Anm. 4 A, S. 277; *Sieverts*, S. 210 u. 204; *Stirtz*, S. 28 f.; *Stratenwerth*, Strafrechtsdogmatik, S. 201 ff.; *Vollmann*, C III 1, S. 42; *Welzel*, LB, § 14 I 3 b, S. 80 f. u. II 2, Abs. 1, S. 83; *Wieczorek*, S. 30; *Wiedow*, S. 57 u. 62 f.; *Winkler*, S. 150; *Zippelius*, S. 59; *Zirpins-Schulz*, § 53 A 2 a i. V. m. lit. C (a. E.), S. 72. — Von einem objektiven „Verteidigungszweck der Handlung“, der aus dem Verteidigungswillen entstünde bzw. von einer „objektiven Richtung und Begrenzung auf Abwehr“ sprechen dagegen: *Oehler*, Zweckmoment, S. 166 f.; R. *Lange* in *Kohlrausch-Lange*, § 53 VI, S. 206; *Wegner*, S. 121 f. — Es sei hier darauf hingewiesen, daß keiner dieser oben angeführten Autoren die Notwendigkeit des „Abwehrwillens“ bei den *Fahrlässigkeitsdelikten* verneint; *Maurach* (AT, § 43 II C 1 und 2, S. 469 f. i. V. m. § 25 V B, S. 258 ff.; gegen früher: Schuld, S. 12, Fn. 50, und Grundriß, S. 77 f.) u. *Petters-Preisendanz* (§ 53 II 4, S. 128) bejahen diese sogar ausdrücklich; vgl. auch OLG Hamm, NJW 1962, 1169 (1170).

[341] Unter Abwehrhandlung ist jedes auf *Abwehr* gerichtete Verhalten — auch Trutzwehr — zu verstehen, unter „Wehr“ m. E. nur eine eigenhändige Abwehr im Sinne eines „Begegnens der Gefahr“ — im Gegensatz z. B. zum Ausweichen.

[342] *Dencker*, a. a. O.; *v. Liszt-Schmidt*, a. a. O.

[343] Vgl. auch E 1962, Begründung zu § 37, S. 156 (r. Sp., Abs. 3).

[344] Vgl. z. B. *v. Liszt-Schmidt*, a. a. O., Fn. 14; *Olshausen-Niethammer*, a. a. O.; *Jagusch*, a. a. O.; *Sauer*, a. a. O.

[345] *Maurach*, AT, § 25 V B, 2, S. 259 (Klammern im Original).

[346] *Maurach*, AT, § 25 V B 1, S. 258.

[347] Vgl. z. B. *Allfeld*, § 25 III 2 c, S. 127; *Beling*, Verbrechen, § 15 X b, S. 141; *derselbe*, Grundzüge, § 10 III, S. 15; *Coenders*, S. 2760; *Gerland*, § 42 II, 2 e, S. 149 i. V. m. Fn. 33; *Goldschmidt*, S. 129 ff. (170); *Hegler*,

Fall 2: A gerät auf der Fahrt durchs Revier auf einen durch Regen aufgeweichten Schlammweg. Nur um ein Steckenbleiben des Wagens zu verhindern, reißt er das Steuerrad herum und fährt auf den trockenen Wegrand zu, an dem er B stehen und auf ihn mit dem Revolver zielen sieht. B wird von dem Wagen erfaßt und erheblich verletzt. A *wollte* B *nicht anfahren oder einschüchtern,* um dem Angriff des B zu begegnen. Er wollte sich auch nicht dem Angriff des B durch Flucht entziehen. Das Ausweichmanöver hatte Abwehrgedanken in seinem Bewußtsein nicht aufkommen lassen[366].

Fall 3: A trifft auf seinem Reviergang B. Er ruft dem B zu, der Anstalten macht, sein umgehängtes Gewehr zu nehmen, es zu entsichern und auf A zu schießen: „Halt, oder ich schieße!" A *will* jedoch *nicht schießen, sondern* B ohne jeglichen Schußwechsel nur *einschüchtern.* Zu diesem Zweck bringt A sein schon von vornherein entsichertes Gewehr in Anschlag. Dabei löst sich versehentlich ein Schuß, der den B erheblich verletzt.

Fall 3 a (Variante): A verfolgt den wild um sich schießenden B mit entsichertem Gewehr. Er ruft: „Halt, oder ich schieße!", *will* aber in Wirklichkeit *nicht schießen,* da er sonst seinen Sohn treffen könnte, der gerade in die Schußbahn läuft; er *will* B nur *einschüchtern.* Beim

---

Verbrechen, S. 19 ff. (S. 37, Anm. 45); *derselbe,* Subj. Rechtswidrigkeitsmomente, S. 251 ff. (258); R. *v. Hippel,* LB, § 33 III 1, S. 113 i. V. m. Fn. 4; *derselbe,* Strafrecht, Bd. 2, § 17 IV 1, S. 210; *Kohler,* BGB-LB, Bd. 1, S. 208 f.; *Nowakowski,* Strafrecht, S. 59; *derselbe,* Rechtswidrigkeit, S. 287 ff. (319); *Rittler,* § 21 V, S. 140; *Staab,* S. 68, 84 u. 88; vgl. auch *Zimmerl,* S. 67 f. (vgl. auch S. 29 ff.); *Creifelds,* S. 740 (zum Stichwort „Notwehr"); *Köst,* S. 551 f. (zum Stichwort „Notwehr").

348 Vgl. *Schönke-Schröder* (14. Aufl.), § 53 III 5, R. 26 i. V. m. Vorbem. IV (a. E.) vor § 51, R. 77; Rud. *Schmitt,* S. 65; AG Bensberg, NJW 1962, 733 (735); H. *v. Weber,* Strafrecht, § 12 III 2 a, 4, S. 91 f. i. V. m. § 12 I, S. 88, Abs. 1 (der den Abwehrwillen sogar auf die vorsätzlichen Erfolgsdelikte beschränken will); *derselbe,* Rechtfertigungsgrund, S. 262 f.; *derselbe,* Strafrechtssystem, S. 17 (vgl. auch *denselben,* Negative Tatbestandsmerkmale, S. 190 ff.); wohl auch: *Klaus,* S. 24. — (Die Ansicht von *Blanke,* S. 94 f., über *v. Weber* trifft nicht in vollem Umfange zu.)

349 *Schönke-Schröder* (14. Aufl.), § 53 III 1, R. 17.

350 Vgl. *Schönke-Schröder* (14. Aufl.), Vorbem. IV vor § 51, R. 75; *dieselben* (11. Aufl.), Vorbem. IV (a. E.) vor § 51, R. 68 (Abs. 2).

351 Vgl. *Schönke-Schröder* (14. Aufl.), Vorbem. IV vor § 51, R. 76, S. 380.

352 *Schönke-Schröder* (11. Aufl.), a. a. O.

353 Oft auch als „negatives subjektives Unrechtselement" bezeichnet!

354 Vgl. *Schönke-Schröder* (14. Aufl.), a. a. O., R. 77; AG Bensberg, a. a. O.

355 Es sei jedoch darauf hingewiesen, daß *Schröder* (Vorsatzbegriff, S. 207 ff.; 245; vol. auch *Schönke-Schröder.* 14. Aufl., § 59 X 4, R. 152) als Fahrlässigkeit nur die unbewußte Fahrlässigkeit anerkennt und die bewußte anscheinend in den dolus eventualis einbeziehen will, zumal er sich bei einem Zweifel des Täters über den Erfolgseintritt für den dolus eventualis entscheidet (*Schröder,* Vorsatzbegriff, S. 237).

Nachlaufen stolpert er jedoch; dadurch löst sich ein Schuß aus seinem Gewehr, der den B erheblich verletzt.

Fall 4: A *will* den auf ihn das Gewehr anlegenden Wilderer B nur durch Warnung *durch einen Schuß* dicht über dessen Kopf *einschüchtern.* Es löst sich aber ein den B verletzender Schuß schon beim Hochreißen des entsicherten Gewehres, bevor A anlegen und auf B einen Warnschuß abgeben konnte[367].

Fall 4 a (Variante)[368]: Nach dem Zuruf des A ist B nicht eingeschüchtert, sondern nimmt sein Gewehr und legt auf A an. Dieser nimmt, *um einen Schuß* zur Warnung *auf* B *abzugeben,* sein Gewehr und zielt im Vertrauen auf seine Schießkunst neben B auf einen Baum. B wird jedoch versehentlich getroffen und erheblich verletzt.

Fall 5: A hegt schon lange den Wunsch, einmal an einem Menschen als Zielscheibe seine — in der Tat — vortreffliche Schießkunst zu erproben. Als er über einem Gebüsch einen Hut (des B) herausragen sieht und demzufolge annimmt, daß dahinter ein Mensch hockt, hat er nur den einen Gedanken, an diesem als *„Zielscheibe"* sich selbst einen Beweis seiner Schießkunst zu geben, und *will* allein aus diesem Grund B den *Hut vom Kopf schießen.* Wohl hält A es für möglich, daß B bei dieser Entfernung tödlich getroffen werden könne, nimmt jedoch im Vertrauen auf seine Treffsicherheit an, daß dies nicht geschehen werde. Unglücklicherweise trifft jedoch der Schuß den B, der seinerseits sein entsichertes Gewehr auf A angelegt hatte, um diesen zu erschießen; B wird erheblich verletzt.

---

[356] Vgl. Rud. *Schmitt,* S. 68; *Schönke-Schröder* (14. Aufl.), Vorbem. IV vor § 51, R. 77.

[357] Vgl. Fn. 352.

[358] Vgl. *Schönke-Schröder* (11. Aufl.), a. a. O. (vgl. Fn. 350).

[359] *Baumann,* AT, § 21 II 1 a, δ, S. 291.

[360] *Baumann,* AT, a. a. O., sowie § 20 I 1 b, S. 274, 275; § 21 I 3 c, S. 283 u. 284 sowie § 20 III, S. 278.

[361] *Schwab,* S. 14.

[362] *Baumann,* AT, § 21 II 1 a, ζ, S. 292. Vgl. auch *Noll,* Rechtfertigungsgründe, S. 171 ff.; *Schwab,* S. 21 (r. Sp.).

[363] *Rost,* S. 54 ff.

[364] *Rost,* S. 56; vgl. auch S. 53, 55, 19 u. 45.

[365] Dabei sollen eine Abweichung des wirklichen vom vorgestellten Kausalverlauf als wesentlich und die Vorgänge jeweils als einheitliche Handlungen angesehen werden.

[366] In der Problematik gleichliegend: OLG Dresden JW 1929, 2760 (m. Anm. *Coenders*).

[367] In der Problematik gleich läge der Fall RGSt. 58, 285 (dort *wollte* A „über" — nicht „auf" — die vermeintlichen Diebe schießen), wenn man von einer „Putativ"-Notwehr absähe.

[368] In der Problematik gleichliegend: BGH bei *Dallinger,* MDR 1958, 12 f.; OLG Hamm, NJW 1962, 1169 (m. Rezension von Rud. *Schmitt* in JuS 1963, S. 64 ff.).

3. Prüfung der einzelnen Theorien

Bei sämtlichen angeführten (bewußten und unbewußten) Fahrlässigkeitsdelikten[369] muß bei Zugrundelegung der *zweiten* und *dritten* Ansicht das Verhalten des A als Verteidigung angesehen werden, weil er in sämtlichen Fällen — auch bei Fehlen eines Abwehrwillens — das Unrecht abwendet und objektiv somit das angegriffene Rechtsgut schützt.

Das Absehen von einem Abwehrwillen bzw. subjektiven Rechtfertigungselement erscheint aber nur sinnvoll und gerecht in den Fällen, in denen beim Verhalten des A ein — die auf das Rechtsgut zielende Handlung begleitender — Gefährdungswille hinsichtlich des von A angegriffenen Rechtsguts fehlt wie in den Fällen 1 und 2, in denen A gedankenversunken von dem, was um ihn herum geschieht, nichts wahrnimmt bzw. andere Gedanken solche Bewußtseinsvorgänge in seinem Wahrnehmungsfeld nicht bis zur Bewußtheit gelangen lassen. Denn dort, wo schon von Natur aus bei einem Verhalten *jeglicher* Wille in Richtung auf das angegriffene Rechtsgut (B) fehlt, kommt einem Abwehrwillen keine Bedeutung zu. Wenn jedoch schon eine innere Willensrichtung das Verhalten in Richtung auf das Rechtsgut (B) steuert — wie insbesondere in den Fällen 4 a und 5, in denen A schießt, um einen Warnschuß abzugeben bzw. seine vortreffliche Schießkunst zu erproben — so muß dieser Gefährdungswille erst in von der Rechtsordnung gebilligten Bahnen verlaufen, damit die Handlung dem Verteidigungszweck dienen kann.

Der *ersten* Auffassung (h. M.) zufolge, nach der zur Notwehr bei der Verteidigung immer ein Abwehrwille notwendig sein muß, wäre im Falle 4 a das Verhalten des A als gerechtfertigt anzusehen. Die Rechtfertigung ergäbe sich aus der Tatsache, daß A schießen will, um den Angriff des B abzuwenden, also ein Abwehrwille bei der Abwehrhandlung vorhanden ist.

Im Fall 5 müßte die erste Ansicht — im Gegensatz zur zweiten und dritten — eine „Verteidigung“ verneinen, da die Abwehrhandlung nicht von einem Abwehrwillen begleitet ist; denn A hat nur den einen Gedanken, seine Schießkunst an B zu erproben, nicht aber den Gedanken und Willen, sich gegen den Angriff des B zu wehren. Hier zeigt sich die Auffassung der ersten Ansicht in ihrem Ergebnis dem der anderen Ansichten überlegen; denn, wenn ein Gefährdungswille des A schon auf B gerichtet ist, muß dieser Wille zwecks Rechtfertigung infolge von Notwehr auch auf Verteidigung gerichtet, m. a. W. die Handlung auf den Verteidigungszweck ausgerichtet sein.

---

[369] Mit Einschränkung würde hier wohl *Schröder* hinsichtlich der Fälle von bewußter Fahrlässigkeit urteilen, die er (vgl. Fn. 355) offenbar zu den Vorsatzdelikten ziehen und somit wie die erste Ansicht behandeln würde.

Nur wenn man im Fall 4 das Hochreißen des Gewehres und das Sich-lösen des Schusses als einheitliche Handlung ansieht, könnte demzufolge die erste Ansicht das Verhalten des A als „Verteidigung" ansehen, weil dieser schießen *will*, um B mittels eines Warnschusses einzuschüchtern, also einen Abwehrwillen bei der Abwehrhandlung besitzt.

Im Fall 3 jedoch will A keinen Schußwechsel herbeiführen. Wenn man aber auch hier das Anlegen des Gewehres und das Sich-lösen des Schusses als einheitliche Handlung ansieht, so müßte die erste Ansicht — um zu keinem unbefriedigenden Ergebnis zu gelangen — den das Anlegen des Gewehres begleitenden Willen als Abwehrwillen bezeichnen, der zur Zeit des Schusses noch als gegeben angesehen werden müßte. Jedoch bestehen hier Bedenken, einen Abwehrwillen bei einem Schuß zu bejahen, den der A *nicht* abgeben will. Den Schuß begleitet kein Wille, aber ein Abwehrwille wird — durch das Zusammenfassen der Vorgänge zu einer einheitlichen Handlung — beim Schuß konstruiert.

Verneinte die erste Ansicht in den Fällen 4 und 3 jedoch eine einheitliche Handlung, ergäbe sich dieselbe Schwierigkeit wie im Fall 3 a.

Im Fall 3 a ist nur das Nachlaufen von einem Abwehrwillen begleitet, die selbständige „Reflexbewegung" jedoch nicht. Die von einem Abwehrwillen getragene Handlung führt die Verletzung nicht unmittelbar herbei, und der die Verletzung unmittelbar auslösende Akt ist — wie Rud. *Schmitt*[370] mit Recht betont — von keinem Willen, geschweige denn von einem Abwehrwillen, getragen. Hier wäre der ersten Meinung zufolge der Abwehrwille nicht vorhanden und das Verhalten des A — im Gegensatz zur Meinung der zweiten und vierten Ansicht — nicht als „Verteidigung" anzusehen.

Im Fall 2 will A seinen Wagen nicht auf B zusteuern und dadurch den Angriff des B abwehren; er will nur ein Steckenbleiben seines Wagens im Schlamm verhindern. Im Fall 1 will A nicht B anfahren, um den Anschlag zu vereiteln; er fährt gedankenversunken daher. A fehlte nach Auffassung der ersten Ansicht der Abwehrwille. Sein Verhalten wäre somit in beiden Fällen nicht als „Verteidigung" anzusehen. Wie sich aber schon aus dem zur zweiten und vierten Ansicht Dargelegten ergibt, ist dieses Ergebnis unbefriedigend und nicht sinnvoll begründbar.

Der *vierten* und *fünften* Ansicht zufolge, nach denen bei unbewußten Fahrlässigkeitsdelikten die Kenntnis der Notwehrsituation ausreichen soll, müßte in den Fällen 2, 3, 3 a, 4 und 4 a das Verhalten des A — wie auch nach der zweiten und vierten Ansicht — als Verteidigung angesehen werden. Eine Rechtfertigung würde man deshalb

[370] Rud. *Schmitt*, S. 67.

bejahen, weil A in diesen Fällen stets Kenntnis der Notwehrsituation hat und auch im Fall 4 a den außerdem von der fünften Meinung für ein bewußt-fahrlässiges Handeln geforderten Abwehrwillen besitzt. In den Fällen 5 und 1 scheiterte eine Anerkennung der Handlung des A als Verteidigung schon an der fehlenden Kenntnis der rechtfertigenden Situation. Im Hinblick auf Fall 5 gilt als Kritik das bei der Erörterung der Ergebnisse der ersten Meinung, im Hinblick auf Fall 1 das bei der Erörterung des Ergebnisses der zweiten und vierten Ansicht Dargelegte.

Nach alledem läßt sich zusammenfassend sagen, daß die zweite und dritte Ansicht zumindest im Fall 5 bei Zuerkennung der Notwehr zu einem unbefriedigenden Ergebnis gelangen, und daß mindestens das Verneinen einer Rechtfertigung in den Fällen 1 und 2 (unbewußte Fahrlässigkeitsdelikte) durch die erste Ansicht sowie im Fall 1 durch die vierte und fünfte Ansicht zu recht bedenklichen Ergebnissen führt.

Die fünfte Ansicht führt zudem durch die Deutung des Abwehrwillens als „Willen des Täters, das höherwertige Interesse durchzusetzen" das einhellig in Lehre und Rechtsprechung in diesem Zusammenhang abgelehnte Rechtsgüterabwägungsprinzip in einem neuen Gewande wieder ein[371].

Wenn insbesondere die h. M. den Standpunkt vertritt, der Begriff der Verteidigung lasse sich *nur* als Äußerung des ernsten Willens denken, einen Angriff von sich oder einem anderen abzuwenden und dies liege schon im Wesen der Verteidigung, so kann diesem Standpunkt nicht beigepflichtet werden. Unter Verteidigung läßt sich auch eine objektiv auf Abwehr ausgerichtete Handlung verstehen[372].

Auch der Formulierung „um einen ... rechtswidrigen Angriff ... abzuwenden" in Absatz 2 der Notwehrvorschrift läßt sich nicht entnehmen, daß die Abwehrhandlung von einem Abwehrwillen begleitet sein *muß*. Den Vertretern dieser Ansicht[373] kann entgegengehalten werden, daß die genannte Wortwahl dazu dient, die Richtung der Abwehrhandlung zu bestimmen: *gegen* einen rechtswidrigen *Angriff*[374]. Es wird dadurch verdeutlicht, daß es von allem denkbaren Unrecht nur der rechtswidrige Angriff[375] ist, der die Notwehr auslöst[376]. Ent-

---

[371] Auf diese Lehre wird näher im Zusammenhang mit der Erörterung des Rechtfertigungsgrunds der Notwehr (Fn. 440 ff.) eingegangen.

[372] Vgl. auch *Zippelius*, S. 79.

[373] Vgl. *Mezger-Blei*, StuB, AT, § 40, 2 a, S. 126; ähnlich *Oetker*, Über Notwehr, S. 10.

[347] Vgl. auch zu *Dohna*, Verbrechenslehre, S. 32. — Abzulehnen ist auch die Ansicht von Rud. *Schmitt*, S. 65 (r. Sp. oben), der darin nur das Ausmaß der „Erforderlichkeit" erblickt.

[375] Früher: die „Gewalt" (vis)!

[376] Vgl. dazu auch H. *Mayer*, StuB, AT, § 22 I 2 a (a. E.), S. 96.

sprechendes gilt im Hinblick auf den Wortlaut des Art. 2 Abs. 2, lit. a der Menschenrechtskonvention [377]. Unzutreffend wird aus der Formulierung „zur Verteidigung eines Menschen" ein „Verteidigungswille" abgeleitet[378]. Dabei ist auch hier durch diese Wortwahl nur die Richtung der Abwehrhandlung (gegenüber rechtswidriger *Gewaltanwendung)* gekennzeichnet.

Auch *Maurachs* Lehre einer „Kongruenz des subjektiven und objektiven Rechtfertigungselementes"[379] bleibt eine widerspruchsfreie und schlüssige Begründung dafür schuldig, daß die Rechtfertigung einer unbewußten, tatbestandsmäßigen Handlung davon abhängig sein muß, daß der objektiv von der Rechtsordnung gebilligte Erfolg der Tat von einem darauf abzielenden Willen des Täters getragen wird.

Von *Maurach* wird allerdings zutreffend betont, daß derjenige nicht in Notwehr handelt, der zwar objektiv angegriffen wird, aber bei der objektiven Abwehrhandlung lediglich auf Verletzung des Gegners *ausgeht*[380], indem er diese will. Das Verhalten eines solchen Täters bei der Gegenwehr, das sich gegen die zwecks friedlichen Zusammenlebens der Bürger aufgestellte Rechtsordnung richtet, darf nicht rechtlich gebilligt werden, da sonst das Unrecht gefördert wird. Dieser Handlungsunwert darf nicht „honoriert" werden. Die Rechtsordnung kann verlangen, daß jedermann solche aggressiven Impulse zügelt[381].

Jedoch richtet sich die Vorstellung *Maurachs,* man müsse bei der Abwehr stets den „Willen zur Erreichung des anerkannten Erfolges"[382] besitzen, an Fällen aus, in denen der Täter einen Willen zu einem sozial mißbilligenden Handeln *zeigt. Maurach* fragt, „was der tatbestandsmäßig Handelnde mit seinem Tun bezweckte", und kommt bei Fehlen eines Abwehrwillens zum Ergebnis: „er will lediglich den durch Vertatbestandlichung als unwertig vertypten Erfolg"[383]. Dann schlußfolgert *Maurach* ohne nähere Begründung: Es „vermag der Umstand, daß der tatbestandsmäßige Erfolg sich ‚zufällig' als sozial

---

[377] Von 1950 (BGBl. 1952 II, S. 685, 953; 1954 II, S. 14); vgl. dazu Erforderlichkeit, S. 133, dort zu Fn. 26; vgl. auch *Heinsius,* S. 18 ff.; *Bockelmann,* Menschenrechtskonvention, S. 456 ff.; *Klug,* Menschenrechtskonvention, S. 434 ff., 440.

[378] *Heinsius,* S. 26.

[379] *Maurach,* AT, § 25 V B 1, S. 258; vgl. auch a. a. O., Nr. 2, S. 259 sowie *denselben,* Beiträge, S. 771 (Klammern im Original!): „Kongruenz der objektiven (Vorliegen der rechtfertigenden Situation) und der subjektiven Rechtfertigungsgründe (Kenntnis dieser Situation und Handeln zum Zweck ihrer Bewältigung)". — Vgl. auch *Diehl,* S. 22.

[380] Vgl. *Maurach,* AT, § 26 II B 1, S. 267.

[381] Vgl. auch *Roxin,* Notwehrlage, S. 563.

[382] *Maurach,* AT, § 25 V B 1, S. 258.

[383] *Maurach,* AT, a. a. O.

billigenswertes Ergebnis darstellt, den Täter nicht zu entlasten", denn „für sein Vorstellungsbild spielt dieses Ergebnis keine Rolle"[384]. Zur „Inkongruenz von Willen und Erfolg"[385] bei fehlendem Abwehrwillen soll also die Tatsache führen, daß der Gegenwehr Übende ein Vorstellungsbild besitzt, bei welchem der Wille entweder auf Verletzung (Vorsatz) oder auf Gefährdung (bewußte Fahrlässigkeit), somit auf „den durch die Vertatbestandlichung als unwertig vertypten Erfolg" abzielt. Die hier sogleich aufkommende Frage: „Handelt in Notwehr derjenige, der einen anderen aus Rache erschießt, ohne zu wissen, daß das Opfer bereits seinerseits das Gewehr auf den Täter angelegt hatte[386]?", ist zu verneinen. Denn der Handlung ist gerade ausdrücklich nicht die Richtung auf Abwehr, sondern auf Verletzung gegeben worden; ihr ist die Intention auf den Verletzungszweck eigen. Wenn die Handlung subjektiv dem Verletzungszweck dient und objektiv dem Verteidigungszweck zu dienen scheint, ist die notwendige Kongruenz von subjektivem und objektivem Verteidigungszweck nicht erreicht. Die Handlung ist dann nicht auf Bewährung des Rechts ausgerichtet.

Kann man aber diese für die vorsätzlichen Delikte entdeckte Kongruenz so einfach auf unbewußte Fahrlässigkeitsdelikte übertragen, ohne daß dafür eine einleuchtende Begründung gegeben wird? *Maurach* stellt zudem fest: „Da aber von einem subjektiven Tatbestand und damit von Vorsatz" bei Fahrlässigkeitsdelikten nicht die Rede sein kann, „fehlt es den fahrlässigen Tatbeständen an der Kongruenz des subjektiven und objektiven Teils"[387]. Aber hier bezieht *Maurach* für seine Lehre von der Kongruenz gerade seine Anregung: „Ebenso wie der Tatbestand nur durch Kongruenz des subjektiven und objektiven Teils zustande kommt[388], setzt auch seine Gegenindikation, die Rechtfertigung an sich tatbestandsmäßigen Verhaltens, die Übereinstimmung der subjektiven und objektiven Rechtfertigungsmerkmale voraus[389]." Folgerichtig müßte *Maurach* dann aber bei Fahrlässigkeitsdelikten eine Kongruenz von subjektivem und objektivem Rechtfertigungselement verneinen, weil er den fahrlässigen Tatbeständen gerade die Kongruenz abspricht. Auch kann man nicht ohne weiteres das dem vorsätzlich oder bewußt-fahrlässig Handelnden eigene „Vorstellungsbild" auch beim unbewußt-fahrlässig Han-

---

[384] *Maurach*, AT, a. a. O.

[385] *Maurach*, AT, § 25 V B 2, S. 259.

[386] *Maurach*, AT, § 25 V B 1, S. 258.

[387] *Maurach*, AT, § 42 I A, S. 452.

[388] Nämlich infolge „Übereinstimmung von Vorsatz und objektivem Geschehen als Kongruenz" (*Maurach*, AT, § 20 II 2, S. 199).

[389] *Maurach*, AT, § 25 V C, S. 260.

delnden bejahen und behaupten: „Die Anforderungen sind hier wie dort die gleichen[390].“

Ohne schlüssige Begründung bedarf es jedoch nach *Maurach* auch bei unbewußten Fahrlässigkeitsdelikten der Kongruenz des subjektiven und objektiven Rechtfertigungselementes; der objektiv Gegenwehr Übende müßte auch hier „den sozial wertvollen, die Tatbestandwirkung entkräftenden Enderfolg seines Tuns nicht nur tatsächlich erreicht haben, sondern auch erzielt haben wollen“[391]. Es komme „allein auf das Wollen des sozial wertvollen Ergebnisses an. Mit dem erforderlichen subjektiven Rechtfertigungselement (könne) daher auch ein Täter handeln, der an die Möglichkeit des tatbestandsmäßigen Erfolges nicht denkt: daher (sei) eine Rechtfertigung der Tat (ohne weiteres) auch bei unbewußter Fahrlässigkeit möglich“[392]. Wie sich bei einem unbewußt-fahrlässig Handelnden, der sich über sein Tun keine Gedanken macht, also gar nicht über das sozial wertvolle Ergebnis seines Tuns nachdenkt, ein „Wollen des sozial wertvollen Ergebnisses“ einstellen soll, ist nicht ersichtlich. Einem unbewußt-fahrlässig Handelnden fehlt schon im Hinblick darauf von Natur aus ein solches „Vorstellungsbild“. Dies hatte *Maurach* früher auch erkannt, indem er betonte: „Da er (scil. der unbewußt Gegenwehr Übende) sich nicht einmal die Erfolgsmöglichkeiten vorgestellt hat, kann er sich auch keine Gedanken über den sozialen Wert seiner Handlung gemacht haben[393].“ Nur zog er damals daraus den bedenklichen Schluß, daß „dem unbewußt-fahrlässig Handelnden (daher) eine Berufung auf Rechtfertigung entzogen“ sei[394]. *Maurach* rückte von dieser Schlußfolgerung später wieder ab[395]. Er erkannte durchaus, daß man auch einem Täter, der die Möglichkeit eines Rechtfertigungsgrundes der Notwehr überhaupt nicht in Betracht gezogen hat, geschweige denn einen Willen zu einem sozial billigenswerten Erfolg (bzw. Endergebnis) hatte, Notwehr zubilligen kann. Denn als sogar vorsätzlich Verletzender hätte man ihm bei entsprechender Kongruenz von Wille und Erfolg eine Rechtfertigung zugestanden. Sollte man jene da dem unbewußt-fahrlässig, also dem mit weniger rechtsfeindlicher Energie Handelnden vorenthalten?

Jedoch konnte sich *Maurach* von einer für sämtliche Deliktstypen vorgesehenen Konstruktion anscheinend nicht völlig lösen. Er betont nämlich weiter, eine Kongruenz des subjektiven und objektiven Rechtfertigungselementes sei bei unbewußten Fahrlässigkeitsdelikten in

---

390 So aber *Maurach*, AT, § 43 II C 1, S. 469.
391 *Maurach*, AT, a. a. O.
392 *Maurach*, AT, a. a. O.
393 *Maurach*, Schuld, S. 72 f., Fn. 50.
394 *Maurach*, Schuld, a. a. O.; vgl. auch *denselben*, Grundriß, S. 77 f.
395 Vgl. Fn. 33.

anderer Form notwendig. Die Kongruenz im Rahmen der Notwehr sei bei diesen Delikten „schon dann gegeben . . ., wenn der Täter, ohne die Tatbestandlichkeit seines Tuns zu erkennen, den sozial wertvollen Zweck seines final gesteuerten Tuns (lediglich) *erkennt*"[396]. Das Ersetzen des Ausdrucks „Wollen" durch den des „Erkennens" ändert aber nichts an der einmal getroffenen Feststellung, daß ein unbewußt-fahrlässig Handelnder auch keine aktuell-bewußte Vorstellung im Hinblick auf den sozial wertvollen Zweck seines Tuns haben kann. Das Erkennen eines solchen Zwecks setzt eine darauf intentionierte Bewußtheit voraus; diese fehlt aber beim unbewußt-fahrlässigen Delikt.

Die Prüfung der angeführten Fälle ergibt somit bei genauerer Betrachtung, daß sämtliche Bemühungen von Rechtsprechung und Rechtslehre um das Problem des subjektiven Rechtfertigungselements im Rahmen der Notwehr bei den unbewußten Fahrlässigkeitsdelikten als inhaltsleere Konstruktionen anzusehen sind, denen eine wirkliche Problemlösung nicht geglückt ist.

Indessen besteht das Ergebnis dieser kritischen Betrachtung nicht nur in dieser negativen Feststellung. Sie sollte vielmehr — auch anhand von praktischen Fällen — zur Klärung darüber beitragen, ob bei einem unbewußten Fahrlässigkeitsdelikt nicht schon das Erfordernis eines Abwehrwillens und einer Kenntnis der Notwehrsituation dem Wesen der unbewußten Fahrlässigkeit *von Natur aus* widerspricht.

4. Abwehrwille und Kenntnis der Notwehrsituation

Im Anschluß an obige Analyse der psychischen Beziehung bei unbewußter Fahrlässigkeit[397] ist auszugehen von der Unterscheidung zwischen „Bewußt*sein* überhaupt" und „Bewußt*heit*". Der Mensch als handelndes Subjekt ist immer schon in eine komplexe Wirklichkeit hineingestellt, mit der er bewußtseinsmäßig vermittelt ist. In einer bestimmten Situation sich immer schon bewußtseinsmäßig vorfindend, braucht sich ein handelndes Subjekt zu den äußeren Gegenständen des Bewußtseins jedoch nicht aktuell-bewußt zu verhalten. In der bloßen Gegebenheit des Bewußtseins, welches auch einem unbewußt Handelnden als Handelnden zukommt, leigt etwa keineswegs schon so etwas wie eine willentliche Bezogenheit eines „bewußten" Subjekts auf Gegenstände seines Bewußtseins. Eine solche intentionale Beziehung ist aber nun gerade im Umkreis der Problematik von Kenntnis

[396] *Maurach*, AT, a. a. O.
[397] Vgl. zu Fn. 279 ff.

der Notwehrsituation und Abwehrwillen festzustellen. Der Abwehrwille enthält „ein über das bloße Wollen der (von ihm) begleiteten äußeren Handlung hinausgehendes, sinnerfülltes Wollen", „daß die Handlung etwa als Mittel zu weiterem Zweck gewollt wird"[398]. Den Abwehrwillen fundiert eben nicht nur ein „Bewußtsein überhaupt", die psychische Beziehung, sondern das Bewußtseinsmoment der Bewußtheit. Dabei setzt der Abwehrwille die bewußtheitliche Kenntnis der Notwehrsituation voraus, denn es gibt kein willentliches Handeln mit Richtung auf das betroffene Rechtsgut ohne die bewußtheitliche Kenntnis der die Handlung begleitenden und bedingenden Situation. Im Schrifttum wird dagegen zum Teil die Ansicht vertreten, daß als „Voraussetzung für das Vorliegen der beiden subjektiven Erfordernisse" nur „ein gewisses Minimum an sinnlichen Wahrnehmungsvermögen — sei es bewußt oder unterbewußt — und ferner ein geistig bewußtes Reagieren zum Zweck der Verteidigung oder eine instinktive Abwehr als Reaktion des natürlichen Selbsterhaltungstriebes" notwendig seien[399]. Diese Auffassung verkennt, daß der Abwehrwille immer mit dem psychischen Moment der Bewußtheit, nicht nur mit dem abstrakten Bewußtsein als solchen verbunden ist, da die Abwehr sich auf ein von vornherein bestimmtes bzw. ausgewähltes Rechtsgut ausrichtet und eine willentliche Bezogenheit des Abwehrenden auf diesen Gegenstand seines Bewußtseins unumgänglich ist. Nur im Status der Bewußtheit sind dem Bewußtsein seine Inhalte als Gegenstände des Handelns gegeben. Zur Kenntnis seiner Inhalte als möglichen Objekten des Handelns gelangt das Bewußtsein nur dadurch, daß es sich in sich selbst reflektiert, d. h. seines eigenen Status bewußt wird hinsichtlich seiner Inhalte. Dieses Bewußtseinsmoment ist aber eben das der Bewußtheit.

Bewußtheit meint demnach einmal das bloße Deutlichhaben der Bewußtseinsinhalte, zum anderen das Deutlichhaben von Bewußtseinsinhalten als möglichen Gegenständen des Willens. Entsprechend setzt der Abwehrwille verbunden mit der Kenntnis der Notwehrsituation die bewußtheitlich-willentliche, auf das vom Abwehrenden angegriffene Rechtsgut gerichtete Handlung voraus.

Es ist auch bei unbewußter Fahrlässigkeit eine Bewußtseinsfunktion vorhanden. Diese erreicht bei unbewußter Fahrlässigkeit deren Sinn und Begriff nach aber niemals den Grad oder Status der Bewußtheit, wie er beim Abwehrwillen verbunden mit Kenntnis der Notwehrsituation gegeben ist, bei dem das Ziel bzw. das betroffene Rechtsgut „als reales Seiendes subjektiv vorabgesehen und angezielt" wird[400].

---

[398] R. *Lange*, Täterbegriff, S. 9.

[399] *Finkler*, S. 39.

[400] Vgl. E.-J. *Lampe*, Unrecht, S. 144 i. V. m. S. 152 f.

Damit ist aber ein Abwehrwille verbunden mit Kenntnis der Notwehrsituation — als psychische Einstellung auf den bezogenen Gegenstand — bei unbewußten Fahrlässigkeitsdelikten ausgeschlossen, ebenfalls aber auch die Möglichkeit der Annahme einer bewußtheitlichen Kenntnis der Notwehrsituation (ohne jeglichen Abwehrwillen).

Ob aufgrund der Feststellung, daß ein subjektives Rechtfertigungselement im Rahmen der Notwehr bei unbewußten Fahrlässigkeitsdelikten ausgeschlossen ist, dem unbewußt-fahrlässig Handelnden eine Rechtfertigung infolge von Notwehr lediglich aufgrund der Annahme der objektiven Rechtfertigungselemente, und somit eine befriedigende Lösung des Problems der Rechtfertigung infolge von Notwehr bei unbewußten Fahrlässigkeitsdelikten möglich ist, oder ob das bisherige Ergebnis dazu führt, daß es überhaupt bei unbewußten Fahrlässigkeitsdelikten so etwas wie Notwehr nicht geben kann, was *Maurach* gelegentlich[401] bejaht hat, wird ein näheres Eingehen auf das Wesen der Notwehr zeigen.

II. Das Wesen der Notwehr

1. Kritischer Überblick über die klassischen Lehren von der Notwehr[402]

Im älteren deutschen Recht gründete die Notwehr in der Friedlosigkeit[403] des Angreifers, wobei eigenhändige Abwehr, Gegenangriff und Verfolgung mit anschließender Tötung des fliehenden Gegners erlaubt waren[404]. In der Rechtslehre der frühen Neuzeit wurde die Notwehr zunächst als ius divinum, dann als ius naturale angesehen. Die An-

[401] *Maurach*, Schuld, S. 72, Fn. 50; vgl. auch *denselben*, Grundriß, S. 77 f. Vgl. jedoch seinen Sinneswandel jetzt in: AT, § 43 II C 1, S. 469.

[402] Eine eingehende historische Darstellung der Lehre von der Notwehr ist angesichts der hervorragenden rechtsgeschichtlichen Monographien von *Zöpfl* (Beiträge zur Revision der Lehre von der Nothwehr, in: ArchCrim., 1842 u. 1843), *Levita* (Das Recht der Nothwehr, 1856), *Geyer* (Die Lehre von der Nothwehr, 1857) und *Seeger* (Bemerkungen über die Grundansichten des römischen und deutschen Rechtes von der Nothwehr, in: Abhandlungen aus dem Strafrechte, 1858, S. 173 ff.) hier entbehrlich. Vgl. auch den historischen Rückblick bei: *Pernice*, Labeo, Teil B, Bd. 2, 1. Aufl., 1. Buch, Kapitel 4, S. 21 ff. sowie Teil C, Bd. 2, Abt. 1, 2. Aufl., 7. Buch, S. 73 ff.; *Sommerfeld*, S. 2 ff.; *Schreiber*, S. 57 ff.; *Stiegler*, S. 1 ff.

[403] Vgl. z. B. *Brunner*, Antwort, S. 57. — Auch heute klingen noch Gedanken der Friedlosigkeit an: vgl. bei *Staab*, S. 82 f., 86 u. 88; *Wiedow*, S. 61; *Wegner*, S. 122; OLG Kiel, HRR Bd. 2, S. 207.

[404] Vgl. *His*, Karolina, S. 35 u. 77; *derselbe*, Mittelalter, I, S. 196 f.

sichten des 19. Jahrhunderts über das Wesen und den Rechtsgrund der Notwehr lassen sich auf *drei* Grundrichtungen zurückführen: Die *erste* Auffassung betonte in Anlehnung an *Pufendorf* und *Grotius*, daß sich gegen einen rechtswidrigen Angriff, vor dem der Staat nicht schützen könne, das ursprüngliche, vor allem Staat vorhandene Verteidigungsrecht durchsetze, da sich der Mensch nur unter der Bedingung zu einem Staat zusammengeschlossen habe, daß ihm dieser den notwendigen Schutz gewähre[405]. Die *zweite* Ansicht ging in Anlehnung an *Fichte*[406] sogar soweit, daß in einem solchen Falle das gesamte rechtliche Verhältnis, der Staat selbst, aufgehoben sei; wegen der Unmöglichkeit der Koexistenz, auf deren Möglichkeit der Rechtszustand beruhe, trete an deren Stelle ein Verhältnis, auf das die Kategorien von Recht und Unrecht nicht mehr angewendet werden dürften. Die *dritte* Meinung nahm schließlich von der philosophischen Schule *Hegels*[407] ihren Ausgang, wonach sich bei einem rechtswidrigen Angriff das Unrecht als das absolut Nichtige und das Recht als das absolut Seiende gegenüber stünden.

Zur ersten Richtung bekannte sich der von *Kant*[408] beeinflußte *Feuerbach*: „Zu den besonderen Rechtsgründen, welche die Strafbarkeit aufheben, gehört auch eine rechtswidrige Handlung des Verletzten, insofern dieselbe unter der Voraussetzung geschieht, wo der Schutz des Staates gegen dieselbe unmöglich ist. Denn ein rechtswidriger Angriff begründet das Recht der Verteidigung und hebt unmittelbar in dem Angreifer jedes Recht auf, dessen Verletzung notwendige Bedingung zur Erhaltung der eigenen Rechte des Angegriffenen ist. Weil aber der Staatsbürger sein Recht auf Privatgewalt notwendig dem Staate übertragen hat, so setzt die Rechtmäßigkeit der Selbstverteidigung im Staate, außer den Gründen zur Verteidigung überhaupt, einen Fall voraus, auf welchen sich die Entäußerung der Privatgewalt an den Staat nicht erstrecken konnte. Dieser Fall ist, wo die öffentliche

---

[405] *Pufendorf*, De iure naturae et gentium, 1672, Ausgabe: Frankfurt und Leipzig 1744, lib. II, Caput 6, § 4; *Grotius*, De jure belli ac pacis, Paris 1625, Ausgabe: Amsterdam 1631, lib. II, Caput 2, § VI, S. 107 f.

[406] Vgl. *Fichte*, Grundlage des Naturrechts nach Principien der Wissenschaftslehre, 1796, in: J. G. *Fichte's* sämtliche Werke, hrsg. v. J. H. *Fichte*, Bd. 3, Berlin 1845, S. 198—209, insbesondere S. 207.

[407] *Hegel*, Grundlinien der Philosophie des Rechts, 1821, in: Georg Wilhelm Friedrich *Hegel's* Werke, Vollständige Ausgabe, Bd. 8, hrsg. von Eduard *Gans*, 2. Aufl. Berlin 1840, § 127, S. 165—167 (vgl. auch: G. W. F. *Hegel*, Grundlinien der Philosophie des Rechts, hrsg. von Johannes *Hoffmeister*, Hamburg 1955, S. 114 u. 394; *Hegel*, Jubiläumsausgabe, hrsg. von Hermann *Glockner*, *Bd. 7, 4. Aufl.*, Stuttgart-Bad Cannstadt 1964, S. 186 f.).

[408] Vgl. *Kant*, Metaphysische Anfangsgründe der Rechtslehre, 1783, in: **AA, Bd. 6, 1914, insbes. S. 245—257**; S. 307 f.; vgl. auch ebenda, S. 331 bis 337, wo die Strafgleichheit abgehandelt wird.

Macht nicht schützen kann[409]." Auch *Leonhard* betonte, daß das natürliche Recht der eigenhändigen Abwehr, das der Mensch im Staate diesem abtritt, damit nicht das Faustrecht die Stelle der Gerechtigkeit einer höheren Ordnung vertritt, nur insoweit als abgetreten angesehen werden könne, als die Staatsorgane imstande sind, das drohende Unrecht zurückzudrängen[410].

Als Vertreter der zweiten Richtung erklärte *Zöpfl*: „Die in der Nothwehr gegen den Angreifer vorgenommene Handlung ist... immer entweder eine Toedtung oder eine Verwundung, oder doch mindestens eine Mißhandlung..., eine, der Form, d. h. ihrer aeußeren Erscheinung nach, gesetzwidrige Handlung — eine Missethat..., deren Urheber unzweifelhaft gewiß ist[411]." „Das Handeln in der Nothwehr ist... eine Unterart des Handelns im Nothstande überhaupt", ein Zustand, der „die absolute Negation alles und jeden Rechtszustandes, und somit eine Abnormitaet des Coexistenzial-Verhältnisses ist". „Eine jede Handlung ist... nur in sofern Unrecht..., als in ihr eine Negation des Rechtes... enthalten ist. Wo also das Recht... nicht als Praedicat eines Zustandes zu denken moeglich ist, da kann auch seine Negation nicht gedacht werden, d. h. da gibt es auch kein Unrecht." Auch „kann die Gesetzgebung, deren ganze und einzige Tendenz nur allein die Normirung des regelmaeßigen sozialen Zustandes — (des Rechtszustandes) — ist, das Handeln... nie fuer ein Recht im eigentlichen Sinne erklaeren — d. h. nicht fuer ein Befugniß, welcher eine Verbindlichkeit des Anderen entspricht, sich die Ausuebung derselben gefallen zu lassen; sondern die Gesetzgebung kann die... begangene Missethat nur ignoriren, und als nicht in ihr Bereich gehoerig erklaeren"[412].

Die Vertreter der dritten Richtung wie *Heffter, Köstlin, Berner* und *Levita*[413] gingen bei der Begründung der Notwehr davon aus: Es „kann von einer Collision da nicht geredet werden, wo das Recht dem Unrecht sich entgegenstellt. Denn das Unrecht ist, weil das Recht absolut unaufhebbar, an sich nichtig[414] und muß in seiner Nichtigkeit manifestirt werden. Hierin, in dieser Nichtigkeit des Unrechtes, wel-

---

409 *Feuerbach*, LB, 1. Aufl., § 36. Vgl. auch *Henke*, Handbuch, S. 206.

410 *Leonhard*, S. 335. — Vgl. auch *Breidenbach*, S. 588; *Stillmark*, S. 12 ff.; *Geyer*, S. 6 f. u. 17 ff. (Anm. 3).

411 *Zöpfl* (3. Aufsatz), Erstes Stück, S. 42 f.; vgl. auch *denselben* (1. Aufsatz), Erstes Stück, S. 161. Vgl. auch *Grolman*, §§ 23 u. 138; *v. Wächter*, § 55.

412 *Zöpfl* (3. Aufsatz), Erstes Stück, S. 43 ff.

413 *Heffter*, § 41, Anm. 1; *Köstlin*, System, S. 75 u. S. 112; *derselbe*, Revision, S. 596 ff. u. S. 711 f.; *Berner*, Nothwehrtheorie, S. 554 u. 556 ff.; *Levita*, S. 2 f. u. 17 ff. Vgl. auch *Abegg*, LB, §§ 107 u. 108; *derselbe*, Untersuchungen, S. 108 ff.

414 Vgl. *Berner*, Nothwehrtheorie, a. a. O.

ches zwar eine äußere Existenz, aber eine an sich nichtige hat, wurzelt das Recht des Staates zu strafen, das Recht des Einzelnen zur Nothwehr"[415]. „Es ist sogar eine heilige Pflicht des Bürgers zu widerstehen, da er durch die Nichtausübung seines Rechtes dazu helfen würde, das absolut nichtige Unrecht zur Existenz zu bringen[416]." „Der Staat und der Einzelne sind nur verschiedene Werkzeuge, durch welche das Recht seine Anerkennung durchsetzt. ... Darum muß es im Staate und durch den Staat eine Reaction geben gegen zukünftiges Unrecht, dessen Eintreten der Staat nicht zuvor weiß; denn dürfte dieses bestehen, so würde damit dasselbe als Recht gesetzt werden. An dieser Stelle tritt die persönliche Kraft des Individuums zu ihrem eigenen Schutze und damit zur Durchsetzung des Rechtes selbst gegen das Unrecht ein: sie thut dies kraft ihres ursprünglichen Vertheidigungsrechtes, welches der Staat da anerkennt und anerkennen muß, wo seine schützende Gewalt dem Unrecht zu begegnen nicht im Stande ist[417]." Es handele sich aber nicht um „außerstaatliches natürliches Recht", da „der Staat ... dem einzelnen ... die Befugnis ertheile, für den Staat und im Namen des Staates sein angegriffenes Recht ... geltend zu machen"[418].

Die klassischen Theorien werden dem Wesen der Notwehr nicht gerecht. Sie sehen das Problem der Notwehr im Zusammenhang mit dem Gesellschaftsvertrag (contract social). Auf dem Prinzip des Gesellschaftsvertrages wird die Staatslehre begründet und die Rechtsauffassung dieser dann angepaßt. Daraus ergibt sich dann, daß das Verteidigungsrecht grundsätzlich vom Staat in Anspruch genommen wird oder auf diesen übergeht. Auf diesem Weg läßt sich jedoch das Notwehrrecht nicht begründen. Die Souveränität des Staates kann den Einzelnen nicht seines ureigensten Selbsterhaltungsrechts berauben. Mit dem Recht auf Notwehr im klassischen Recht ist nur die gewaltsame Selbsthilfe, Rache und Fehde durch eine staatliche Regelung ersetzt und der Einzelne von der Notwendigkeit, sich des Verbrechens stets durch eigenhändiges Begegnen zu erwehren, stark entlastet[419]. Die Notwehr wird weiterhin gestattet, weil staatliche Abwehrmaßnahmen u. U. verspätet einsetzen können und das Unrecht dann konkret nicht mehr verhindert oder beseitigt werden kann[420]. Das Wesen der Notwehr läßt sich aber nicht aus dem Staatsbegriff des contract social ableiten. Wenn nun der Staat seinen Bürgern das Recht auf

---

[415] *Levita*, S. 17 f.

[416] *Köstlin*, Revision, S. 726.

[417] *Levita*, S. 18.

[418] *Levita*, a. a. O., Fn. 20 (in Anlehnung an *Sander*, S. 80).

[419] Vgl. auch Arth. *Kaufmann*, Schuldgedanke, S. 60; *Klug*, Schutzgedanke, S. 50.

[420] Vgl. auch *Conrad*, I, S. 437.

Notwehr sogar garantiert, so kann ein Nichtgegenwärtigsein der schützenden Staatsorgane nicht wieder zu einem Wiederaufleben des „vorrechtlichen" bzw. „ursprünglichen" Faustrechts führen[421]. Das Recht auf Notwehr bleibt dem Einzelnen erhalten. Die Regelung der Notwehr verläuft in den Bahnen des Rechts, nicht in subjektiven Bahnen, sondern als ein in die Rechtsordnung des Rechtsstaates integrierter Bestandteil, der innerhalb seines Rahmens niemals vor-, außer- oder widerrechtlich sein kann. Insbesondere hebt die Rechtsordnung nicht so ohne weiteres „in dem Angreifer jedes Recht auf", wenn es mit dem Recht des Angegriffenen nicht zusammen harmoniert. Dies würde auf eine Interessen- und Güterabwägung hinauslaufen, die zwar beim Notstand, nicht jedoch bei der Notwehr zulässig ist. Die Notwehr ist auch kein Unterfall des Notstandes, was auch die zweite Ansicht übersieht. Nur beim Notstand gibt es Interessenkollisionen; bei der Notwehr steht das Recht objektiv dem Unrecht gegenüber. Bei einer Verwischung der Grenzen zwischen Notstand und Notwehr kann deren Wesen nicht erfaßt werden. Auch scheint die zweite Ansicht nicht zu bedenken, daß es dort, wo das gesamte Rechtsverhältnis aufgehoben ist, auch kein Recht der Notwehr geben kann. Die Notwehr als ein von der Rechtsordnung anerkanntes und dem Einzelnen zuerkanntes Recht kann zudem nicht zu einer Negation jeden Rechtszustandes führen, sondern soll gerade zu dessen Erhaltung beitragen. Die Notwehr gehört gerade als rechtsbewahrendes Institut zum Bereiche der Rechtsordnung und erklärt das Handeln in Notwehr für rechtmäßig, d. h. als dem Recht entsprechend. Bei der dritten Meinung führt schon die Prämisse von der sog. „inneren Nichtigkeit des Unrechtes" zu dem Widerspruch, daß einerseits durch die Notwehr verhindert werden soll, daß das Unrecht existent wird, obwohl Unrecht andererseits absolut nichtig sein soll. Außerdem wird das Recht, dem Unrecht zu begegnen, zu einer „Pflicht", was keineswegs mehr mit dem Wesen der Notwehr als einer rechtlichen Möglichkeit zu vereinbaren ist. Die Rechtsordnung beläßt nämlich dem sich wehrenden Rechtssubjekt die Freiheit, ob es sich dieses Rechtes bedienen will oder nicht.

2. *Der Rechtsgrund der Notwehr*

Zu einer klareren Erfassung des Wesens der Notwehr gelangte erst das 20. Jahrhundert. Von der nun einsetzenden tiefgreifenden Wandlung vom traditionellen Rechtsstaatsbegriff des 19. Jahrhunderts hin zur Idee des „sozialen Rechtsstaates" wurde auch die Entwicklung im

[421] Was wohl auch H. *Mayer* (StuB, AT, § 22 I 2 c, bb, S. 97) sicher nicht bezweifeln will.

Strafrecht berührt[422]. Allerdings betont R. *Lange* völlig zutreffend: „Keineswegs aber ist es so, daß damit (die) alte Ordnungs- und Begrenzungsfunktion (des Begriffs des Rechtsstaats) ausgeschaltet worden wäre. Ganz im Gegenteil. Sie wird ebenfalls, und zwar nachdrücklicher als je zuvor, vom Grundgesetz betont, nur daß die früher als Endzweck erscheinenden formalen Rechtswerte jetzt als Diener der materialen erklärt werden müssen, wie es dem Verhältnis von Rechtssicherheit und Gerechtigkeit entspricht[423]." So ist auch die Verbürgung von „Rechtsfrieden" und „Rechtssicherheit" für den in kollektiver Verbundenheit lebenden Einzelnen heute ein entscheidendes Kriterium aller Rechtsstaatlichkeit. Die Erinnerung an den Mißbrauch mit der Form der politischen Willensbildung und dem Weg der Rechtsschöpfung in der jüngsten Vergangenheit sowie die Erfahrung der Gegenwart, daß weder die Krise der Legalität noch die Gefahr für die Bewährung des Rechts vorüber ist[424], muß wieder stärker zur Betonung von Rechtssicherheit und Rechtsfrieden führen. Wenn heute das Bemühen um eine stärkere Betonung der Rechtsstaatlichkeit mit der Berücksichtigung des Naturrechtsgedankens konkurriert, so darf auch die Strafrechtswissenschaft in ihrem dogmatischen Denken einzelne gesunde Kerngedanken der älteren Auffassung von der Rechtsstaatlichkeit nicht unberücksichtigt lassen. So sind auch die oben erwähnten Prinzipien des Rechtsstaates nicht ohne Einfluß auf die Dogmatik der Notwehr.

Die bisherigen Versuche zur Beantwortung der Frage der Rechtswidrigkeit — über die mit der Feststellung der Tatbestandsmäßigkeit noch nichts Endgültiges ausgesagt ist, zu deren objektivem Urteil vielmehr erst eine individuelle Prüfung führt — zeigen zahlreiche Probleme auf, die weder in der Rechtslehre noch in der Rechtsprechung eine befriedigende Lösung gefunden haben. Insbesondere wurden Versuche einer einheitlichen Erklärung der Rechtfertigungsgründe in der Rechtslehre unternommen, die jedoch nicht zu einer stets brauchbaren Anwendung führen konnten, da sie als Ausdruck des Güterabwägungsgedankens anzusehen sind und für sämtliche Rechtfertigungsgründe Geltung beanspruchen, obgleich für die Notwehr — gegenüber den übrigen Rechtfertigungsgründen — ganz spezielle Erwägungen zu gelten haben, die sich nicht so verallgemeinernd und flüchtig miterfassen lassen. Hier ist die von *Dohna*[425] begründete, dann insbesondere von Eb. *Schmidt*[426] fortentwickelte sog. „Zweck-

[422] Vgl. dazu R. *Lange*, Rechtsstaat, S. 65 ff.

[423] R. *Lange*, Rechtsstaat, S. 72.

[424] Vgl. dazu *Huber*, S. 71 ff. u. 79 ff.; *Würtenberger*, Rechtsstaatsgedanke, S. 126.

[425] *Zu Dohna*, Rechtswidrigkeit, S. 48 ff.

[426] Eb. *Schmidt*, Notstand, S. 374 ff.

theorie" zu erwähnen. Nach dieser ist eine tatbestandsmäßige Handlung nicht rechtswidrig, wenn sie sich als angemessenes Mittel zur Erreichung des Zwecks des staatlich geregelten Zusammenlebens darstellt[427]. Auch das von *Sauer*[428] entwickelte „Mehr-Nutzen-als-Schaden-Prinzip" vermochte nicht die Notwehr zu erfassen: rechtmäßig (im materiellen Sinne) ist ein Wirken (Verhalten, Handeln, Unterlassen), das in seiner allgemeinen Tendenz generalisiert der staatlichen Gemeinschaft mehr ideellen, kulturellen Nutzen als Schaden gewährt. Auch die Einteilung von *Mezger*[429] nach einem „Prinzip des mangelnden Unrechts" (Rechtfertigungsgründe der Einwilligung und mutmaßlichen Einwilligung) und einem „Prinzip des überwiegenden Rechts" (sämtliche übrigen Rechtfertigungsgründe) geht über die Sonderstellung hinweg, welche die Notwehr innehat.

Ein allgemeiner Nenner für sämtliche Rechtfertigungsgründe besteht nicht[430]. Eine monistische Erklärung der Rechtfertigungsgründe kann es schon deshalb nicht geben, „weil der Vielfalt der geschützten Rechtsgüter und jeweiligen Beschneidung ihres Schutzumfanges durch Gegennormen eine Vielzahl von Rechtfertigungsgründen entsprechen muß"[431].

Eine starke Bewegung in die Lehre von der Rechtswidrigkeit brachte auch die Auffindung der subjektiven Unrechtselemente und deren Anerkennung. Zunächst überwand H. A. *Fischer*[432] die starre Abgrenzung der von *Beling*[433] jahrzehntelang beherrschten Strafrechtsdogmatik, daß nämlich das Rechtswidrigkeitsurteil ein objektives Urteil ausschließlich über objektive Gegebenheiten sei. Dies griffen später die Arbeiten von *Nagler*[434], M. E. *Mayer*[435], *Hegler*[436] und

---

[427] Vgl. *v. Liszt-Schmidt*, § 32 B II, S. 187; vgl. dazu auch die neuerliche Zusammenstellung von *Lenckner*, Notstand, S. 60 ff. (m. w. N.).

[428] *Sauer*, S. 56 ff.

[429] *Mezger*, StuB, AT, I, § 37 II 1 u. 2, S. 112; vgl. auch *Mezger-Blei*, StuB, I, AT, § 37 II 1 u. 2, S. 118 f.

[430] Vgl. auch *Maurach*, AT, § 25 III, S. 254; *Baumann*, AT, § 21, I 1, S. 279.

[431] *Baumann*, AT, a. a. O.

[432] H. A. *Fischer*, Die Rechtswidrigkeit, 1911, S. 137 f. u. 288 f.

[433] *Beling*, Die Lehre vom Verbrechen, 1906; *derselbe*, Grenzlinien zwischen Recht und Unrecht, 1913; *derselbe*, Die Lehre vom Tatbestand, 1930; *derselbe*, Grundzüge des Strafrechts, 11. Aufl. 1930, insbes. S. 291.

[434] *Nagler*, Der heutige Stand der Lehre von der Rechtswidrigkeit, in: *Binding*-Festschrift, Bd. 2, 1911, insbes. S. 286, Anm. 8.

[435] M. E. *Mayer*, Der allgemeine Teil des deutschen Strafrechts, 2. Aufl. 1923, insbes. S. 185 f.

[436] *Hegler*, Die Merkmale des Verbrechens, in: ZStW Bd. 36 (1914), insbes. S. 19 ff. u. 184 ff.; *derselbe*, Subjektive Rechtswidrigkeitsmomente im Rahmen des allgemeinen Verbrechensbegriffs, in: Frank-Festgabe, Bd. 1, 1930, S. 251 ff.

insbesondere die von *Mezger*[437] auf. Diese Lehre setzte sich zunächst bei den Absichtsdelikten, dann bei den sog. Tendenzdelikten durch. Schließlich gewann sie auch Einfluß auf die Rechtfertigungsgründe. Wie oben bei den Fällen erörtert, wird dementsprechend von der h. M.[438] zur Rechtfertigung infolge von Notwehr auch der Wille des Täters, sich zu verteidigen, verlangt[439]. Im Vordergrund steht für die Lösung des Problems des Abwehrwillens daher nunmehr die Frage: Auf welchem Prinzip beruht die Notwehr?

a) Die Lehren vom sog. „überwiegenden Interesse"

Als Prinzip, das hinter der Notwehr stehe, wird neuerdings[440] wieder das „Prinzip des überwiegenden Interesses" angesehen, obwohl schon seit jeher erkannt worden ist, daß für die „Wahrung eines überwiegenden Interesses" im Rahmen der Notwehr kein Raum ist[441].

Als einer der Verteidiger dieses wieder aufgegriffenen Prinzips scheint *Rost* — in Anlehnung[442] an Gedanken von *Mezger*[443] — sich dieses Prinzips bedienen zu wollen, um das Problem des Abwehrwillens mit der kühnen Behauptung zu lösen: „Das Notwehrrecht beruht auf der Lösung einer Konfliktslage zwischen Interessen des Angegriffenen und des Angreifers"[444] (sog. subjektive Interessenabwägung). Dabei wird nicht genügend klar, ob *Rost* hier die Interessen der sich gegenüberstehenden Beteiligten am Schutz vor jeweils dem Angriff des anderen meint, oder ob er nur den Notwehrübenden allein in seinem Zwiespalt kennzeichnet: einmal als Angegriffener, außerdem als Angreifer. Für letzteres scheint zu sprechen, daß *Rost*

---

[437] *Mezger,* Die subjektiven Unrechtselemente, in: GS Bd. 89 (1924), S. 207 ff.; *derselbe,* Vom Sinn der strafrechtlichen Tatbestände, in: Traeger-Festschrift 1926, insbes. S. 193 ff.; *derselbe,* Moderne Wege der Strafrechtsdogmatik, 1950, S. 22 ff.

[438] Vgl. Fn. 340.

[439] Vgl. dazu auch z. B. *Baumann,* AT, § 20 I 1 b, S. 274 u. § 21 I 3 c, S. 283.

[440] Als einer der ersten hat R. *Merkel,* Die Kollision rechtmäßiger Interessen und die Schadenersatzpflicht bei rechtmäßigen Handlungen, 1895 (S. 42 ff., insbesondere S. 49) dies betont; vgl. auch *Binding,* Handbuch, § 151 II, S. 760 ff.; w. N. bei *Maurach,* Notstandslehre, S. 74; O. *Lampe,* S. 89; *Lenckner,* Notstand, S. 50 ff.

[441] Vgl. z. B. *v. Liszt,* § 33 II 2 b, S. 139. — Aus der neueren Literatur vgl. z. B. *Roxin,* Notwehrlage, S. 541; *Maurach,* AT, § 26 II B 2, c, bb, S. 269 u. Ziff. I, S. 263.

[442] *Rost,* S. 19.

[443] Vgl. Fn. 429.

[444] *Rost,* S. 55.

einen „Interessenkonflikt des Täters" erwähnt, der „ein Konflikt zwischen *seinem* Interesse am Schutz des angegriffenen Rechtsguts und *seinem* Interesse, nicht gegen das Strafgesetz zu verstoßen"[445], sei. Zwischen diesen beiden Interessen sei stets abzuwägen[446], um dann „ein höherwertiges Rechtsgut"[447] (Interesse[448]) zu verteidigen. *Rost* geht bei seinen Überlegungen von der nicht näher begründeten Prämisse aus, es handele „sich bei allen[449] Rechtfertigungsgründen um Interessenkollisionen, für die das Recht dadurch eine Regelung getroffen (habe), daß es (gestatte), das überwiegende Interesse auf Kosten des geringeren wahrzunehmen"[450]. Die Antwort auf die sich hier nun sofort aufdrängende Frage, auf welche Weise diese Regelung beim Rechtfertigungsgrund der Notwehr getroffen ist (in der „Erforderlichkeit"?) und welches Interesse nun jeweils das „überwiegende" sein soll, bleibt bei *Rost* im Dunkeln. Immerhin betont er, nicht zu behaupten, „daß das Recht ... die Erhaltung des wichtigeren Rechtsgutes an Stelle des weniger wichtigen (unbedingt) herbeiführen will"; das Recht lasse „vielmehr dem Einzelnen die freie Wahl, ob er von einem Rechtfertigungsgrund Gebrauch machen will oder nicht. Eine gerechte Ordnung menschlicher Lebensverhältnisse (müsse) es dagegen vermeiden, daß der Einzelne Konfliktssituationen ausgesetzt (werde), in denen er entweder berechtigte Interessen preisgeben oder gegen zwingende Strafrechtsnormen verstoßen müßte. Damit[451] aber (so schlußfolgert *Rost* ohne nähere Erläuterung weiter) macht das Recht implicite seine Erlaubnis davon abhängig, daß der Einzelne jene übergeordneten Interessen auch verfolgen will. Für einen Täter, dem es um die Wahrung jener Interessen nicht zu tun ist, gilt es keine Konfliktssituation zu vermeiden"[452]. Außerdem müsse er „die Rechtfertigungssituation *erkannt* haben, um bewußt das eine Interesse gegenüber dem anderen schützen zu können. Nur soweit seine Kenntnis der Situation (reiche, befinde) er sich in einer Konfliktslage"[453]. Wenn man *Rost* folgte, wäre die folgerichtige Konsequenz im Hinblick auf den unbewußt-fahrlässig Handelnden, der nie die Rechtfertigungssituation (bewußtheitlich) erkennen und auch den Schutz des höherwertigen Interesses nicht bewußtheitlich zu schützen in der Lage sein

---

[445] *Rost*, S. 56 (Hervorhebungen vom Verfasser!).

[446] *Rost*, S. 19 i. V. m. S. 56.

[447] *Rost*, S. 53 f.

[448] *Rost*, S. 56; vgl. auch *Vollmann*, III C 1, S. 43 („Der Täter muß den Willen haben, das überwiegende Interesse wahrzunehmen.").

[449] *Rost*, a. a. O. Er macht nur hinsichtlich des Rechtfertigungsgrundes der Einwilligung eine Ausnahme (S. 19 u. 45).

[450] *Rost*, S. 19.

[451] *Rost* meint anscheinend: mit dem Bestreben der Rechtsordnung, jene Konfliktssituation des einzelnen zu vermeiden!

[452] *Rost*, a. a. O.

wird, daß der unbewußt-fahrlässig Handelnde sich niemals in einer Konfliktslage befände.

Rost stellt dann auch auf das Kenntnismoment ab. Dieses diene lediglich dazu, den vom Notwehrübenden verfolgten „Zweck zu ermöglichen"[454]. „Der Zweck des Notwehrtäters (gehe nun dahin), ein angegriffenes Rechtsgut zu schützen"; was „gerade durch eine bestimmte Einwirkung auf den Angreifer unmittelbar erreicht werden" solle. „Der Schutz des Angegriffenen (bestehe darin), durch ‚Verletzung' (im weitesten Sinne) des Angreifers die Weiterführung des Angriffs unmöglich zu machen[455]." Dabei übersieht *Rost*, daß der Schutz des Rechtsgutes nicht lediglich durch ein eigenhändiges Begegnen der Gefahr[456], sondern auch dadurch erreicht werden kann, daß schnell erreichbare Schutzorgane des Staates oder Dritte zur Hilfe herbeigerufen werden können oder daß dem Angriff — wenn zumutbar — ausgewichen oder die Hilfe des Gerichts in Anspruch genommen werden kann[457]. Daher gelangt *Rost* zu der bedenklichen Feststellung: „Der Verteidigungswille (d. h. ‚das Willensmoment, der vom Täter verfolgte Zweck, ein *höherwertiges Rechtsgut* zu verteidigen'[458]) muß demnach in Beziehung zu dieser Verletzungshandlung stehen, mehr noch: er *muß* den Willen zu verletzen (oder zu gefährden[459]) in sich aufnehmen[460]."

Von dieser *subjektiven* Interessenabwägung durch den Notwehrübenden rückt *Rost* jedoch bei *unbewußten* Fahrlässigkeitsdelikten wieder ab. Bei diesen habe man es „mit einem *objektiv* bestehenden Interessenkonflikt zu tun", der dem Notwehrübenden nicht bewußt sei. Die Konfliktslage bleibe dem unbewußt-fahrlässig handelnden Notwehrübenden verborgen. Er irre sich hier „über die Möglichkeit der Verletzung des geringeren Interesses", nicht aber „über die Gefahr für das vom *Recht* höher bewertete Interesse" (sog. *objektive* Interessenabwägung). Dieser Irrtum könne „nicht zum Nachteil des Notwehrtäters ausschlagen", denn „dieses geringere Interesse (brauche vom Notwehrübenden) nicht ‚berücksichtigt' zu werden. Der rechts-

---

[453] *Rost*, S. 20 (Hervorhebung vom Verfasser!).

[454] *Rost*, S. 54.

[455] *Rost*, a. a. O. (Klammer im Original!).

[456] Was unter die Auswahl der eigenhändigen Abwehrmittel im Rahmen der „Erforderlichkeit" fällt.

[457] Was im Rahmen des „Gebotenseins" — im Gegensatz zu den eigenhändigen Abwehrmitteln (vgl. Fn. 456) gerade zu den u. U. zumutbaren Ausweichmitteln des nicht-eigenhändigen Begegnens der Gefahr gehört.

[458] *Rost*, S. 53 f. (Hervorhebungen vom Verfasser!). — Vgl. auch S. 55 („das angegriffene Gut zu schützen") und S. 56 („das höherwertige Interesse durchzusetzen").

[459] *Rost*, S. 55.

[460] *Rost*, S. 54.

widrig Angegriffene (dürfe) sich in der *erforderlichen* Weise verteidigen, ... so als ob die Verletzungsmöglichkeit nicht bestünde"[461].

Hier nun scheint sich abzuzeichnen, daß sich *Rost* zur Bestimmung des überwiegenden bzw. des für höher bewerteten Interesses — wenigstens bei unbewußten Fahrlässigkeitsdelikten — auf die objektive Erforderlichkeit stützt, mit der schon das Recht autoritativ das überwiegende Recht bestimme. Falls *Rost* dies wirklich meint, wäre ihm entgegenzuhalten, daß die „Erforderlichkeit" nur die Funktion hat zu bestimmen, *in welcher Weise* dem Unrecht begegnet werden darf. Die andere Frage, *ob* dies geschehen darf richtet sich allerdings im Rahmen des Gebotenseins[462] nach dem Interesse der Rechtsordnung, für deren Abwägung mit einem weiteren Interesse jedoch kein Raum ist[463].

Aufgrund dieser Überlegungen kommt *Rost* dann zu folgendem Ergebnis: „Der Gedanke des Interessenwiderstreits führt daher[464] auch bei der unbewußt fahrlässigen Verletzung in Notwehr zu einer Antwort auf die Frage nach dem sRE[465]. Der Täter darf nicht anders behandelt werden, als wenn er sich in Kenntnis der Verletzungsmöglichkeit zu derselben Maßnahme entschieden hätte[466]." „Man muß (nämlich) zu seinen Gunsten davon ausgehen, daß er auch auf die Gefahr hin, den tatbestandsmäßigen Erfolg herbeizuführen, ... dieselbe Risikohandlung vorgenommen hätte. Der Rechtfertigungsgrund der Notwehr gilt daher[467] auch für die unbewußt fahrlässige Verletzung, allerdings ohne die subjektive Voraussetzung, daß der Täter sich durch eine konkrete gefährliche Handlung verteidigen will[468]." Weshalb *Rost* bei einer solchen Fiktion zugunsten des Notwehrübenden nicht zugleich zu dessen Gunsten davon ausgeht, daß dieser auch bei Kenntnis der Rechtfertigungssituation dieselbe Risikohandlung

---

[461] *Rost*, S. 56 (Hervorhebungen vom Verfasser!).

[462] Vgl. dazu *Kraushaar*, S. 17: „Bei der Notwehr wertet das Gesetz den Zweck des Verteidigers, einen Angriff auf die eigenen oder fremden Rechtsgüter abzuwenden, insoweit als höherwertig gegenüber dem Schutz der Rechtsgüter des Angreifers, als die Verteidigungshandlung durch Notwehr geboten ist."

[463] Was bei *Kraushaar* (a. a. O.) nicht ganz deutlich wird.

[464] Weil — so meint es *Rost* wohl — der Notwehrübende sich in der objektiv *erforderlichen* Weise verteidigen darf!

[465] Die von *Rost* gebrauchte Abkürzung „sRE" soll „subjektives Rechtfertigungselement" bedeuten.

[466] *Rost*, a. a. O.

[467] *Rost* meint anscheinend damit: Weil das Recht (die Rechtsordnung) bei der „objektiven Erforderlichkeit" das höher bewertete Rechtsgut bestimme und beim unbewußt-fahrlässig Handelnden zu dessen Gunsten davon ausgegangen werden müsse, daß er bei „bewußtem Handeln" dieselbe Bewertung vorgenommen hätte.

[468] *Rost*, S. 57.

vorgenommen hätte, somit also auch auf die Kenntnis der Notwehrsituation (wie auf den Abwehrwillen) verzichtet, bleibt unklar.

„Als sRE[469] bei den (unbewußt) fahrlässigen Verletzungen in Notwehr (habe man) somit[470] die Kenntnis der Rechtfertigungssituation festgestellt[471]"; „der Umfang, in dem der Täter die Notwehrlage erkannt (habe, bestimme) das Ausmaß seines ‚Interessenkonflikts'[472]."

Rost findet mit seiner „Interessenabwägung" beim „Interessenkonflikt der Notwehr" Unterstützung bei *Lenckner* und *Münzberg*[473], wobei diese jedoch nur einer sog. *objektiven* Interessenabwägung den Vorzug geben. Auch nach *Münzberg* geht es „darum, wie die *Rechtsordnung* sich dazu stellt"[474]. Es sei „nicht richtig, daß die Notwehr ... eine Ausnahme vom Prinzip der Interessenabwägung aufstelle"[475]. Zunächst entscheide generell „das Prinzip der Interessenabwägung über (die) Rechtmäßigkeit"; „erst wenn (die) Abwehr nach (diesen) allgemeinen Grundsätzen als rechtswidrig anzusehen wäre, (beginne) die eigentliche ‚Notwehr' ihre Funktion zu erfüllen"[476]. Bei dieser habe „der Gesetzgeber diese (Interessen-)Abwägung bereits autoritativ vorgenommen; er (setze) die Schutzwürdigkeit der Interessen des Angreifers radikal herab, eben weil dieser rechtswidrig handelt"[477].

Lenckner dagegen sieht die Interessenabwägung wohl noch nicht im Gesetz (§ 53 StGB) als endgültig vorgenommen an. Er betont nämlich, „daß eine gesetzliche Bestimmung den Rechtfertigungstatbestand immer nur unvollkommen und in vergröberter Form wiedergeben

---

[469] Vgl. Fn. 465.

[470] Weil *Rost* „den Verteidigungswillen enger fassen und beim unbewußten Fahrlässigkeitsdelikt auf ihn verzichten" will (*Rost*, S. 58), die Kenntnis der Notwehrsituation daher noch übrig bleibt.

[471] *Rost*, S. 57.

[472] *Rost*, a. a. O.

[473] Vgl. *Lenckner*, Notstand, S. 137 f. u. S. 134 f. (in Anlehnung an R. *Merkel*, S. 49 ff. und *Mezger*, LB, S. 225 ff. u. *denselben*, Unrechtselemente, S. 313 f.); *Münzberg*, Verhalten und Erfolg, S. 363, 368 f. u. S. 364. Vgl. dazu auch *Oehler*, Rechts- und Pflichtnormen, S. 269 („Bei Notwehr ... Regelung sich aus der einzelnen Interessenabwägung ... schon ergibt"); S. 271 (Der Rechtsnorm „leitender Zweck ist die ausgleichende Abwägung der Interessen innerhalb der Rechtsgemeinschaft"); S. 275 („Ergibt sich das Urteil der Rechtmäßigkeit aus dem Prinzip der Güterabwägung"); *derselbe*, Zweckmoment, S. 38, Fn. 67 (Bei Notwehr: „herbeigeführte Rechtsgüterkollision").

[474] *Münzberg*, Verhalten und Erfolg, S. 363.

[475] *Münzberg*, Verhalten und Erfolg, S. 364.

[476] *Münzberg*, Verhalten und Erfolg, S. 368 f.

[477] *Münzberg*, Verhalten und Erfolg, S. 364; vgl. auch *Vollmann*, C III, S. 42.

kann"[478]. Damit ergäbe „sich aber zwangsläufig die Notwendigkeit eines Korrektivs", bei dem „auf das hinter dem Gesetz stehende Prinzip des überwiegenden Interesses zurückzugehen (sei), in dem die Berechtigung der Notwehr ihren Grund und ihre Begrenzung (finde)"[479]. *Lenckner* glaubt, „den methodisch richtigen Weg"[480] gefunden zu haben mit der Behauptung: „alle Rechtfertigungsgründe lassen sich ... auf die Prinzipien des ‚mangelnden bzw. überwiegenden Interesses' ... zurückführen"[481]; er meint, dies werde „man schwerlich bestreiten können, ebensowenig, daß der Rechtfertigungsgrund der Notwehr auf dem Prinzip des überwiegenden Interesses" beruhe[482]. *Lenckner* geht dabei von Überlegungen beim Notstand aus: „Daß das im Notstand befindliche Gut überhaupt unter dem Schutz der Rechtsordnung (stehe, sei) nur die Grundvoraussetzung. Hinzu kommen (müsse) noch, daß das fragliche Interesse auch in der konkreten Situation schutzwürdig ist." „Das Eintreten für ein gefährdetes Rechtsgut (sei auch) meist, aber keineswegs immer ein vom Recht anerkannter Zweck[483]." Es könne z. B. „ein Rechtsgut in der konkreten Situation deshalb nicht schutzwürdig (sein), weil es der Rechtsordnung gerade darauf ankommt, daß es bestimmte Einbußen erfährt"[484]. „Durch die Notstandshandlung (würden) sowohl Werte verwirklicht als auch Werte verletzt"; „ersteres durch die Erhaltung eines in concreto schutzwürdigen Rechtsgutes (Zweck), letzteres durch den Eingriff in andere rechtlich geschützte Interessen (Mittel). Die Abwägung (habe deshalb) so zu erfolgen, daß gefragt wird, ob der vom Täter realisierte Wert gegenüber dem mit der Tat verletzten den Vorrang verdient. Vorzuziehen aber (sei) der höhere Wert dem geringeren[485]." Die eigentliche Fragestellung müsse lauten: „Was bewertet die Rechtsordnung höher, die Erhaltung des in Gefahr befindlichen Rechtsguts durch einen Eingriff in ein anderes geschütztes Gut oder dessen Respektierung durch ein Unterlassen der an sich verbotenen Handlung unter Verzicht auf eine Rettung des ersteren[486]?"

Schon die beschriebenen Prämissen von *Lenckner* (sowie auch die von *Rost*) sind nicht haltbar. Bisher ist es noch nicht gelungen, eine einleuchtende Begründung dafür zu geben, daß es ein allgemeingültiges Prinzip des „überwiegenden Interesses" für sämtliche[487] Recht-

---

[478] *Lenckner*, Gebotensein, S. 8.
[479] Vgl. *Lenckner*, Gebotensein, a. a. O.
[480] Vgl. *Lenckner*, Gebotensein, S. 2.
[481] *Lenckner*, Gebotensein, a. a. O.; *derselbe*, Notstand, S. 135 (m. w. N.).
[482] *Lenckner*, Gebotensein, a. a. O.; *derselbe*, Notstand, S. 137 f.
[483] *Lenckner*, Notstand, S. 76.
[484] *Lenckner*, Notstand, S. 77.
[485] *Lenckner*, Notstand, S. 84.
[486] *Lenckner*, Notstand, S. 89.
[487] Abgesehen vom Rechtfertigungsgrund der Einwilligung!

fertigungsgründe gibt[488]. Versuche in dieser Richtung sind allerdings schon oft unternommen worden[489]. Man hat dabei jedoch den Besonderheiten der Notwehr nicht genügend Rechnung getragen und die Notwehr zu Unrecht als „gesteigertes Notstandsrecht" aufgefaßt[490]. Daher kommt man auch zu dem unzutreffenden Ergebnis, eine Deutung des „Gebotenseins" der Notwehrhandlung helfe keinen Schritt weiter[491], dieser Begriff sei überflüssig bzw. nichtssagend[492]. Wenn man nämlich auf ein für den Notstand aufgestelltes Prinzip abstellt und den hauptsächlich auf diesen zugeschnittenen Grundsatz des „überwiegenden Interesses" auf die Notwehr überträgt[493], gelangt man im Rahmen der Notwehr nicht zum richtigen Ansatzpunkt der dogmatischen Überlegungen oder mißversteht diesen. Von welchen Gedanken sich *Rost* und *Lenckner* bei dem von ihnen vertretenen Prinzip des „überwiegenden Interesses" haben leiten lassen, zeigen ihre weiteren Gedankengänge.

Nach *Rost* ist der Abwehrwille „das Willensmoment, der vom Täter verfolgte Zweck, ein *höherwertiges Rechtsgut* zu verteidigen"[494]. Bei vorsätzlichen und bewußt-fahrlässigen Delikten müßte also der Notwehrübende eine Rechtsgüterabwägung vornehmen[495]. Abgesehen von der unverständlichen Unterscheidung, daß nur beim unbewußten Fahrlässigkeitsdelikt ein objektiv, bei den übrigen Delikten aber ein subjektiv bestehender „Interessenkonflikt" gelöst werden müßte, ist ein Abwehrwille mit dem Ziel, „das höherwertige Rechtsgut" zu schützen, mit dem Wesen der Notwehr nicht in Einklang zu bringen. Der Abwehrende ist bei solchen Notsituationen einfach nicht in der Lage, bei seiner Erregung und Bedrängnis die beteiligten Rechtsgüter gerecht gegeneinander abzuwägen; oft bleibt ihm auch nicht mehr genügend Zeit dazu. Es liegen nicht alle Fälle so einfach wie das

---

[488] Vgl. auch *Schönke-Schröder*, Vorbem. vor § 51, R. 9; *Baumann*, AT, § 19 III 3 a, S. 263 f.; § 21 I 1, S. 279; § 21 I 3 c, S. 284; *Maurach*, AT, § 25 III, S. 253; § 26 I, S. 263; R. *Lange*, Rechtfertigungsgründe, S. 162.

[489] Insbesondere von *Lenckner*, Notstand, S. 133 ff.; *derselbe*, Gebotensein, S. 2 ff.; w. N. vgl. in jenen beiden Beiträgen.

[490] Vgl. u. A. O. *Lampe*, S. 92 (r. Sp.); *Lenckner*, Gebotensein, S. 4: „gerät die Notwehr hier in die Nähe des defensiven Notstands"; „Situation, wie sie ähnlich beim Verteidigungsnotstand besteht"; vgl. auch H. *Mayer*, StuB, AT, § 22 I 2 b (a. E.), S. 96.

[491] Vgl. *Lenckner*, Gebotensein, S. 2.

[492] Vgl. *Lenckner*, Gebotensein, S. 10 u. 2; *derselbe*, in: AE 1969, S. 51 (zu § 14). Vgl. auch *Schönke-Schröder*, § 53 II 4, R. 15 a; *Jescheck*, LB, § 32 II 2 d, Fn. 12, S. 230 (Näheres vgl. Fn. 545).

[493] Vgl. dazu *Lenckner* in Fn. 490.

[494] *Rost*, S. 53 f. (Hervorhebungen vom Verfasser!).

[495] *Rost*, a. a. O. — Bei unbewußten Fahrlässigkeitsdelikten genügt nach *Rost* die Kenntnis der Notwehrsituation (*Rost*, S. 57).

Schulbeispiel des Diebstahls von Obst vom Baum des Gelähmten, das *Lenckner*[496] dafür anführt, daß im Rahmen der Notwehr der „Güterabwägungsgedanke" herangezogen werden müsse[497]. Das Notwehrrecht ist aus Abschreckungsgründen ein „schneidiges" Schutzrecht. Der rechtswidrige Angreifer soll mit *sofortiger*, entschlossener und einschneidender Gegenwehr rechnen müssen. Wenn der Notwehrübende das höherwertige Rechtsgut schützen muß, ist er in vielen Fällen überfordert[498] und das Notwehrrecht entwertet[499]. *Lenckner*[500] gibt sogar zu, „*Maurach*[501] (habe) völlig recht, wenn er darauf hinweist, daß hier das Güterabwägungsprinzip lediglich im Gewand einer neuen Formel auftauche", nämlich unter dem Mantel des Prinzips des „überwiegenden Interesses", dem insbesondere *Lenckner* zu neuer Anerkennung verhelfen möchte, nachdem es schon „Geschichte" geworden war[502]. Mit der kühnen Behauptung: „auf diese Güterabwägung kann aber auch gar nicht verzichtet werden"[503], verbaut sich *Lenckner* den Weg

---

[496] *Lenckner*, Gebotensein, S. 5, Fn. 17.

[497] *Lenckner*, Notstand, S. 138, Fn. 165; *derselbe*, Gebotensein, S. 5 (Text und Fn. 17).

[498] Vgl. auch *Krille*, S. 133; a. A. *Lenckner*, Gebotensein, S. 5, Fn. 17.

[499] Vgl. hierzu: RGSt. 55, 82 (85 f.); w. N. in: Erforderlichkeit, S. 131, Fn. 15, u. S. 137, Fn. 48—50, sowie in: Nothilfe, S. 363, Fn. 10.

[500] *Lenckner*, Gebotensein, a. a. O.

[501] *Maurach*, AT, § 26 II B 2 c, bb, S. 269.

[502] Die Rechtsgüterabwägung lehnen ab: u. a. OLG Köln in OLGSt. zu § 53, S. 3 ff. (S. 6: „nicht nach dem Wertverhältnis der beteiligten Rechtsgüter"); *Baumann*, AT § 21 II 1 a, ζ, S. 294 und 295; *Beling*, Grundzüge, S. 36; *v. Frank*, Anm. II zu § 53; *v. Hippel*, Strafrecht, Bd. 2, S. 212; H. *Mayer*, StuB, AT, § 22 I 2 b, S. 96; *Mezger*, LB, S. 239; *Mezger-Blei*, StuB, I, AT, § 40, 2 c, S. 128; *Oetker*, Über Notwehr, S. 11 u. 20; *Schwarz-Dreher*, § 53, Anm. 4 B b, S. 279; *Wegner*, S. 122; *Welzel*, LB, § 14 II 2, S. 80, sowie bei den Mitgliedern der Großen Strafrechtskommission zum E 1962; *Baldus*, Niederschriften, S. 128; *derselbe*, a. a. O. (Anhang), S. 70; *Krille*, S. 133; R. *Lange*, Niederschriften, S. 130; *Schafheutle*, S. 137; Eb. *Schmidt*, Niederschriften (Anhang), S. 52 ff.; *derselbe*, Niederschriften, S. 126; *Schwalm*, S. 129; *Voll*, S. 132; w. N. in: Erforderlichkeit, S. 131, Fn. 15 u. S. 137, Fn. 48; Nothilfe, S. 363, Fn. 10 (Teil 3). — Für Rechtsgüterabwägung z. B. noch: *Horn*, S. 106; *Lenckner*, Notstand, S. 138, Fn. 165; *derselbe*, Gebotensein, S. 5 (Text u. Fn. 17); *Rost*, S. 53 f.; *Schaffstein*, Notwehr, S. 132 ff.; wohl auch *Rösch*, S. 131 f. u. 136; *v. Stackelberg*, S. 135. Auch *Jescheck*, *Klug*, *Oehler* u. *Stratenwerth* sind anscheinend nicht abgeneigt, dem „Rechtsgüterabwägungsprinzip" noch Chancen einzuräumen; vgl. *Jescheck*, LB, § 32 II 2 d, S. 231; *Klug*, Sozialkongruenz, S. 251 (anders wieder *derselbe*, Sexualstrafrecht, S. 45); *Oehler*, vgl. oben S. 104, Fn. 5; *Stratenwerth*, Rechtfertigung, S. 63 („bei Notwehr wird Güterkollision geschaffen"). — Weitere Nachweise vgl. bei *Busse*, S. 129, Fn. 35.

[503] *Lenckner*, Gebotensein, S. 5. — Vgl. auch die hiergegen geübte Kritik von *Baumann*, AT, § 21 II 1 a, ζ, S. 295.

zur Erfassung des der Notwehr eigenen Prinzips und geht zu Hilfskonstruktionen über, weil das von ihm propagierte „Prinzip des überwiegenden Interesses" eben doch nicht allen Fällen gerecht werden kann; die Rechtsgüterabwägung „verhindert (nämlich) die Bejahung eines überwiegenden Rechts", und zwar in den „besonders kraß liegenden Fällen", wie *Lenckner* selbst zugibt[504].

Bei der Abwehr geht es — entgegen *Lenckner*[505] und *Rost*[506] — auch nicht wie bei anderen Rechtfertigungsgründen um einen Konflikt[507] zwischen den „Interessen des Angegriffenen und des Angreifers"[508] oder um einen Konflikt, bei dem „sich zwei Rechtsgüter gegenüberstehen, (nämlich) das durch den Angriff bedrohte Gut einerseits und das durch die erforderliche Verteidigung betroffene andererseits"[509]. Bei der Notwehr gibt es — im Gegensatz zum Notstand — keine Kollision mehrerer berechtigter Interessen oder Rechtsgüter[510]. Es geht bei der Notwehr vielmehr um die Anerkennung des Selbsterhaltungsrechts des Menschen sowie um ein Interesse der Rechtsordnung daran, daß sich das Recht — generell (und speziell durch Schutz des angegriffenen Rechtsguts) — mittels Notwehr des einzelnen (dessen Selbsterhaltungsrecht in diesem Rahmen dadurch anerkannt wird) gegenüber einem (angreifenden) Unrecht behauptet. Hier stehen sich also angreifendes Unrecht und abwehrendes Recht gegenüber[511].

Auch in Absatz 2 der Notwehrvorschrift kann — entgegen *Münzberg*[512] — keine Stütze für eine Interessenabwägung erblickt werden. In dieser Vorschrift wird (nur) die allein zulässige Notwehrhandlung definiert. Hier stellt die Rechtsordnung klar, daß nicht erst eine Abwägung von widerstreitenden Interessen vorgenommen werden muß. Die Rechtsordnung gibt hier zu erkennen, daß und in welchem Rahmen der einzelne (rechtswidrig angegriffene) Bürger selbst grundsätzlich

---

[504] Vgl. *Lenckner*, Gebotensein, a. a. O.

[505] *Lencker*, Notstand, S. 137; *derselbe*, Gebotensein, S. 3 u. 8.

[506] *Rost*, S. 55.

[507] Vgl. hierzu *Lenckner*, Notstand, S. 134: „Da das Miteinanderleben der Menschen aber immer wieder zu Konflikten zwischen den einzelnen Interessenbereichen führt, hat das Recht ferner die ganz konkrete Aufgabe, derartige Interessenkonflikte zu lösen. An dieser Stelle setzt nun die ... Interessenabwägung ein, die zu einer Rechtfertigung der Tat dann führt, wenn an der Zulassung des Eingriffs in die fremde Interessensphäre aus der Sicht des Rechts ein überwiegendes Interesse besteht."

[508] *Rost*, a. a. O.

[509] *Lenckner*, Gebotensein, S. 3 (der dies als einen der zwei Aspekte der Notwehr angibt). Die übrige Literatur vgl. Fn. 473 und Fn. 502.

[510] Vgl. auch *Maurach*, AT, § 26 I, S. 263. — Von der älteren Literatur vgl. *Löffler*, Unrecht, S. 567.

[511] Vgl. Fn. 510.

[512] *Münzberg*, Verhalten und Erfolg, S. 364 ff.; wohl auch *Rost*, S. 56.

die Wahrung ihres (der Rechtsordnung) Interesses (und damit implizit den Schutz des rechtswidrig angegriffenen Rechtsguts) eigenhändig[513] vornehmen kann. Denn sie kann nicht stets mit ihren dafür zuständigen Organen gegenwärtig sein. Sie spricht hier von vornherein dem Angegriffenen die grundsätzliche Berechtigung eines „eigenhändigen Begegnens der Gefahr" zu. Es gibt also gar keine *zwei* berechtigten Interessen, die kollidieren und deren Konflikt gelöst werden müßte. Es gibt nur ein Interesse: das *Interesse der Rechtsordnung* an der Behauptung des Rechts gegenüber einem (durch Wertung festzustellenden) Unrecht. Es kann auch *Lenckner* nicht darin gefolgt werden, daß „mit der Feststellung der *Erforderlichkeit* ... gesagt (werde), *daß* überhaupt ein *Interessenkonflikt* besteht und *welche Interessen* sich gegenüberstehen"[514]. Der Begriff der Erforderlichkeit sagt nämlich genausoviel (oder genausowenig) darüber aus, in *welcher Weise* das Recht einem Unrecht begegnen darf, wie der Begriff des Gebotenseins darüber, *ob* hier ein Unrecht vorliegt, dem begegnet werden darf. Beide[515] Begriffe bedürfen einer Ausfüllung, um eine „Flucht in die Generalklausel" als „Sammelbegriff, der jede beliebige Billigkeitserwägung aufnehmen kann"[516], auszuschließen. Die Deutung dieser Begriffe kann nur dann richtig erfolgen, wenn man — was *Lenckner*[517] allerdings zutreffend betont — auf das Prinzip zurückgreift, auf dem die Notwehr wirklich beruht[518]. Dieses Prinzip führt auch erst dazu, daß das Problem des Abwehrwillens gelöst werden kann, indem das

[513] Wodurch die Nothilfe nicht berührt wird. Nothilfeüben ist auch ein eigenhändiges Eingreifen, allerdings zugunsten des Angegriffenen.

[514] *Lenckner,* Gebotensein, S. 3, Fn. 13 (Hervorhebungen vom Verfasser!). „Erst wenn dies feststeht, stellt sich (nach *Lenckner,* Gebotensein, a. a. O.) die zweite Frage, für welche Seite das Recht nach dem Prinzip des überwiegenden Interesses Partei ergreift. Hier wird dann eine Interessenabwägung notwendig." — Dagegen meinte *Lenckner* früher in „Notstand, S. 137 f.": „Für die Frage des überwiegenden Interesses ist dies, was gelegentlich übersehen wird, von entscheidender Bedeutung: Bei der Notwehr besteht ein solches grundsätzlich schon dann, wenn die Verletzung des Angreifers zur Abwehr des Angriffs erforderlich ist." Vgl. auch *Lenckner,* Notstand, S. 49: „Die Frage nach der Rechtfertigung tatbestandsmäßigen Verhaltens ist also immer zugleich die Frage, ob das verletzte Rechtsgut im konkreten Fall noch schutzwürdig war. Das kann z. B. zu verneinen sein ... bei der Notwehr, weil das fragliche Gut auf der Seite des angreifenden Unrechts stand."

[515] Nicht nur der Begriff des Gebotenseins, was *Lenckner* (Gebotensein, S. 2 und 6) auch wohl ernstlich nicht bestreiten will. Vgl. dazu auch *Kratzsch,* S. 34 u. 36.

[516] *Bockelmann,* Menschenrechtskonvention, S. 457, Fn. 5.

[517] *Lenckner,* Gebotensein, a. a. O.

[518] Entgegen *Lenckners* Polemik (Gebotensein, a. a. O.) habe ich das für richtig gehaltene Notwehrprinzip von *Berner* stets erwähnt, so in: Erforderlichkeit, S. 132, Nr. 3 und in: Nothilfe, S. 362 und S. 363.

Wesen der Notwehr erfaßt und der Rechtsgrund der Rechtfertigung infolge von Notwehr klar erkannt wird. Die Erörterung dieses Prinzips ist auch notwendig, weil die Notwehr bisher in nur ungenügender Weise[519] begründet worden ist. Von ihr wird einfach als einem „gegebenen" Begriff ausgegangen. Man wird aber so den Erfordernissen nicht gerecht, die an diesen Rechtfertigungsgrund gestellt werden.

b) Das Notwehrprinzip

Es gehört zum Wesen des Rechts, daß es sich gegenüber dem Unrecht durchsetzen muß. Das Recht selbst sorgt aus diesem Grund für die Aufrechterhaltung der Rechtssicherheit und des Gemeinschaftsfriedens, d. h. für die Beständigkeit des Rechts als solchem und für den Schutz der einzelnen Rechtsgüter, sei es unmittelbar oder mittelbar (durch Abschreckung von rechtswidrigen Angriffen auf dieselben, soweit dies mit der menschlichen Würde vereinbar ist, die unser Grundgesetz für unantastbar erklärt). Rechtssicherheit und Gemeinschaftsfrieden bilden zusammen die Voraussetzung für den Bestand der Rechtsordnung. Der Gemeinschaftsfrieden soll das friedliche Miteinanderleben der Bürger erhalten. Das Verhalten der Bürger in der Gemeinschaft soll geordnet und die Beziehungen der Mitbürger zur Gemeinschaft sowie untereinander sollen ungestört bleiben. Um einen solchen Frieden zu sichern, verfolgt die Rechtsordnung das Ziel, einen Rechtsgüterschutz sowie eine Abschreckung von weiteren rechtswidrigen Angriffen auf Rechtsgüter zu erreichen, die über die unumgängliche, beiläufige Beeinträchtigung von Rechtsgütern hinaus den Gemeinschaftsfrieden stören. Denn auch in unserer freien Gesellschaft mündiger Bürger dürfen die Grundrechte der Mitbürger nicht verletzt und der Gemeinschaftsfrieden nicht gebrochen werden. Gewaltanwendung, ob gegen Sachen oder Menschen, ist ein sozialschädliches und daher zu verhinderndes Unrecht. Die Rechtssicherheit soll darüber hinaus die zeitliche und räumliche Ausbreitung und Präsenz des Rechts garantieren. Um die Rechtssicherheit aufrechtzuerhalten, verfolgt die Rechtsordnung das Ziel, eine Rechtsbewährung unter Wahrung jeglicher Menschenwürde zu ermöglichen. Das Recht bewährt sich, indem es unter Vermeiden eines Rückfalls in vordemokratisches obrigkeitsstaatliches Denken eine Ordnung für das Rechtsbewußtsein des mündigen Bürgers schafft, Recht und Unrecht zu unterscheiden, und zugleich den Gemeinschaftsfrieden schützt.

Das Recht muß seinem Wesen nach die Möglichkeit schaffen, daß zum Schutz der Rechtsordnung in den Fällen, in denen sich das Recht

[519] Vgl. *Lackner* in *Lackner-Maassen,* § 53 Anm. 1; vgl. auch Rich. *Schmid,* S. 7.

nicht durch seine dazu berufenen Organe gegenüber dem Unrecht behaupten kann, die Aufgabe, das Recht durchzusetzen, dem einzelnen mündigen Bürger überlassen ist[520]. Dies ist dann für geboten zu erachten, wenn der Bürger einem Angriff akut ausgesetzt ist bzw. wenn „der Bestand seiner Rechtsgüter gefährdet ist"[521] und die vom Recht zu dessen Schutz berufenen Organe nicht auf eine für den Angreifer *gefahrlosere* und zugleich auch für den Angegriffenen *schnellere* und *sicherere* Weise eingreifen können. Entgegen der Ansicht des OLG Köln liegt nicht schon dann ein sog. Rechtsmißbrauch[522] vor, „wenn das verletzte Recht (bereits) durch Anrufung polizeilicher Hilfe hätte gewahrt werden können"[523]. Der Bürger braucht gegenüber dem sozialschädlichen Unrecht nicht zu warten, bis die Organe des Staates präsent sind. Das sozialschädliche Unrecht braucht er nicht zu dulden, auch nicht vorübergehend. Die Verteidigung des Rechts gegenüber dem Unrecht durch den mündigen Bürger selbst ist die Notwehr, sei es nun, daß der Angegriffene selbst dem Unrecht begegnet oder ein anderer Bürger ihm zu Hilfe kommt. Im zweiten Fall liegt Nothilfe, im ersteren Notwehr (im engeren Sinne) vor.

Zunächst, so scheint es, dient das Recht der Notwehr primär weniger der unbedingten Verwirklichung des Rechts, als vielmehr dem Selbstschutz durch das Rechtsgut entsprechend dem Selbsterhaltungstrieb eines angegriffenen Rechtssubjekts, wobei der Selbsterhaltungstrieb des einzelnen von der Rechtsordnung als „Recht zur Abwehr von Unrecht"[524] in Form des eigenhändigen Begegnens der Gefahr berücksichtigt und anerkannt wird[525]. Es gilt jedoch zu bedenken, daß das Recht des einzelnen Bürgers auf freie Entfaltung der Persönlichkeit im Rahmen der Rechtsgemeinschaft selbst Gegenstand des allgemeinen Interesses der Rechtsordnung ist. Andererseits fördert und erhält der Notwehrübende, indem er sozialschädliches Unrecht abwehrt, zugleich auch den Bestand der Rechtsordnung und bewahrt den Gemeinschaftsfrieden.

Das Sich-einsetzen für das eigene, subjektive, dem einzelnen durch die Rechtsordnung im Rahmen der §§ 53 StGB, 227 BGB eingeräumte Recht, ist auch zugleich ein Eintreten für die Aufrechterhaltung der Rechtsordnung. Denn einerseits wird bei jedem Angriff auf den einzelnen auch die Rechtsordnung in ihren Schutznormen für dieses

---

520 Vgl. dazu auch RGSt. 32, 391 ff. (393); *Binding*, Handbuch, § 150 III, S. 734 f. — Was jedoch nicht bedeutet, daß diese Aufgabe dem Bürger zur Pflicht gemacht wird. — Vgl. auch z. B. *Kratzsch*, S. 156.

521 *Jesser*, S. 13.

522 Vgl. hierzu Näheres in: Erforderlichkeit, S. 134 ff.; vgl. auch BGH GA 1969, 23 f. (24).

523 OLG Köln in OLGSt. zu § 53, S. 3 ff. (6).

524 *zu Dohna*, Verbrechenslehre, S. 32.

Rechtsgut angegriffen. Andererseits ist der einzelne ein Teil des rechtlich geordneten und geregelten Zusammenlebens der Menschen in der Gemeinschaft, d. h. der Rechtsordnung, die seine Güter schützen soll[526]. Wo die Rechtsordnung das Rechtsgut nicht in geeigneter Weise zu schützen vermag, dürfen die in den Grundrechten verankerten Rechte (auf freie Entfaltung der Persönlichkeit, Eigentumserhaltung etc.) durch den Angegriffenen selbst insoweit gewahrt werden, als der hierdurch herbeigeführte Erfolg nicht dem Endzweck, den die Rechtsordnung im ganzen verfolgt, nämlich Gemeinschaftsfrieden und Rechtssicherheit zu erhalten, widerspricht. Das Wesen der Notwehr ergibt sich also aus dem Zusammenhang ihrer Funktion mit der Gesamtrechtsordnung. Die Funktion der Notwehr besteht hierbei darin, daß sie dem Bestreben des Rechts, sich gegenüber dem sozialschädlichen Unrecht durchzusetzen, Geltung verschafft und dem Bestreben des Einzelnen nach Schutz seiner Rechtsgüter sowie des Gemeinschaftsfriedens Rechnung trägt[527].

Das hinter der Notwehr stehende Prinzip kann also in dem seinerzeit von *Berner* aufgestellten Grundsatz: „Das Recht braucht einem Unrecht nicht zu weichen" gesehen werden, der auch heute noch seine Gültigkeit hat[528]. Es wäre verfehlt, das heute einhellig für die Notwehr abgelehnte[529] Rechtsgüter- und Interessenabwägungsprinzip wieder einzuführen. Auch bedarf es keines allgemeinen Rechtfertigungs-

---

[525] Vgl. auch *Jesser*, S. 14; *Baumann*, Schuld, S. 45 (1. Sp.). — „Im Wege der Selbsthilfe" soll (nach Eb. *Schmidt*, Strafrechtspflege, S. 48) schon „die Fehde ... ihrer Idee nach Abwehr von Unrecht und Rechtsbewahrung" gewesen sein.

[526] Vgl. auch *Sieverts*, S. 209; *Winkler*, S. 53; Eb. *Schmidt*, Niederschriften (Anhang), S. 56 (m. w. N.).

[527] Vgl. dazu auch *Roxin*, Notwehrlage, S. 566 f.

[528] Vgl. *Berner*, Nothwehrtheorie, S. 557 u. 562; *derselbe*, LB, 1. Aufl., § 86, S. 129 u. S. 131 sowie § 87, S. 131 (vgl. aber auch 18. Aufl., § 58, S. 107 u. S. 108 sowie § 59, S. 110); vgl. ferner RGSt. 21, 168 (170); 55, 82 (85); *Baldus*, Niederschriften (Anhang), S. 70; *Baumann*, AT, § 21 II 1 a, ε, S. 293; *Gribbohm*, S. 155; R. *Lange*, in *Kohlrausch-Lange*, § 53 I, S. 203; *Maurach*, AT, § 26 I, S. 263; *Mezger-Blei*, StuB, I, AT, § 40, 2 c, S. 128; *Roxin*, Notwehrlage, S. 564; *Sax*, S. 385 u. 390; Eb. *Schmidt*, Niederschriften (Anhang), S. 52 ff.; *Schwarz-Dreher*, § 53, Anm. 2, S. 275; *Stratenwerth*, Rechtfertigung, S. 60, Fn. 55; *v. Weber*, Tatbestandsmerkmale, S. 188; *Welzel*, LB, § 14 II, S. 81 und II 2, S. 83 (vgl. auch *denselben*, Studien, S. 535 f.). — Vgl. von den älteren Autoren z. B.: *Binding*, Handbuch, § 150 III, S. 733 u. § 151 IV, S. 760; *Coenders*, Notrecht, S. 891 u. 893; zu *Dohna*, Verbrechenslehre, S. 32; *v. Hippel*, Strafrecht, II, S. 212; *Janka*, S. 27 u. S. 70 ff.; *Löffler*, Unrecht, S. 567 f. u. S. 563; *derselbe*, Rechtswidrigkeit, S. 29; *Oetker*, Notwehr II, S. 254; *Schollmeyer*, S. 4.

[529] Vgl. Fn. 502.

prinzips der Wertabwägung[530]. *Baumann* muß widersprochen werden, wenn er die heutige Auffassung kennzeichnet: „Längst gilt nicht mehr der Satz, daß das Recht dem Unrecht nicht zu weichen habe[531].“ Wenn dies der Fall wäre, gäbe sich das Recht selbst auf. Mit Recht betont *Roxin,* es sei unzutreffend, daß ein radikaler „Wandel der sozialethischen Anschauungen“ bezüglich der Notwehr eingetreten sei, „kraft dessen der Satz, daß das Recht dem Unrecht nicht zu weichen habe, ungültig geworden sei“[532]. Es wird hierbei nicht übersehen, daß der Wandel in den sozialethischen Anschauungen erheblichen Einfluß auf die Vorstellungen über den Sinn der *Strafe* ausgeübt hat. Wenn bisher beim Strafgesetzgeber und in der Strafjustiz teils aufgrund philosophischer Überlegungen der Gedanke von Sühne, Abschreckung und Vergeltung in der deutschen Strafrechtstheorie und Strafrechtspraxis lange Zeit im Vordergrund stand, stellen moderne Lehren mehr auf den Schutz der Friedensordnung der Gesellschaft und die diesem Schutz dienende Wiedereingliederung des Täters, d. h. auf eine Resozialisierung ab[533]. Gerade wenn man bereit ist, diesen modernen Lehren zu folgen, so darf dies nicht dazu führen, daß man das Institut der Notwehr in seinem Bestand schmälert, um auf diesem Wege die in ihr zweifellos enthaltene Härte und Schärfe zu mildern[534]. Anderenfalls geht zumindest ein Teil der Rechtssicherheit und des Rechtsfriedens verloren[535]. Auch im modernen Rechtsstaat vertraut der Bürger auf das harte Notwehrrecht, das beibehalten werden muß, um die Achtung sowie den Bestand der Rechtsordnung, aber auch den Schutz

---

[530] So aber wohl *Noll* (Tatbestand, S. 9), nach dem die Summe sämtlicher Unrechtselemente gegen die Summe sämtlicher Rechtfertigungselemente abgewogen werden soll (S. 14; vgl. auch *Noll,* Rechtfertigungsgründe, S. 165, 163 u. 175).

[531] *Baumann,* Rechtsmißbrauch, S. 349; vgl. auch *denselben,* AT, § 21 II 1 a, ε, S. 293; O. *Lampe,* S. 92 (r. Sp.).

[532] *Roxin,* Notwehrlage, S. 564.

[533] Vgl. z. B. F. *Bauer,* Verbrechen, S. 181 ff., 188 ff. u. 168 ff.; *Baumann,* Streitschriften, S. 136 ff.; *Klug,* Kant und Hegel, S. 36 ff., insbes. S. 36 u. 41; E.-J. *Lampe,* Unrecht, S. 264; *Naegeli,* S. 19 ff. (m. w. N.); vgl. insbes. S. 30 ff., 42 ff. u. 69 ff.; *Roxin,* Strafzweck, S. 87 f.; vgl. auch den AE 1966, AT, zu § 2, S. 29. Vgl. aber auch die Ausführungen von R. *Lange,* Strafrechtsreform, S. 393 ff.; *derselbe,* Strafanspruch, S. 75 ff.; *derselbe,* Wandlungen, S. 345; vgl. auch die Nachweise bei *Worm,* S. 94 ff. (100 ff. u. 104 ff.).

[534] Auch *Schwarz-Dreher* (§ 53 Anm. 4 C e, S. 280 f.) betonen, „daß das Notwehrrecht nicht aufgeweicht werden darf“; vgl. auch OLG Köln in OLGSt. zu § 53, S. 3 ff. (8); *Baumann,* AT, § 21 II 1, ε, S. 293; *Kratzsch,* S. 44 f. u. 52.

[535] Vgl. auch *Schwarz-Dreher,* § 53, Anm. 4 C e, bb, S. 234; Eb. *Schmidt,* Niederschriften (Anhang), S. 57; *derselbe,* Niederschriften, S. 126 f.; vgl. auch *Mezger-Blei,* StuB, I, AT, § 40, 2 c, S. 128.

des Einzelnen, zu garantieren[536] und die eigene soziale Initiative des Staatsbürgers nicht zu lähmen. Zwischen dem Sinn der Strafe und dem Wesen der Notwehr bestehen schon insoweit Unterschiede, als bei letzterer regelmäßig diejenigen Handlungen bedeutsam sind, die sich auf die Vermeidung einer gewissen Gefährdung von Rechtsgütern beziehen, dagegen bei ersterer stets die Zurechnung einer vorhergehenden, begangenen Handlung vorausgesetzt ist und sich hiernach bestimmt. Bei der Notwehr ist also der Abschreckungszweck von ungleich größerer Bedeutung, als es jemals bei der Strafe der Fall sein dürfte[537], die als Abschreckung im Bereich der ernsten Kriminalität zu versagen scheint[538]. Die Strafe ist zudem lediglich eine staatliche Reaktion auf das begangene Delikt, die Notwehr jedoch primär die Reaktion des einzelnen Bürgers im Sinne eines Selbstschutzes. „Die Frage, in welcher Weise der Staat den Schutz eines Rechtes garantiert, ist eine andere als die Frage, welche Rechte verteidigt werden dürfen. ... Darauf, ob die Verletzung des Rechts eine Strafe nach sich zieht, kommt es (bei der Notwehr) gerade nicht an[539]." Keinesfalls ist das hinter der Notwehr stehende Prinzip „Recht braucht Unrecht nicht zu weichen" mit der Begründung abzulehnen, es stehe nicht im Gesetz und gehe sachlich viel zu weit[540]. Die Rechtsordnung sieht nämlich auch im Rahmen der Notwehr nicht in jedem rechtswidrigen Angriff ein Unrecht, demgegenüber die Härte des Notwehrrechts sich voll entfalten darf[541]. Im einzelnen ist darüber im Rahmen des Gebotenseins eine Wertung vorzunehmen, die u. a. auch die zeitliche Dauer und Art der Beeinträchtigung sowie die Schuldform des Angreifers berücksichtigt[542], ohne jedoch dabei einer Milderung des Notwehrrechts Vorschub zu leisten.

Das gekennzeichnete Prinzip der Notwehr bildet nun das Kriterium, nach dem die Elemente der Notwehrhandlung auszufüllen sind. Bei ihrer Erörterung wird sich schon andeuten, ob und gegebenenfalls in welchem Rahmen einem Abwehrwillen bei der Notwehr Bedeutung zukommt.

---

[536] Vgl. auch OLG Köln in OLGSt. zu § 53, S. 3 ff. (8); *Kratzsch*, S. 156 f.

[537] Vgl. dazu schon *Klein*, (Über) *Grolman*, S. 148.

[538] Vgl. dazu u. a. F. *Bauer*, Verbrechen, S. 186.

[539] *Möhl*, S. 229.

[540] Vgl. hierzu H. *Mayer*, StuB, AT, § 22 I 2 a, S. 96.

[541] Das Notwehrrecht unterlag immer schon gewissen sozial-ethischen Beschränkungen (vgl. dazu aus der älteren Literatur z. B. *Löffler*, Rechtswidrigkeit, S. 34 f.), nur ist es nicht richtig, diese Einschränkung im Rahmen der „Erforderlichkeit" bei der Frage des objektiven Geeignetseins und Notwendigseins vorzunehmen (vgl. dazu in: Nothilfe, S. 362, Fn. 5). Gegen eine solche Einschränkung neuerdings *Bockelmann*, Menschenrechtskonvention, S. 467; vgl. auch H. *Mayer*, StuB, AT, § 22 II 2 c, S. 99.

[542] Vgl. dazu auch die Nachweise bei *Kratzsch*, S. 15 ff.

c) Die Notwehrhandlung

Die Kennzeichnung einer Abwehrhandlung als rechtfertigenden Notwehrhandlung richtet sich in der Hauptsache nach den Merkmalen des objektiv sachlich Geeignetseins und Notwendigseins (der „Erforderlichkeit") sowie des „Gebotenseins" der Notwehrhandlung[543]. Diese Begriffe bedürfen unter Zurückgreifen auf das Notwehrprinzip einer Ausfüllung, wobei sie sich aber — entgegen der Ansicht von *Lenckner* und *Schröder*[544] — nicht auf dasselbe beziehen, sondern in ihrem Sinn auseinanderzuhalten sind[545].

In Absatz 2 der Notwehrvorschrift gibt die Rechtsordnung durch die Definition einer „Notwehrhandlung" zu verstehen, *in welcher Weise* gegenüber wem der einzelne Bürger — rechtlich zulässig — den rechtswidrigen Angriff auf das zu schützende Rechtsgut, m. a. W. auf die Rechtsordnung, mit Sicherheit[546] für dauernd abwenden kann. Dem aus dem Wesen der Notwehr abzuleitenden Schutz- und Abschreckungszweck dient das dem Einzelnen eingeräumte Recht, dem rechtswidrigen Angriff eigenhändig zu begegnen[547], wobei „rechtswidrig" hier bedeutet, daß das Verhalten des Angreifers objektiv nicht dem Recht entspricht[548], aber noch nicht besagt, ob hier ein solch

[543] Vgl. hierzu meine ausführliche Stellungnahme in: Erforderlichkeit, S. 129 ff. und in: Nothilfe, S. 361 ff.

[544] *Lenckner,* Notstand, S. 138, Fn. 164; *derselbe,* Gebotensein, S. 1 f. u. 6 f.; *derselbe* in: AE 1969, S. 51 (zu § 14); *Schröder* in *Schönke-Schröder,* § 53 II 4, R. 15 a; wohl auch (wenn auch aus anderen Gründen); *Kratzsch,* S. 38 u. 51 f.; vgl. auch *Jescheck,* LB, § 32 II 2 d, Fn. 12, S. 230.

[545] Von einer eigenständigen Bedeutung des Begriffs „Gebotensein" gehen aus: *Baumann,* AT, § 21 II 1 a, ε, S. 293 u. lit. ζ, S. 294 ff.; *derselbe,* Notwehr, S. 1746 f.; *derselbe,* Entwurf, S. 43; *Busse,* S. 131; *Gribbohm,* S. 158; *Henkel,* Zumutbarkeit, S. 271; *derselbe,* Recht, S. 67; *Himmelreich,* Urteilsanmerkung, S. 733; *derselbe,* Erforderlichkeit, S. 132 ff.; *derselbe,* Nothilfe, S. 361 ff.; *Köst,* S. 452; *Koffka,* S. 134; *Lackner-Maassen,* § 53, Anm. 3, S. 124; *Lange,* Niederschriften, S. 130 u. 135; *derselbe* in *Kohlrausch-Lange,* § 53 II, S. 204; *Olshausen-Niethammer,* § 53, Anm. 3, S. 328; *Schwarz-Dreher,* § 53, Anm. 4 C, S. 279 u. 4, S. 277; *Zippelius,* S. 60; AG Bensberg, NJW 1966, S. 733 ff. (735); wohl auch *Roxin,* Notwehrlage, S. 556. — Dies hat auch seinen Niederschlag in § 32 des 2. StrRG gefunden (vgl. Bundestagsdrucksache V/4095, S. 14, wo die Eigenständigkeit des Begriffs des Gebotenseins ausdrücklich in der Begründung betont wird).

[546] Vgl. dazu die zutreffenden Urteile des 1. Senats (GA 1965, 147 ff., 148; 1 StR 58/59 v. 28. 4. 59), des 4. Senats (GA 1956, 49 ff., 50; GA 1969, 23 f.) und des 5. Senats (5 StR 185/61 v. 18. 7. 61; 5 StR 304/62 v. 16. 10. 62); a. A. der 3. Senat, NJW 1969, 802.

[547] Vgl. dazu in: Nothilfe, S. 362 u. 365, Fn. 32, und in: Erforderlichkeit, S. 130, zu Fn. 10.

[548] Vgl. auch Rud. *Schmidt,* S. 1707; w. N. in: Nothilfe, S. 364, Fn. 24. Vgl. auch *Münzberg,* Unterlassungsklage, S. 691 (1. Sp. u. Fn. 22).

schwerwiegendes, den Gemeinschaftsfrieden und die Rechtssicherheit so nachhaltig störendes Unrecht (als Substantielles) die Tat kennzeichnet, daß diesem eine sofortige, „schneidige" Abwehr zur Behauptung des Rechts entgegentreten darf. Im Begriff der Verteidigung im Sinne des Abs. 2 der Notwehrbestimmung liegt, daß die Durchsetzung des Rechts auch von dem im konkreten Fall angegriffenen Bürger durch ein eigenhändiges „Begegnen der Gefahr" überhaupt vorgenommen werden darf. Die eigenhändig vorgenommene Abwehrhandlung dient einmal dem Selbstschutz, zum anderen dem Schutz der Rechtsordnung. Die Abwehrhandlung zielt auf die Aufrechterhaltung der Rechtsordnung, indem sie u. a. einem Schutz- und Abschreckungszweck dient. Die Abwehrhandlung ist aber erst dann eine Verteidigung im Sinne des Abs. 2, wenn sie über den Schutz- und Abschreckungszweck — der unumgänglich und beiläufig wiederum zur Beeinträchtigung des Bestandes eines anderen Rechtsguts (des Angreifers) führt — hinaus den Gemeinschaftsfrieden sowie die Rechtssicherheit aufs ganze gesehen fördert, also auch dem Bewährungszweck dient. Der Rahmen, in dem die Verteidigung bzw. das „eigenhändige Begegnen der Gefahr" von der Rechtsordnung erlaubt wird, ist insofern abgesteckt, als dieses zur Verteidigung des Rechtsguts selbst sowie des Rechts im ganzen objektiv *erforderlich* sein muß. Nach den in Rechtsprechung und Rechtslehre aufgestellten Richtlinien ist die eigenhändige Abwehrhandlung (Verteidigung) — ex ante und objektiv[549] betrachtet — erforderlich, wenn das eigenhändige „Begegnen der Gefahr" in dieser Form sachlich geeignet und objektiv notwendig war, d. h. wenn es für den Angreifer am wenigsten schädlich, aber für den Abwehrenden infolge des ihm regelmäßig nicht aufzubürdenden Risikos noch ausreichend war, wenn der Abwehrende nichts anderes zur Verfügung oder berechtigten Anlaß hatte zu befürchten, daß sonst eine sofortige Beendigung des Angriffs nicht mit Sicherheit zu erwarten sei[550]. Das objektiv sachlich Geeignetsein und Notwendigsein (also die „Erforderlichkeit") bestimmt also, welches eigenhändige mildeste Abwehrmittel hätte benutzt werden müssen, nicht dagegen, ob andere Mittel (d. h. Ausweichmittel im Rahmen des

---

[549] Entgegen *Lenckner* (Gebotensein, S. 5, Fn. 17) braucht sich der *Notwehrübende* also nicht „über die Intensität des Angriffs und die Erforderlichkeit des Abwehrmittels *eine richtige Vorstellung*" gemacht zu haben (Hervorhebungen vom Verfasser!). — Vgl. die Nachweise in: Erforderlichkeit, S. 130, Fn. 8 u. 9).

[550] Vgl. auch BGH (4. Senat) GA 1969, 23 (24); (1. Senat) VRS Bd. 30 (1966), 281 (282); *Schwarz-Dreher*, § 53, Anm. 4 B a, S. 278 sowie Erforderlichkeit, S. 130 f., Nothilfe, S. 362, Fn. 5, und Urteilsanmerkung, S. 733 (jeweils m. w. N.); vgl. dazu auch Köhler, Strafrecht, S. 353 ff. — Vgl. auch Fn. 546.

„Gebotenseins") hätten angewendet werden müssen, die dem Notwehrübenden auch zumutbar waren. Einerseits können die vom Recht mit dem „objektiv sachlich Geeignetsein und Notwendigsein" (im Rahmen der „Erforderlichkeit") als zulässig deklarierten Mittel der eigenhändigen Selbstabwehr mit Abschreckungstendenz in den Fällen, in denen die Rechtsordnung mit ihren dafür vorgesehenen Organen nicht gefahrloser für den Angreifer sowie schneller und sicherer zugunsten des zu schützenden Rechtsguts helfen kann, schon begrifflich keine „Ausweichmittel" (wie Warten, Herbeiholen der Hilfe Dritter oder der Polizei oder Verzicht) erfassen[551]. Diese fallen nämlich nicht unter das „eigenhändige Begegnen der Gefahr". Andererseits ist für eine Zumutbarkeitserwägung bei einer objektiv zu bestimmenden „Erforderlichkeit" kein Raum[552]. Diese muß daher im Zusammenhang mit dem „Gebotensein" erörtert werden.

Das Gebotensein betrifft nämlich die bisher in Abs. 2 der Notwehrvorschrift nicht zu erörternden, in Verbindung mit dem Bewährungszweck zu beantwortenden Fragen, ob überhaupt in dem rechtswidrigen Angriff ein Unrecht zu erblicken ist, dem mit einer sofortigen, entschlossenen, harten und „schneidigen" Wehr eigenhändig begegnet werden darf, und ob die Notwehrhandlung — bei Wertung aller Umstände — der Bewährung des Rechts dient, die ihrerseits nicht wiederum größeres Unrecht hervorruft oder einen sog. Rechtsmißbrauch[553] darstellt. Das Gebotensein der Notwehrhandlung hängt demnach davon ab, ob die Rechtsordnung im konkreten Fall gemäß ihrem Interesse an der Durchsetzung des Rechts feststellt, daß sich „Recht" und „Unrecht" gegenüberstehen. Über den nunmehr auch vom Gesetzgeber[554] anerkannten Begriff des Gebotenseins sollte man sich nicht weiter streiten[555]. Jedoch muß der Behauptung, die im Rahmen des Gebotenseins vorgenommene *Wertung* sei in Wirklichkeit eine Rechtsgüter- bzw. Interessenabwägung, nachdrücklich widersprochen werden[556]. So ist in dem Schulbeispiel des gelähmten Apfelbaumbesitzers eine Bewährung des „Rechts" nicht notwendig, weil wegen der *Schuld-*

---

551 Vgl. auch RG GA Bd. 46 (1898), 31 (32); *Kratzsch*, S. 33, 35, 49 ff. u. 53. — *Baumann* (AT, § 21 II 1 a, ε, S. 293) will nunmehr anscheinend den Polizeinotruf als Abwehrmittel ansehen, obwohl sich es doch offensichtlich um kein „eigenhändiges Begegnen der Gefahr" handelt.

552 A. A. z. B. *Köhler*, Strafrecht, S. 354.

553 Vgl. dazu Fn. 522.

554 Vgl. Fn. 552.

555 Vgl. Fn. 544 u. 545.

556 Die Formulierung, daß die Notwehrhandlung nicht geboten ist, wenn „das *Recht* des Notwehrübenden außergewöhnlich gering im Verhältnis zu den möglichen *Folgen* wiegt, die die Notwehrhandlung nach sich ziehen könnte" (BGH, 1. Senat, NJW 1962, S. 308 f., 309; Erforderlichkeit, S. 132)

form des Angreifers (Kind) und der *Art der Beeinträchtigung* (Diebstahl einiger Äpfel vom Baum) in dem rechtswidrigen Angriff von der Rechtsordnung kein „Unrecht“ erblickt wird, dem mit der sofortigen, einschneidenden und entschlossenen Härte eigenhändiger Wehr (Schuß mit Gewehr) begegnet werden könnte[557]. Für eine Rechtsgüterabwägung ist auch in diesem Schulbeispiel kein Raum[558]. Die hier vorgenommene Wertung führt also dazu, daß dem Notwehrübenden statt des Begegnens der Gefahr (i. S. d. Abs. 2 der Notwehrvorschrift) ein anderes Verhalten zuzumuten ist (hier: Verzicht auf die geringe Anzahl von Äpfeln oder Haftbarmachung der Eltern). Eine Notwehrhandlung (Abs. 2) ist hier nicht geboten (i. S. d. Abs. 1 der Notwehrvorschrift). Diese Wertung läßt sich aber nicht verallgemeinern. In jedem einzelnen Fall muß eine gesonderte Wertung vorgenommen werden. Der Sinn des Schutz- und Abschreckungszwecks sowie der des Bewährungszwecks haben aber auch gezeigt, daß in den hier erörterten Bereichen einem subjektiv bewußtheitlichen Element keinerlei

---

bedeutet entgegen *Lenckner* (Gebotensein, S. 5, Fn. 17) und *Heinsius* (S. 12) keine Rechtsgüterabwägung. Die Gegenüberstellung von „Recht im Verhältnis zu den Folgen“ mag zwar eine etwas mehrdeutige, vielleicht daher auch unglückliche Formulierung sein. Sie soll aber nur verdeutlichen: es muß auch bei der „Bewährung des Rechts“ berücksichtigt werden, daß bei der Abwehr eintretende Folgen (z. B. schwere Beeinträchtigung des Straßenverkehrs mit großen Unfallgefahren durch die Notwehrhandlung) wieder anderes Unrecht erzeugen können, so daß von einer Durchsetzung des Rechts insgesamt bei Würdigung aller Umstände nicht mehr gesprochen werden, die Notwehrhandlung somit nicht geboten sein kann. Obige Formulierung ist also nicht identisch mit den abzulehnenden Rechtsgüterabwägungsformeln:

a) nicht geboten ist die Notwehrhandlung „in Fällen, in denen die Folgen der Verteidigungshandlung in einem besonders krassen Mißverhältnis zu dem Rang des angegriffenen Rechtsguts stehen“ (*Lenckner*, Notstand, S. 138);

b) „Notwehr ... soweit ... der von der Verteidigung zu erwartende Schaden nicht außer Verhältnis zu dem (dem Notwehrübenden) durch den Angriff drohenden Schaden steht“ (E 1927, § 24; ähnlich *Lenckner*, Gebotensein, S. 4; vgl. auch O. *Lampe*, S. 92, r. Sp.).

Der 1. Senat des BGH wollte mit seiner Entscheidung (NJW 1962, 308 f.) nicht eine Rechtsgüterabwägung vornehmen; wie derselbe Senat in einer anderen Entscheidung (LM Nr. 3 zu § 53 = MDR 1956, 372) betont, ist die „Notwehrhandlung nicht grundsätzlich davon abhängig, daß der Schaden, den der Täter anrichtet, in einem angemessenen Verhältnis zu der ihm drohenden Gefahr“ steht (so auch OLG Hamm, 3 Ss 959/65 v. 9. 11. 1965; vgl. auch OLG Braunschweig, NJW 1953, 997; KG VRS 19, 114, 115; *Schwarz-Dreher*, § 53 Anm. 4 B b, S. 279; auch BGH VRS Bd. 30, 1966, 281 sowie BGH GA 1969, 23 [24; m. w. N.] sind davon nicht ausdrücklich abgerückt). Es ist unzutreffend, wenn *Kratzsch* (S. 4) betont, die unter b) vertretene Ansicht sei die herrschende Meinung.

Bedeutung zukommt. Aus diesem Grunde bildet auch ein Abwehrwille keinen Teil der Notwehrdefinition (Abs. 2)[559], insbesondere bedeutet „Verteidigung" im Sinne des Abs. 2 der Notwehrvorschrift nur eine „objektiv-finale Abwehrhandlung" im Sinne eines „eigenhändigen Begegnens der Gefahr".

Somit stellt sich die Frage, ob der vorsätzlich und bewußt-fahrlässig Handelnde ebenso wie der unbewußt-fahrlässig Handelnde mit einer Handlung, die objektiv einen rechtswidrigen Angriff auf den Handelnden abwendet, stets eine „Verteidigung" im Sinne des Abs. 2 der Notwehrvorschrift, d. h. eine objektive Abwehrhandlung vornehmen.

d) Die Verteidigung

Von „Verteidigung" im Sinne des Abs. 2 der Notwehrbestimmung kann nur dann gesprochen werden, wenn — im ganzen gesehen — die

---

[557] Vgl. dazu in: Erforderlichkeit, S. 133 sowie: *Kratzsch*, der auch einen rechtswidrigen Angriff bejaht (S. 182), jedoch von seinem, aus dem Begriff des „sozialen Rechtsstaates" abgeleiteten Gesichtspunkt der „sozialen Rücksichtnahme" (S. 174 u. 222) aus betont: „Das Recht auf Selbstschutz ist auf die Abwehr solcher Angriffe zu begrenzen, durch deren Erduldung dem Angegriffenen „erhebliche" Rechtsnachteile verursacht würden. Allerdings (gilt) die Einschränkung (hier) nur soweit..., als die erforderliche Abwehrmaßnahme dem Kind erhebliche Rechtsnachteile bringen würde. ... (Man) kann und soll (nämlich) den Kindern, wenn dies in schonender Weise möglich ist, aus Gründen der Erziehung entgegentreten" (S. 183). — *Baumann* (AT, § 21 II 1 a, ε, S. 292) hält gegenüber Angriffen von Kindern Ohrfeigen für ein angemessenes Abwehrmittel, erachtet aber regelmäßig ein Ausweichen für geboten (a. a. O. lit. ζ, S. 295). Ebenso hält auch das OLG Köln (in OLGSt. zu § 53, S. 3 ff., 7) ein Ausweichen für den Angegriffenen für zumutbar, wenn der Angriff (mit-)verschuldet ist oder von Kindern, Geisteskranken und anderen Nichtverantwortlichen vorgenommen wird. Eine solche Pauschalerklärung stellt aber eine allzu grobe Vereinfachung dar.

[558] Vgl. auch *Baumann*, AT, § 21 II 1 a, ζ, S. 294; — a. A. z. B. *Horn*, S. 106; *Lenckner*, Gebotensein, S. 5 (Text und Fn. 17); *derselbe*, Notstand, S. 138, Fn. 165 (die von *Lenckner* dort zitierten Autoren haben sich aber nicht für eine Rechtsgüterabwägung ausgesprochen; vgl. die Übersicht oben S. 108 Fn. 1). Vgl. hierzu auch *Köhler*, Strafrecht, S. 355. — Es kann *Lenckner* auch nicht darin zugestimmt werden, daß „bei Angriffen von Kindern und Geisteskranken der Gedanke der Bewährung der Rechtsordnung in den Hintergrund" tritt, weil ein „Sieg des Rechts über das Unrecht" sonst „reine Rechthaberei wäre" (Gebotensein, S. 3), was dazu führe, daß „die Notwehr hier in die Nähe des defensiven Notstandes" gerate (Gebotensein, S. 4). Hier liegt vielmehr gar kein „Unrecht" vor, demgegenüber eine Rechtsbewährung überhaupt notwendig wäre.

[559] Vgl. dazu auch *Oehler*, Zweckmoment, S. 167: „Verteidigungswille ... bildet aber selbst keinen Teil des Rechtfertigungsgrundes."

Abwehrhandlung der Aufrechterhaltung des Gemeinschaftsfriedens und der Rechtssicherheit dient. Zweifelhaft ist nun, ob eine unbewußt vorgenommene objektive Abwehrhandlung, die fahrlässig eine Rechtsgutverletzung verursacht, als Verteidigung im Sinne des Absatzes 2 der Notwehrvorschrift angesehen werden kann.

Die unbewußte Abwehrhandlung schützt das rechtswidrig angegriffene Rechtsgut, was wiederum nur durch Verletzung des Angreifers möglich ist. Da diese hier aber nur dazu dient, die durch den Angreifer hervorgerufene Störung des Gemeinschaftsfriedens zu beseitigen, fördert die Handlung letztlich die Erhaltung des Gemeinschaftsfriedens und dient somit einem objektiven Verteidigungszweck. Die objektive Abwehrhandlung des unbewußt-fahrlässig Handelnden besitzt also stets die (nur beiläufige) objektive Richtung auf einen Gefährdungs- oder Verletzungszweck. Sie ist aber in ihrem Endzweck auf Sicherung des Gemeinschaftsfriedens und auf Aufrechterhaltung der Rechtssicherheit, d. h. auf einen objektiven *Verteidigungs*zweck ausgerichtet, mithin eine Verteidigung im Sinne des Absatzes 2 der Notwehrbestimmung. Dementsprechend kann auch der Trunkene eine Notwehrhandlung begehen[560].

Handelt ein dem rechtswidrigen Angriff entgegentretender Bürger mit einem Verletzungs*willen* (beim Vorsatzdelikt) oder einem Gefährdungs*willen*[561] (beim bewußten Fahrlässigkeitsdelikt), so wird der Handlung eine — gerade dem Gemeinschaftsfrieden zuwiderlaufende — objektive Richtung auf einen Verletzungs- oder Gefährdungszweck gegeben. Die vorsätzliche bzw. bewußt-fahrlässige Handlung, die auf einen Verletzungs- bzw. Gefährdungszweck hingesteuert ist, kann zwar auch objektiv einem Schutz- und Abschreckungszweck genügen, dient aber nicht einer wirklichen Förderung des Gemeinschaftsfriedens, d. h. dem nach Absatz 2 der Notwehrbestimmung notwendigen Verteidigungszweck. Die gegen die Rechtsordnung gerichtete Handlung, die nur beiläufig einen Rechtsgüterschutz bewirkt, dient damit im eigentlichen Sinn nicht der Durchsetzung des Rechts und nur scheinbar dem Gemeinschaftsfrieden. Der Verletzungs- bzw. Gefährdungswille gibt der (objektiven) Handlung, die an sich objektiv auf Verletzung bzw. Gefährdung sowie auf Schutz und Abschreckung hinausläuft, noch einen bestimmten „Druck", der diese Handlung auf ein bestimmtes Ziel hinsteuert und festlegt. Ein solches, die bewußte Auflehnung gegen die Rechtsordnung kennzeichnende, sich auch in der Außenwelt erkennbar niederschlagende bewußtheitliche Element steuert die Handlung nur auf ein Ziel hin: auf die Durchsetzung von Unrecht. Damit läuft in diesen Fällen die objektive

---

560 Vgl. dazu auch *Schwarz-Dreher*, § 330 a, Anm. 2 B c, aa, S. 1064.

561 D. h. mit einem Willen zur Risikohandlung (vgl. Fn. 12).

Abwehrhandlung dem Notwehrprinzip zuwider. Sie kann nur dann noch dem objektiven Verteidigungszweck dienen, wenn eine Steuerung der Handlung auf das richtige Ziel „Durchsetzung des Rechts" erfolgt, was wiederum nur durch ein bewußtheitliches Element geschehen kann. Ob dieses nun Abwehr- bzw. Verteidigungswille genannt werden muß, bleibt zweitrangig[562]. Wesentlich ist, daß nur ein solches — sich allerdings nicht im engen Bereich der Notwehrdefinition (Abs. 2) befindendes — subjektiv-bewußtheitliches Element der objektiven Abwehrhandlung eines „Bewußt-der-Rechtsordnung-zuwider-Handelnden" die objektiv-finale (Ziel-)Richtung auf den objektiven Verteidigungszweck geben kann[563].

Der unbewußt-fahrlässig Handelnde bedarf keines solchen Elements, da seine objektive Abwehrhandlung aus sich heraus verständlich schon dem objektiven Verteidigungszweck dient, m. a. W. schon die objektive Tendenz zur Förderung des Gemeinschaftsfriedens aufweist. Der vorsätzlich oder bewußt-fahrlässig handelnde Täter benötigt dieses Element, um seiner Handlung die objektiv-finale Richtung und Begrenzung auf den objektiven Verteidigungszweck zu geben. Es kann aber der Ansicht von *Oehler* insoweit nicht gefolgt werden, daß „nur der Verteidigungswille die objektive Tendenz der Handlung zur Verteidigung hervorzubringen"[564] und sich „in einen Verteidigungszweck umzusetzen" vermag[565]. Die Widersprüche bei *Oehler* liegen darin begründet, daß dieser nicht auf das hinter der Notwehr stehende Prinzip zurückgreift, das allein zu dem — auch von *Oehler* wiederum anerkannten — Ergebnis führt, daß „nur die objektive Zielrichtung der Handlung (auf Abwehr) zusammen mit den anderen objektiven Elementen (des Abs. 2) den Grund für die Rechtfertigung durch Notwehr" nach Absatz 1 der Notwehrbestimmung bildet[566].

---

[562] Diese Formulierung könnte den Anschein erwecken, als ob dieser Wille ein Element der Notwehr sei (vgl. zu Fn. 559). Diese Stellung kommt aber in Wirklichkeit nur dem objektiven Verteidigungszweck zu.

[563] Ähnlich auch R. *Lange* in *Kohlrausch-Lange,* § 53 VI, S. 206; *Oehler,* Zweckmoment, S. 166 (Zeilen 14 f.); vgl. auch *Wegner,* S. 121 f. — *Oehler* (Zweckmoment, S. 167, Zeilen 30 ff.) spricht allerdings davon, daß sich der Verteidigungswille selbst in einen objektiven Verteidigungszweck „umsetze", was nicht näher erläutert wird. (Zu weiteren „Objektiv-Finalisten", die an sich obige Auffassung vertreten könnten, vgl. die Nachweise in: Teilnahme, S. 59, Fn. 33 und in: Willens- u. Handlungsbeziehungen, S. 194 unter lit. C sowie: Arth. *Kaufmann,* Handlung, S. 115; *denselben,* Handlungslehre, S. 151.)

[564] *Oehler,* Zweckmoment, S. 166 (9. u. 8. Zeile von unten).

[565] Vgl. Fn. 564.

[566] *Oehler,* Zweckmoment, S. 166 (7.—5. Zeile von unten). (Klammern vom Verfasser!)

Nun könnte jedoch gegen die obige Betrachtungsweise — die keineswegs mit derjenigen der Objektivisten[567], die jeglichen Abwehrwillen ablehnen, übereinstimmt — eingewendet werden, daß man ohne Abwehrwillen nicht als „Wahrer der Rechtsordnung“ auftreten könne[568] und daß sich die objektive Notwehrhandlung ohne Abwehrwillen nur als „zufälliges Zusammentreffen von Umständen“ herausstelle, „wenn ein Angriff sich hinterher als Verteidigung gegenüber einem anderen Angriff“ darstelle[569]. Diese Einwände berücksichtigen nicht genügend den Sinn und das Wesen der Notwehr. Dem von der Rechtsordnung verfolgten, sich im Rahmen des Notwehrprinzips haltenden Verteidigungszweck wird schon dann entsprochen, wenn das angegriffene Rechtsgut geschützt, dem Unrecht entgegengetreten sowie von weiterem Unrecht abgeschreckt wird, ohne daß wiederum anderes größeres Unrecht bezweckt ist. Auf diese Weise wird der rechtmäßige Zustand des Gemeinschaftsfriedens aufrechterhalten bzw. wiederhergestellt. Aus dem *Recht* des Bürgers, in bestimmten Situationen dem Unrecht begegnen zu dürfen, erwächst jedoch keine *Pflicht*, einen *Willen* zu besitzen, dem Unrecht zu begegnen, insbesondere etwa dort, wo ein subjektiv-bewußtheitliches Element beim Handeln von Natur aus schon gar nicht vorliegen kann, wie bei den unbewußten Fahrlässigkeitsdelikten. Nicht auf den Abwehrenden soll im Rahmen der Notwehr eingewirkt werden, was nicht genügend Beachtung zu finden scheint. Vielmehr soll dem rechtswidrig Angreifenden, d. h. dem Unrecht, Einhalt geboten werden, indem ihm möglicherweise mit harten Maßnahmen entgegengetreten wird. Handlungen, die eine Durchsetzung des Gemeinschaftsfriedens und der Rechtssicherheit erreichen, indem sie dem Schutz- und Abschreckungszweck sowie dem Bewährungszweck dienen, können auch ohne eine diesbezügliche Bewußtheit von seiten des Abwehrenden den objektiven Verteidigungszweck verfolgen. Würde man den Verteidigungszweck erst dann als gegeben ansehen, wenn dieser „aus dem Verteidigungswillen“ entstanden ist, verlöre die Notwehr ihre Fähigkeit, in wirksamer Weise allgemein davon abzuschrecken, Unrecht zu tun. Für den rechtswidrig Angreifenden würde sich nämlich die Gefahr vermindern, stets mit „entschlossener und einschneidender Gegenwehr“ rechnen zu müssen[570]. Wenn das objektive Zurückweisen des Unrechts in seinen Schranken deshalb nicht mehr erfolgen soll, weil der Angriff auf das Rechtsgut — und damit zugleich auf die Rechtsordnung — in dem

[567] Vgl. Fn. 347.

[568] Vgl. *Sieverts*, S. 209.

[569] *Oehler*, Zweckmoment, S. 168.

[570] Was gerade die Notwehr bewirken soll (vgl. auch z. B. OLG Stuttgart, DAR 1959, 325; OLG Saarbrücken, VRS 17, 25, 27; *Kratzsch*, S. 44 u. 156 f.).

Moment des rechtswidrigen Angriffs vom Abwehrenden nicht bemerkt wird[571], wird das Recht, insbesondere Gemeinschaftsfrieden und Rechtssicherheit in ihren Eigenwerten, zugunsten des Unrechts zurückgesetzt. Von einer Bewährung des Rechts gegenüber dem Unrecht kann dann nicht mehr gesprochen werden. Um des Schutzes der Rechtsgüter und somit der Rechtsordnung im ganzen willen muß also die — auch an den unbewußt-fahrlässig Handelnden gerichtete — Forderung nach einem Abwehr*willen* sowie nach Kenntnis der Notwehrsituation zwecks Rechtfertigung infolge von Notwehr fallengelassen werden. Allerdings reicht ein „Zufall" zur Rechtfertigung nicht aus. Vielmehr führt nur die — dem von der Rechtsordnung erstrebten objektiven Verteidigungszweck entsprechende — objektive Abwehrhandlung unter Berücksichtigung des Prinzips der Notwehr zur Rechtfertigung. Auch das positive Recht sieht in einem Fall vor, daß das Nichtkennen eines Rechtfertigungsgrunds (d. h. bei einem Mangel der Kenntnis von dessen rechtlicher und tatsächlicher Existenz) zur Straflosigkeit infolge objektiver Rechtfertigung führt. Gemäß § 109 b Abs. 5 StGB kann sich derjenige, der einen Soldaten zur Nichtbefolgung eines rechtswidrigen Befehls verleitet, auf den Rechtfertigungsgrund der „Rechtswidrigkeit des Befehls" auch dann berufen, wenn ihm diese Vorschrift sowie die tatsächliche Rechtswidrigkeit des Befehls nicht bekannt gewesen waren. Es ist natürlich verständlich, daß die Rechtslehre sich gegen diese ihrem System zuwiderlaufende gesetzliche Regelung sträubt und betont: „Verallgemeinern läßt sich diese Regel, die sich mit dem Vorliegen eines objektiven Rechtfertigungsgrunds (der Rechtswidrigkeit des Befehls) begnügt, angesichts der feststehenden Rechtsprechung zu den übrigen Rechtfertigungsgründen nicht[572]." Dabei wird aber übersehen, daß es zum Problem des „subjektiven Rechtfertigungsgrunds" bei unbewußten Fahrlässigkeitsdelikten nur eine alte Entscheidung des OLG Dresden[573] gibt, die sich nicht für das Erfordernis eines subjektiven Rechtfertigungselements bei unbewußten Fahrlässigkeitsdelikten ausspricht. Von einer gefestigten Rechtsprechung kann hier nicht die Rede sein.

Mit der hier dargestellten Lehre von der Notwehr und den Auswirkungen des der Notwehr eigenen Prinzips sind sowohl der von der h. M.[574] vertretene Standpunkt zum Begriff der Verteidigung im Sinne des Absatzes 2 der Notwehrvorschrift als auch die Ansicht eines

---

[571] Was letztlich auch bei einer Nothilfe der Fall sein wird, wenn der Angegriffene den Angriff nicht bemerkt (vgl. dazu: Nothilfe, S. 366, 1. Sp. sowie *Blanke*, S. 191, Fn. 47).

[572] *Maurach*, AT, § 25 V C 1, S. 261; vgl. auch R. *Lange* in *Kohlrausch-Lange*, § 109 b, Anm. IX, S. 315.

[573] OLG Dresden, JW 1929, 2760 (m. Anm. v. *Coenders*).

[574] Vgl. Fn. 340.

Teils der Rechtslehre von einer Kongruenz von subjektiven und objektiven Rechtfertigungselementen sowie die übrigen Verteidigungstheorien als wenig sinnvoll dargetan. Der Begriff der Verteidigung im Rahmen der Notwehrdefinition, der nach der h. M. ein subjektives Element, den sog. Verteidigungswillen, enthalten soll, ist als eine „dem objektiven Verteidigungszweck dienende eigenhändige objektive Abwehrhandlung" anzusehen, wenn man dem richtig verstandenen Prinzip der Notwehr folgt. Der Begriff der Verteidigung entspricht insoweit nur dem des Angriffs auf der Gegenseite. Damit ist jedoch nicht die Ablehnung jeglichen Abwehrwillens überhaupt verbunden.

Soweit man auch im Bereich der Fahrlässigkeitsdelikte von einem „Handlungsunwert" sprechen will[575], kann dieser nur als die Verbindung objektiver *und* subjektiver Elemente angesehen werden. Entsprechend müßte in dieser Verbindung jeweils objektiver und subjektiver Elemente ein „Rechtfertigungswert" dem „Handlungswert" entsprechen bzw. den „Handlungsunwert" ausgleichen können[576]. In dem „Handlungsunwert" der unbewußt-fahrlässigen Delikte[577] wäre nur ein solches subjektives Element aufzufinden, das den äußeren Lebensvorgang herbeiführt, jedoch sich nicht subjektiv-bewußtheitlich auf das betroffene Rechtsgut ausrichtet, an dem sich der herbeigeführte Erfolg zeigt. Daher braucht dieser „Handlungsunwert" bei unbewußten Fahrlässigkeitsdelikten auch nicht durch einen „Rechtfertigungswert" im Sinne einer bewußtheitlichen Ausübung des zugewiesenen Rechts der Notwehr — d. h. im Sinne eines subjektiv-bewußtheitlich Ausgerichtetseins auf das vom Notwehrübenden betroffene Rechtsgut (des Angreifers) — ausgeglichen zu werden. Somit braucht ein Abwehrwille im Rahmen der Notwehr bei unbewußten Fahrlässigkeitsdelikten nicht vorzuliegen. Es kann also im Bereich der Notwehr — um mit *Schröder* zu sprechen[578] — ein Abwehrwille verbunden mit Kenntnis der Notwehrsituation nur als Korrelat zu der von der Rechtsordnung sachlich mißbilligten bewußtheitlichen Auflehnung gegen die Rechtsordnung verlangt werden.

Die Notwehr findet mithin ihren Grund in der Rücksicht auf die Erhaltung und Durchsetzung des Rechts: das Recht soll sich gegenüber einem Unrecht behaupten *(Notwehrprinzip)*. Beiden Momenten, der Unrechtsabwehr (Schutz- und Abschreckungszweck) sowie der Bewährung des Rechts (Bewährungszweck), muß genügend Rechnung getragen werden. Nur beide Zwecke können im Zusammenwirken

---

[575] Vgl. z. B. *Welzel*, LB, § 18, Einleitung Nr. 3, S. 124 u. I 2 a, S. 130; *Stratenwerth*, Handlungs- u. Erfolgsunwert, S. 16 ff.; Detl. *Krauß*, S. 19 ff.; *Krümpelmann*, S. 62 ff.

[576] Vgl. dazu auch *Krümpelmann*, S. 135; *Hirsch*, S. 246 ff.

[577] Falls man hier nicht nur auf den Erfolgsunwert abstellen will.

[578] *Schönke-Schröder* (vgl. Fn. 354); vgl. auch *Lange* in Fn. 3.

die Durchsetzung des Rechts garantieren. Dient die objektive *Abwehrhandlung* dem von der Rechtsordnung verfolgten objektiven Verteidigungszweck, also letztlich dem Gemeinschaftsfrieden sowie der Rechtssicherheit, so wird im Rahmen der „Verteidigung" dem Notwehrprinzip entsprochen, ohne daß es subjektiv-bewußtheitlicher Elemente auf seiten des Abwehrenden bedarf.

Handelt der objektiv das Unrecht abwehrende Täter (Gegenwehr Übende) mit dem Willen, durch sein Verhalten ein Rechtsgut zu verletzen, so wird die Abwehrhandlung durch den zum Ausdruck gebrachten Verletzungswillen wider die Rechtsordnung gesteuert. Sie dient dann nicht dem von der Rechtsordnung verfolgten objektiven Verteidigungszweck. Denn eine Verletzung oder Gefährdung von Rechtsgütern durch bewußtheitliche Auflehnung gegen die Rechtsordnung kann nicht der Bewährung des Rechts dienen. Der Täter will vielmehr gerade *gegen* das Recht handeln, das die Rechtsordnung nicht übersehen kann, zumal sich dieser Wille in einem durch ihn bewirkten Erfolg objektiv niedergeschlagen hat. Der Verletzungswille (bei Vorsatzdelikten) sowie der Gefährdungswille (bei bewußten Fahrlässigkeitsdelikten) sind somit ein Hindernis auf dem Wege der Anerkennung der Abwehrhandlung durch die Rechtsordnung als eine dem objektiven Verteidigungszweck dienende Handlung. Dem objektiven Vorwurf der sachlichen Mißbilligung durch die Rechtsordnung kann nur dann ausgewichen werden, wenn die Abwehrhandlung auf einen objektiven Verteidigungszweck bezogen ist. Dies ist dann der Fall, wenn der bewußt das Unrecht objektiv Abwehrende zum Zeitpunkt der Abwehr mit einem sog. Abwehrwillen handelt, der der Abwehrhandlung die notwendige Richtung auf die Abwehr gibt. Wenn sich kein Verletzungs- oder Gefährdungswille feststellen läßt, steht der Anerkennung der Abwehrhandlung als dem objektiven Verteidigungszweck dienend kein Hindernis entgegen. Bei unbewußten Fahrlässigkeitsdelikten ist im Gegensatz zu den übrigen Delikten aus diesem Grunde im Rahmen der Notwehr weder ein Abwehrwille noch Kenntnis der Notwehrsituation notwendig. Ob dieses Ergebnis sinnvoll, gerecht und praktikabel ist, wird sich anhand einer Prüfung obiger Fälle von Fahrlässigkeitsdelikten zeigen.

Im Fall 1 darf A dem Angriff des Wilderers B begegnen, um das Unrecht abzuwenden und B von weiteren Gefährdungshandlungen abzuhalten. Dies geschieht dadurch, daß A den B mit dem Wagen streift und so daran hindert, auf A zu schießen. Ob diese Handlung auch dem objektiven Verteidigungszweck dient, hängt davon ab, ob der Zuerkennung eines der Handlung innewohnenden Verteidigungszwecks ein Hindernis entgegensteht. A steuert den Wagen „gedankenversunken" in Richtung B; er will B dabei weder durch eine Handlung gefährden noch durch eine Handlung verletzen. Er bemerkt diesen gar nicht, handelt also unbewußt-fahrlässig. Da dem A ein Gefährdungs- und Verletzungswille fehlt und die objektive Abwehrhandlung den Gemeinschaftsfrieden sowie die Rechtssicherheit fördert, dient die Abwehrhandlung dem Verteidigungszweck. A handelt somit im Fall 1 entgegen der h. M. auch ohne Abwehrwillen und ohne Kenntnis der Notwehrsituation aufgrund des objektiven Verteidigungszwecks rechtmäßig infolge von Notwehr.

Dieses Ergebnis[579] ist auch sinnvoll. Ein Verneinen der Notwehr wegen Fehlens eines sog. „Verteidigungswillens" würde, statt die Abwehr von Unrecht und die Durchsetzung und Behauptung des Rechts zu fördern, vielmehr den Rechtsbrecher ermutigen und somit dem Unrecht dienen. Abgesehen davon wäre es stets eine Fiktion, im Rahmen von unbewußten Fahrlässigkeitsdelikten beim Unrechtsabwehrenden in solchen Situationen, in denen der unbewußt-fahrlässig Handelnde keine bewußtheitliche Kenntnis der Situation hat und erst recht seiner Handlung keine Richtung auf einen bestimmten Zweck geben kann, einen Abwehrwillen festzustellen.

Auch im Fall 2 ist der Verteidigungszweck der Abwehrhandlung deshalb gegeben, weil die objektiv erforderliche Abwehrhandlung dem Gemeinschaftsfrieden sowie der Rechtssicherheit dient. Da A den B weder gefährden noch verletzen will — solche Gedanken sind ihm in seiner Bedrängnis erst gar nicht aufgekommen — fehlt das Hindernis eines Verletzungs- oder Gefährdungswillens. Daran ändert auch die Tatsache nichts, daß A den Angriff wahrscheinlich wahrgenommen hat. A handelt auch ohne bewußtheitliche Kenntnis der konkreten Notwehrsituation und ohne Abwehrwillen rechtmäßig infolge von Notwehr, wobei das bloße Wahrnehmen des Angriffs hier rechtlich bedeutungslos ist[580].

Im Fall 5 will A zwar keine Verletzung des B; aber sein Gefährdungswille steuert die Handlung auf einen Gefährdungszweck hin, die mittels eines sog. Abwehrwillens auf den Verteidigungszweck „gesteuert" werden müßte, damit A infolge von Notwehr rechtmäßig handelt. Da dieser Abwehrwille bei A fehlt, ist seine Handlung nicht gerechtfertigt.

Die herkömmlichen Verteidigungstheorien müssen dem unbewußt-fahrlässig Handelnden eine Berufung auf Notwehr versagen, wenn sie an der Forderung nach einem Verteidigungswillen festhalten, und führen daher zu unbilligen und rechtlich unbefriedigenden Ergebnissen. Andererseits zeigt sich aber, daß die oben dargelegte Auffassung der Notwehr in den besprochenen Fällen zu dogmatisch befriedigenden, rechtlich sinnvollen und praktikablen Ergebnissen

---

579 Zu dem auch *Schröder* (vgl. Fn. 578) gelangen müßte.

580 Auch zu diesem Ergebnis müßte *Schröder* (a. a. O.) gelangen.

führt. Der Täter eines unbewußten Fahrlässigkeitsdelikts kann sich dann auf Notwehr berufen, wenn er sämtliche objektiven Merkmale des Absatzes 2 der Notwehrbestimmung — also auch das Merkmal der objektiv-finalen „Verteidigung" — erfüllt hat und die Notwehrhandlung (Abs. 2) auch geboten im Sinne des Absatzes 1 der Notwehrvorschrift ist.

ZUSAMMENFASSUNG

Die Notwehr wird fast stets als gesteigertes Notstandsrecht verstanden, das dem Bedrängten zu seinem Recht verhelfen und zur Verwirkung des Rechtsschutzes auf seiten des Angreifers führen soll. Hierbei wird aber der Sinn der Notwehr verkannt. Über den Schutz des angegriffenen Rechtsguts hinaus will die Rechtsordnung im Rahmen der Notwehr vielmehr auch die Erhaltung und Durchsetzung des Rechts und die Abwehr von Unrecht. Diesem von der Rechtsordnung verfolgten Ziel (Erhaltung des Gemeinschaftsfriedens sowie der Rechtssicherheit) hat die „Verteidigung" zu entsprechen, die zu definieren ist als „eine dem objektiven Verteidigungszweck dienende eigenhändige objektive Abwehrhandlung".

Die h. M. findet in der Definition der Notwehr den Begriff der Verteidigung, dem sie einen Verteidigungswillen zuordnet. Diesem wird die Kenntnis der Notwehrsituation vorgeordnet, weil man nur dann einen Willen zur Abwehr eines Angriffs haben kann, wenn man die Tatsache des Angriffs erkannt und hierzu Stellung genommen hat.

Dagegen hat die Untersuchung des Wesens der unbewußten Fahrlässigkeit — die aus dem klassisch-römischen Begriff des casus (nicht dem des dolus) sowie aus dem germanischen „Ungefährwerk" entstanden ist — ergeben, daß die Forderung der h. M. nach Vorhandensein eines subjektiven Rechtfertigungselements bei unbewußten Fahrlässigkeitsdelikten unberechtigt ist.

Der Unrechtscharakter der unbewußten Fahrlässigkeit zeigt, daß der den Menschen anrufende Rechtsimperativ nicht auf eine Willensbeziehung des Bürgers, sondern auf dessen Verhalten als Objektivation zielt. Er trifft den Menschen in seiner Tätergefährlichkeit, in seinem relevanten (objektiven) „Nichteingestelltsein auf das — gefährdete — Objekt seiner Handlung", mithin auf die Anforderungen des Gemeinschaftslebens. Es kommt dem Recht hier auf die Verhinderung eines objektiv sozialschädlichen Verhaltens im Hinblick auf die Erhaltung bzw. Wiederherstellung eines bestimmten gesellschaftlichen Zustandes an. Das Recht verlangt dabei nicht, daß der unbewußt-fahrlässig Handelnde „Willensexerzitien" durchführt. Ein Wille des unbewußt-fahrlässig Handelnden ist zwar auf Vornahme einer Handlung, jedoch auf eine rechtlich unerhebliche Handlung gerichtet. Es fehlt die „reale" Bezogenheit, die über die „Handlungs"-Bezogenheit hinausgeht. Es ist keine direkte Verbindungslinie von einem finalen Willen über eine diesem entsprechende finale Willensbetätigung zu dem objektiv wirklich bezogenen Gegenstand der realen Willensbetätigung aufzufinden. Die bei der unbewußten Fahrlässigkeit sich zeigende objektive Unrechtsbegründung bedeutet, daß dem unbewußt-fahrlässig Handelnden zur Rechtfertigung infolge von Notwehr ein Ausrichten seines Willens auf Abwehr des gegen ihn geführten rechtswidrigen Angriffs nicht abzuverlangen ist. Der Notwehrübende ist auch faktisch nicht in der Lage, immer den u. U. wahrgenommenen rechtswidrigen Angriff in vollem Umfang konkret zu erfassen und dazu Stellung zu beziehen sowie den sozial wertvollen Zweck seines Tuns zu erkennen. Bliebe man aber bei der Anschauung der h. M., so stellte man eine Forderung auf, die der unbewußt-fahrlässig Handelnde nicht zu erfüllen vermag.

Die allgemein verlangten subjektiven Rechtfertigungselemente sind anders kaum verständlich als durch die Tatsache, daß nur sie die im Unrecht liegende bewußte Auflehnung gegen die Gebote des Rechts kompensieren sollen. Von *bewußtheitlicher* Auflehnung gegen die Rechtsordnung kann jedoch bei *unbewußten* Fahrlässigkeitsdelikten keine Rede sein.

Dem unbewußt-fahrlässig Handelnden darf jedoch bei Nichtvorhandensein der Kenntnis der Notwehrsituation und/oder des Abwehrwillens eine Rechtfertigung infolge von Notwehr nicht versagt werden, wie dies die Erörterungen zu den oben geprüften Fällen gezeigt haben.

Aus dem Wesen der Notwehr ergibt sich aber auch, daß die Handlung des unbewußt-fahrlässigen Täters schon bei Erfüllung der objektiven Rechtfertigungsmerkmale gerechtfertigt ist. Die objektive Zielrichtung der Handlung entspricht dem objektiven Verteidigungszweck, wenn sie der Unrechtsabwehr (Schutz- und Abschreckungszweck) sowie der Bewährung des Rechts (Bewährungszweck) dient. Der Zuerkennung des objektiven Verteidigungszwecks steht ein Hindernis nur in Form eines Verletzungs- bzw. Gefährdungswillens (Willen zur Risikohandlung) entgegen, weil dieser verhindert, daß die Handlung dem Gemeinschaftsfrieden dient. Bei unbewußt-fahrlässigem Handeln ist der Abwehrhandlung kein anderer Zweck als der ihr innewohnende Verteidigungszweck zugeordnet. Ein Gefährdungswille (bei bewußten Fahrlässigkeitsdelikten) bzw. Verletzungswille (bei Vorsatzdelikten) steuert die Handlung auf einen Verletzungs- bzw. Gefährdungszweck hin. Die „Gegensteuerung" in einen Verteidigungszweck kann nur wieder durch einen „Gegensteuerungswillen" erfolgen. Nur in dieser

Funktion hat der sog. Verteidigungs- bzw. Abwehrwille eine Existenzberechtigung; er bildet somit keinen Teil der Notwehrdefinition (Abs. 2 der Notwehrvorschrift).

Da die h. M. aber den Abwehrwillen dem Begriff der Verteidigung i. S. d. Absatzes 2 der Notwehrbestimmung entnimmt, ist es *de lege ferenda* angebracht, entweder die Problematik des subjektiven Rechtfertigungselements im Rahmen der Notwehr nicht „expressis verbis" zu regeln und sich auch in der Begründung nicht festzulegen, sondern dies der Rechtsentwicklung in der Rechtsprechung und Rechtslehre zu überlassen — oder die Notwehr durch eine genauere Fassung des bisherigen Begriffs der Verteidigung (unter Beibehaltung des Begriffs des Gebotenseins) etwa wie folgt zu definieren:

(1) Wer eine Notwehrhandlung (Abs. 2) begeht, die geboten ist, handelt nicht rechtswidrig.

(2) Notwehr ist die dem objektiven Verteidigungszweck dienende Abwehrhandlung, die gegen einen rechtswidrigen Angriff auf sich oder einen anderen gerichtet und objektiv erforderlich ist.

Durch den neuen Ausdruck „dem objektiven Verteidigungszweck dienende Abwehrhandlung" wird klargestellt, daß der bisherige Ausdruck (Verteidigung) kein subjektives Element enthalten hat, daß die Abwehrhandlung vielmehr nur einem objektiv-finalen Verteidigungszweck dienen muß. Damit wird anerkannt, daß der sog. Abwehrwille keinen Teil der Notwehrdefinition (Abs. 2) bildet, sondern als „Gegensteuerungswille" nur bei der tatsächlichen Aufklärung, ob die Handlung dem Verteidigungszweck dient, eine Rolle spielen kann. Wer mit einem Verletzungs- oder Gefährdungswillen handelt, lehnt damit ausdrücklich den von der Rechtsordnung mit der Notwehr verfolgten objektiven Verteidigungszweck ab. Ist diese vom Täter geäußerte Ablehnung festzustellen, so widerspricht dies der Zuordnung eines Verteidigungszwecks durch die Rechtsordnung und verhindert die Schutzwirkung der Notwehr für den Handelnden. Ein nicht geäußerter Zweck ist bedeutungslos, wenn die Handlung aus sich heraus verständlich dem objektiven Verteidigungszweck dient. Der unbewußt-fahrlässig Handelnde braucht sich also nicht dazu zu äußern, welchem Zweck die Handlung, die sämtliche Notwehrmerkmale erfüllt, dienen soll. Kenntnis der Notwehrsituation und Abwehrwille sind von einem unbewußt-fahrlässig Handelnden somit nicht zu fordern.

FSC
www.fsc.org
MIX
Papier | Fördert gute Waldnutzung
FSC® C083411

Kolibri 360 GmbH
Ferdinand-Jühlke-Straße 7
99095 Erfurt, Deutschland
produktsicherheit@kolibri360.de